财务报表分析

王 婷　张之阳　主编

中国财经出版传媒集团
中国财政经济出版社

图书在版编目（CIP）数据

财务报表分析 / 王婷，张之阳主编 . -- 北京：中国财政经济出版社，2021.10
ISBN 978 - 7 - 5223 - 0771 - 8

Ⅰ.①财⋯　Ⅱ.①王⋯ ②张⋯　Ⅲ.①会计报表－会计分析－高等学校－教材　Ⅳ.①F231.5

中国版本图书馆 CIP 数据核字（2021）第 185935 号

责任编辑：彭　波　　　　　责任印制：史大鹏
封面设计：卜建辰　　　　　责任校对：胡永立

中国财政经济出版社 出版

URL：http://www.cfeph.cn
E - mail：cfeph@ cfeph.cn

（版权所有　翻印必究）

社址：北京市海淀区阜成路甲 28 号　邮政编码：100142
营销中心电话：010 - 88191522
天猫网店：中国财政经济出版社旗舰店
网址：https://zgczjjcbs.tmall.com
北京密兴印刷有限公司印刷　各地新华书店经销
成品尺寸：185mm×260mm　16 开　19.25 印张　379 000 字
2021 年 10 月第 1 版　2021 年 10 月北京第 1 次印刷
定价：58.00 元
ISBN 978 - 7 - 5223 - 0771 - 8
（图书出现印装问题，本社负责调换，电话：010 - 88190548）
本社质量投诉电话：010 - 88190744
打击盗版举报热线：010 - 88191661　QQ：2242791300

前言

纵观世界各国的商科教育，作为一种商业语言（language of business）的会计学（accounting）都是一门重要的课程。身处市场经济环境的企业管理者和投资者都必须理解这种商业语言。财务报表（financial statement）则是这种商业语言的载体。"管理的重心在经营，经营的重心在决策。"在当今的信息社会，任何决策都离不开信息。财务报表所提供的信息是企业管理者和投资者据以决策所必不可少的信息。因此，企业管理者和投资者都必须理解财务报表，并善于运用财务报表辅助决策。

阅读和分析企业财务报表，是管理类各专业学生必备的核心专业技能之一。期望本书能对关心企业会计工作并试图了解企业会计信息的读者有所帮助，能够快速、轻松地掌握财务报表阅读与分析的基本知识和基本技能。

与市场上其他同类教材相比，本书具有以下特点：

第一，结构脉络清晰，内容通俗易学。本书立足财务报表分析的新思维，力求通俗易懂、言简意赅地阐述财务报表分析的基本理论、基本方法与基本技能，使读者更容易掌握财务报表分析的功能及其应用。

第二，财务报表分析方法体系更加完善。科学的特征之一是理论体系，科学的学科应当具有自己的基本问题、解决问题所需的基本概念和基本方法以及由此展开的理性推演。本书注重章节内容的综合性和系统性，将最新的研究成果融入相关章节，使本书的财务报表分析内容独具特色并自成体系，具有实用价值。

第三，财务报表分析注重理论性、实用性和时效性相结合。本书理论体系较为全面，在报表分析方法的介绍中大量采用上市公司鲜活的案例，使分析内容具有高度的实用性和时效性。本书选用的案例素材主要来自近年上市公司公开披露的信息，保证了案例的客观性和实用性，便于读者对所学内容有更直观、更深入的理解。

第四，分析全面，视野广阔。引例、章中案例讨论与分析，是本书密切联系实际的特色所在。每一个案例均具有较强的代表性和时效性，有助于读者体会分析要点中所包含的具有普遍适用性的思想内涵，并在分析中结合自身实践经验加以灵活运用。

全书共10章，内容包括财务报表分析概论、企业战略分析、资产负债表分析、利润表分析、现金流量表分析、所有者权益变动表分析、合并报表分析、财务报表的其他重要信息分析、企业财务效率分析以及财务报表综合分析与业绩评价。其中，第1、第3、第4、第5、第9、第10章由南昌大学经济管理学院会计系王婷老师编写，第2、第6、第7、第8章由正高级会计师、全国高端会计（领军）人才、山东省高层次人才、山东省高端会计人才、国际注册内部审计师、国内A股上市公司北京旋极信息技术（集团）股份有限公司财务负责人、集团财务总监张之阳先生编写。本书由王婷老师拟订编写大纲，并对全书进行统稿。

在本书撰写过程中，参考和引用了国内外有关教材、文章与部分研究成果，在此，谨向这些从未谋面的学界同仁表示谢意。

本书既可用作管理类会计专业本科生、研究生的教材和课外读物，也可作为企业管理者、投资者及其他关心企业、希望了解企业财务信息的财务报表使用者的自学用书，亦可作为企业培训中高层管理人员职业技能的培训教材。

由于编者水平有限，书中难免有疏漏和不妥之处，敬请广大读者批评指正。

编者

目录

第1章 财务报表分析概论 ·············· 1

【学习目标】 ·············· 1
【引例】 ·············· 1
1.1 财务报表分析的起源和演进 ·············· 2
1.2 财务报表分析的概念、主体和目的 ·············· 5
1.3 财务报表分析的基本步骤 ·············· 9
1.4 财务报表分析的基本方法 ·············· 15
【思考题】 ·············· 30
【案例讨论与分析】 ·············· 30

第2章 企业战略分析 ·············· 36

【学习目标】 ·············· 36
【引例】 ·············· 36
2.1 企业战略分析：财务报表分析的起点 ·············· 37
2.2 企业战略分析的主要内容 ·············· 40
【思考题】 ·············· 47
【案例讨论与分析】 ·············· 47

第3章 资产负债表分析 ·············· 52

【学习目标】 ·············· 52
【引例】 ·············· 52
3.1 资产负债表分析的目的与内容 ·············· 53
3.2 资产负债表水平分析 ·············· 56
3.3 资产负债表垂直分析 ·············· 66
3.4 资产负债表项目分析 ·············· 79
【思考题】 ·············· 92

【案例讨论与分析】…… 93

第 4 章　利润表分析 …… 97

【学习目标】…… 97
【引例】…… 97
4.1　利润表分析的目的与内容 …… 97
4.2　利润表综合分析 …… 100
4.3　利润表分部分析 …… 106
4.4　利润表分项分析 …… 118
【思考题】…… 129
【案例讨论与分析】…… 130

第 5 章　现金流量表分析 …… 134

【学习目标】…… 134
【引例】…… 134
5.1　现金流量表分析的目的与内容 …… 135
5.2　现金流量表综合分析 …… 137
5.3　现金流量表主要项目分析 …… 145
5.4　现金流量与利润综合分析 …… 152
【思考题】…… 156
【案例讨论与分析】…… 156

第 6 章　所有者权益变动表分析 …… 162

【学习目标】…… 162
【引例】…… 162
6.1　所有者权益变动表分析的目的与内容 …… 163
6.2　所有者权益变动表的一般分析 …… 167
6.3　所有者权益变动影响因素分析 …… 172
【思考题】…… 177
【案例讨论与分析】…… 178

第 7 章　合并报表分析 …… 181

【学习目标】…… 181
【引例】…… 181
7.1　企业合并与合并报表 …… 182
7.2　合并报表编制的一般原理 …… 189

7.3 合并报表分析的问题与方法 ··················· 191
【思考题】 ··················· 199
【案例讨论与分析】 ··················· 199

第8章 财务报表的其他重要信息分析 ··················· 206

【学习目标】 ··················· 206
【引例】 ··················· 206
8.1 会计政策、会计估计变更和前期差错更正 ··················· 207
8.2 关联方关系及其交易的披露 ··················· 210
8.3 资产负债表日后事项 ··················· 214
8.4 审计报告 ··················· 215
8.5 分部报告 ··················· 220
【思考题】 ··················· 223
【案例讨论与分析】 ··················· 223

第9章 企业财务效率分析 ··················· 229

【学习目标】 ··················· 229
【引例】 ··················· 229
9.1 企业资本结构分析 ··················· 230
9.2 企业偿债能力分析 ··················· 234
9.3 企业盈利能力分析 ··················· 243
9.4 企业营运能力分析 ··················· 249
9.5 企业发展能力分析 ··················· 253
【思考题】 ··················· 258
【案例讨论与分析】 ··················· 264

第10章 财务报表综合分析与业绩评价 ··················· 272

【学习目标】 ··················· 272
【引例】 ··················· 272
10.1 综合分析与业绩评价的目的和内容 ··················· 273
10.2 杜邦财务综合分析及其发展 ··················· 274
10.3 企业经营业绩综合评价 ··················· 279
【思考题】 ··················· 293
【案例讨论与分析】 ··················· 293

参考文献 ··················· 297

第1章 财务报表分析概论

【学习目标】

1. 了解财务报表分析的起源和演进；
2. 了解财务报表分析的概念、主体及其目的；
3. 掌握财务报表分析的基本步骤；
4. 熟悉财务报表分析的基本方法。

———————————【引例】———————————

被称为"现代证券分析之父"的本杰明·格雷厄姆（Benjamin Graham，1894—1976）是华尔街的传奇人物，他的财务分析学说和思想在投资领域产生了极为巨大的震动，影响了几乎三代重要的投资者。他的投资哲学——基本分析法和"风险缓冲带"为沃伦·巴菲特、马里奥·加贝利、约翰·奈夫、米歇尔·普赖斯等一大批顶尖证券投资专家所推崇。沃沦·巴菲特作为格雷厄姆的学生兼雇员，对格雷厄姆更是佩服得五体投地。他说："格雷厄姆的思想，从现在起直到100年后，将会永远成为理性投资的基石。"

年轻的格雷厄姆刚在华尔街工作时，已经开始明确地表述出他的价值投资理论观点。当时，人们习惯以道氏理论和道·琼斯指数来分析股市行情，而对单一股票、证券的分析尚停留在较为原始、粗糙的阶段，而且普通投资者在投资时通常倾向于债券投资方式，并非股票投资方式。之所以作出如此选择，一方面是因为债券有稳定的收益，并且安全系数明显要高于股票；另一方面主要是因为一般公司仅公布笼统的财务报表，这使投资者难以了解其真实的财务状况。格雷厄姆透过那些上市的股票、债券公司的财务报表，并对那些公司资产调查研究发现，上市公司为了隐瞒利润或在债权清理时逃脱责任，常常千方百计地隐瞒公司资产。这使公司财务报表所披露的是低估后的资产，进而造成的直接后果就是反映到股市上的股票价格往往大大低于其实际价值。于是，格雷厄姆把公司和产业报告看作寻找财富的藏宝图，通过研究和分析公司报告以寻求公司的内在价值。1926年，在研究了北方管道公司的年报之后，格雷厄姆发现该公司握有每股约值95美元的国债。格雷厄姆认为，没有任何商业上的理由支持该公司继续持有这些国债。由于竞争加剧和收益下降，北方管道公司的股票不再被大家看好，股价下跌至65美元/股，仅有6美元的分红。与众不同的是，格雷厄姆决定此时买进这只股票并向北方管道公司的管理者指出公司持有这些国债是不必要的，应将这部分资金返还给股东。起初北方管道公司并不接受他的建议，但经过他的不懈努力，公司最终决定卖掉国债，分给股东们70美元/股的红利。后来，格雷厄姆卖了这只股票，从中获取了可观的收益。

格雷厄姆在实践中逐步确立了价值投资理念，在他看来，投机并不是一项好的投资。因为投机是建立在消息基础上的，风险非常高。当股价已升至高档的上端时，很难说哪只股票没有下跌的风险，即便是绩优股也不例外。从严格意义上讲，基于事实本身的投资和基于消息的投机，两者所蕴含的风险是截然不同的。如果一家公司真的运营良好，则其股票所含的投资风险便小，其未来的获利能力一定比较高。那么，如何判断一家公司的营运情况和未来发展，如何预测公司未来盈余和股票内在价值呢？财务报表分析便是寻求答案的过程中不可或缺的工具，也是以格雷厄姆为领军人物的秉承价值投资理念的投资者进行投资决策的制胜法宝。可以说，谁能运用财务报表分析出更有效率的信息，谁就占有了信息优势。

1.1 财务报表分析的起源和演进

企业财务报表是用货币形式表现企业某一特定日期的财务状况（企业的财务状况可以简单理解为企业从货币角度表现出来的基本存在状态）以及一定时期的经营成果（这里的经营成果既包括利润也包括现金流量等）的书面文件，全面揭示企业各项经济活动的过程及其经济后果。企业财务报表由基本财务报表（包括资产负债表、利润表、现金流量表、所有者权益变动表）和其他应当在财务报告中披露的相关信息和资料（如报表附注、审计报告等）两部分构成。

由于企业财务报表反映的内容专业性强、概括性高，如不运用专门方法对其加以系统分析，就难以对企业财务状况的整体做出较为科学的评价与判断。因此，企业财务报表分析的重要功能就是对财务报表的数据做进一步加工、整理和分析，更加清晰、完整地展示企业财务状况全貌。

对企业财务报表进行分析，需要融合会计学、财务管理学、企业管理学、金融学及行为科学等多门学科的理论与实践经验。站在不同视角，分析者对一家企业财务状况的评价结论可能仁者见仁，智者见智。因此，财务报表分析既是一门科学，也是一门艺术。一位优秀的财务分析师，不但能洞悉企业所提供的财务数字背后的经营状况，评价其偿债能力、盈利能力与营运能力，还能通过财务报表分析，对企业的战略制定与实施、经营管理质量、行业竞争力、风险与价值等诸多方面做出进一步的判断，并对企业的发展前景进行有效预测。

财务报表分析的起源与财务报表的产生几乎是同步的。当财务报表第一次出现时，必然需要以某种方式对其进行解读，将财务报表的具体数字转化成可理解的有用信息，于是就产生了财务报表分析。而只有在形成了一系列专门的财务报表分析方法之后，财务报表分析这门学科才算真正建立起来了。

系统的财务报表分析始于19世纪末20世纪初的美国，其理论与实务已有100多年的历史。财务报表分析源于西方银行家对信贷者的信用分析，之后又广泛应用于投资领域与企业内部分析。该学科的理论与实务是在企业外部金融市场（尤其是资本市场）环境的影响和需求之下不断发展和完善起来的。

1.1.1　信用分析

系统的企业财务报表分析起源于美国银行家对企业进行的所谓信用分析。在美国工业大发展之前，企业规模较小，银行根据个人信用发放贷款。19世纪末20世纪初，经济危机时有发生，市场环境日趋复杂，企业竞争越发激烈，越来越多的企业破产倒闭，信贷风险日益加大。为确保发放贷款的安全性，降低违约风险，越来越多的银行要求企业提供资产负债表等资料，以便了解企业的经营情况和财务状况。所以信用分析又称资产负债表分析，主要是通过对企业的资产状况、负债状况等方面进行分析，运用流动比率、速动比率等一系列比率分析指标，考察和评价企业的偿债能力和信用状况。系统分析方法的出现和一些学者的研究，使财务报表分析方法从一般经验中逐步显现出来形成一门学科，在实践中创造了基于比率分析的多种技术分析方法。到了20世纪中期，财务分析者发现，在利用财务比率进行分析时需要一些便于比较的基础。因此，有些学者开始研究比率的统计分布，并且开始考虑是否应该为不同类型的企业建立不同的比率标准，于是在信用分析领域逐步形成了财务报表分析的实用比率学派。

1.1.2　投资分析

在1920—1921年经济萧条时期，美国商品的变现价值大大低于实际成本，现金流量大幅减少，偿还贷款变得异常困难。随着信用的丧失，银行家发现了仅以流动性为基础的贷款政策的局限性，借款公司也认识到仅依靠银行的短期贷款会使自己在经济衰退时期变得更加脆弱。因此，大量发行股票就成为一般公司扩大规模的资金源泉。当股票发行成为外部资金的主要来源，股东便成为财务报表的主要使用者，财务分析的重心就从信用分析扩展到投资分析,主要是盈利能力的分析,同时利润表成为更重要的报表。于是,财务报表分析就由信用分析阶段进入投资分析阶段,其主要任务也从稳定性分析过渡到收益性分析。

需要注意的是,以信用分析为重心转变为以投资分析为重心,并不是后者对前者的否定,而是由于资本市场的发展和企业融资来源构成的变化,使这一时期的财务报表分析出现以后者为重心、两者并存的状况。从财务报表分析的起源也可以看到,财务报表分析向来就是随着报表使用者对信息需求的变化而变化的。由于盈利能力(投资分析的主要方面)的稳定性是企业经营稳定性和财务稳健性的重要方面,企业的流动性在很大程度上取决于盈利能力,同时资产的变现能力与盈利能力也有间接的联系,因此,随着人们对财务报表分析的理解不断加深,信用分析或财务稳健性分析就自然包括盈利能力分析,逐步形成目前企业财务报表分析的基本框架。

1.1.3　内部分析

在企业财务报表分析的开始阶段,企业财务报表分析只是用于外部分析,即企业外部利益相关者根据各自的需求进行分析。后来,企业在接受银行的分析与咨询的过程中逐渐认识到财务报表分析的重要性,开始由被动地接受分析逐步转变为主动地进行自我分析。尤其是第二次世界大战后,企业规模不断扩大,经营活动日趋复杂。企业为了在激烈的市场竞争中求生存、图发展,不得不借助财务报表所提供的有关资料进行资讯导向、目标管理、利润规划及前景预测。这些都说明,企业财务报表分析开始由外部分析向内部分析拓展,并表现出两个显著特征:(1)内部分析的目标更加多元化,资料的可获得性也优于外部分析人员,这就为扩大分析领域、提高分析效果、发展分析技术提供了前提条件;(2)内部分析的内容和手段不断扩大和优化,越来越成为财务报表分析的重心。

随着大数据时代的来临以及互联网技术的迅猛发展,人们对包括财务数据在内的企业业务数据的获取更加快捷和准确,数据分析和提炼的手段更加先进,财务报表分析的信息基础发生了根本性的变化,财务报表分析的内涵和外延都得到不断拓展,最终演变成"大数据分析"。这极大地提高了财务分析在企业内部管理中的地位和作用,同时也为企业财务报表分析内容的拓展、方法的完善、质量的提升带来更大的空间。

财务报表分析的产生与发展是社会经济发展对财务分析信息需求与供给共同作用的结果。会计技术与财务报表的发展为财务报表分析的产生与发展奠定了理论基础。

1.2 财务报表分析的概念、主体和目的

1.2.1 财务报表分析的概念

企业财务报表分析的概念有狭义与广义之分。狭义的概念是指仅以企业对外提供的财务报表为主要依据，运用比率分析等手段，对企业的偿债能力、盈利能力与营运能力加以判断，并有重点、有针对性地对有关项目进行质量分析，从而对企业整体的财务状况质量进行评价，为报表使用者的经济决策提供财务信息支持的一种分析活动。广义的概念以此为基础，还强调依据企业财务报表之外的其他信息来源（包括公开和不公开的财务信息与非财务信息），进行更广泛的企业战略制定与实施情况分析、管理特征与质量分析、行业竞争格局与自身竞争优势分析（地域、资源、政策、行业、人才、管理等）、未来风险与挑战分析、发展前景与投资价值分析，等等。

如果说财务报表的产生过程是一种"综合"，把企业各个方面、各个部分、各种因素的变化所产生的经济业务，按照一定的规则加以分类、汇总，从而在整体上反映出企业的财务状况和经营成果，那么财务报表分析是更进一步的"综合"，通过专门的分析方法与手段，将财务报表所反映的信息做进一步的提炼、处理与加工，揭示企业的各种经营活动和管理活动与企业财务状况之间的内在联系、企业各种战略的制定与实施对企业财务状况造成的内在影响，从而有利于更恰当地评价企业整体的财务状况质量，更科学地预测企业的发展趋势。

1.2.2 财务报表分析的主体

财务报表分析的主体是指与企业存在现实或潜在的利益关系，为达到特定目的而对企业的财务状况、经营成果以及现金流量状况等进行分析和评价的组织或个人。

通常情况下，财务报表分析的主体与财务信息使用者同属一人或某一组织，他们都属于企业的利益相关者。按照财务报表分析主体所掌握信息的不对称性，财务报表分析主体可分为内部分析主体和外部分析主体。其中，内部分析主体包括现有大股东、公司高管、财务部员工等；外部分析主体包括中小股东、债权人、潜在的股票或债券投资者、企业的普通员工、政府职能部门、社会中介机构、竞争对手、供应商、客户等。

从以上分类不难看出，财务报表分析的主体众多，分析目的不尽相同，按照利益相关者的分类思想，本书将财务报表分析的主体分为经营管理者、债权投资者、股权

投资者、政府职能部门、社会中介机构及其他利益相关者。

财务报表分析可以帮助分析主体加深对企业的了解，减少评判过程中的不确定性因素，从而提高决策的科学性。不同的财务报表分析主体与企业的利益关系不同，基于财务报表分析所要达到的目的也不同，因而对企业财务信息的关注点与分析视角也将存在差异。以下将逐一阐述不同类型的利益相关者进行财务报表分析的目的及其分析视角。

不同的财务报表分析主体的利益倾向存在明显差异，与企业的利益关系也各不相同，这就决定了他们在对企业财务报表进行分析时必然有不同的分析目的和侧重点。

1.2.3 财务报表分析的目的

（1）经营管理者的目的。

经营管理者作为委托—代理关系中的受托人，接受企业所有者的委托，对企业运营中的各项活动以及企业的经营成果和财务状况进行有效的管理与控制。虽然相对于企业外部人而言，经营管理者拥有更多了解企业的信息渠道和监控企业的方法，但财务信息仍然是一个十分重要的信息来源，财务报表分析仍然是一种非常重要的监控方法。因此，企业的经营管理者是企业财务报表分析的重要主体之一。与企业外部人相比，经营管理者作为企业内部的分析主体，所掌握的财务信息更加全面，所进行的财务报表分析也更加深入，因而财务报表分析的目的也就更加多样化。

首先，经营管理者要想对企业的日常经营活动进行适当管控，需要通过财务报表分析及时发现企业生产经营中存在的问题，并找出有效对策，以适应瞬息万变的经营环境；其次，经营管理者需要通过财务报表分析，全面掌握企业的财务状况、经营成果和现金流量等，从而做出科学的筹资、投资等重大决策。此外，经营管理者为了提高企业内部的活力和企业整体的效益，还需要借助财务报表分析对企业内部的各个部门和员工等进行业绩考评，并为今后的生产经营编制科学的预算。

（2）债权投资者的目的。

债权投资者也叫债权人，是指以债权的形式向企业投入资金的自然人或法人，如商业银行、企业债券持有人。这里所说的债权投资者既包括现实的债权投资者，也包括潜在的债权投资者。由于企业的偿债能力会直接影响现实的和潜在的债权投资者的放款决策，因此债权投资者也是企业财务报表分析的重要主体之一。

依据债务的偿还期限，债权人分为短期债权人和长期债权人。

短期债权人由于债权期限短于一年或一个营业周期，因此，在财务报表分析中往往比较关心企业的短期财务状况，如企业资产的流动性和企业的短期现金流量状况等。

由于企业的短期负债通常需要在不久的将来动用现金来偿还，因此，企业资产的变现能力（即流动性）和企业近期的现金流量状况直接决定着企业能否如期偿付短期债务，这些也是短期债权人进行财务报表分析所关注的重点。

长期债权人由于债权期限长于一年或一个营业周期，因此，在财务报表分析中往往比较关心企业的长期财务状况，如企业的资本结构和长期投融资政策。由于企业的长期负债不需要在近期内动用现金偿还，因此长期负债的安全性将通过所有的资产来保障。每一元钱的负债所对应的资产越多，负债就越安全。因此，企业负债在总资产中所占的比重，或者说负债与所有者权益的比例在一定程度上反映了企业财务风险的高低，是长期债权人非常关心的因素。当然，长期债权人在财务报表分析中还会关注企业的长期现金流量状况，因为在企业不破产清算的情况下，企业的长期债务到期也需要用现金来偿还。

除了上述直接影响短期偿债能力和长期偿债能力的因素外，债权人还想通过财务报表分析来了解企业的盈利能力和资产周转效率，因为盈利是企业现金流量最稳定的来源，而资产的周转效率又直接影响着企业的资产流动性和盈利水平。

（3）股权投资者的目的。

股权投资者也称所有者或股东，是指以股权形式向企业投入资金的自然人或法人。这里所说的股权投资者既包括现实的股权投资者，也包括潜在的股权投资者。企业的投资回报与投资风险将直接影响现实的和潜在的股权投资者的投资决策。同时，企业所有者又是企业委托—代理关系中的委托人，需要借助财务报表分析等工具对经营管理者的受托责任履行情况进行评价。因此，股权投资者是极其重要的财务报表分析主体。

获取投资报酬是股权投资的重要目的，因而股权投资者在财务报表分析中将重点关注企业投资回报的高低。一般来说，股东的投资回报以企业的盈利能力为保障，股权投资者除了关注净利润，还需要了解企业的收入来源及结构、成本费用情况等。

股权投资者是企业收益的最终获得者和风险的最终承担者。从股权结构来看，由于股东的持股比例不同，其获取收益的规模、受偿方式以及承担的风险类型将存在差异，因而他们进行财务报表分析的目的也不尽相同。控股股东可以在公司的核心决策层安插人手，以控制公司的经营决策与财务决策，通过资金占用、关联交易等手段来实现控制权收益。与此同时，企业一旦破产，控股股东将因持股比例较高而蒙受较大的经济损失，因此他们往往更加注重企业的长远发展，对企业的资产结构、资本结构、长期投资机会及经营利润增长等较为关注。与之相对的是，中小股东主要通过获取资本利得（股票买卖价差）、现金分红来实现投资收益，因而他们比较关注企业的短期盈利水平、现金流量状况与股利分配政策等。

(4) 政府职能部门的目的。

工商、税务、财政、各级国资委等对企业有监管职能的政府职能部门，在其履行监管职责时往往需要借助于财务报表分析。因此，相关的政府职能部门也是企业财务报表分析的主体之一。

政府职能部门进行财务报表分析的目的主要是监督企业是否遵循了相关政策法规、检查企业是否偷逃税款等，以维护正常的市场经济秩序，保障国家和社会利益。具体而言，工商行政管理部门主要是审核企业经营的合法性、进行产品质量监督与安全检查；税务与财政部门主要关注企业的盈利水平与资产的增减变动情况；国资委作为国有企业的直接出资人，出于股东财富最大化目标的考虑，往往关注企业的盈利能力、可持续发展能力。

(5) 社会中介机构的目的。

通常所说的社会中介机构包括会计师事务所、律师事务所、资产评估事务所、证券公司、资信评估公司以及各类咨询公司等，它们在为企业提供服务时，需要以独立第三方的身份出现，对企业相关事项做出客观而公允的评判，并提出相应的意见和建议。在服务过程中，这些社会中介机构都或多或少地需要借助财务报表分析，了解企业相关的经营成果和财务状况等。因此，社会中介机构也是企业财务报表分析的主体之一。

在这些社会中介机构中，会计师事务所对财务报表分析的应用可能最为频繁。在对企业进行审计时，注册会计师要对企业财务报表的合法性、合理性等进行验证并给出相应的审计意见，而财务报表分析是审计工作中一个非常重要的手段。财务报表分析可以帮助审计人员发现错误、遗漏或不寻常的事项，为进一步追查原因提供线索，为审计结论提供证据。

(6) 其他财务报表分析主体的目的。

除上述财务报表分析主体之外，企业的供应商、客户、员工、竞争对手甚至社会公众等，都可能需要通过财务报表分析了解企业的相关情况，从而成为企业财务报表分析的主体。

企业的供应商通过向企业提供原材料或劳务，成为企业的利益相关者。有些供应商希望与企业保持稳定的合作关系，因此需要通过财务报表分析了解企业的业务范围、经营规模、投资动向及现金流量情况等，据此判断企业的持续购买力。在赊购业务中，企业与供应商又形成了商业信用关系，此时供应商希望通过财务报表分析来了解企业的偿付能力，以判断其货款回收的安全性。

企业的客户通过向企业购买商品或劳务，成为企业的利益相关者。客户往往希望借助财务报表分析，了解企业的商品或劳务的质量、持续提供商品或劳务的能力以及企业所能提供的商业信用条件等。

企业的员工与企业存在着雇佣关系，因而他们希望借助财务报表分析了解企业的经营状况、盈利能力以及发展前景等，从而判断其工作的稳定性、工资水平的高低以及其他福利的完整性等。另外，员工通过财务报表分析还可以了解自己以及自己所在部门的成绩和不足，为今后的工作改进找到方向。

企业的竞争对手希望获取关于企业财务状况的会计信息及其他信息，通过分析双方的财务报表，借以判断企业间的相对效率与竞争优势，为提高自身的市场竞争力、寻求并购目标或防止被并购打下基础。因此，竞争对手可能把企业作为接管目标，对企业财务状况的各个方面均感兴趣。

社会公众与企业之间存在着千丝万缕的联系，他们对企业的关注也是多角度、全方位的。一般而言，他们关心企业的就业政策、环境政策、产品政策以及社会责任履行情况等。对这些方面的分析可以借助盈利能力分析等手段。作为企业的潜在招聘对象，他们希望通过财务报表分析来了解企业的发展状况；作为现有的或潜在的顾客，他们比较关心企业的产品政策；作为企业的周边居民，他们将时刻关注企业的环保政策与行为。

尽管不同利益主体进行财务报表分析有着各自的侧重点，但我们可以从中得出以下结论：各财务报表分析主体所要求得到的信息大部分都是面向未来的；财务报表分析主体有不同的分析目的；不同的财务报表分析主体所需要获得的信息的深度和广度并不相同；企业财务报表分析并不能提供他们所需要的全部信息。

1.3 财务报表分析的基本步骤

沃伦·巴菲特是一个具有传奇色彩的人物，1956年他将100美元投入股市，50年间其创造了数百亿美元的财富。在《福布斯》杂志公布的2017年全球富豪排行榜中，巴菲特以756亿美元的身价名列第二。

巴菲特不仅在投资领域成为无人能及的美国富豪，而且作为美国股市的权威领袖，其被美国著名的基金经理人彼得·林奇誉为"历史上最优秀的投资者"，并使全球各地的股票投资者都热衷于他的投资方法和理念。如果将巴菲特旗下的伯克希尔·哈撒韦公司32年的投资绩效与美国标准普尔500种股票价格指数绩效相比，可以发现巴菲特在其中的29年击败了标普指数。更难能可贵的是，其中有5年美国股市陷入空头走势，而巴菲特却创下了"永不亏损"的纪录。因此，巴菲特的投资理念不但为他创造了惊人的756亿美元的财富，而且相当值得全球投资人学习。

巴菲特总结了投资的"三要"和"三不要"原则。"三要"是指：要投资把股东利益放在首位的上市公司；要投资资源垄断型行业；要投资容易了解、前景看好的公司。"三不要"是指：不要贪婪；不要盲目跟风；不要投机。"成功投资的重要因素，取决于企业的实质价值和支付一个合理划算的交易价格。我不在意最近或未来一般股市将会如何运作。"巴菲特这样强调。巴菲特是我们投资股票的学习榜样。假若你是一个股市投资者，最好读一下有关巴菲特的书，从中你会得到许多教诲。

巴菲特的投资方法简单到令人难以置信的地步，不用学习电脑程式，不用学习技术分析方法，也不用研读厚厚的投资银行手册，就可以获得成功。巴菲特注重对公司的分析研究，所做的一切就是阅读大量的年刊、季报和各类期刊，了解公司的发展前景及策略，然后仔细评估一家公司的投资价值，再把握好入市时机。

要了解企业的财务状况，所要做的主要有以下几件事：第一，企业财务信息搜集；第二，企业战略分析；第三，会计报表项目分析；第四，财务业绩分析；第五，综合评价。

1.3.1 企业财务信息搜集

分析的起点在于信息的搜集。首先，必须明确搜集信息的目的是什么。是要评价企业经营业绩，还是要进行投资决策，抑或是要制订未来经营策略？不同的信息使用者对企业所提供信息的要求不同。对于企业内部信息使用者或者企业的监管者（如企业管理层、董事会、政府部门、审计师等）而言，获得企业的信息是比较容易的，特别是企业管理层所能够获得的信息是比较充分和完整的。然而，对于企业外部信息使用者（如潜在投资者等）而言，获得企业的信息一般比较困难，特别是非上市企业。除非企业为了展现自己，主动公开有关信息，包括企业的会计报表等，否则，任何人对这些企业财务信息的窃取和披露都可能被视为非法行为。而对上市公司的信息获取就比较容易，特别是《中华人民共和国证券法》实施后，我国对上市公司信息披露的准确性、完整性和真实性进行了严格要求。企业外部信息使用者有权获取的有关上市公司的信息包括：

（1）招股说明书（配股、增发新股说明书）。凡是对投资者作出投资决策有重大影响的信息，均应当在招股说明书中披露。其中包括的信息有：公司的名称、地址；发起人、发行人简况；筹资的目的；公司现有股本总额；本次发行的股票种类、总额、每股的面值、售价；发行前的每股净资产值和发行结束后的每股预期净资产值；发行费用和佣金；初次发行的发起人认购股本的情况、股权结构及验资证明；承销机构的名称、承销方式与承销数量；发行的对象、时间、地点及股票认购和股款缴纳的方式；所筹资金的运用计划及收益、风险预测；公司近期发展规划和经注册会计师审核并出具审核意见的公司下一年的盈利预测文件；重要的合同；涉及公司的重大诉讼事项；公司董事、监事名单及其简历；近三年或者成立以来公司的生产经营状况和有关业务发展的基本情况；经会计师事务所审计的，公司近三年或者成立以来的财务报告和由两名以上注册会计师及其所在会计师事务所签字、盖章的审计报告；对于增资发行的公司，上次公开发行股票所筹资金的运用情况等。

（2）上市公告书。其中包括的信息有：股票获准在证券交易所交易的日期和批准文号；股票发行情况、股权结构和最大的十名股东的名单及持股数额；公司创立大会或者股东大会同意公司股票在证券交易所交易的决议；董事、监事和高级管理人员的简历及其持有本公司证券的情况；公司近三年或者成立以来的经营业绩和财务状况以及下一年的盈利预测文件；证券交易所要求载明的其他事项。

（3）定期报告。定期报告包括季度报告、中期报告和年度报告。在每个会计年度的第 3 个月、第 9 个月结束后的 1 个月内披露季度报告；在每个会计年度的前 6 个月结束后的 2 个月内披露中期报告；在每个会计年度结束后的 4 个月内提交经注册会计师审计的年度报告。

定期报告中，年度报告的内容最为完整，它包括的信息有：年度报告重要提示；公司简介；总资产、营业收入、归属于上市公司股东的净利润、归属于上市公司股东的扣除非经常性损益的净利润、归属于上市公司股东的净资产、经营活动产生的现金流量净额、净资产收益率、每股收益等会计数据和财务指标摘要；报告期内与业务、产品、技术、行业有关的外部环境，以及公司的财务状况和经营成果分析的董事会报告；重大诉讼、仲裁和媒体质疑，控股股东及其关联方非经营性占用资金，破产重组、收购及出售重大资产，企业合并，股权激励计划，重大关联交易，重大合同及其履行，财务报告审计聘任，解聘会计师事务所，被司法调查，暂停或终止上市等重要事项；股份变动及股东情况；优先股相关情况；董事、监事、高级管理人员和员工情况；公司治理；内部控制；近 2 年的比较式资产负债表、比较式利润表和比较式现金流量表，以及比较式所有者权益（股东权益）变动表和财务报表附注的合并及母公司财务报表；备查文件目录等。

《公开发行证券的公司信息披露内容与格式准则第 2 号——年度报告的内容与格式》（2016 年修订）第十六条规定："公司应当在年度报告文本扉页刊登如下重要提示：公司董事会、监事会及董事、监事、高级管理人员保证年度报告内容的真实、准确、完整，不存在虚假记载、误导性陈述或重大遗漏，并承担个别和连带的法律责任。公司负责人、主管会计工作负责人及会计机构负责人（会计主管人员）应当声明并保证年度报告中财务报告的真实、准确、完整。如有董事、监事、高级管理人员对年度报告内容存在异议或无法保证其真实、准确、完整的，应当声明××无法保证本报告内容的真实、准确、完整，并说明理由，请投资者特别关注。同时，单独列示未出席董事会审议年度报告的董事姓名及原因。如执行审计的会计师事务所对公司出具了非标准审计报告，重要提示中应当声明××会计师事务所为本公司出具了带强调事项段或其他事项段的无保留意见、保留意见、否定意见或无法表示意见的审计报告，本公司董事会、监事会对相关事项已有详细说明,请投资者注意阅读。如年度报告涉及未来计划等前瞻性陈述,同时附有相应的警示性陈述,则应当声明该计划不构成公司对投资者的实质承诺,投资者及相关人士均应当对此保持足够的风险认识,并且应当理解计划、预测与承诺之间的差异。"

(4) 重大事件临时性公告。临时性公告中可能对上市公司股票价格产生较大影响的重大事件包括:公司的经营方针和经营范围的重大变化;公司的重大投资行为和重大的购置财产决定;公司订立重要合同,可能对公司的资产、负债、所有者权益和经营成果产生重要影响;公司发生重大债务或未能清偿到期重大债务等违约情况,或者发生大额赔偿事项;公司发生重大亏损或者重大损失;公司生产经营的外部条件发生重大变化;公司的董事、1/3 以上监事或者经理发生变动;董事长或者经理无法履行职责;持有公司 5% 以上股份的股东或者实际控制人,其持有股份或者控制公司的情况发生较大变化;公司减资、合并、分立、解散及申请破产的决定;依法进入破产程序、被责令关闭;涉及公司的重大诉讼、仲裁,股东大会、董事会决议被依法撤销或者宣告无效;公司涉嫌违法、违规,被有关权力机关调查或者受到刑事处罚、重大行政处罚;公司董事、监事、高级管理人员涉嫌违法、违纪,被有关权力机关调查或者采取强制措施;新公布的法律、法规、规章、行业政策可能对公司产生重大影响;董事会就发行新股或者其他再融资方案、股权激励方案形成相关决议;法院裁决禁止控股股东转让其所持股份;任一股东所持公司 5% 以上股份被质押、冻结、司法拍卖、托管、设定信托或者其被依法限制表决权;主要资产被查封、扣押、冻结或者被抵押、质押;主要或者全部业务陷入停顿;对外提供重大担保;获得大额政府补贴等可能对公司资产、负债、所有者权益或者经营成果产生重大影响的额外收益;变更会计政策、会计估计;因前期已披露的信息存在差错、未按规定披露或者虚假记载等,被有关机关责令改正或者经董事会决定进行更正等。

在上述资料中,定期报告中的财务报告是最重要的资料。财务报告中的会计报表是企业经营状况和经营成果的"浓缩"反映,会计报表分析在制订决策中所起的作用,主要体现在以下两个方面:

(1) 可以降低投资风险。在许多投资决策中,风险(不确定性)是一个重要的考虑因素。例如,一个企业未来的获利能力、管理的质量、资金供给能力都是不确定的,在这种情况下,会计报表分析在消除这种不确定性方面发挥着重要作用。假定银行想要对一个申请贷款的、处于成熟期的工业企业的获利能力进行预测,那么企业过去和现在的获利业绩就是预测贷款期间获利能力的基础。那么,过去和现在的获利业绩从何而知呢?其是从过去和现在的会计报表中得知的。

有的时候,投资的高风险是由于会计报表没有提供足够的相关信息而造成的,信息不充分导致投资的不确定性增加。例如,当投资石油和天然气勘探的合伙企业时,最大的风险在于勘探地区的地理构造，这样的信息在会计报表中通常是不可能被反映的。同样地，从事新兴产业的企业在新技术的可行性和市场对产品的接受程度上存在许多不确定性，会计报表极少为预测这些方面提供信息。即便如此，我们必须看到，在对石油、天然气勘探和新兴产业进行投资决策时，会计报表也能发挥很大的作用。我们知道，对于一个企业来说，管理者的能力是至关重要的。那么，怎样来观察和评价企业管理者的能力呢？那就需要借助反映管理者以往管理活动的会计报表信息来评价他们过去的业绩。

（2）可以检验各种竞争信息资源的有效性。会计报表信息尽管只是众多信息来源中的一个（除了会计报表外，还包括：企业方面发布的股利政策和生产报告；行业方面发布的有关行业政策和同行业其他企业的经济、技术信息；经济方面公布的有关货币供应政策的信息等），但与其他信息相比，会计报表信息有着明显的相对优势：

①会计报表信息直接并具体地反映了收益信息。会计报表将收益信息数字化，明确了利益相关人的收益变化，相比其他信息，更为直接和具体。

②会计报表信息可信赖的程度高。企业报出的会计报表是经注册会计师审计并保证的，这样，投资的风险在很大程度上被会计师事务所分摊，如果由于会计报表信息不真实而导致投资失败，那么投资者可以诉诸法律，他们的一部分损失可以由会计师事务所补偿。

③会计报表信息是低成本的信息来源。企业在法律和政策的要求下对外提供会计报表，使用者在使用时是不需付费的。而许多机构是将信息作为商品出售的，使用者如果想使用会计报表以外的一些信息，可能要付出一定的代价。

④会计报表信息有时是最有效力的信息来源。通常，企业愿意及时公布对企业有重大影响事件的预测信息，特别是一些能够提升企业形象的未来事件。可以说，附有将来期间财务状况预测（如盈利预测）的会计报表信息比外部分析师在对过去和现在的会计报表分析后得出的预测报告更具有效性和说服力。

虽然企业的会计报表是最重要的信息来源，但是我们必须清楚地认识到，没有一种信息来源可以取代其他信息来源而成为唯一。要想对企业有充分的了解，应该尽量从多个渠道、多个角度获取企业的信息。

此外，企业的会计信息使用者还应确定他们所收集的资料是否真实完整，相关资料之间是否有出入，然后对收集来的数据进行适当的加工整理，以便获得隐含在会计报表资料中的重要关系和其他一些能够说明问题的财务数据或指标。但单纯的会计报表数据是不够的，因为企业的经营状况受整个宏观经济、市场环境等诸多因素的影响，因此还要搜集报表以外的相关资料。这些资料一般包括宏观经济形势信息、行业情况信息（尤其是主要竞争对手的信息）以及企业内部相关资料。

1.3.2 企业战略分析

企业战略分析是指通过对企业所在行业或企业拟进入的行业进行分析，确定企业在行业中所处的地位，即是"霸主"还是"年轻小辈"，应根据企业的地位来确定企业是否采用或者应该采用哪些适合的竞争战略。

企业战略分析通常包括行业分析和企业竞争策略分析。行业分析的目的在于分析行业的盈利水平与盈利潜力，因为不同行业的盈利能力和潜力的大小可能不同。影响行业盈利能力的因素有很多，归纳起来主要分为两类：一是行业的竞争程度；二是市场谈判或议价能力。

企业战略分析的关键在于企业如何根据行业分析的结果，正确选择企业的竞争策略，使企业保持持久的竞争优势和高盈利能力。企业进行竞争的策略有许多，最重要的竞争策略主要有两种，即低成本竞争策略和产品差异策略。

企业战略分析是会计报表分析的基础和导向，在阅读与分析会计报表时，首先要对企业的战略定位进行评估，深入了解企业的经济状况和经济环境，并以此为基础判断企业的财务状况和资金使用等情况是否符合企业的战略要求，这样才能对企业作出正确的评价。

1.3.3 会计报表项目分析

报表使用者首先要阅读与分析会计报表中的各个项目，理解企业会计报表项目的含义和反映的内容。同时，要对重点项目进行深入分析，目的在于评价企业会计所反映的财务状况与经营成果的真实程度，对发现的由会计原则、会计政策等因素引起的会计信息差异，或者对由会计灵活性、会计估价的调整导致的财务信息偏差等进行调整和修正，还财务信息一个较为真实的面目，最大限度地消除企业对会计报表的粉饰。

1.3.4 财务业绩分析

进行财务业绩分析时，应根据分析的目的和要求选择正确的分析指标。债权人要进行企业偿债能力分析，就必须选择反映偿债能力的指标或反映流动性的指标进行分析，如流动比率指标、速动比率指标、资产负债率指标等。而一个潜在的投资者要进行对企业投资与否的决策分析，则应选择反映企业盈利能力的指标进行分析，如总资产报酬率、资本收益率及股利发放率等。正确选择与计算财务指标是正确判断与评价企业财务状况的关键所在，会计报表分析不仅要解释现象，而且应分析原因。

在对会计报表数据进行分析和修正的基础上，应进一步利用分析和修正后的会计报表数据对财务指标进行分析，因为修正后的财务指标能更准确地反映企业某方面的财务状况。

1.3.5 综合评价

综合评价阶段是会计报表分析实施阶段的继续。财务综合分析与评价是在应用各种财务分析方法的基础上，将定量分析结果、定性分析判断及实际调查情况结合起来，全面综合评价企业的财务状况，以得出评价结论的过程。得出综合评价结论是财务报告分析的关键步骤，结论的正确与否是判断会计报表分析质量的唯一标准。一个正确的分析结论的得出，往往需要经过反复验证。

1.4 财务报表分析的基本方法

决策依赖于评价，而评价建立在对比的基础上。究其本质，企业财务报表分析就是通过对比来发现问题，进而分析问题和解决问题。因此，企业财务报表分析的灵魂在于对比。

一般来说，根据对比的对象不同，财务报表分析可以使用多种分析方法。企业某年度的财务报表数据，可以将企业当期（分析期）的财务状况信息（特别指会计报表信息资料）与反映企业前期或历史上某一时期（基期）财务状况的信息进行对比，以观察企业各项经营业绩或财务状况的发展变动情况，这种方法通常称为水平分析法；可以在同一类项目之间进行对比，用以考察某特定项目在该类项目中所占比重，这种方法通常称为垂直分析法；也可以在相互联系的不同类别项目之间进行对比，以揭示相互之间的依存关系和基本状况，这种方法就是最常用的比率分析法；还可以采用研究财务指标影响因素的程度和方向的因素分析法；更可以将各项目数据与同行业先进水平、平均水平甚至竞争对手的相关数据进行对比，以判断该企业在行业内的竞争优势和相对地位，这便构成了比较分析法的基本内容。除此之外，也可以对各项目逐项展开分析，根据其自身特征和管理要求，在结合企业具体经营环境和经营战略的基础上，对其质量进行评价与判断，这也是一种非常有效的分析方法。这种方法将各项目按照具体的经济活动建立起广泛和多层次的联系，在分析各项目具体质量的基础上判断企业财务状况的整体质量（当然这种方法也离不开各项目之间的对比）。这种分析方法就是项目质量分析法，即对企业的资产负债表、利润表、现金流量表等财务报表各项目展开全面的质量分析，在此基础上对企业的资产质量、资本结构质量、利润质量以及现金流量质量加以判断，最终对企业财务状况的整体质量进行评价，并据以预测企业的发展前景。

1.4.1 水平分析法

水平分析法，又称趋势分析法或者横向分析法，是指将企业当期（分析期）的财务状况信息（特别指会计报表信息资料）与反映企业前期或历史上某一时期（基期）财务状况的信息进行对比，以观察企业各项经营业绩或财务状况的发展变动情况的一种分析方法。

水平分析的目的在于：①确定引起财务状况与经营成果变动的主要项目；②确定变动趋势的性质是否有利；③预测将来的发展趋势。

水平分析法的基本要点是，将报表资料中不同时期的同项数据进行对比。对比的方式有以下几种。

（1）通过绝对值的变动进行对比，其计算公式是：

绝对值变动数量 = 分析期某项指标实际数 − 基期同项指标实际数

（2）通过增减变动率进行对比，其计算公式是：

$$变动率 = \frac{绝对值变动数量}{基期实际数量} \times 100\%$$

（3）通过变动比率值进行对比，其计算公式是：

$$变动比率值 = \frac{分析期实际数值}{基期实际数值}$$

上式中所说的基期，既可指上年度，也可指以前某年度。

水平分析法在会计报表项目分析中应用较多，分析者可以编制会计报表的水平分析表，对报表项目进行水平分析。

【例1-1】某企业资产负债表见表1-1，试运用水平分析法分析资产负债表的变动情况并做出评价。

表1-1　　　　　　　　某企业资产负债表（简表）　　　　　　　　单位：万元

资产	期末	期初	负债及股东权益	期末	期初
流动资产：			流动负债：		
货币资金	63 554.66	18 098.13	短期借款	27 000.00	27 500.00
应收票据	1 934.49	642.97	应付票据	5 378.15	4 475.23
应收账款	38 069.29	24 995.73	应付账款	23 048.07	18 445.92
预付款项	4 181.95	18 939.33	预收款项	7 126.10	7 102.68
其他应收款	6 242.36	9 668.05	应付职工薪酬	10 003.95	4 830.33
存货	30 674.23	19 691.86	应交税费	5 490.03	6 108.34
流动资产合计	144 656.97	92 036.09	应付利息	48.35	48.11

续表

资产	期末	期初	负债及股东权益	期末	期初
非流动资产:			其他应付款	2 140.65	1 833.98
可供出售金融资产	111 137.19	31 167.22	流动负债合计	80 235.31	70 344.59
长期股权投资	2 204.30	89.73	非流动负债:		
投资性房地产	0	0	递延所得税负债	19 015.59	9 334.78
固定资产	22 471.91	19 406.12	非流动负债合计	19 015.59	9 334.78
在建工程	22.40	279.85	负债合计	99 250.90	79 679.38
无形资产	2 264.86	1 613.11	所有者权益:		
商誉	3 551.64	0	实收资本（或股本）	17 175.00	10 600.00
长期待摊费用	9.84	18.08	资本公积	106 333.06	19 664.95
递延所得税资产	995.41	1 282.63	减：库存股	0	0
非流动资产合计	142 657.55	53 856.74	盈余公积	4 051.28	2 923.37
			未分配利润	50 580.87	28 326.89
			归属母公司股东权益	178 140.21	61 515.21
			少数股东权益	9 923.41	4 698.24
			股东权益合计	188 063.62	66 213.45
资产总计	287 314.52	145 892.83	负债和所有者权益总计	287 314.52	145 892.83

解：资产负债表的水平分析。编制资产负债表变动情况分析表见表 1-2。

表 1-2 资产负债表变动情况分析表 金额单位：万元

资产	期末	期初	变动额	变动率（%）	对总资产的影响（%）
流动资产:					
货币资金	63 554.66	18 098.13	45 456.53	251.17	31.16
应收票据	1 934.49	642.97	1 291.52	200.87	0.89
应收账款	38 069.29	24 995.73	13 073.56	52.30	8.96
预付款项	4 181.95	18 939.33	-14 757.38	-77.92	-10.12
其他应收款	6 242.36	9 668.05	-3 425.69	-35.43	-2.35
存货	30 674.23	19 691.86	10 982.37	55.77	7.53
流动资产合计	144 656.97	92 036.09	52 620.88	57.17	36.07
非流动资产:					
可供出售金融资产	111 137.19	31 167.22	79 969.97	256.58	54.81
长期股权投资	2 204.30	89.73	2 114.57	2 356.59	1.45
投资性房地产	0	0	0	0	0

财务报表分析

续表

资产	期末	期初	变动额	变动率（％）	对总资产的影响（％）
固定资产	22 471.91	19 406.12	3 065.79	15.80	2.10
在建工程	22.40	279.85	-257.45	-92.00	-0.18
无形资产	2 264.86	1 613.11	651.75	40.40	0.45
商誉	3 551.64	0	3 551.64	—	2.43
长期待摊费用	9.84	18.08	-8.24	-45.58	-0.01
递延所得税资产	995.41	1 282.63	-287.22	-22.39	-0.20
非流动资产合计	142 657.55	53 856.74	88 800.81	164.88	60.87
资产总计	287 314.52	145 892.83	141 421.69	96.94	96.94
流动负债：					
短期借款	27 000.00	27 500.00	-500.00	-1.82	-0.34
应付票据	5 378.15	4 475.23	902.92	20.18	0.62
应付账款	23 048.07	18 445.92	4 602.15	24.95	3.15
预收款项	7 126.10	7 102.68	23.42	0.33	0.02
应付职工薪酬	10 003.95	4 830.33	5 173.62	107.11	3.55
应交税费	5 490.03	6 108.34	-618.31	-10.12	-0.42
应付利息	48.35	48.11	0.24	0.50	0.00
其他应付款	2 140.65	1 833.98	306.67	16.72	0.21
流动负债合计	80 235.31	70 344.59	9 890.72	14.06	6.78
非流动负债：					
递延所得税负债	19 015.59	9 334.78	9 680.81	103.71	6.64
非流动负债合计	19 015.59	9 334.78	9 680.81	103.71	6.64
负债合计	99 250.90	79 679.38	19 571.52	24.56	13.41
所有者权益：					
实收资本（或股本）	17 175.00	10 600.00	6 575.00	62.03	4.51
资本公积	106 333.06	19 664.95	86 668.11	440.72	59.41
减：库存股	0	0	0	0	0
盈余公积	4 051.28	2 923.37	1 127.91	38.58	0.77
未分配利润	50 580.87	28 326.89	22 253.98	78.56	15.25
归属母公司股东权益	178 140.21	61 515.21	116 625.00	189.59	79.94
少数股东权益	9 923.41	4 698.24	5 225.17	111.22	3.58
股东权益合计	188 063.62	66 213.45	121 850.17	184.03	83.52
负债和所有者权益总计	287 314.52	145 892.83	141 421.69	96.94	96.94

资产负债表变动情况分析评价如下：

第一，总体上看，总资产规模增加，与期初相比增加了 141 421.69 万元，增加幅度为96.94%。其中，货币资金和可供出售金融资产对总资产的影响分别为31.16%和54.81%，应收账款和存货对总资产的影响分别为8.96%和7.53%。另外，长期股权投资自身变动很大，达到2 356.59%；应收票据自身变动也较大，达到200.87%。但这两项对总资产的影响相对较小。从具体项目看：

①货币资金增加了45 456.53万元，增长幅度为251.17%。货币资金的大幅增加，有助于提高企业资产的流动性，提高企业的偿债能力。企业货币资金的增长可能是由销售规模的变动引起的，应结合企业销售收入增长进行分析。货币资金增长幅度过大，造成了资金的闲置与浪费，会对企业生产经营产生不利影响。

②企业的可供出售金融资产增长79 969.97万元，增长幅度为256.58%，对总资产的影响为54.81%。可见，企业将大量资金用于购买可供出售金融资产。应结合企业利润表内容，考察企业的投资收益增长情况，以判断企业金融资产的投资是否有成效。同时需要考虑，金融资产资金占用可能对企业的生产经营造成的影响。

③应收账款增加了13 073.56万元，增长幅度为52.30%，对总资产的影响为8.96%。应结合企业营业收入增长幅度进行分析。

④存货增加了10 982.37万元，增长幅度为55.77%，对总资产的影响为7.53%。对照企业货币资金的增加，这应该是企业销售规模的扩大引起的，应结合企业营业收入增长进行分析。

⑤长期股权投资增长幅度达到2 356.59%，关于此项目的分析，应结合企业这个期间的对外投资行为进行。

⑥在建工程减少257.45万元，减少幅度为92.00%，说明企业的在建工程大部分完工，这也是固定资产增加的一个原因。

⑦商誉从无到有增加3 551.64万元，对总资产的影响为2.43%。这可能是由于企业合并造成的。

第二，权益方面分析，权益总额较上一年同期增长141 421.69万元，增加幅度为96.94%，说明企业权益总额有较大幅度增长。从具体项目看：

①负债增加19 571.52万元，增长幅度为24.56%，对总资产的影响为13.41%。其中非流动负债增长103.71%，全部由递延所得税负债引起，这说明企业资产的账面价值大于其计税基础或负债的账面价值小于其计税基础，从而产生了较大的应纳税暂时性差异；流动负债增长幅度为14.06%，主要受应付账款和应付职工薪酬影响。

②所有者权益增加121 850.17万元，增长幅度为184.03%，对总资产的影响达到83.52%。主要受资本公积和未分配利润影响。其中，资本公积增长440.72%，这可能是由于公司增发股票引起的。未分配利润增长22 253.98万元，增长幅度为78.56%。企业从当年盈利中留用了22 253.98万元，这说明企业的经营状况还是不错的。

应当指出,水平分析法通过将企业报告期的财务会计资料与前期资料进行对比,揭示了各方面存在的问题,为全面深入分析企业财务状况奠定了基础,因此水平分析法是会计报表分析的基本方法。

1.4.2 垂直分析法

垂直分析法又称结构分析法、纵向分析法或者共同比分析法。它是以财务报表中的某个总体指标作为100%,再计算出其各组成项目占该总体指标的百分比,从而比较各个项目百分比的增减变动,揭示各个项目的相对地位和总体结构关系,以利于分析比较同一报表内各项目变动的适当性,判断有关财务活动的变化趋势。因此,垂直分析法既可用于静态的结构分析,也可用于动态的趋势分析。

垂直分析与水平分析不同,它的基本点不是将企业当期的分析数据直接与前期进行对比,得出变动量和变动率,而是通过计算各个项目占总体的比重或结构来进行比较分析。垂直分析反映报表中的各个项目与项目总体之间的关系及其变动情况。

垂直分析法通常运用于资产负债表和利润表的结构分析。在对资产负债表进行结构分析时,资产类项目通常以总资产的百分率表示,反映各项资产在总资产中所占比重,以观察企业资产的流动性和各项资产所占比例是否适当;权益类项目通常以负债和所有者权益总计金额(即总权益)的百分率表示,分别计算各负债项目和所有者权益项目占总权益的比重,以分析资本结构的合理性。在对利润表进行结构分析时,由于营业收入是计算净利润的起点,因而通常将营业收入设为100%,分别计算各项收入、费用和利润项目占营业收入的比重,以反映各项收入对利润的贡献程度和各项费用开支的合理性。

为了进一步考察各类项目的内在构成情况,也可以将各类项目的总额设定为100%。例如,为了分析流动资产的结构,可以将流动资产合计设为100%,分别计算各流动资产项目所占比例。同理,在分析负债的结构时可以将负债合计设为100%,分别计算各流动负债项目和非流动负债项目所占比例。

垂直分析法的一般步骤是:

(1) 确定报表中各项目占总额的比重或百分比,其计算公式是:

$$某项目的比重 = \frac{该项目金额}{各项目总金额} \times 100\%$$

(2) 通过各项目的比重,分析各项目在企业经营中的重要性。一般项目比重越大,说明其重要程度越高,对总体的影响越大。

(3) 将分析期各项目的比重与前期同项目比重进行对比,研究各项目的比重变动情况。也可将本企业报告期项目比重与同类企业的可比项目比重进行对比,研究本企业与同类企业的不同,总结取得的成绩和存在的问题。

【例1-2】 某企业资产负债表见表1-1，试运用垂直分析法分析资产负债表结构变动情况并做出评价。

解：资产负债表的垂直分析。编制资产负债表结构变动分析表见表1-3。

表1-3　　　　　　　　　　资产负债表结构变动分析表　　　　　　　金额单位：万元

项目	期末	期初	期末（%）	期初（%）	变动情况（%）
流动资产：					
货币资金	63 554.66	18 098.13	22.12	12.41	9.71
应收票据	1 934.49	642.97	0.67	0.44	0.23
应收账款	38 069.29	24 995.73	13.25	17.13	-3.88
预付款项	4 181.95	18 939.33	1.46	12.98	-11.52
其他应收款	6 242.36	9 668.05	2.17	6.63	-4.46
存货	30 674.23	19 691.86	10.68	13.50	-2.82
流动资产合计	144 656.97	92 036.09	50.35	63.08	-12.73
非流动资产：					
可供出售金融资产	111 137.19	31 167.22	38.68	21.36	17.32
长期股权投资	2 204.30	89.73	0.77	0.06	0.71
投资性房地产	0	0	0	0	0
固定资产	22 471.91	19 406.12	7.82	13.30	-5.48
在建工程	22.40	279.85	0.01	0.19	-0.18
无形资产	2 264.86	1 613.11	0.79	1.11	-0.32
商誉	3 551.64	0	1.24	0	1.24
长期待摊费用	9.84	18.08	0	0.01	-0.01
递延所得税资产	995.41	1 282.63	0.35	0.88	-0.53
非流动资产合计	142 657.55	53 856.74	49.65	36.92	12.73
资产总计	287 314.52	145 892.83	100	100	0
流动负债：					
短期借款	27 000.00	27 500.00	9.40	18.85	-9.45
应付票据	5 378.15	4 475.23	1.87	3.07	-1.20
应付账款	23 048.07	18 445.92	8.02	12.64	-4.62
预收款项	7 126.10	7 102.68	2.48	4.87	-2.39
应付职工薪酬	10 003.95	4 830.33	3.48	3.31	0.17
应交税费	5 490.03	6 108.34	1.91	4.19	-2.28
应付利息	48.35	48.11	0.02	0.03	-0.02
其他应付款	2 140.65	1 833.98	0.75	1.26	-0.51

续表

项目	期末	期初	期末（%）	期初（%）	变动情况（%）
流动负债合计	80 235.31	70 344.59	27.93	48.22	-20.29
非流动负债：					
递延所得税负债	19 015.59	9 334.78	6.62	6.40	0.22
非流动负债合计	19 015.59	9 334.78	6.62	6.40	0.22
负债合计	99 250.90	79 679.38	34.54	54.62	-20.08
所有者权益：					
实收资本（或股本）	17 175.00	10 600.00	5.98	7.27	-1.29
资本公积	106 333.06	19 664.95	37.01	13.48	23.53
减：库存股	0	0	0	0	0
盈余公积	4 051.28	2 923.37	1.41	2.00	-0.59
未分配利润	50 580.87	28 326.89	17.60	19.42	-1.82
归属母公司股东权益	178 140.21	61 515.21	62.00	42.16	19.84
少数股东权益	9 923.41	4 698.24	3.45	3.22	0.23
股东权益合计	188 063.62	66 213.45	65.46	45.38	20.08
负债和所有者权益总计	287 314.52	145 892.83	100	100	0

资产负债表结构变动分析评价：

①从企业资产结构方面看，本期和上期相比变化较大。与期初相比，公司非流动资产占比增加较大，流动资产占比下降。在非流动资产中，可供出售金融资产占比增加较大，而固定资产占比下降。要注意这种情况对于企业经营生产能力所产生的影响。在流动资产中，货币资金占比呈现上升趋势，表明虽然流动资产占比下降，整体流动性并没有受到显著影响。

②从权益结构方面看，所有者权益比重上升超过20%。权益比重上升主要源于资本公积，表明企业在该会计期间可能增发股票。

③从资产结构与权益结构的对应关系看，非流动资产比重增加的同时，权益资金同比例增加；在流动资产比重下降的同时，流动负债也在下降。结构的变动，没有给企业带来额外的财务风险。

1.4.3　比率分析法

比率分析法是把某些彼此存在关联的项目加以对比，计算出比率，据以确定经济活动变动程度的分析方法。其作用为：（1）由于比率是相对数，采用这种方法能够把某些条件下的不可比指标变为可以比较的指标，将复杂的财务信息加以简化，以利于分析；(2) 它揭示了报告期内各有关项目（有时还包括表外项目，如附注中的项目）之间的相关性，实际上产生了许多在决策中更有用的新信息。

比率分析法是会计报表分析最基本和最重要的方法。正因为如此，有人甚至将会计报表分析与比率分析等同起来。比率分析法实质上是将影响财务状况的两个相关因素联系起来，通过计算比率反映它们之间的关系，借以评价企业财务状况和经营状况的一种会计报表分析方法。例如，流动比率就是将流动资产与流动负债相比计算得出的，其计算公式如下：

$$流动比率 = \frac{流动资产}{流动负债}$$

比率分析法以其简单明了、可比性强等优点在会计报表、报告分析实践中被广泛采用。本书第9章将详细介绍各种常用的财务比率。

1.4.4 比较分析法

比较分析法是通过比较不同的数据，发现规律性的东西并找出与被比较对象的差别的一种分析法，用于比较的可以是绝对数，也可以是相对数，其主要作用在于揭示指标间客观存在的差距，并为进一步分析指明方向。比较形式可以是本期实际与以前各期的比较，可以是本期实际与计划或定额指标的比较，也可以将企业相关项目和指标与国内外同行业平均水平或者先进水平进行比较。比较时要特别注意企业分析指标与比较标准之间的可比性，即与选择的比较标准在内容、期间、计算口径、计价基础、总体性质等各方面均应具有一致性。

常用的比较标准有基期标准、预期标准、行业标准等。

（1）基期标准。

基期标准通常是指前期实际发生的、已经成为历史数据的比较标准。它反映企业分析指标的历史水平，可以是上期指标、往年同期指标或者历史上任意时期的指标。将企业分析指标与基期标准进行比较，可以对分析指标改进情况、发展方向和变动趋势进行评价。

（2）预期标准。

预期标准是指企业预先确定的比较标准，通常可以根据企业制订的计划、预算以及各部门相应责任加以确定，它反映企业分析指标的目标水平。将企业分析指标与预期标准进行比较，可以对企业完成计划、预算、定额或者责任指标的情况进行评价，作为衡量企业目标是否达成的重要依据。

（3）行业标准。

行业标准是指企业所在行业的同类指标比较标准，反映分析指标的行业水平。行业标准可以是本行业的平均水平，也可以是本行业的先进水平，还可以是本企业的标杆水平。将企业分析指标与行业标准进行比较，可以对企业在本行业中的地位和相对竞争优势或劣势进行评价，找出本企业与行业先进水平或者与标杆企业之间的差距，为企业今后的发展指明方向。

1.4.5 因素分析法

因素分析法是指依据分析指标与其影响因素之间的关系，按照一定的程序和方法，确定各因素对分析指标差异影响程度的一种技术方法。因素分析法是企业经营活动分析，特别是成本分析中最重要的方法之一。

因素分析法根据其分析特点可分为连环替代法和差额计算法两种。

1.4.5.1 连环替代法

连环替代法是因素分析法的基本形式，有人甚至将连环替代法与因素分析法看成同一概念，即连环替代法就是因素分析法，或因素分析法就是连环替代法。连环替代法的名称是由其分析程序的特点决定的。为了正确理解连环替代法，首先应明确连环替代法的一般程序或步骤。

（1）连环替代法的程序。连环替代法的程序由以下五个步骤组成：

第一步，确定分析指标与其影响因素之间的关系。确定分析指标与其影响因素之间关系的方法，通常是指标分解法，即将经济指标在计算公式的基础上进行分解或扩展，从而得出各影响因素与分析指标之间的关系式。例如，对于总资产报酬率指标，要确定它与影响因素之间的关系，可将其按下式进行分解：

$$\begin{aligned}
&\text{总资产报酬率} \\
&= \frac{\text{息税前利润}}{\text{平均资产总额}} \times 100\% \\
&= \frac{\text{销售净额}}{\text{平均资产总额}} \times \frac{\text{息税前利润}}{\text{销售净额}} \times 100\% \\
&= \frac{\text{总产值}}{\text{平均资产总额}} \times \frac{\text{销售净额}}{\text{总产值}} \times \frac{\text{息税前利润}}{\text{销售净额}} \times 100\% \\
&= \text{总资产产值率} \times \text{产品销售率} \times \text{销售（息税前）利润率}
\end{aligned}$$

分析指标与影响因素之间的关系式，既说明了哪些因素影响分析指标，又说明了这些因素与分析指标之间的比例关系及排列顺序。如上式中影响总资产报酬率的有总资产产值率、产品销售率和销售利润率三个因素，它们都与总资产报酬率呈正比例关系，它们的排列顺序为：首先是总资产产值率，其次是产品销售率，最后是销售利润率。

第二步，根据分析指标的报告期数值与基期数值列出两个关系式（或指标体系），确定分析对象。例如，对于总资产报酬率而言，两个指标体系是：

基期总资产报酬率＝基期资产产值率×基期产品销售率×基期销售利润率

实际总资产报酬率＝实际资产产值率×实际产品销售率×实际销售利润率

分析对象＝实际总资产报酬率－基期总资产报酬率

第三步，连环顺序替代，计算替代结果。所谓连环顺序替代，就是以基期指标体系为计算基础，用实际指标体系中的每一因素的实际数依次替代其相应的基期数，每次替代一个因素，替代后的因素被保留下来。所谓计算替代结果，就是在每次替代后，按关系式计算其结果。有几个因素就替代几次，并相应确定计算结果。

第四步，比较各因素的替代结果，确定各因素对分析指标的影响程度。比较替代结果是连环进行的，即将每次替代所计算的结果与这一因素被替代前的结果进行对比，两者的差额就是替代因素对分析对象的影响程度。

第五步，检验分析结果。检验分析结果即将各因素对分析指标的影响额相加，其代数和应等于分析对象。如果两者相等，则说明分析结果可能正确；如果两者不相等，则说明分析结果一定错误。

连环替代法的程序和步骤是紧密相连、缺一不可的，尤其是前四个步骤，任何一步出现错误，都会产生错误结果。

连环替代法的具体应用详见第10章"财务报表综合分析与业绩评价"。在运用杜邦分析体系进行综合分析时，可采用因素分析法进行影响因素分析。

（2）应用连环替代法时应注意的问题。连环替代法作为因素分析法的主要形式，在实践中应用比较广泛，但是，应用连环替代法的过程中必须注意以下四个问题：

第一，因素分解的相关性问题。所谓因素分解的相关性，是指分析指标与其影响因素之间必须真正相关，即有实际经济意义。各影响因素的变动确实能说明分析指标差异产生的原因。这就是说，经济意义上的因素分解与数学上的因素分解不同，不是在数学算式上相等就行，而要看其经济意义。例如，将影响材料费用的因素分解为下面两个等式，从数学角度来看都是成立的：

材料费用＝产品产量×单位产品材料费用

材料费用＝工人人数×每人消耗材料费用

但是，从经济意义角度说，只有前一个因素分解式是正确的，后一因素分解式在经济上没有任何意义。因为工人人数和每人消耗材料费用到底是增加有利还是减少有利，无法通过这个式子说清楚。当然，有经济意义的因素分解式并不是唯一的，一个经济指标从不同角度来看，可分解为不同的有经济意义的因素分解式。这就需要我们在因素分解时，根据分析的目的和要求，确定合适的因素分解式，以找出分析指标变动的真正原因。

第二，分析前提的假定性。所谓分析前提的假定性是指在分析某一因素对经济指标差异的影响时,必须假定其他因素不变,否则就不能分清各单一因素对分析对象的影响程度。但是实际上,有些因素对经济指标的影响是共同作用的结果,共同影响的因素越多,这种假定的准确性就越差,分析结果的准确性也就会降低。因此,在因素分解时,并非分解的因素越多越好,而应根据实际情况,具体问题具体分析,尽量减少对相互影响较大的因素进行再分解,使之与分析前提的假设基本相符。否则,因素分解过细,从表面看有利于分清原因和责任,但是在共同影响因素较多时,反而会影响分析结果的正确性。

第三,因素替代的顺序性。前面谈到,在因素分解时,不仅因素确定要准确,而且因素排列顺序也不能交换,这里要特别强调的是,因素分解不能遵循数学上的乘法交换律,因为分析前提的假定性导致在进行因素分解时,按不同顺序计算的结果是不同的。那么,如何确定正确的替代顺序呢?这是一个在理论上和实践中都没能得到很好解决的问题。传统的方法是依据数量指标在前、质量指标在后的原则排列的,现在也有人提出依据重要性原则排列,即主要的影响因素排在前面,次要的影响因素排在后面。但是无论何种排列方法,都缺少坚实的理论基础。正因为如此,许多人对连环替代法提出异议,并试图加以改善,但至今仍无公认的解决方法。一般来说,替代顺序在前的因素对经济指标影响的程度不受其他因素影响或受影响较小,排列在后的因素中含有其他因素共同作用的成分,从这个角度来看,为分清责任,将对分析指标影响较大的,并能明确责任的因素放在前面可能要好一些。

第四,顺序替代的连环性。连环性是指在确定各因素变动对分析对象的影响时,都是将某因素替代后的结果与该因素替代前的结果进行对比,一环套一环。这样既能保证各因素对分析对象影响结果的可分性,又便于检验分析结果的准确性。因为只有连环替代并确定各因素影响额,才能保证各因素对经济指标的影响之和与分析对象相等。

连环替代法的计算分析过程如下:

设 $F = A \times B \times C$,

则基数(计划、上年、同行业先进水平)$F_0 = A_0 \times B_0 \times C_0$。

实际数:$F_1 = A_1 \times B_1 \times C_1$

基数:$F_0 = A_0 \times B_0 \times C_0$ ①

置换 A 因素:$A_1 \times B_0 \times C_0$ ②

置换 B 因素:$A_1 \times B_1 \times C_0$ ③

置换 C 因素:$A_1 \times B_1 \times C_1$ ④

实际数与基数的总变动:④ - ①

其中,

② - ①即为 A 因素变动的影响;

③ - ②即为 B 因素变动的影响；

④ - ③即为 C 因素变动的影响。

1.4.5.2 差额计算法

差额计算法是连环替代法的一种简化形式，当然也是因素分析法的一种形式。差额计算法作为连环替代法的简化形式，其因素分析的原理与连环替代法是相同的。其区别只在分析程序上，差额计算法比连环替代法更简化，即它可以直接利用各影响因素的实际数与基期数的差额，在其他因素不变的条件下，计算各个因素对分析指标的影响程度，或者说差额计算法是将连环替代法的第三步骤和第四步骤合并为一个步骤来进行操作的。

这个步骤的基本点就是：确定各因素实际数与基期数之间的差额，并在此基础上乘以排列在该因素前面各因素的实际数和排列在该因素后面各因素的基期数，所得出的结果就是该因素变动对分析指标的影响数。

应当指出，应用连环替代法应注意的问题，在应用差额计算法时同样要注意。除此之外，还应注意的是，并非所有连环替代法都可按上述差额计算法的方式进行简化，特别是在各影响因素之间不是连乘的情况下，运用差额计算法必须慎重。

差额计算法的计算分析过程如下：

设 $F = A \times B \times C$，

基数（计划、上年、同行业先进水平） $F_0 = A_0 \times B_0 \times C_0$。

实际 $F_1 = A_1 \times B_1 \times C_1$，

则实际数与基数的总变动：$A_1 \times B_1 \times C_1 - A_0 \times B_0 \times C_0$ ①

其中，

A 因素的影响：$(A_1 - A_0) \times B_0 \times C_0$ ②

B 因素的影响：$A_1 \times (B_1 - B_0) \times C_0$ ③

C 因素的影响：$A_1 \times B_1 \times (C_1 - C_0)$ ④

① = ② + ③ + ④

【例 1-3】资料：假定 A 产品的直接材料费用定额为 800 000 元，实际为 851 400 元。有关资料如表 1-4 所示。

表 1-4

项目	产量（件）	单耗量（公斤）	单价（元）	材料费用（元）
定额	1 000	20	40	800 000
实际	1 100	18	43	851 400
差异	+100	-2	+3	+51 400

要求：分别采用连环替代法和差额计算法计算产品产量、材料单耗量和材料单价三项因素对产品直接材料费用超支 51 400 元的影响程度。

解：（1）连环替代法。

材料费用定额指标：　　　1 000 × 20 × 40 = 800 000（元）　　　　　　　　　①

第一次替代：　　　　　　1 100 × 20 × 40 = 880 000（元）　　　　　　　　　②

第二次替代：　　　　　　1 100 × 18 × 40 = 792 000（元）　　　　　　　　　③

第三次替代（实际）：　　1 100 × 18 × 43 = 851 400（元）　　　　　　　　　④

② - ① = 880 000 - 800 000 = + 80 000（元）　　　　　　　产量增加的影响

③ - ② = 792 000 - 880 000 = - 88 000（元）　　　　　　　材料单耗的影响

④ - ③ = 851 400 - 792 000 = + 59 400（元）　　　　　　　单价提高的影响

80 000 - 88 000 + 59 400 = + 51 400（元） = ④ - ①　　　各因素综合影响

（2）差额计算法。

材料费用定额指标：1 000 × 20 × 40 = 800 000（元）

材料费用实际指标：1 100 × 18 × 43 = 851 400（元）

实际与定额的差异额：851 400 - 800 000 = + 51 400（元）

其中，

产量增加的影响：

（1 100 - 1 000）× 20 × 40 = + 80 000（元）

材料单耗的节约的影响：

1 100 ×（18 - 20）× 40 = - 88 000（元）

材料单价提高的影响：

1 100 × 18 ×（43 - 40）= + 59 400（元）

全部因素的综合影响：

80 000 - 88 000 + 59 400 = + 51 400（元）

1.4.6　项目质量分析法

项目质量分析法主要是通过对财务报表各项目的规模、结构以及状态进行分析，还原企业所发生的经营活动和理财活动，并根据各项目自身特征和管理要求，结合企业具体经营环境和经营战略，对各项目的质量进行评价。在此基础上，还可以对企业整体的资产质量、资本结构质量、利润质量以及现金流量质量进行分析与评价，最终对企业财务状况质量做出整体判断。

在进行项目质量分析时，通常不需要面面俱到地对报表中的每一个项目进行分析，而是可以根据重要性原则和例外原则，找出重大项目和异动项目，这样更便于提高分析效率。对于每个企业来说，其重大项目和异动项目会因企业所处的行业、自身经营战略的选择，以及具体业务环境不同而有所不同。因此，每个企业在利用项目质量分析法进行分析时，需要分析的项目可能不同。这就意味着，项目质量分析法更像是为每个企业量身定做的个性化的分析方案，而并不是像比率分析法那样，对每个企业的财务状况都采用统一的一套财务指标体系进行衡量。

在上市公司年报"经营情况讨论与分析"中，通常都会包含"资产及负债状况"这一部分内容，通过一张表来揭示资产和负债构成的重大变动情况，这实际上就是采用重要性原则和例外原则对重大项目和异动项目所进行的列示（当然也可以根据实际情况适当添加一些项目）。格力电器 2016 年资产和负债构成的重大变动情况如表 1－5 所示。

表 1－5　格力电器 2016 年资产和负债构成的重大项目和重大变动情况表

项目	2016 年末 金额（元）	占总资产比例	2015 年末 金额（元）	占总资产比例	比重增减
货币资金	95 613 130 731.47	52.43%	88 819 798 560.53	54.93%	－2.50%
应收票据	29 963 355 478.45	16.45%	14 879 805 537.96	9.20%	101.34%
应收账款	2 960 534 651.37	1.62%	2 879 212 111.93	1.78%	－0.16%
预付款项	1 814 945 790.78	0.99%	847 929 149.71	0.53%	114.03%
存货	9 024 905 239.41	4.95%	9 473 942 712.51	5.86%	－0.91%
投资性房地产	597 736 633.95	0.33%	491 540 849.66	0.30%	0.03%
长期股权投资	103 913 171.51	0.06%	95 459 187.55	0.06%	0
固定资产	17 681 655 478.06	9.70%	15 431 813 077.20	9.54%	0.16%
在建工程	581 543 756.84	0.32%	2 044 837 830.02	1.26%	－0.94%
无形资产	3 355 276 284.72	1.84%	2 656 143 811.74	1.64%	26.32%
递延所得税资产	9 667 717 152.15	5.30%	8 764 376 136.27	5.42%	10.31%
短期借款	10 701 081 645.32	5.87%	6 276 660 136.03	3.88%	1.99%
应付票据	9 127 336 849.68	5.00%	7 427 635 753.74	4.59%	22.87%
应付账款	29 541 466 861.10	16.20%	24 794 268 372.47	15.33%	19.15%
预收款项	10 021 885 515.93	5.49%	7 619 598 042.86	4.71%	31.51%
其他流动负债	59 758 848 571.94	32.76%	55 007 851 867.48	34.02%	8.65%

项目质量分析法通常需要借助报表附注披露的内容以及一些表外信息开展分析。

总体来说，前五种分析方法基本上属于传统的财务报表分析方法，发展至今已经较为成熟。这些方法中以系统化的比率分析法为主体，侧重于对企业的盈利能力、偿债能力、营运能力、发展能力等方面做出分析与评价。然而，这些传统的财务报表分析方法具有相当大的局限性，有些财务比率过于滞后、过于绝对化，难以对企业财务状况的整体质量做出全面客观的评价。例如，一些上市公司报表中的净利润背后隐藏的是政府给予税收优惠等多方面的支持，扭亏为盈的根源是盈余管理和政府买单，业务规模迅速扩张的原因是大规模并购中的数字游戏，等等。如果不分析蕴藏在财务报表数据背后的经济实质，财务分析结论就会导致投资者、债权人、企业经营者、公众、竞争对手等利益相关者以偏概全，甚至做出非常错误的决策，影响社会资源的优化配置。

因此，在财务报表分析方法的运用上，应将多种方法有机整合，并不断加以完善和创新，在财务数据的基础上更多地结合其他相关信息，只有这样才能为财务信息使用者提供更科学有效的决策依据。

【思考题】

1. 财务报表分析经历了怎样的演变过程，发展趋势如何？
2. 根据我国现行的《企业会计准则》，企业需要编制的基本报表有哪些？
3. 如何理解财务报表分析的概念？
4. 财务报表分析的主体通常有哪些？各自有什么分析目的？
5. 主要的财务报表分析方法有哪些？
6. 运用因素分析法应注意哪些问题？
7. 试述财务报表分析的基本步骤。

【案例讨论与分析】

案例一 海润光伏的债务危机

（一）案例介绍

海润光伏，主要从事以下生产经营业务：研究、开发、生产、加工单晶硅片、单晶硅棒、多晶硅锭、多晶硅片；从事单、多晶硅太阳能电池片、组件的批发及进出口业务（不涉及实行国有贸易管理的商品，涉及配额、许可证管理商品的，按国家有关规定办理申请）；太阳能发电项目施工总承包、专业分包、电站销售。

近年来，国内外光伏行业的震荡调整、公司股权结构分散等多种原因，导致公司经营逐步陷入困境，公司融资能力和渠道逐步受限，由于公司流动资金短缺，贷款逾期金额较大，财务费用无法有效控制，导致经营持续亏损，并产生大量的逾期负债、诉讼纠纷，持续经营能力存在重大不确定性。面对公司目前所面临的困难局面和严峻形势，公司董监高及全体员工始终没有放弃，在相关方面的支持和指导下，努力维护公司局面。

2018年，海润的预计亏损额在25亿元至37亿元之间，已逾期贷款金额达36亿元。据记者走访，目前海润光伏主要基地均已停产，部分子公司已进入破产程序，仅江阴鑫辉所欠职工薪资等款项就达到千万元。2019年4月27日，*ST海润公告，收到江苏省太仓市人民法院送达的《民事裁定书》，受理上海开若纳科技有限公司对奥特斯维（太仓）有限公司的破产清算申请。海润光伏2014—2018年的财务报表主要数据详见表1-6。

表1-6　　　　　海润光伏2014—2018年财务报表主要数据　　　　单位：百万元

项目	2014年	2015年	2016年	2017年	2018年
营业收入	4 958	6 089	4 519	3 256	878
营业成本	4 352	4 944	3 648	3 119	744
投资收益	7	265	58	22	86
利润总额	59 233	33 082	-1 289	-2 445	-3 534
净利润	-978	78	-1 317	-2 465	-3 742
经营活动净现金流量	-523	1 056	-902	-72	197
投资活动净现金流量	-1 043	-827	-1 008	-189	-64
筹资活动净现金流量	2 112	-562	2 665	-779	-203
流动资产	4 450	6 317	9 444	4 858	1 806
应收账款	304	882	3 426	3 083	759
固定资产	1 027	1 029	6 383	5 919	4 306
长期股权投资	4 362	4 380	397	403	299
无形资产	43	43	278	280	147
总资产	9 943	11 972	19 266	13 406	7 298
流动负债	3 408	5 805	11 073	9 236	7 550
非流动负债	413	116	4 520	3 007	2 316
所有者权益	6 123	6 051	3 673	1 164	-2 568

海润光伏从2017年开始有逾期未偿还的短期借款，2017年已逾期未偿还的短期借款总额为419 368 779.26元，2018年已逾期未偿还的短期借款总额为942 846 635.47元。海润光伏2014—2018年短期借款情况详见表1-7，长期借款情况详见表1-8。

表1-7　　　　　海润光伏2014—2018年短期借款情况　　　　单位：百万元

年份	质押借款	抵押借款	保证借款	贸易融资	保证+质押+抵押	保证+抵押	合计
2014	100		1 043	160			1 303
2015			511	276			787
2016	1 732	500	591	435			3 258
2017	890	98	108		169	750	2 015
2018	63		98	65	169	549	944

表 1-8　　　　　　　　海润光伏 2014—2018 年长期借款情况　　　　　　单位：百万元

年份	质押借款	抵押借款	保证借款	保证+抵押	合计
2014	1 426	191	594		2 211
2015	1 223	152			1 375
2016	1 293	334		80	1 707
2017	1 057	103			1 160
2018	925	94			1 019

（二）案例分析要求

1. 海润光伏如今的局势，与其债务危机有重要的关系，债权人在进行财务分析时的目标和内容是什么？请结合以上材料回答。

2. 面对海润光伏的债务危机情况，债权人对自己较为关心的海润光伏逾期未还款情况和企业的长短期借款情况进行分析，以了解企业的债务情况，请问根据分析的内容与范围的不同，这属于什么分析形式？除了这种分析形式外，还有哪种分析形式？

3. 2014 年以来海润光伏的经营业绩和财务状况如何？

案例二　格力电器的转型升级

（一）案例介绍

格力电器是一家多元化、科技型的全球工业集团，拥有格力、TOSOT、晶弘三大品牌，产业覆盖空调、生活电器、高端装备、通信设备等四大领域。

2015 年，在家电行业整体增速下滑的大环境下，格力全年实现营业总收入 1 005.64 亿元，较上一年下降 28.17%；实现归属于上市公司股东净利润 125.32 亿元，较上一年下降 11.46%。2016 年，也是格力电器的转型元年。格力电器凭借变革的勇气与智慧，把"转型、突破、创新"作为年度经营工作的指导思想，客观分析国内外经济形势，主动适应时代变化，在巩固现有空调市场份额的前提下，加速在智能装备、智能家居、模具等领域的产业转型。在《福布斯》发布的"全球上市公司 2 000 强"名单中排名 294，在《财富》（中文网）联合科尔尼咨询公司发布的"2018 年最具影响力创新企业榜"中位列第四，居家电行业第一，这展现了格力企业发展的硬实力与品牌影响力；在第二届中国品牌发展论坛上，"2018 年中国品牌价值百强榜"发布，格力以 687.53 亿元的品牌价值位列家电行业首位。

格力电器具有行业内领先的 PQAM 完美质量保证模式，为提供完美的产品和服务奠定基础；拥有规模庞大的空调生产线与完善的家电产业链，为加快拓展冰洗产品等产业领域提供庞大而健全的上下游保障；卓越的成本管控体系及稳健的财务模式，为集团转型升级提供充裕的资金保障；具有行业竞争力的人才培养及激励机制，为公司持续发展壮大奠定人才基础。

格力电器注重研发投入，建立研发体系，为集团注入创新动力。"一个没有创新的企业，是一个没有灵魂的企业；一个没有核心技术的企业是没有脊梁的企业，一个没有脊梁的人永远站立不起来。"格力电器坚持"自我发展，自主创新，自有品牌"的发展思路，为"中国创造"贡献更多的力量。格力电器的研发投入逐年增加，2014年，建有两个国家级技术研究中心，1个省级企业重点实验室，设有6个研究院和52个研究所；2015年"空调设备及系统运行节能国家重点实验室"获批国家重点实验室，设有7个研究院、52个研究所、近700个实验室；2018年格力电器具有全球最大的空调研发中心，拥有4个国家级研发中心，14个研究院，900多个实验室，近1.2万名研发人员。

格力电器2014—2018年的财务报表主要数据见表1-9。

表1-9　　　　　格力电器2014—2018年的财务报表主要数据　　　　单位：百万元

项目	2014年	2015年	2016年	2017年	2018年
营业收入	137 750	97 745	108 303	148 286	198 123
营业成本	88 022	66 017	72 886	99 563	138 234
投资收益	724	96	-2 221	397	107
利润总额	16 752	14 909	18 573	26 616	31 274
净利润	14 253	12 624	15 566	22 508	26 379
经营活动净现金流量	18 939	44 378	14 860	16 338	26 941
投资活动净现金流量	-2 862	-4 713	-19 247	-62 253	-21 846
筹资活动净现金流量	-1 864	-7 683	-5 752	-2 248	2 514
项目	2014年12月31日	2015年12月31日	2016年12月31日	2017年12月31日	2018年12月31日
流动资产	120 143	120 949	142 915	171 554	199 711
应收账款	2 661	2 879	2 824	5 814	7 700
固定资产	14 939	15 432	17 682	17 482	18 386
长期股权投资	92	95	104	110	2 251
无形资产	2 480	2 656	3 355	3 604	5 205
总资产	156 231	161 698	182 370	214 988	251 234
流动负债	108 389	112 625	126 852	147 491	157 686
非流动负债	2 711	506	570	642	833
所有者权益	45 131	48 567	54 952	66 855	92 715

关于格力电器的其他相关分析信息可查阅其相关年度的年度报告。

(二) 案例分析要求

1. 2015年受家电行业整体增速下滑的影响，格力电器营业收入出现了下滑，2016年是格力电器的转型元年，2016—2018年格力电器的各项财务指标开始转好。根据材料及年报分析，什么因素支撑了格力电器的转型发展？

2. 投资者 A 和 B 在决定是否购买格力电器的股票时，出现了争议，投资者 A 认为格力电器是家电行业的领头企业，可以不用进行财务分析直接购买股票；投资者 B 认为格力电器正在进行转型升级，应该进行财务分析后再决定是否购买其股票。请问投资者在进行投资决策时是否要进行财务分析？为什么？

3. 结合以上内容，请思考面对格力电器业绩下滑，然后加快转型升级的现象，不同利益相关者在进行财务分析时，其分析目的和内容会有什么不同？

案例三　2018 年中国 500 强企业盈利能力分析

（一）案例介绍

在 2018 年中国 500 强企业高峰论坛上，中国企业联合会、中国企业家协会发布"中国企业 500 强"名单。国家电网有限公司、中国石油化工集团公司、中国石油天然气集团有限公司列前三位。2018 年中国 500 强企业入围门槛首次突破 300 亿元，实现了十六连升。中国 500 强企业营业收入首次跃上 70 万亿元，较上一年增长 11.20%，重回两位数增速区间。

2018 年中国 500 强企业营业收入增长加快，经济效益持续改善，实现营业收入 71.7 万亿元，突破 70 万亿元大关，较上一年增长 11.2%，增速提高 3.6 个百分点。其中，千亿级营业收入以上企业有 172 家，较上年增加 15 家；进入世界企业 500 强的内地企业达到 107 家，较上一年增加 2 家。实现归属于母公司股东的净利润 3.2 万亿元，较上一年增长 13.3%，增速提高 10.1 个百分点；亏损企业数量明显下降，共有 32 家企业发生亏损，亏损企业数量比上年减少 11 家。

钢铁煤炭行业去产能成效显著，2017 年全年共化解粗钢产能 5 000 万吨以上，超额完成年度目标任务，1.4 亿吨"地条钢"产能全面出清，钢材质量明显提升，行业效益大幅增长；2017 年全年煤炭行业超额完成年初提出的 1.5 亿吨目标任务，煤炭产能利用率达到 68.2%，同比提高 8.7 个百分点；煤炭企业兼并重组有序推进，神华集团与国电集团合并重组，中煤能源兼并重组国投、保利和中铁等企业的煤矿板块等。从 2018 年中国 500 强企业数据看，钢铁、煤炭行业利润指标与上年相比全面好转，黑色冶金行业营收利润率、资产利润率、净资产利润率分别为 2.36%、2.22%、6.44%，煤炭采掘行业营收利润率、资产利润率、净资产利润率分别为 0.75%、0.41%、1.44%，均已经有所提升。

研发投入继续提高，创新成效进一步提升。2018 年中国 500 强企业合计投入研发费用 8 950.9 亿元，较上年增加 21.6%；企业平均研发强度为 1.56%，较上年提升 0.11 个百分点，是 21 世纪以来的第二高值。高端装备制造业企业的研发强度较高，其中通信设备制造业企业平均研发强度为 11.92%，半导体、集成电路及面板制造业企业为 6.94%，工程机械及零部件业企业为 5.21%，航空航天业企业为 5.15%。专利拥有数量快速增长，专利质量明显改善。2018 年中国企业 500 强拥有专利 95.6 万件，较上年增加 29.6%，其中发明专利 34.6 万件，较上年增加 51.7%；发明专利占比已经提高到 34.6%，较上年提高 3.7 个百分点。其中华为、联通、北大方正发明专利占比都在 90% 以上。企业参与标准制定数量创历史新高，电信服务业企业参与国际标准制定数量高达 806 项，行业国际话语权继续增强。

跨国经营能力稳步提升，海外资产提升尤为明显。2018 年中国 500 强企业中有 241 家企业提供了海外收入、海外资产和海外人员数据，比 2017 年中国 500 强企业少了 7 家。241 家从事国际化经营企业的跨国指数为 10.86%，比上年 248 家企业平均跨国指数提高了 1.58 个百分点。241 家企业的海外资产、海外收入、海外人员分别为 18.89 万亿元、6.69 万亿元、10.98 万人，海外资产占比、海外收入占比、海外人员占比分别为 12.16%、15.12%、5.31%，均比上年有所提高，海外资产增幅最大。

并购重组强度显著回落，2018 年中国 500 强企业的并购重组活跃度大幅下降，共有 159 家企业报告了 2017 年并购重组数据，报告企业数比 2017 年中国企业 500 强增加了 15 家；合计报告并购重组次数 822 次，比上年大幅减少了 675 次。2018 年中国企业 500 强中，159 家参与并购重组的企业，制造业企业数量最多，占 79 家，服务业企业占 53 家，其他行业企业占 27 家；在全部 77 个行业中，有 56 个行业的企业参与了并购重组。

（二）案例分析要求

1. 如何理解财务分析指标在企业评价中的功能和作用？
2. 在案例中运用了哪些财务分析方法？

第 2 章　企业战略分析

【学习目标】

1. 了解企业战略分析的重要性；
2. 明确企业战略分析与会计报表分析之间的关系；
3. 了解企业战略分析的基础；
4. 掌握企业战略分析的主要内容。

―――――――――――――【引例】―――――――――――――

美的与格力是我国的两大知名品牌，也是全国家电企业的领军品牌，美的与格力的各种商业竞争形成了家电行业双雄竞争的格局。美的集团成立于1968年，2013年通过吸收合并美的电器实现上市，主营空调、冰箱、洗衣机等大家电以及电热水壶等小家电，其空调市场占有份额排名第二，电热水壶等小家电排名第一。格力电器成立于1985年，于1996年上市。格力电器主营家用空调，空调销售量从2005年起连续12年领跑全球。

美的集团2016年的营业收入1 598.44亿元、净利润158.62亿元、净利率9.92%；格力电器2016年营业收入1 083.03亿元、净利润154.21亿元、净利率为14.24%。比较美的集团与格力电器在2016年的营业收入和净利润可以发现，虽然美的集团的营业收入高于格力电器515.41亿元，但其净利润和格力电器的净利润基本相当，格力电器的净利率高于美的集团净利率4.3个百分点。分析影响两家公司净利润的各项因素，其中主要因素之一是两家公司经营模式的差异。与格力相比，美的集团的产品趋向于多元化。2016年美的集团的营收中空调业务占比41.99%、冰箱和洗衣机业务占比9.54%、小家电业务占比27.21%；而格力集团的营收还是主要来源于空调业务，空调业务收入占比81.33%。

美的集团产品的多元化决定它的成本控制要在各种产品之间寻求最优方案，对各种产品的兼顾使其成本控制能力大大降低；其空调业务落后于格力电器，也导致其营收虽然高于格力，但是净利率方面反而不如格力。美的集团选择的是产品多元化、业务多元化的发展路线，抗外部冲击能力较强，所以其公司发展比较稳定；但是在单一产品上投入的资源相对于生产单一产品的企业的格力来说可能较少，产品竞争力有所降低。格力可以投入最大的资源把空调做好，并且把成本控制在最低点，产品比较有竞争力，但是对于企业总体来说，受宏观环境和空调市场的影响较大，企业经营业绩易受干扰，不够稳定。

由此可见，会计报表反映了企业当期的财务状况和经营成果，在其背后还隐藏着深层次的行业特点和企业经营策略。要全面评价企业当前各项财务效率、预测企业未来的发展状况，就不能将目光仅仅局限在会计报表上，还必须结合宏观经济环境和未来走势、行业特点和发展前景、企业战略规划和经营策略等信息进行全面分析。

2.1 企业战略分析：财务报表分析的起点

2.1.1 企业战略分析的内涵与作用

在商界，任何伟大战略的实施都离不开财务资源的支持，而任何战略之所以伟大就在于其最终能够创造财务资源。战略决定企业的财务资源配置。因此，在明确财务报表分析目的、搜集整理财务信息的基础上，企业战略分析成为财务报表分析的新起点。

企业要生存和发展，就必须适应环境的变化，适应环境变化的核心是适应市场需求的变化。能否更好地满足市场需求并适应其变化，决定着企业相对于竞争对手而言是否具有优势以及在何种程度上具有优势，从而决定了企业的生存与发展。企业战略的实质是谋求通过更好地满足市场需求，建立和保持企业的整体竞争优势，从而使企业得以生存并不断发展。不明确企业的战略，就不能理解和解释财务报表数据的合理性，就无法根据财务报表分析所获得的各种指标进行科学的决策。

所谓企业战略分析，其实质在于通过对企业所在行业或企业拟进入行业的分析，明确企业自身地位及应采取的竞争战略，以权衡收益与风险，了解与掌握企业的发展潜力，特别是企业创造价值或盈利方面的潜力。企业的价值取决于超出资本成本的资本回报能力。企业价值目标的实现、盈利潜力的增加，取决于企业的行业选择和竞争定位（或竞争战略）。企业战略分析是企业历史业绩分析和企业前景分析的基础。通过企业战略分析，可确定企业的利润动因和主要风险，进而正确评估企业运作的可持续性，并对企业未来经营作出合理的预测。因此，企业战略分析是财务报表分析的起点、导向和基础。

通过企业战略分析，财务报表使用者能深入了解企业的经济状况和经济环境，可以对企业经济活动的经济意义进行定性分析,使后续的会计分析和财务分析奠定于企业现实的管理情景之中。同时,战略分析有助于财务报表分析者识别企业绩效动因及其背后隐藏的主要风险,从而评估企业当前绩效的可持续性并预测其未来绩效。

2.1.2 企业战略分析的基础

进行企业战略分析,一要明确企业战略制定的程序;二要明确企业战略制定与分析的宏观经济环境。这些是进行企业战略分析的基础。

(1) 企业战略制定的程序。

企业战略制定的程序如图 2-1 所示。

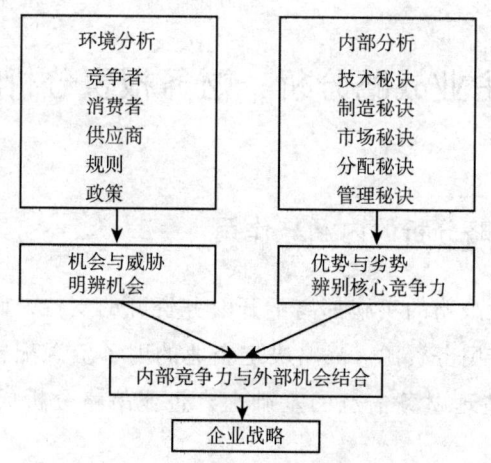

图 2-1 企业战略制定的程序

从图 2-1 可以看出,企业的战略制定,既要通过对外部环境的分析明辨机会与威胁,又要通过企业内部活动分析明确优势与劣势,辨别核心竞争力。只有将外部机会与内部优势结合起来,才能制订正确的企业战略。

应当指出,企业战略的制定还应考虑企业类型。对于企业集团,其战略制定通常包括两个或更多的层次,如企业集团整体战略、各事业部或子公司的单位战略。集团整体战略与各单位战略在制订与分析时要考虑的因素是有所不同的。集团整体战略制定中更重视对行业的分析和经营多样性的分析。单位战略的制定则更重视对竞争策略等方面的分析。

企业战略制定过程,既是企业战略目标的确定过程,也是明确企业战略目标影响因素的过程。企业战略的制定,既为财务分析指明了方向,同时也是财务分析在战略制定过程的应用。

(2) 宏观经济环境分析。

宏观经济环境是指宏观经济运行的周期性波动等规律性因素和政府实施的经济政

策等政策性因素。进行企业战略分析,首先应明确企业所处的宏观经济环境。其具体包括:

①经济周期。市场经济从来不是单向运动的,它的运行具有周期性和波动性的特征。人们对未来经济形势的预期,使证券市场的变动一般先于经济周期的变动,由此起到"晴雨表"的作用。当经济繁荣接近顶峰时,明智的投资者意识到这一点,便开始少量抛售股票,致使股价上涨缓慢,当更多的投资者支持同样观点时,股票市场的供求关系由平衡逐渐过渡到供大于求,股价开始下跌,到经济衰退时,股市将加速下跌。不过,经济周期对不同行业的影响会有差异,有些行业(公用事业、生活必需品行业等)受经济周期影响较小,有些行业(钢铁、能源、房地产等)受经济周期影响比较明显。

②货币政策。货币政策是指政府为实现一定的宏观经济目标所制定的关于货币供应和货币流通组织管理的基本方针和基本准则。中央银行的货币政策对证券市场价格有非常重要的影响,从整体来说,宽松的货币政策使证券市场价格上涨,紧缩的货币政策使证券市场价格下跌。具体而言,中央银行主要通过利率、准备金率等货币政策工具对证券市场产生影响。

从投资者角度来看,利率上升会影响投资者对金融资产的选择,较高的利率使更多的资金流入银行或债市,从而分流股票市场的资金,使股票价格下跌。利率下降,资金流向的方向则相反。从上市公司角度来看,利率的升降使公司的融资成本相应增加或减少,进而影响盈利和股价水平。如果利率的升降伴随着金融紧缩或扩张政策,则会导致社会投资的减少或增加,影响经济增长速度,从而对股市形成长期向下的压力或向上的动力。

准备金率是中央银行调节货币供应量、影响货币市场和资本市场的资金供求,进而影响证券市场威力最大的货币政策工具。中央银行通过提高法定存款准备金率,限制商业银行创造派生存款的能力,致使货币市场供应量减少,证券市场价格下跌;反之,中央银行通过降低法定存款准备金率,增加货币供应量,使证券市场资金增多,从而推动证券价格上涨。

③财政政策。财政政策是政府依据客观经济规律制定的指导财政工作和处理财政关系的一系列方针、准则和措施的总称。财政政策的手段主要包括国家预算、税收、国债、财政支出、财政补贴、转移支付等。财政政策对证券市场的影响是多方面的,其中财政收支状况和税收调节政策所产生的影响最重要。

④汇率。汇率是外汇市场上一国货币与他国货币相互交换的比率。汇率变化一方面会影响资本市场的外国资本流量,另一方面会影响本国企业的进出口。一般来说,如果一个国家的汇率上升,将导致外国资本流入本国,本国的证券市场将因需求旺盛而价格上涨;汇率下降,则资本流出本国,本国证券市场因需求减少而价格下跌。汇

率的高低对本国进出口贸易的影响表现在：本国汇率上升将导致更多的外币兑换本币，本国产品的竞争力下降、出口型企业受损，因而汇率上升对此类公司的证券价格将产生不利的影响；相反，进口型企业将因汇率上升、成本下降而受益，因此汇率上升对此类公司的证券价格会产生有利的影响。

宏观环境分析对企业财务分析十分重要，企业财务活动的各个环节都受宏观环境的影响，只有将宏观环境因素与企业经营活动有机结合起来，才能准确分析企业的财务状况和财务成果的水平。

2.2 企业战略分析的主要内容

企业的价值取决于企业运用其资本获取超过资本成本的获利能力。尽管资本成本由资本市场决定，但企业的盈利能力却取决于其自身战略的选择：(1) 行业选择。例如，企业计划在哪一个或哪几个行业从事经济活动？(2) 竞争优势（定位）。例如，企业打算采取何种方式与同行业的其他企业竞争？(3) 企业战略。例如，企业希望通过何种方法在各个经营部门之间创造并运用协同效应？因此，战略分析通常包括行业分析、企业竞争策略分析。

2.2.1 行业分析

任何一家企业的发展状况必然要受其所处的经济环境的影响和约束，不会长期严重脱离其行业的整体发展水平。因此，进行行业分析可以了解企业的行业地位和发展前景，增加对会计报表真实性判断的准确性，提高决策的科学性。

报表使用者在对企业进行行业分析时，首先要查找和阅读企业会计报表附注，关注其中的企业主营业务的行业范围，为行业分析打下基础。对行业的分类可根据证监会公布的《上市公司行业分类指引》，依据上市公司的主营业务对企业进行行业分类。在对行业进行划分时，划分得越细致，分析的结果就越准确，因为一个行业中的各个子行业的财务状况可能会有较大的差异，如同为汽车行业，农用车、商用车、家用车和机械车辆的利润率就存在差异。另外，还要关注企业主营业务的变化，对不同时期的企业确定其相应的行业。越来越多的企业进行多元化经营，涉及多个行业，给行业分类造成困难。对于跨行业经营的企业，要注意分析其营业收入的主要来源，以确定其所属行业。在企业主营业务涉及多个行业且份额都较大的情况下，应将其不同的主营业务部分归于不同的行业，在行业分析中区别对待。对于没有明显主营业务之分的企业，则可将其归于综合类，以保持同业比较的一致性。

行业分析的着眼点在于分析行业的盈利水平与盈利潜力,因为不同行业的盈利能力和潜力大小是不同的,并且是有规律的和可以预测的。影响行业盈利能力的因素有很多,归纳起来主要分为五类:一是行业生命周期;二是行业竞争程度;三是市场议价能力;四是行业地位;五是法律和政策环境。

(1) 行业生命周期分析。

一个行业具有自己的生命周期,行业的生命周期一般分为导入阶段、成长阶段、成熟阶段和衰退阶段。对行业的生命周期进行划分可以运用一些行业统计数据,如竞争程度、进入成本等。成长阶段的进入成本和竞争程度相对较低,而成熟阶段的进入成本和竞争程度相对较高。一般来说,如果行业进入衰退阶段,除非出现新产品或者进行行业结构调整,否则整个行业中的企业都会面临困境。处在不同行业周期的企业具有不同的投资意义,对关注现金流量的投资者而言,处于成熟阶段的行业一般都具有较为稳定的现金流;而对于一些更关注收益和进行战略投资的投资者来说,成长阶段的企业可能更具吸引力。此外,对企业所处行业周期进行分析有助于了解该行业的发展前景,从而判断企业的发展前景。如果企业所属行业处于成长阶段,则其财务状况就会有进一步改善的空间;如果处于衰退阶段,即使目前尚好,企业也存在潜在的财务风险。

(2) 行业竞争程度分析。

一个行业的竞争程度和盈利能力主要受三个方面因素的影响:一是现有企业竞争程度;二是新加入企业竞争威胁;三是替代产品或服务威胁。

①现有企业竞争程度分析。在大多数行业中,现有企业的竞争程度往往影响着行业的平均盈利水平,通常竞争程度越高,价格越接近边际成本(每增加一单位产量所引起的总成本的增加额),盈利水平也越低。

行业现有企业的竞争程度分析主要应从影响行业竞争的因素入手,现有企业竞争程度分析通常包括以下内容:

第一,行业增长速度分析。如果某行业增长迅速,那么现有企业就不必为自身发展而相互争夺市场份额。相反,在增长缓慢或者停滞的行业中,现有企业在本行业中谋求生存和发展的唯一办法就是争夺其他竞争对手的市场份额,在这种情况下,企业间的激烈竞争是不可避免的。

第二,行业集中程度分析。一个行业中企业的数量多少及其规模大小,决定了该行业的集中程度。这种集中程度影响着企业调整定价和其他竞争措施的力度。如果行业市场份额主要集中在少数企业,即集中程度高,那么竞争度较低;反之,则竞争度较高。例如,美国饮料行业基本由可口可乐公司和百事可乐公司控制,它们可以心照不宣地进行合作以避免破坏性的价格竞争;反之,如果行业内众多企业处于分庭割据的状态,价格竞争通常是十分残酷的。

第三,差异程度与替代成本分析。同行业内企业间要避免正面的价格竞争,关键在于其产品或服务的差异程度,差异程度越大,竞争程度越低。当然,差异程度与替代成本相关,当替代成本较低时,企业将被迫进行价格竞争。

第四,规模经济性分析。如果同一行业中存在其他类型的规模经济,那么企业规模将是一个企业成长和发展的决定性因素。具有规模经济性的行业往往其固定成本与变动成本之比较高,即固定成本较大,企业势必积极降低价格以充分利用现有生产能力。此时,企业为争夺市场份额而进行的价格竞争就比较激烈,民航业即是一个典型例证。

第五,退出成本分析。当行业生产能力大于市场需求,而行业退出成本又较高时,势必引起激烈的价格竞争,企业为了充分发挥自身的生产能力,只能被迫降低价格。如果行业退出成本较低,则竞争将减弱。

②新加入企业竞争威胁分析。当某行业平均利润率超过社会平均利润率(行业取得超额利润)时,该行业必然面临新企业加入的威胁。影响新企业加入的因素有许多,其主要因素有:

第一,规模经济性因素。如果一个行业中存在大型的规模经济,新加入的企业一开始就必须投巨资建设强大的产销能力,否则就不得不承担企业效益达不到行业的平均效益所产生的风险。无论哪种情况出现,新加入企业至少在同现有企业竞争的开始阶段便处于成本劣势。规模经济的要求几乎体现在一家企业的每一个经营环节中。

第二,先入优势因素。新进入企业与行业现有企业相比,在竞争上往往是处于相对不利地位的。在很多情况下,先加入的企业倾向于阻碍其他企业的加入。例如,先入行的企业能够有机会制订行业标准,获得丰富的行业经验,可以与有限的原材料供应商签订独家协议,还可以在某些受管制行业中获得数量有限的政府许可,特别是当消费者开始普遍使用现有产品而且替代成本很高时,先入优势将变得更加明显。例如,微软公司的DOS和后来的Windows操作系统的使用者想改换其他软件产品时,就不得不面临替代成本较高的问题,这使其他软件公司很难再上市推广另一种操作系统以取代现有的操作系统。

第三,销售网与关系网因素。现有分销渠道的有限能力和发展新渠道的高成本也是企业进入其他行业的一个巨大障碍。企业要在其他行业中生存与发展,就必然要打入该行业现有企业已建立的销售网与关系网。因此,该行业中现有企业的销售网与关系网的规模将影响新企业进入的难易程度。

第四,法律障碍因素。许多行业的法规制约着新企业的加入。例如,技术密集型行业的专利权和版权、广播和电信行业中存在的许可证进入限制等。因此,行业的法律限制程度直接影响新企业进入的难易程度。

对于处在成熟阶段的行业来说,新加入企业的竞争威胁相对要小一些,因为这个时期的行业竞争激烈，进入成本较高。而在分析处于成长阶段的行业的竞争程度时，就要充分考虑来自新加入企业的竞争威胁。一般来说，在竞争激烈的行业中，各个企业间各项财务指标趋于一致，一家企业很难长期处于领先地位。而在处于成长阶段的行业中，由于竞争强度不高，企业有可能由于技术领先等在财务指标上领先。对于一些进行经营业务行业结构调整的企业来说，分析其即将进入的行业的竞争程度以及进入成本，是分析其结构调整是否正确、判断其能否成功的一个关键因素。

③替代产品或服务威胁分析。替代产品或服务对行业竞争程度具有重要影响。替代产品或服务，是指能够满足消费者同一需要的不同产品或服务，包括不同类产品或服务、不同品牌的竞争产品或服务和同一品牌的不同价位的产品或服务等。当行业存在许多替代产品或服务时，其竞争程度加剧。手机、电脑、VCD 的价格大战，就是因为其替代产品过多。相反地，如果替代产品或服务较少，则竞争较弱。消费者在选择替代产品或服务时，通常会考虑替代产品或服务的效用和价格两个因素。如果替代效用相同或相似，价格竞争就会变得激烈。在某些情况下，替代产品的威胁不是来自消费者主动转向另一种产品，而是来自科技的发展使他们对现有产品的需求下降。例如，光盘和 IC 卡存储技术的发展，使消费者逐渐减少了对软磁盘的消费需求。

（3）市场议价能力分析。

虽然行业竞争能力是决定行业盈利能力的决定性因素，但行业实际盈利水平的高低，还取决于本行业内企业与供应商和消费者（客户）的议价能力。

①企业与供应商的议价能力分析。影响企业与供应商议价能力（又称卖方议价能力）的因素主要包括以下几种：

第一，供应商的数量对议价能力的影响。当企业的供应商越少，导致可供选择的产品或服务越少时，供应商的议价能力就越强；反之，企业的议价能力就越强。

第二，供应商的重要程度对议价能力的影响。供应商对企业的重要程度取决于其所供应的商品对企业所生产的产品的影响程度。如果供应商所供应的商品是企业产品的核心部件且替代商品较少，则供应商的议价能力较强；反之，企业就具有更好的议价能力。

第三，单个供应商的供应量对议价能力的影响。单个供应商对企业的供应量越大，往往对企业的影响与制约程度就越大，其议价能力也就越强；反之，企业的议价能力就越强。

②企业与客户的议价能力分析。决定企业与客户议价能力（又称买方议价能力）的因素有许多，如替代成本、产品差异、成本与质量的重要性、客户数量等。其中，基本的决定因素有两个：价格敏感度和相对议价能力。价格敏感度决定买方讨价还价的欲望有多大，相对议价能力决定买方能在多大程度上成功地压低价格。

第一，价格敏感程度的影响。消费者的价格敏感度是指由产品或服务价格变动所引起的产品或服务需求量的变化。价格敏感程度取决于产品的差别程度及替代成本水平。产品差别越小、替代成本越低，价格敏感度就越强，客户的议价能力也越强。另外，客户对价格的敏感度还取决于企业的产品对客户的成本构成所产生的影响程度。如果企业的产品对客户产品的成本构成所产生的影响较大（如软饮料生产商所使用的包装材料），那么客户会对企业的产品价格十分敏感，也会更关心是否有成本较低的替代产品；反之，客户对价格的敏感程度会下降。当然，该产品对客户产品质量的影响程度也是该产品的价格能否影响客户购买决策的一个重要的决定因素。

第二，相对议价能力的影响。价格敏感程度虽然会对价格产生影响，但实际价格还取决于客户的相对议价能力。即使买方对价格很敏感，但如果他们没有更多的选择不得不买的话，其相对议价能力就较弱。买方的议价能力受下列因素影响：相对于供应商数量的买主数量、单个买主的购买量、可供买方选择的替代产品数量、买方选择替代产品的成本、买方逆向合并的威胁等。

(4) 行业地位分析。

一个企业无论处于何种行业，分析其行业地位对了解其竞争力、发展状况进而分析其财务状况都有着重要的意义。一个企业的行业地位主要体现在以下四个方面：

①市场占有率和市场覆盖率。一个企业的竞争力最终要体现在市场上，而市场占有率和市场覆盖率则是最强有力的指标，一系列表现优异的财务指标必须有一定的市场占有率和市场覆盖率作为支撑。

$$市场占有率 = \frac{产品销售量}{同种产品市场销售总量}$$

$$市场覆盖率 = \frac{产品行销地区数}{同种产品行销地区总数}$$

两个指标的组合可产生四种分析结论：

第一，市场占有率和市场覆盖率都比较高。这说明企业产品销量和广度都在同行业中占有优势地位，产品竞争力较强。

第二，市场占有率低而市场覆盖率高。这说明企业销售网络比较完善，但产品竞争力可能不强。

第三，市场占有率高而市场覆盖率低。这说明企业产品在一定范围内竞争力较强，但大范围内的竞争优势并不强，企业产品往往是地方性的或生活必需品，这种企业是比较有竞争潜力的。

第四，市场占有率和市场覆盖率都低。这种情况下，企业产品前途不佳。

②技术领先度。在技术上的领先度，尤其是在行业核心技术上的领先度决定了企业的行业地位。无论是对于传统的工业企业还是对于新兴的高科技企业，技术上的领先和创新是其价值增长的主要驱动因素。

③生产规模。一般而言，处于行业领先地位的企业规模较大，但是生产规模大并

不必然导致行业领先。生产规模的扩大可能会产生积极的规模效应，但也要注意其有可能导致管理上的失控及费用的增加等问题。

④管理团队。一个良好的管理团队对企业的发展起着不可替代的加速作用，它意味着企业生产效率的提高、对成本费用的有效控制，甚至有可能意味着为完全释放其管理效率而进行的一系列兼并活动。评价管理团队的优劣，应注重以下三点：

第一，要看管理团队从事经营管理工作的欲望。管理层应有一种强烈的、从事经营管理工作的欲望，群体中每个人都有影响他人的欲望，也有与下属人员共同努力取得成果的欲望。这样的管理团队是富于竞争意识和充满活力的团队。

第二，要看管理团队的沟通协调能力。团队成员间融洽的关系是协同作战的前提条件，领导的艺术恰恰在于沟通协调。一个过分强调等级意识或靠冷漠管理来维持领导威严的管理者难有好的管理能力。当然，沟通并不限于团队内部，也包括和企业外部的各种组织，如顾客、供应商、政府部门、社团等的沟通。

第三，要看管理层经营管理的专业能力。单靠一两个人是无法经营好一个企业的，所以要注意培养整个企业管理团队的专业能力。管理团队的知识结构要合理，在生产、销售、财务等方面都不能偏废。

决定企业行业地位的还有一系列重要因素，如企业的品牌等都对企业的发展起着重要的作用。在对企业的行业地位进行分析时，可以进一步分析企业的竞争力和风险所在，这对之后进行具体的财务分析有着一定的指导作用。如果企业的行业领先主要体现在市场占有率上，那么其销售收入及销售增长率应该领先；如果企业在技术上领先，那么在成本的控制及销售收入上应该有所体现。优秀的管理团队应该带来费用上的节约、财务工作上的成功及企业价值的增加。

相关政策环境对一个行业的发展有着重要的影响，同时也影响着企业的生存环境，并会直接或者间接地反映在企业的会计报表中。如果企业属于法律和政策限制的行业，则企业的发展必然受到巨大的消极影响；相反，如果企业属于国家鼓励发展的行业，则其可能享受如政策、税收等多方面的支持，也会得到许多"额外"的盈利。

2.2.2 企业竞争策略分析

行业分析为我们指明了如何进入行业以及在行业中保持竞争优势所要考虑和注意的问题。而企业竞争策略分析的关键在于企业如何根据行业分析的结果，正确选择企业的竞争策略，从而使企业保持持久的竞争优势和高盈利能力。一家企业的利润水平不仅受其产业结构的影响，而且受企业在行业中的定位策略的影响。企业进行竞争的策略有许多种，最基本的竞争策略有两种，即低成本竞争策略和产品差异策略。

（1）低成本竞争策略分析。

低成本竞争策略是指企业以较低的成本提供与竞争对手相同的产品或服务。这时企业可以以较低的价格与对手竞争市场份额。

在基础产品和服务行业，低成本竞争策略通常是取得竞争优势最有效的方式。当所处行业替代产品威胁较小、新企业进入威胁较大时，企业往往愿意选择低成本竞争策略。低成本优势不但能使企业获得超出行业平均水平的收益率，而且可以迫使竞争对手因不能忍受过低的收益率而逐步退出该行业，邯钢经验就是采用低成本竞争策略的典型例证。企业要使其成本低于同行业其他企业（取得低成本优势）就需要在降低成本方面下工夫。企业降低成本的方法有以下五种：

①优化企业规模，降低产品成本；

②改善资源利用率，降低产品成本；

③运用价值工程，降低产品成本；

④提高与供应商的议价能力，降低采购成本；

⑤强化管理控制，降低各项费用。

（2）产品差异策略分析。

产品差异策略是指企业通过其产品或服务的独特性与其他企业竞争，以争取在相同价格或较高价格的基础上占领更大的市场份额，以取得竞争优势与超额利润，即要比竞争对手更好地满足消费者需求的某个特定方面。

采用产品差异策略，其成本虽有所增加，但只要不超过消费者愿意支付的最高价格，就可以使企业免受各种竞争作用力的威胁，从而形成竞争优势。

产品或服务差异包括较高的产品或服务质量、较多的产品或服务类别、良好的销售或售后服务、独特的品牌形象等。

企业选择产品差异策略，必须做好以下工作：

①明确企业独特的产品或服务将满足哪部分消费者的需求；

②使企业的产品或服务差异（特色）与消费者的要求完全一致；

③企业提供的差异产品或服务，其成本应低于消费者愿意接受的价格。

要做好这些工作，企业要在新产品的研究与开发、工程技术革新和市场开拓等方面进行投资，同时要鼓励企业员工的创造与革新精神。

应当指出，传统的竞争策略分析者认为，低成本竞争策略和产品差异策略是相互排斥的。处于两种策略共同作用下的企业是危险的。实际上，成功的企业在选择某一竞争策略时，不应完全忽视另一种竞争策略，即追求产品服务或差异时，不能忽视成本；追求低成本时，不能完全忽视产品或服务差异。以追求差异为目标的企业必须在可承受的产品成本的基础上获得差异优势。同样，成本领先者也必须在质量和服务等方面与竞争对手不相上下，否则无法取胜。另外，重大技术和业务方式的变化很有可能把高质量的服务与低价格结合起来。

应该注意的是，一个企业选择了某种竞争策略并不会自动获得竞争优势。要取得竞争优势，企业必须具备实施并保持所选定策略的能力。无论是哪种策略，都要求企业具备基本能力，并以适当方式规划企业的价值链。基本能力是指企业所拥有的经济资源。价值链，是指企业将投入转化为产出的各类环节及经济活动的组合。企业的基本能力、价值链的独特性和竞争对手模仿的难易程度，决定了企业的竞争优势能否保持。

行业的结构因素是企业盈利与否的主要决定因素，这是行业分析和竞争策略分析的前提与基础。然而，我们必须清楚地认识到，就像各行业的利润水平那样，行业内各企业的利润水平也存在很大的差异。有一种观点认为，对竞争优势的分析应首先着眼于对企业现有资源和核心能力的分析，然后评价由市场机会可能产生的潜在利润，并且根据对机会与利润的评价结果来选择相应的战略。如果企业没有实际的核心能力，那么由市场机会带来的较高的盈利水平是不能长久保持的。因此，分析一家企业的核心能力对把握该企业是否具有可持续的竞争优势是很重要的。

【思考题】

1. 在分析会计报表之前，为什么要进行企业战略分析？
2. 试述企业战略分析的内涵及作用。
3. 试述进行企业战略分析的基础。
4. 企业战略分析的主要内容是什么？
5. 举例说明如何进行行业分析。
6. 举例说明如何进行企业竞争策略分析。

【案例讨论与分析】

案例一　李宁公司再转型战略及其成效

（一）案例介绍

本着承担社会责任和发展体育用品事业的决心，成立于1990年的李宁公司已经成为中国领先的体育品牌企业之一，拥有品牌营销、研发、设计、制造、经销及零售能力。作为代表中国的、国际领先的运动品牌公司，李宁公司实施的是多品牌业务发展战略。自2004年6月在中国香港上市以来，李宁公司业绩连续6年保持高幅增长，2009年更是达到83.87亿元人民币。截至2009年底，李宁公司店铺总数达到8 156间，遍布中国1 800多个城市，并且在东南亚、中亚、欧洲等地区拥有多家销售网点，雇员6 000余人。2010年7月，李宁公司进行品牌重塑战略，然而导致的经济后果远超预料，公司遭遇严重危机。2011年，公司开始出现存货积压问题，进而影响到公司的运转，股价下跌、门店关闭。尽管2012年后李宁公司采取多项应对策略，但依然不能止亏，2014年亏损达到7.44亿元。2015年初李宁开始回归公司，当年扭亏为盈，实现盈利6 160.50万元,2016年盈利达到7.01亿元。

战略的相对稳定性是企业稳定成长的条件。从总体战略看,李宁公司自2008年起经历了从扩张战略到收缩战略的转变。扩张战略是指在现有产品或现有市场的基础上进行扩张,尽力提高市场占有率的策略。它包括市场渗透策略、市场开发策略和新产品开发策略。收缩战略是指企业从目前的战略经营领域和基础水平收缩和撤退,且偏离战略起点较大的一种经营战略。两种不同的战略选择意味着公司高层决策者在总体发展目标和方向选择上的重大改变,必然会影响到李宁公司的总体发展,这种转变的合理性需要时间来检验。2008—2010年,李宁公司通过扩展分销网络、加强研发、改善供应链管理、多品牌经营、并购活动实施扩张战略。2010年后李宁公司走的是收缩战略。

在经历品牌重塑转型之痛后,2015年8月8日,成立25周年的李宁公司宣布战略方向将由体育装备提供商向"互联网+运动生活体验"提供商转变。这一战略的背后,意味着李宁公司要在产品、渠道、O2O模式、跨界合作、消费者互动方式上以及数字化生意平台的构建上发力,打造一个"数字化的生意平台"。"以数字化获取用户信息、数据,不断了解用户潜在的新需求,才可以更精准地创造产品、推送服务。"李宁公司认为"互联网+"的时代要以"运动体验"为核心重构竞争力,从产品、渠道、品牌体验等多维度全力打造"李宁运动体验"。开设体验店,很好地拉近了与"90后"之间的距离。

为解决"互联网+"引来的物流管理问题,2015年12月,李宁公司与京东达成合作,京东物流为李宁公司提供从产品到门店的整体物流解决方案,实现了京津地区866个区县门店货品"次日达"。这不仅有助于整体提升零售运营效率,还为全方面推进其O2O战略打下了基础。

自2009年以来,李宁品牌的销售渠道情况见表2-1。

表2-1　　　　　　　　李宁品牌的销售渠道情况　　　　　　　　单位:%

项目	2009年	2010年	2011年	2012年	2013年	2014年	2015年	2016年
中国市场:	99.0	98.6	98.1	97.6	97.3	97.0	97.8	97.4
销售予特许经销商	86.6	83.8	79.0	75.6	64.7	61.2	55.4	51.2
直接经营销售	12.4	14.8	19.1	22.0	32.6	35.8	33.8	31.9
电子商务渠道销售							8.6	14.3
国际市场:	1.0	1.4	1.9	2.4	2.7	3.0	2.2	2.6
合计	100	100	100	100	100	100	100	100

表2-1反映了电子商务对李宁品牌的销售影响。从中可见,2015年之前李宁公司的产品主要依赖于国内市场,对国际市场的依赖程度较低,同时没有通过电子商务渠道实现销售,而转型后通过线上线下的营销战略,使李宁公司2016年的电子商务渠

道销售占比上升到 14.3%。可见，再转型战略对李宁公司的新产品促销以及旧货处理产生了积极的推动作用。

李宁公司 2008—2016 年的盈利状况见表 2-2。

表 2-2　　　　　　　　　李宁公司主要盈利状况　　　　　　　　　单位：万元

项目	2008 年	2009 年	2010 年	2011 年	2012 年	2013 年	2014 年	2015 年	2016 年
营业额	669 007.30	838 691.00	947 852.70	892 852.60	673 891.10	582 411.00	672 760.10	708 949.50	801 529.30
毛利	322 037.40	396 986.40	448 159.90	411 451.30	254 993.40	259 397.60	300 350.90	319 265.90	370 522.80
净利润	72 730.00	96 933.10	113 213.60	41 096.90	-195 539.90	-35 939.10	-74 350.40	6 160.50	70 086.90

表 2-2 反映了李宁公司实施品牌重塑战略以及再转型战略的盈利情况的相应变化。李宁公司从高速增长到持续下跌再到高速增长的变化过程，引起了人们对李宁公司以及体育用品行业转型的高度关注。

自 2009 年以来，李宁公司各年的主要财务指标情况见表 2-3。

表 2-3　　　　　　李宁公司各年的主要财务指标情况

项目	2009 年	2010 年	2011 年	2012 年	2013 年	2014 年	2015 年	2016 年
每股盈利：								
基本（分人民币）	90.75	105.84	27.94	-187.96	-29.91	-49.97	0.66	29.3
摊薄（分人民币）	89.61	104.39	27.94	-187.96	-29.91	-49.97	0.66	28.95
盈利能力比率：								
毛利率（%）	47.3	47.3	47.3	37.8	44.5	44.6	45.0	46.2
权益持有人应占权益回报率（%）	41.3	36.7	8.6	-77.8	-18.2	-33.7	0.6	17.9
资产效率：								
平均存货周转期（天）	53	52	72	90	104	109	100	82
平均应收贸易款项周转期（天）	47	52	63	97	89	71	69	64
平均应付贸易款项周转期（天）	70	71	91	112	104	84	93	87
资产比率：								
负债对权益比率（%）	94.1	89.1	86.7	261.5	116.4	198.3	109.7	69.7
有息负债对权益比率（%）	9.7	9.3	13.5	130.8	39.4	86.4	40.5	19.2
每股资产净值（分人民币）	273.92	339.04	350.92	172.03	211.4	151.34	180.91	200.56

从表 2-3 中各种指标可以看出：

在盈利能力方面，自 2011 年开始，李宁公司每股收益和股东回报率都出现了下滑的态势，2012 年这两项指标均为负值，同时毛利率相较于 2009 年下降了 9.5 个百分点。再转型之后，开始向好的方向转变。

在资产效率方面，从 2011 年开始，李宁公司的存货周转以及应收贸易款项周转经历了速度放慢再到转型后的向好趋势。同时，李宁公司的应付贸易款项的周转也几乎经历了同样的改变。这说明 2010 年李宁公司由于品牌重塑战略转型带来的不良反应，再重启希望之路后已经向好转变。

在资产比率方面，从 2012 年开始，李宁公司负债对权益比率以及有息负债对权益比率明显上升，给公司带来较大的偿债和付息压力，经过 2015 年的再战略转型之后，此种情况有所好转，债权人保障程度得以提升。资产管理效率的提高以及盈利能力的增强，也带动了李宁公司每股净资产的上升。

上述财务数据及其指标显示，李宁公司的再转型战略取得了积极的成效。

（二）案例分析要求

李宁公司两次转型战略给了我们哪些启示？

案例二 苹果公司的差异化竞争战略及其财务影响

（一）案例介绍

苹果公司为了实现以用户体验为核心的差异化竞争战略，采用了以下两个主要的战略行动：(1) 打造"硬件＋软件＋内容"的一体化平台；(2) 聚焦供应链管理，提升运营效率。苹果公司的两大战略举措对财务报表的影响如下：

1. 打造一体化平台对公司财务业绩的影响。

在苹果公司"硬件＋软件＋内容"的一体化平台的竞争战略下，公司销售收入主要由两部分构成：硬件（iPad、iPhone、Mac 以及包括音乐播放器 iPod 在内的其他硬件等数字设备）销售带来的一次性高额利润，以及服务（包括音乐、软件、Apple-Care）等销售带来的持续利润。苹果公司的硬件有着高达 30%～50% 的毛利率，而音乐、应用软件等虽然单位收费低廉，但巨大的下载量也保证了可观的利润。音乐、应用软件等由第三方提供的服务已经成为苹果公司硬件产品独特的竞争优势。2010—2016 年苹果从服务中得到的收入逐年增长，至 2016 年服务业务收入已经超过了 iPad、Mac 以及其他硬件各自的收入，在苹果的收入构成中仅次于 iPhone，如表 2-4 所示。

表 2-4　　　　2010—2016 年苹果公司收入构成情况　　　　单位：10 亿美元

项目	2010 年	2011 年	2012 年	2013 年	2014 年	2015 年	2016 年
硬件	57.8	98.9	143.6	154.9	164.8	213.7	191.2
iPad	5	19.1	30.9	32	30.3	23.2	20.6
iPhone	25.2	46	78.7	91.3	102	155	136.7
Mac	17.5	21.8	23.2	21.5	24.1	25.5	22.8
其他硬件	10.1	12	10.8	10.1	8.4	10	11.1
服务	7.5	9.4	12.9	16	18.1	20	24.3
合计	65.3	108.3	156.5	170.9	182.9	233.7	215.5

2. 聚焦供应链管理，提升运营效率。

苹果公司对供应链的管理是从供应商和生产商两个方面进行的。对上游供应商，苹果公司通过巨额预付款的方式与主要的供应商签订长期供货协议，以保证材料供应、锁定材料成本。例如，2010年3月，苹果与韩国三星公司签订了价值高达78亿美元的零部件供货大单，垄断了 iPad 2 的 TFT-LCD 显示屏、图形处理器（GPU）、随机存储器（RAM）、Nand-flash 内存等关键零部件供应，确保了核心零部件的供给并提前锁定材料成本。对于下游生产制造商，出于产品保密的考虑，苹果严格控制制造商的数量，强化制造商对苹果公司的依赖，提高苹果公司对下游制造商的议价能力。苹果公司的巨额订单，辅以出色的供应链管理，使苹果公司的运营效率大幅提升。表2-5是苹果公司与主要竞争对手的存货周转期的比较。2010—2016年，苹果的存货周转期均在1周以内，存货周转效率甚至超过了行业运营标杆戴尔公司。

表2-5　　　　苹果公司与主要竞争对手的存货周转期的比较　　　　　单位：天

品牌	2010年	2011年	2012年	2013年	2014年	2015年	2016年
苹果	7	5	3	4	6	6	6
戴尔	8	9	12				
惠普	23	27	42	40	40	36	40
IBM	61	60	63	66	85	95	85

（二）案例分析要求

苹果公司实施差异化竞争战略给了我们哪些启示？

第3章 资产负债表分析

【学习目标】

1. 了解资产负债表分析的目的；
2. 掌握资产负债表分析评价的思路；
3. 明确资产的不同分类和影响负债结构与股东权益结构的因素；
4. 理解资产负债表主要项目的内涵；
5. 了解会计政策和会计估计变更的影响及资产负债表主要项目变动的原因。

---------【引例】---------

2019年1月31日，农业养殖界的一家著名上市公司一下子成了"网红"！这家上市公司发布公告称，预计2018年度由原本预亏15亿~17亿元，下调至亏损29亿~33亿元！成为"网红"的原因不是这巨额亏损的数字，而是它宣布的亏损原因：因为买不起猪饲料，把猪给饿死了。这家"网红"上市公司就是明星养猪企业C公司！C公司在其公开发布的业绩预告修正公告中，解释巨额亏损主要原因时原话是这样说的：由于资金紧张，饲料供应不及时，公司生猪死亡率高于预期，致使生猪养殖成本及管理费用高于预期，且第四季度生猪市场受非洲猪瘟的影响，销售价格低于预期。

C公司也不是突然成为"网红"的。此前就不断曝出C公司5亿元债券违约、实际控制人股票被司法冻结、部分资产被查封、资金链紧张等消息。作为一家生猪养殖企业，C公司近年来频频加码布局金融板块，其设立的产业基金项目涉及电竞、农业、扶贫开发等领域，并屡次获得巨额回报。该板块也逐渐成为支撑其业绩的重要一环，其还创下"6亿元股权投资一年收益超5亿元"的投资神话。不过，这一投资神话在2018年6月13日被一篇万字檄文彻底击破，该文章质疑C公司涉嫌严重的财务舞弊、怀疑其投资收益的合理性及真实性。

一石激起千层浪。C公司当晚发布公告称，收到控股股东、实际控制人侯先生的通知，因近日公司股价连续下跌，侯先生及其一致行动人所持已质押的部分股票触及平仓线，可能存在平仓风险。自6月14日上午开市起停牌，停牌时间预计不超过5个交易日。

6月15日，深交所发出关注函，对C公司提出多项问询。6月28日，C公司在多次延期回复后，用多达60页内容回复问询，否认财务造假。不过，C公司的危机并未解除，反而持续发酵，各种问题接踵而至。7月23日，C公司发布公告称，侯先生所持公司股份被司法冻结，冻结数量为12.6亿股，占其持股总数的比例为100%，占公司总股本的比例为40.2%。此后，C公司多次发布新增轮候冻结的信息，而最近一次发布时间为10月12日。8月3日，C公司发布公告称，因与P银行青岛分行的借款纠纷，公司36处土地和房产被山东省高级人民法院查封，账面净值一共为2.27亿元。对此，C公司表示，上述查封对日常生产经营未造成影响，但不排除存在查封土地、房产被司法拍卖偿还债务的可能。根据C公司2018年半年度财务报告，截至2018年6月底，公司短期债务规模较上一年年底大幅增长，现金类资产对短期债务覆盖不足，短期偿债压力很大。根据公司第三季度业绩预告，亏损规模未来将进一步扩大。截至2018年8月31日，公司未结清信贷信息中不良贷款1笔，余额9 679.83万元；欠息8笔，余额537.77万元。C公司债务问题也遭到监管部门关注，深交所9月6日向C公司发出半年报问询函，要求公司根据各个业务板块以及债务方面等12个问题进行说明。9月27日，C公司在两次延期之后终于回复深交所问询。报告期末，C公司存在逾期未偿还债务合计1.07亿元，短期借款、应付票据、一年内到期的非流动负债、其他流动负债等短期内需要偿付债务金额合计115亿元。C公司回复问询函表示，截至9月19日，逾期未偿还债务合计1.357亿元，较报告期末新增2 961.97万元。公司账面货币资金余额23.71亿元，其中受限货币资金18.37亿元，银行存款5.16亿元，主要包括贷款配比的存款、担保公司因行业要求必须保证与担保贷款相应比例的流动资金。对于逾期债务未予以偿还的原因，C公司在回复问询函中表示，随着金融监管不断加强，国家去杠杆的推进，相对减少了企业的融资渠道，并叠加生猪价格下行等多种因素的影响，公司短期内现金流紧张。

考察公司资产和投资收益、营业收入之间的关系，可以得出什么基本判断？资产负债表反映特定时点的财务状况，为什么会对经营成果产生影响？如何对资产负债表进行分析？资产负债表的分析应从哪些方面入手？怎样结合报表附注和其他方面的信息进行综合分析？怎样对资产负债表的变动做出综合评价？这些都是本章想要解决的问题。

3.1 资产负债表分析的目的与内容

3.1.1 资产负债表分析的目的

资本是企业产生、生存与发展的原动力，企业的资本运动是通过资本筹集、资本运用和资本收益分配等一系列资本活动来实现的。筹资活动是企业根据生产经营对资本的需求，通过各种筹资渠道，采用适当筹资方式取得经营所需资本的行为。筹资活动是企业生存和发展的基本条件，是资本运用的起点。

企业的资本来源，一是由所有者提供的永久性资本，二是由债权人提供的信贷资金，从而形成对一个企业所拥有资产的两种不同要求权。企业取得资本后，必须有目的地投放使用，使其转化为相应的资产，以谋取最大的资本收益。资本运用是企业资本运动的中心环节，它不仅对资本筹集提出要求，而且对资本收益分配产生影响。资本收益分配既是企业前期资本运动的终点，也是下期资本运动的起点，它作为资本运动的结果而出现，是对资本运动成果的分配。企业的所有资本活动及结果，必然会直接通过资产负债表全面、系统、综合地反映出来，但是，仅通过阅读资产负债表，只能了解企业在某一特定时日所拥有或控制的资产、所承担的经济义务以及所有者对净资产的要求权。尽管这些信息是必要的，但却满足不了报表使用者进行决策的需要，借助于资产负债表的分析，才有可能最大限度地满足报表使用者的这种要求。

资产负债表分析的目的，就在于了解企业会计对企业财务状况的反映程度，以及所提供会计信息的质量，据此对企业资产和权益的变动情况以及企业财务状况做出恰当的评价。具体来说就是：

（1）通过资产负债表分析，揭示资产负债表及相关项目的内涵。

从根本上讲，资产负债表上的数据是企业经营活动的直接结果，但这种结果是通过企业管理人员依据某种会计政策，按照某种具体会计处理方法进行会计处理后编制出来的。因此，企业采用何种会计政策，使用何种会计处理方法，必然会对资产负债表上的数据产生影响。例如，某一经营期间耗用的材料一定时，采用不同存货计价方法进行会计处理，期末资产负债表上的存货金额就会有很大差异。如果不能通过分析搞清资产负债表及相关项目的内涵，就会把由企业会计处理产生的差异看作生产经营活动导致的结果，从而得出错误的分析结论。

（2）通过资产负债表分析，了解企业财务状况的变动情况。

在企业经营过程中，企业资产规模和各项资产会不断发生变动，与之相适应的是资金来源也会发生相应的变动，资产负债表只是静态地反映出变动后的结果。企业的资产、负债及股东权益在经过一段时期的经营后，发生了什么样的变化，这种变化对企业未来经营会产生什么影响，只有通过对资产负债表进行分析才能知道，在此基础上，再对企业财务状况的变动情况做出合理的解释和评价。

（3）通过资产负债表分析，评价企业会计对企业经营状况的反映程度。

资产负债表是否充分反映了企业的经营状况，其真实性如何，资产负债表本身不能说明这个问题。企业管理者出于某种需要，既可能客观地、全面地通过资产负债表反映企业的经营状况,也可能隐瞒企业经营中的某些重大事项。根据一张不能充分真实反映企业经营状况的资产负债表,是不能对企业财务状况的变动及其原因做出合理解释的。虽然这种评价具有相当大的难度,特别是对那些不了解企业真实经营状况的外部分析者来说,其难度更大,但却是资产负债表分析的重要目标之一。

(4) 通过资产负债表分析,评价企业的会计政策。

企业的会计核算必须在企业会计准则指导下进行,但企业会计在会计政策选择和会计处理方法选择上也有相当的灵活性,如存货计价方法、折旧政策等。不同的会计政策和会计处理方法,体现在资产负债表上的结果往往不同,某种会计处理的背后,总是代表着企业的会计政策和会计目的。企业所选择的会计政策和会计处理方法是否合适,企业是否利用会计政策选择达到某种会计目的,深入分析资产负债表及相关项目的不正常变动,了解企业会计政策选择的动机,可以揭示出企业的倾向,评价企业的会计政策,消除会计报表外部使用者对企业会计信息的疑惑。

(5) 通过资产负债表分析,修正资产负债表的数据。

资产负债表是进行财务分析的重要基础资料,即使企业不是出于某种目的进行调整,资产负债表数据的变化也不完全是企业经营影响的结果。会计政策变更、会计估计及变更等企业经营以外的因素对资产负债表数据也有相当大的影响,通过资产负债表分析,要揭示出资产负债表数据所体现的财务状况与真实财务状况的差异,通过差异调整,修正资产负债表数据,尽可能消除会计信息失真,为进一步利用资产负债表进行财务分析奠定资料基础,以保证财务分析结论的可靠性。

3.1.2 资产负债表分析的内容

(1) 资产负债表水平分析。

资产负债表水平分析,就是指通过对企业各项资产、负债和股东权益进行对比分析,揭示企业筹资与投资过程的差异,从而分析企业生产经营活动、经营管理水平、会计政策及会计估计变更对筹资与投资的影响,反映筹资活动和投资活动的状况、规律及特征,推断企业发展的前景。

(2) 资产负债表垂直分析。

资产负债表垂直分析,就是指通过将资产负债表中各项目与总资产或权益总额进行对比,分析企业的资产构成、负债构成和股东权益构成,揭示企业资产结构和资本结构的合理程度,探索企业资产结构优化、资本结构优化的思路。

(3) 资产负债表项目分析。

资产负债表项目分析就是指在资产负债表全面分析的基础上,对资产负债表中资产、负债和股东权益的主要项目进行深入分析,包括会计政策、会计估计等变动对相关项目影响的分析。

需要强调的是，资产负债表反映的是特定时点（资产负债表日）企业的财务情况，因此较容易受到管理人员的影响。管理人员可能会利用各种方法和手段，对企业财务状况加以粉饰，以便达到特定目的。在资产负债表分析中，必须考虑管理人员临近资产负债表日的行为因素。

3.2 资产负债表水平分析

3.2.1 资产负债表水平分析表的编制

资产负债表水平分析的目的之一就是从总体上概括了解资产、权益的变动情况，揭示出资产、负债和股东权益变动的差异，分析其差异产生的原因。资产负债表水平分析的依据是资产负债表，通过采用水平分析法，将资产负债表的实际数与选定的标准进行比较，编制出资产负债表水平分析表，并在此基础上进行分析评价。

资产负债表水平分析要根据分析的目的来选择比较的标准（基期）。当分析的目的在于揭示资产负债表实际变动情况，分析产生实际差异的原因时，其比较的标准应选择资产负债表的上年实际数；当分析的目的在于揭示资产负债表预算或计划执行情况，分析影响资产负债表预算或计划执行情况的原因时，其比较的标准应选择资产负债表的预算数或计划数。

资产负债表水平分析除了要计算某项目的变动额和变动率外，还应计算出该项目变动对总资产或权益总额的影响程度，以便确定影响总资产或权益总额的重点项目，为进一步分析指明方向。某项目变动对总资产或权益总额的影响程度可按下式计算：

$$\text{某项目变动对总资产(权益总额)的影响}(\%) = \frac{\text{某项目的变动额}}{\text{基期总资产(权益项目)}} \times 100\%$$

【例3-1】ABC公司是一家网络运营公司，表3-1是其2020年合并资产负债表。要求根据表3-1提供的资料，编制ABC公司资产负债表水平分析表。

ABC公司合并资产负债表

表3-1　　　　　　　　　　　　2020年12月31日　　　　　　　　　　　　单位：千元

项目	期末余额	年初余额	项目	期末余额	年初余额
流动资产：			流动负债：		
货币资金	11 480 406	6 483 170	短期借款	3 882 479	2 893 855
交易性金融资产	0	123 644	应收账款保理之银行拨备	1 658 941	153 668
应收票据	1 578 473	1 656 258	交易性金融负债	12 560	7 876

续表

项目	期末余额	年初余额	项目	期末余额	年初余额
应收账款	9 972 495	7 098 949	应付票据	6 318 059	3 946 429
应收账款保理	1 658 941	153 668	应付账款	9 495 946	7 856 240
预付款项	355 887	311 362	应付工程合约款	2 965 582	1 597 314
其他应收款	757 847	689 889	预收款项	1 392 862	1 491 219
存货	8 978 036	7 429 503	应付职工薪酬	1 443 017	1 207 431
应收工程合约款	7 894 010	6 540 218	应交税费	-765 040	-1 342 330
			应付股利	22 750	41 180
			其他应付款	1 553 011	1 348 465
			持有代售负债	64 281	101 695
			预计负债	170 382	126 042
			一年内到期非流动负债	1 782 006	1 509 569
流动资产合计	42 676 095	30 486 661	流动负债合计	29 996 836	20 938 653
非流动资产:			非流动负债:		
可供出售金融资产	251 148	43 464	长期借款	1 292 547	2 085 229
长期应收款	612 008	581 007	长期应收账款保理之银行拨备	753 568	3 142 709
长期应收款保理	753 568	3 142 709	应付债券	3 514 652	
长期股权投资	168 433	137 019	长期应付职工薪酬	80 000	80 000
固定资产	4 103 076	3 038 063	递延所得税负债	5 019	56 460
在建工程	817 086	931 090	其他非流动负债	39 752	38 097
无形资产	589 084	224 848	非流动负债合计	5 685 538	5 402 495
开发支出	476 020	258 991	负债合计	35 682 374	26 341 148
递延所得税资产	400 265	352 210	股东权益:		
其他非流动资产	19 138	33 494	股本	1 343 330	959 522
			资本公积	6 298 172	5 807 332
			其他综合收益	14 249 544	12 137 161
			盈余公积	1 431 820	1 364 758
			未分配利润	5 021 369	3 831 231
			拟派期末股利	402 999	239 880
			外币报表折算差额	-248 146	-65 562
			少数股东权益	934 003	751 247
非流动资产合计	8 189 826	8 742 895	股东权益合计	15 183 547	12 888 408
资产总计	50 865 921	39 229 556	负债和股东权益总计	50 865 921	39 229 556

解：根据表 3-1 提供的资料，编制 ABC 公司资产负债表水平分析表如表 3-2 所示。

表 3-2　　　　　　　　ABC 公司资产负债表水平分析表　　　　　　　金额单位：千元

项目	2020 年	2019 年	变动情况		对总额的影响（%）
			变动额	变动（%）	
流动资产：					
货币资金	11 480 406	6 483 170	4 997 236	77.08	12.74
交易性金融资产	0	123 644	-123 644	-100.00	-0.31
应收票据	1 578 473	1 656 258	-77 785	-4.70	-0.20
应收账款	9 972 495	7 098 949	2 873 546	40.48	7.32
应收账款保理	1 658 941	153 668	1 505 273	979.56	3.84
预付款项	355 887	311 362	44 525	14.30	0.11
其他应收款	757 847	689 889	67 958	9.85	0.17
存货	8 978 036	7 429 503	1 548 533	20.84	3.95
应收工程合约款	7 894 010	6 540 218	1 353 792	20.70	3.45
流动资产合计	42 676 095	30 486 661	12 189 434	39.98	31.07
非流动资产：					
可供出售金融资产	251 148	43 464	207 684	477.83	0.53
长期应收款	612 008	581 007	31 001	5.34	0.08
长期应收款保理	753 568	3 142 709	-2 389 141	-76.02	-6.09
长期股权投资	168 433	137 019	31 414	22.93	0.08
固定资产	4 103 076	3 038 063	1 065 013	35.06	2.71
在建工程	817 086	931 090	-114 004	-12.24	-0.29
无形资产	589 084	224 848	364 236	161.99	0.93
开发支出	476 020	258 991	217 029	83.80	0.55
递延所得税资产	400 265	352 210	48 055	13.64	0.12
其他非流动资产	19 138	33 494	-14 356	-42.86	-0.04
非流动资产合计	8 189 826	8 742 895	-553 069	-6.33	-1.41
资产总计	50 865 921	39 229 556	11 636 365	29.66	29.66
流动负债：					
短期借款	3 882 479	2 893 855	988 624	34.16	2.52
应收账款保理之银行拨备	1 658 941	153 668	1 505 273	979.56	3.84
交易性金融负债	12 560	7 876	4 684	59.47	0.01
应付票据	6 318 059	3 946 429	2 371 630	60.10	6.05
应付账款	9 495 946	7 856 240	1 639 706	20.87	4.18
应付工程合约款	2 965 582	1 597 314	1 368 268	85.66	3.49
预收款项	1 392 862	1 491 219	-98 357	-6.60	-0.25
应付职工薪酬	1 443 017	1 207 431	235 586	19.51	0.6
应交税费	-765 040	-1 342 330	577 290		1.47
应付股利	22 750	41 180	-18 430	-44.75	-0.05
其他应付款	1 553 011	1 348 465	204 546	15.17	0.52

续表

项目	2020 年	2019 年	变动情况		对总额的影响（%）
			变动额	变动（%）	
持有代售负债	64 281	101 695	-37 414	-36.79	-0.10
预计负债	170 382	126 042	44 340	35.18	0.11
一年内到期非流动负债	1 782 006	1 509 569	272 437	18.05	0.7
流动负债合计	29 996 836	20 938 653	9 058 183	43.26	23.09
非流动负债：					
长期借款	1 292 547	2 085 229	-792 682	-38.01	-2.02
长期应收账款保理之银行拨备	753 568	3 142 709	-2 389 141	-76.02	-6.09
应付债券	3 514 652		3 514 652		8.96
长期应付职工薪酬	80 000	80 000	0	0	0
递延所得税负债	5 019	56 460	-51 441	-91.11	-0.13
其他非流动负债	39 752	38 097	1 655	4.34	
非流动负债合计	5 685 538	5 402 495	283 043	5.24	0.72
负债合计	35 682 374	26 341 148	9 341 226	35.46	23.81
股东权益：					
股本	1 343 330	959 522	383 808	40.00	0.98
资本公积	6 298 172	5 807 332	490 840	8.45	1.25
其他综合收益	14 249 544	12 137 161	2 112 383	17.40	5.38
盈余公积	1 431 820	1 364 758	67 062	4.91	0.17
未分配利润	5 021 369	3 831 231	1 190 138	31.06	3.03
拟派期末股利	402 999	239 880	163 119	68.00	0.42
外币报表折算差额	-248 146	-65 562	-182 584		-0.47
少数股东权益	934 003	751 247	182 756	24.33	0.47
股东权益合计	15 183 547	12 888 408	2 295 139	17.81	5.85
负债和股东权益总计	50 865 921	39 229 556	11 636 365	29.66	29.66

3.2.2 资产负债表变动情况的分析评价

企业总资产表明企业资产的存量规模，随着企业经营规模的变动，资产存量规模也处在变动之中。资产存量规模过小，将难以满足企业经营的需要，影响企业经营活动的正常进行；资产存量规模过大，将造成资产的闲置，使资金周转缓慢，影响资产的利用效率。资产作为保证企业经营活动正常进行的物质基础，它的获得必须有相应的资金来源。企业通过举债或吸收投资人投资来满足对企业资产的资金融通，从而产生了债权人、投资人对企业资产的两种不同要求权，即权益。资产、权益分别列示在资产负债表左右两方，反映出企业的基本财务状况，对资产负债表变动情况的分析评价也应当从这两大方面进行。

(1) 从投资或资产角度进行分析评价。

虽然从资金流动的先后次序来看，企业需要先进行融资，待取得资金后才能进行投资；但是从逻辑上看，只有先确定能够实现资本保值增值的投资机会，才可能获得资金提供方的资金。投资或资产角度的分析评价主要从以下几个方面进行：

第一，分析总资产规模的变动状况以及各类、各项资产的变动状况，揭示出资产变动的主要方面，从总体上了解企业经过一定时期经营后资产的变动情况。

第二，发现变动幅度较大或对总资产变动影响较大的重点类别和重点项目。分析时首先要注意发现变动幅度较大的资产类别或资产项目，特别是发生异常变动的项目。其次要把对总资产影响较大的资产项目作为分析重点。某资产项目变动自然会引起总资产发生同方向变动，但不能完全根据该项目本身的变动来说明对总资产的影响。该项目变动对总资产的影响，不仅取决于该项目本身的变动程度，还取决于该项目在总资产中所占的比重。当某项目本身变动幅度较大时，如果该项目在总资产中所占比重较小，则该项目变动对总资产变动的影响就不会太大；反之，即使某个项目本身变动程度较小，如果其比重较大时，其影响程度也很大。如本例中可供出售金融资产项目，本期变动幅度高达477.83%，但由于该项目仅占总资产的0.11%（43 464÷39 229 556×100%），所以仅使总资产增加了0.53%（477.83%×0.11%）。而存货项目本期虽然仅增加20.84%，但由于其所占比重较大，对总资产的影响却达到3.95%。分析时只有注意到这一点，才能突出分析重点，抓住关键问题，有助于深入分析，并减轻分析工作量。

第三，要注意分析资产变动的合理性与效率性。具体分析见本节"3.2.3 资产变动的合理性与效率性分析评价"。

第四，要注意分析会计政策变动的影响。企业资产的变动更主要地受到生产经营规模的影响，但企业管理人员在进行会计核算和编制财务报表时所采用的会计政策和会计方法等，对企业资产变动的影响也不可忽视。尽管会计准则和会计制度对会计核算乃至财务报表的编制都有相应的要求，但会计准则和会计制度也给企业灵活选择会计政策和会计方法留有相当大的余地，企业管理人员可以通过会计政策变更或灵活地选用会计方法对资产负债表的数据做出调整。例如，改变存货计价方法，就会引起资产负债表上存货的变化。此外，企业大量的经营业务需要会计做出判断。例如，对于企业当期的坏账损失占应收账款的比率，会计的随意性判断就会使应收账款净值发生变动。因此，分析时首先要了解企业所采用的会计政策，把会计政策变更或会计随意性所造成的影响充分地揭示出来，以便纠正失真的会计数据，使财务分析能够依据真实可靠的会计资料进行，保证财务分析结论的正确性。

根据表3-2，可以对ABC公司总资产变动情况做出以下分析评价：

该公司总资产本期增加11 636 365千元，增长幅度为29.66%，说明ABC公司本年资产规模有较大幅度的增长。进一步分析可以发现：

①流动资产本期增加 12 189 434 千元，增长的幅度为 39.98%，使总资产规模增长了 31.07%。非流动资产本期减少了 553 069 千元，减少的幅度为 6.32%，使总资产规模减少了 1.41%，两者合计使总资产增加了 11 636 365 千元，增长幅度为 29.66%。

②本期总资产的增长主要体现在流动资产的增长上。如果仅从这一变化来看，该公司资产的流动性有所增强。尽管流动资产的各项目都有不同程度的增减变动，但其增长主要体现在四个方面：一是货币资金的大幅度增长。货币资金本期增长 4 997 236 千元，增长的幅度为 77.08%，对总资产的影响为 12.74%。虽然，货币资金的增长对提高企业的偿债能力、满足资金流动性需要都是有利的；但是，货币资金的增加也可能会给管理人员提供更多的可支配资源，从而产生浪费和非效率投资行为，因此，对于货币资金的这种变化，还应结合该公司现金需要量，从资金利用效果方面进行分析，这样才能做出恰当的评价。二是应收账款的增加。应收账款本期增加 2 873 546 千元，增长幅度为 40.48%，对总资产的影响为 7.32%。此外，应收账款保理本期增加 1 505 273 千元，增长幅度为 979.56%，对总资产的影响为 3.84%，两者合计使总资产本期增长 11.16%。应收账款保理是企业将由赊销形成的未到期应收账款在满足一定条件下转让给商业银行，以获得银行流动资金支持的一种融资方式。该项目的增加意味着应收款项总额的增加，对此，应结合该公司销售规模变动、信用政策和收账政策进行评价。三是存货的增长。存货本期增加 1 548 533 千元，增长幅度为 20.84%，对总资产的影响为 3.95%。结合固定资产变动情况，可以认为这种变动有助于形成现实的生产能力。四是应收工程合约款的增长。应收工程合约款本期增加 1 353 792 千元，增长幅度为 20.70%，对总资产的影响为 3.45%。根据该公司报表附注可知，各项合同累计已发生成本及累计已确认毛利或亏损但未开发票部分应计入"应收工程合约款"，该项目性质应属产成品。该项目的增长有助于营业收入的增长。

③非流动资产的变动主要体现在以下三个方面：一是固定资产的增长。固定资产净值本期增加 1 065 013 千元，增长幅度为 35.06%，使总资产规模增长了 2.71%，是非流动资产中对总资产变动影响最大的项目。固定资产规模体现了一个企业的生产能力，但仅仅根据固定资产净值的变动并不能得出企业生产能力上升或下降的结论。固定资产净值反映了企业在固定资产项目上占用的资金，其既受固定资产原值变动的影响，也受固定资产折旧的影响。本例中固定资产净值增加一方面是由经营规模增长、购置的机器设备增加及部分在建工程转入所致；另一方面是因为固定资产当年计提折旧也造成了其价值的减少，但这种变化对该公司生产能力不会有太大影响，只是固定资产新旧程度有些差异而已，总体看该公司的生产能力有较大增加。二是无形资产的增长。无形资产本期增加 364 236 千元，增长幅度为 161.99%，对总资产的影响为 0.93%。如果剔除无形资产摊销的影响，本期无形资产增长幅度更大。本期无形资产

增加主要因土地使用权增加所致，这对公司未来经营有积极作用。三是长期应收款保理的减少。长期应收款保理本期减少 2 389 141 千元，减少的幅度为 76.02%，使总资产减少了 6.09%。该项目的减少实质上是长期应收款总额的减少。非流动资产的其他项目虽有不同程度的增减，但对总资产的影响极小，分析时可不作为重点。

（2）从筹资或权益角度进行分析评价。

筹资或权益角度的分析评价主要从以下几方面进行：

第一，分析权益总额的变动状况以及各类、各项筹资的变动状况，揭示出权益总额变动的主要方面，从总体上了解企业经过一定时期经营后权益总额的变动情况。

第二，发现变动幅度较大或对权益总额变动影响较大的重点类别和重点项目，为进一步分析指明方向。

第三，分析评价权益资金变动对企业未来经营的影响。在资产负债表上，资产总额等于负债与所有者权益总额之和，当资产规模发生变动时，必然要有相应的资金来源，如果资产总额的增长幅度大于股东权益的增长幅度，表明企业债务负担加重。这虽然可能是因为企业筹资政策变动而引起的，但后果是引起偿债保证程度下降，偿债压力加重。因此，不仅要分析评价权益资金发生了怎样的变动，而且要注意分析评价这种变动对企业未来经营的影响。

第四，注意分析评价表外业务的影响。例如，按目前会计准则规定，资产负债表仅反映了企业按历史成本原则核算的现实负债，一个企业所承担的或有负债并不反映在资产负债表上，而这种可能成为企业现实负债的事项及对企业财务状况可能产生的影响，也是分析评价时要特别关注的。

根据表 3-2，可以对 ABC 公司权益总额变动情况做出以下分析评价。

该公司权益总额较上年同期增加 11 636 365 千元，增长幅度为 29.66%，说明 ABC 公司本年权益总额有较大幅度的增长。进一步分析可以发现：

①负债本期增加 9 341 226 千元，增长的幅度为 35.46%，使权益总额增长了 23.81%；股东权益本期增加了 2 295 139 千元，增长的幅度为 17.81%，使权益总额增长了 5.85%，两者合计使权益总额本期增加 11 636 365 千元，增长幅度为 29.66%。

②本期权益总额增长主要体现在负债的增长上，流动负债增长是其主要方面。流动负债本期增长 9 058 183 千元，增长幅度为 43.26%。对权益总额的影响为 23.09%，这种变动可能导致公司偿债压力的加大及财务风险的增加。相比于长期负债，短期负债需要在近期内支付本金和利息，对企业产生更大的财务风险水平。流动负债增长主要表现在三个方面：一是银行短期借款的增长。短期借款本期增加 988 624 千元，增长幅度为 34.16%，公司会因此面临较大的偿债压力。此外，应收账款保理之银行拨备本期增长 1 505 273 千元，增长幅度高达 979.56%，如果公司用于保理的应收账款不能如期收回，该款项的偿还将出现问题，其隐含的风险值得关注。二是应付款项的增

长。应付账款本期增长 1 639 706 千元，应付票据本期增长 2 371 630 千元，其增长幅度分别为 20.87% 和 60.09%，对权益总额的影响合计为 10.23%。该项目的大幅度增长给公司带来了巨大的偿债压力。特别是，应付款项主要是来源于商业信用，如不能按期支付，将对公司的信用产生严重的不良影响。三是应付工程合约款的增长。应付工程合约款本期增加 1 368 268 千元，增长幅度为 85.66%，对权益总额的影响为 3.49%。该项目反映的是超出合同累计已发生成本及累计已确认毛利或亏损的已开票款，实质上不是公司需要偿还的债务，该项目的增加有助于营业收入和利润的增长。非流动负债本期仅增加 283 043 千元，对权益总额的影响仅为 0.72%。其中，该公司本期发行 40 亿元债券是造成非流动负债增长的主要原因。该公司本期发行可分离交易的可转换公司债券 4 000 000 千元，按债券发行时的实际价值进行估价，归属于股东权益的部分为 580 210 千元，发行时交易成本为 38 556 千元，其负债部分为 3 381 234 千元。

③股东权益本期增加 2 295 139 千元，增长幅度为 17.81%，对权益总额的影响为 5.85%。其中股本增加 383 808 千元，由该公司本期实施资本公积转增股本所致。该方案的实施，使股本增加的同时，也使资本公积相应减少，对股东权益不产生影响，只是股本扩大而已。股东权益的变动主要受以下两个方面影响：①该公司发行债券，其中归属于股东权益的部分为 580 210 千元，使资本公积相应增加。②本期盈利是主要方面，因此使盈余公积增加 67 062 千元，未分配利润增加 1 190 138 千元，拟派期末股利增加 163 119 千元，三者合计对权益总额的影响为 3.62%。

值得注意的是，权益各项目的变动既可能是由企业经营活动造成的，也可能是由企业会计政策变更造成的，或者是由会计的灵活性、随意性造成的，因此，只有结合权益各项目变动情况的分析，才能揭示权益总额变动的真正原因。

另外，水平分析仅考虑了资产负债表各项目在不同期间的变动，没有考虑各项目的内部结构，以及该项目占总体的比重。因此，对资产负债表水平分析表的分析评价还应结合资产负债表垂直分析、资产负债表附注分析和资产负债表项目分析进行，同时还应注意与利润表、现金流量表结合进行分析评价。

3.2.3 资产变动的合理性与效率性分析评价

对总资产变动情况进行分析，不仅要考察其增减变动额和变动幅度，还要对其变动的合理性与效率性进行分析，特别是企业经营者进行分析时，更要注意到这一点。任何企业取得资产的目的都不是单纯占有资产，而是为了运用资产进行经营活动以实现企业的目标。资产变动是否合理，直接关系到资产生产能力的形成与发挥，并通过资产的利用效率体现出来。因此，对资产变动合理性与效率性的分析评价，可借助企业产值、销售收入、利润和经营活动现金净流量等指标。

将资产视为企业资源的占用，那么资产变动的合理性，取决于资源的产出。因此，通过资产变动与产值变动、销售收入变动、利润变动及经营活动现金净流量变动的比较，能够对资产变动的合理性与效率性做出评价。比较的结果可能有以下几种情况：

（1）增产、增收、增利或增加经营活动现金净流量的同时增资，但增资的幅度小，表明企业资产利用效率提高，形成资金相对节约。

（2）增产、增收、增利或增加经营活动现金净流量的同时不增资，表明企业资产利用效率提高，形成资金相对节约。

（3）增产、增收、增利或增加经营活动现金净流量的同时减少资产，表明企业资产利用效率提高，形成资金绝对节约和相对节约。

（4）产值、收入、利润、经营活动现金净流量持平，资产减少，表明企业资产利用效率提高，形成资金绝对节约。

（5）增产、增收、增利或增加经营活动现金净流量的同时，资产增加，且资产增加幅度大于增产、增收、增利或增加经营活动现金净流量的幅度，表明企业资产利用效率下降，资产增加不合理。

（6）减产、减收、减利或减少经营活动现金净流量的同时，资产不减或资产减少幅度低于减产、减收、减利或减少经营活动现金净流量的幅度，表明企业资产利用效率下降，资产调整不合理。

（7）减产、减收、减利或减少经营活动现金净流量的同时，资产增加，必然造成资产大量闲置，生产能力利用不足，资产利用效率大幅度下降。

分析时还应注意，在全部资产中，有些资产会随产量或销售规模变动而变动，如应收账款、货币资金、存货等；有些资产与产销规模变动没有直接联系，在产销规模发生变动时，这些资产基本不变或只发生较小的变动，如固定资产、无形资产等。分析时，可根据资产与产销变动之间的差异，将随产销规模变动的资产项目与产销变动情况单独比较，以准确评价资产变动的合理性。

3.2.4 企业资金变动对其未来经营影响的分析评价

企业经营规模变动的一种表现形式是企业资产规模的变动，当企业资产规模变动时，必然要有相应的资金来源满足其需求。无论哪一个企业，都可以通过增加或减少负债、投资者追加或收回投资和留存收益这三种方式解决其资金来源。不同的资金来源方式会影响企业的未来经营、财务状况及财务成果，因此，要注意分析评价不同资金来源方式可能产生的影响，以便对企业未来发展做出推断。

（1）举债。

在企业资产规模发生变动时，如果企业通过举债方式满足其资金需求，这是一种外延型扩大再生产，对企业未来经营的影响可能是：

①负债比重提高，债务负担加重。在其他权益资金项目不变时，企业举债必然会提高资产负债率，企业的资本结构因此而发生变化，财务风险会提高。企业债务负担加重，会加大企业的偿债压力，对企业资产流动性要求更高。资金安全是债权人进行信贷决策时要考虑的最重要的因素，当企业不断地通过举债扩大其经营规模时，随着企业财务风险的不断增加，债权人会感到其资金安全受到威胁，会采取减少贷款或停止贷款等相应措施以保证其资金的安全性。如果一个企业单纯地依靠举债扩大其经营规模，没有任何一个债权人会无条件地承诺随时会满足企业的资金需求，一旦资金链断裂，企业的经营会受到严重影响甚至威胁到企业的生存。从极端情况来看，企业负债水平的不断提升，会导致企业破产可能性的不断增加。特别是当企业所在行业处于经济下行阶段时，必须对负债率的提升给予足够的警惕和重视。

②资金制约。理论上，企业能够举借债务的数额存在上限。当企业根据投资需求提升负债水平时，可能很快触及债务上限。这会导致面对未来投资机会时，企业无法通过债务渠道获得资金来源。为此，在分析负债水平时，必须考虑企业未来投资机会和潜在债务上限所产生的资金约束，避免因负债水平过高而无法募集资金，错失投资机会。

③财务杠杆作用加大。负债经营必然会产生相应的财务杠杆作用，负债比率越高，财务杠杆作用越大。需要注意的是，财务杠杆是把"双刃剑"，既能帮助企业产生更高的财务收益，也会增加企业的财务风险。企业获取财务杠杆利益的基本前提是总资产报酬率大于负债利息率，企业在进行负债筹资决策时，不能仅考虑资金需求，还要结合其盈利水平，以避免造成财务杠杆损失。

④负债能够约束经理人员的自利行为，产生治理效果。负债水平的提升会带来破产可能性的增加，这会对企业管理人员形成约束机制。企业破产不但会导致管理人员失去现有工作，也会导致其声誉受到损失，降低未来收益水平。同时，债务利息的支付会降低管理人员可以自由支配的资源，从而降低其浪费资源的可能性。

(2) 追加投资。

企业经营规模的扩张，也可以通过投资人追加投资来实现，从本质上讲，这也是一种外延型扩大再生产，可能对企业未来经营产生如下影响：

①资金制约。企业的投资人数量是有限的，这些投资人所拥有的资本也是有限的，任何一个企业，其经营规模的扩张不可能完全依赖投资人的不断追加投资来实现。

②运用不当会失去投资人的支持。通过投资人追加投资满足企业规模扩张的资金需求，是企业普遍使用的筹资策略，但若运用不当，会产生消极作用，因为这种策略通常与投资人的最佳利益相悖。投资人将其拥有的资本投资于企业，是期望通过企业的经营活动在保值的基础上增值，如果企业无视投资人的这种利益要求，一味地要求

投资人追加投资来满足企业规模扩张的资金需求，把投资人当成提款机，就会引起投资人的反感，甚至失去投资人的支持。

③有助于企业财务实力的提升。投资人投资是企业成立的基本前提，其投资规模是企业财务实力的直观表现。投资人追加投资，可以增强企业的财务实力，减轻债务负担，为企业进行资本结构调整、资金筹集、降低财务风险等奠定物质基础。

（3）留存收益。

留存收益由两部分组成：一是提取的盈余公积；二是保留的未分配利润。留存收益的数量取决于企业的盈利、盈余公积的提取比例和企业的利润分配政策。

①为企业可持续发展提供源源不断的资金来源。企业经营规模的扩张无论是依靠举债还是投资人追加投资都会受到资金制约，而留存收益来源于企业经营所得，是企业主观努力的结果，属于内涵型扩大再生产，是一种"滚雪球式"的增长。

②促进企业经营步入良性循环。任何一个企业要想健康发展，单纯依赖外部"输血"是不行的，必须提高自身"造血"功能。通过企业卓有成效的经营，增加自身积累，才能从根本上为企业提高偿债能力、改善财务状况、满足各方利益要求、树立企业形象和争取投资人支持等方面提供保障，从而使企业步入良性循环的轨道。

3.3 资产负债表垂直分析

3.3.1 资产负债表垂直分析表的编制

资产负债表结构反映了资产负债表各项目的相互关系及各项目所占的比重。资产负债表垂直分析是通过计算资产负债表中各项目占总资产或权益总额的比重，分析评价企业资产结构和权益结构的变动情况及合理程度，具体来讲就是：①分析评价企业资产结构的变动情况及变动的合理性；②分析评价企业资本结构的变动情况及变动的合理性。

资产负债表垂直分析可以从静态角度和动态角度两方面进行。从静态角度分析就是以本期资产负债表为分析对象，分析评价其实际构成情况；从动态角度分析就是将资产负债表的本期实际构成与选定的标准进行对比分析，对比的标准可以是上期实际数、预算数和同行业的平均数或可比企业的实际数。对比标准的选择视分析目的而定。

【例3-2】根据表3-1提供的资料，编制ABC公司资产负债表垂直分析表。

解：根据表3-1提供的资料，编制ABC公司资产负债表垂直分析表，见表3-3。

表 3-3　　　　　　　　　ABC公司资产负债表垂直分析表　　　　　　金额单位：千元

项目	2020年	2019年	2020年（%）	2019年（%）	变动情况（%）
流动资产：					
货币资金	11 480 406	6 483 170	22.57	16.53	6.04
交易性金融资产	0	123 644		0.32	-0.32
应收票据	1 578 473	1 656 258	3.10	4.22	-1.12
应收账款	9 972 495	7 098 949	19.61	18.10	1.51
应收账款保理	1 658 941	153 668	3.26	0.39	2.87
预付款项	355 887	311 362	0.70	0.79	-0.09
其他应收款	757 847	689 889	1.49	1.76	-0.27
存货	8 978 036	7 429 503	17.65	18.94	-1.29
应收工程合约款	7 894 010	6 540 218	15.52	16.67	-1.15
流动资产合计	42 676 095	30 486 661	83.90	77.71	6.19
非流动资产：					
可供出售金融资产	251 148	43 464	0.49	0.11	0.38
长期应收款	612 008	581 007	1.20	1.48	-0.28
长期应收款保理	753 568	3 142 709	1.48	8.01	-6.53
长期股权投资	168 433	137 019	0.33	0.35	-0.02
固定资产	4 103 076	3 038 063	8.07	7.74	0.33
在建工程	817 086	931 090	1.61	2.37	-0.76
无形资产	589 084	224 848	1.16	0.57	0.59
开发支出	476 020	258 991	0.94	0.66	0.28
递延所得税资产	400 265	352 210	0.78	0.90	-0.12
其他非流动资产	19 138	33 494	0.04	0.09	-0.05
非流动资产合计	8 189 826	8 742 895	16.10	22.29	-6.19
资产总计	50 865 921	39 229 556	100	100	0
流动负债：					
短期借款	3 882 479	2 893 855	7.63	7.38	0.25
应收账款保理之银行拨备	1 658 941	153 668	3.26	0.39	2.87
交易性金融负债	12 560	7 876	0.02	0.02	0
应付票据	6 318 059	3 946 429	12.42	10.06	2.36
应付账款	9 495 946	7 856 240	18.67	20.03	-1.36
应付工程合约款	2 965 582	1 597 314	5.83	4.07	1.76

续表

项目	2020年	2019年	2020年（%）	2019年（%）	变动情况（%）
预收款项	1 392 862	1 491 219	2.72	3.75	-1.03
应付职工薪酬	1 443 017	1 207 431	2.84	3.08	-0.24
应交税费	-765 040	-1 342 330	-1.50	-3.42	1.92
应付股利	22 750	41 180	0.04	0.10	-0.06
其他应付款	1 553 011	1 348 465	3.05	3.44	-0.39
持有代售负债	64 281	101 695	0.13	0.26	-0.13
预计负债	170 382	126 042	0.33	0.32	0.01
一年内到期非流动负债	1 782 006	1 509 569	3.50	3.85	-0.35
流动负债合计	29 996 836	20 938 653	58.97	53.38	5.59
非流动负债：					
长期借款	1 292 547	2 085 229	2.54	5.32	-2.78
长期应收账款保理之银行拨备	753 568	3 142 709	1.48	8.01	-6.53
应付债券	3 514 652		6.91		6.91
长期应付职工薪酬	80 000	80 000	0.16	0.20	-0.04
递延所得税负债	5 019	56 460	0.01	0.14	-0.13
其他非流动负债	39 752	38 097	0.08	0.10	-0.02
非流动负债合计	5 685 538	5 402 495	11.18	13.77	-2.59
负债合计	35 682 374	26 341 148	70.15	67.15	3.00
股东权益：					
股本	1 343 330	959 522	2.64	2.45	0.19
资本公积	6 298 172	5 807 332	12.38	14.80	-2.42
其他综合收益	-248 146	-65 562	-0.49	-0.17	-0.32
盈余公积	1 431 820	1 364 758	2.81	3.48	-0.67
未分配利润	5 021 369	3 831 231	9.87	9.77	0.10
拟派期末股利	402 999	239 880	0.79	0.61	0.18
归属于母公司股东权益合计	14 249 544	12 137 161	28.01	30.94	-2.93
少数股东权益	934 003	751 247	1.84	1.91	-0.07
股东权益合计	15 183 547	12 888 408	29.85	30.85	-3.00
负债和股东权益总计	50 865 921	39 229 556	100	100	0

3.3.2 资产负债表结构变动情况的分析评价

资产负债表结构变动情况的分析评价可从三个方面进行：

(1) 资产结构的分析评价。

企业资产结构分析评价的思路是：

第一，从静态角度观察企业资产的配置情况，特别关注流动资产和非流动资产的比重以及其中重要项目的比重，分析时可通过与行业的平均水平或可比企业资产结构的比较，对企业资产的流动性和资产风险做出判断，进而对企业资产结构的合理性做出评价。从整体上看，流动资产和非流动资产的比重，主要受制于企业所处的行业。例如，交通运输业的非流动资产所占比重较大；而在教育文化等行业中，非流动资产所占比例并不大。

第二，从动态角度分析企业资产结构的变动情况，对企业资产结构的稳定性做出评价，进而对企业资产结构的调整情况做出评价。

从表3-3可以看出：

① 从静态方面分析，就一般意义而言，企业流动资产变现能力强，其资产风险较小；非流动资产变现能力较差，其资产风险较大。因此，流动资产比重较大时，企业资产的流动性强而风险小；非流动资产比重高时，企业资产弹性较差，不利于企业灵活调度资金，风险较大。该公司本期流动资产比重高达83.90%，非流动资产比重仅为16.10%。根据该公司的资产结构，可以认为该公司资产的流动性较好，资产风险不大。

② 从动态方面分析，本期该公司流动资产比重上升了6.19%，非流动资产比重下降了6.19%，结合各资产项目的结构变动情况来看，除货币资金的比重上升了6.04%，长期应收款保理下降了6.53%外，其他项目变动幅度不是很大，说明该公司的资产结构相对比较稳定。

(2) 资本结构的分析评价。

企业资本结构分析评价的思路是：

第一，从静态角度观察资本的构成，衡量企业的财务实力，评价企业的财务风险，同时结合企业的盈利能力和经营风险，评价其资本结构的合理性。

第二，从动态角度分析企业资本结构的变动情况，对资本结构的调整情况及对股东收益可能产生的影响做出评价。

从表3-3可以看出：

① 从静态方面看，该公司股东权益比重为29.85%，负债比重70.15%，资产负债率还是比较高的，财务风险相对较大。这样的财务结构是否合适，仅凭以上分析难以做出判断，必须结合企业盈利能力，通过权益结构优化分析才能予以说明。

② 从动态方面分析，该公司股东权益比重下降了3%，负债比重上升了3%，各项

目变动幅度不大,表明该公司资本结构比较稳定,财务实力略有下降。

(3)资产负债表整体结构的分析评价。

资产负债表整体结构分析评价的思路是:

第一,分析资产结构与资本结构的依存关系。企业的资产结构受制于企业的行业性质,不同的行业性质,其资金融通的方式也有差异。因此,尽管总资产与总资本在总额上一定相等,但由不同投资方式产生的资产结构与不同筹资方式产生的资本结构却不完全相同,通常资本结构受制于资产结构,但资本结构也会影响资产结构。

第二,分析评价不同结构可能产生的财务结果,以便对企业未来的财务状况及对企业未来经营的影响做出推断。

资产负债表整体结构主要有两种表现形式。

一是稳健结构。稳健结构的主要标志是企业流动资产的一部分资金需要使用流动负债来满足,另一部分资金需要则由非流动负债来满足。其形式见表3-4。

表3-4 稳健结构的资产负债表

流动资产	临时性占用流动资产	流动负债
	永久性占用流动资产	
		非流动负债
非流动资产		所有者权益

从表3-4可以看出,稳健型的资产负债表整体结构的财务结果是:①足以使企业保持相当优异的财务信誉,通过流动资产的变现足以满足偿还短期债务的需要,企业风险较小;②企业可以通过调整流动负债与非流动负债的比例,使负债成本达到企业目标标准;③无论是资产结构还是资本结构,都具有一定的弹性,特别是当临时性资产需要降低或消失时,可通过偿还短期债务或进行短期证券投资来调整,一旦临时性资产需要再产生时,就可以重新举借短期债务或出售短期证券来满足其需求。多数企业资产负债表整体结构都表现为这种形式。

二是风险结构。风险结构的主要标志是流动负债不仅用于满足流动资产的资金需要,而且还用于满足部分长期资产的资金需要。这一结构形式不因流动负债在多大程度上满足长期资产的资金需要而改变。其形式见表3-5。

表3-5 风险结构的资产负债表

流动资产	流动负债
非流动资产	非流动负债
	所有者权益

从表 3-5 可以看出，风险型的资产负债表整体结构的财务结果是：①财务风险较大，较高的资产风险与较高的筹资风险不能匹配。流动负债和长期资产在流动性上并不对称，如果通过长期资产的变现来偿还短期内到期的债务，必然给企业带来沉重的偿债压力，从而需要企业大大提高资产的流动性。②相对于稳健结构形式，其负债成本较低。③企业存在"黑字破产"的潜在危险。由于企业时刻面临偿债的压力，一旦市场发生变动，或意外事件发生，就可能引发企业资产经营风险，使企业资金周转不灵而陷入财务困境，造成企业因不能偿还到期债务而"黑字破产"。在实务中，风险结构的企业可能是希望利用流动负债成本较低的优势，来显示更为优异的业绩表现。但是，流动负债较高的财务风险往往会抵销其融资成本的优势。"短贷长用"企业通常会表现出风险结构的资产负债表。这一结构形式只适用于企业处在发展壮大时期，或者在短期内作为一种财务策略来使用。

根据 ABC 公司的资产负债表垂直分析表（见表 3-3）可以发现，该公司本年流动资产的比重为 83.90%，流动负债的比重为 58.97%，属于稳健型结构。该公司上年流动资产的比重为 77.71%，流动负债的比重为 53.38%。从动态方面看，相对于上年，虽然该公司的资产结构和资本结构都有所改变，但该公司资产结构与资本结构适应程度的性质并未改变。

3.3.3 资产结构、负债结构和股东权益结构的具体分析评价

（1）资产结构的具体分析评价。

企业资产结构的具体分析评价应特别关注以下几个方面：

①经营资产与非经营资产的比例关系。

企业所占有的资产是企业进行经营活动的物质基础，但并不是所有的资产都是用于企业自身经营的，其中有些资产被其他企业所运用，如一些债权类资产和投资类资产；有些资产已转化为今后的费用，如待摊费用、长期待摊费用、开发支出和递延所得税资产等。这些资产尽管是企业的资产，但已无助于企业自身经营。如果这些非经营资产所占比重过大，企业的经营能力就会远远小于企业总资产所表现出来的经营能力。当企业资产规模增长时，从表面上看，似乎是企业经营能力增加了，但如果仅仅是非经营资产比重增加，经营资产比重反而下降，是不能真正提高企业的经营能力的。区分经营资产和非经营资产有助于深入分析企业的经营活动。若生产型企业出现非经营资产高于经营资产，特别是金融性非经营资产较高，这表明企业可能并没有将经营管理的重心放在主业之上。

根据表 3-1 的资料，整理编制 ABC 公司经营资产与非经营资产结构分析表，见表 3-6。

财务报表分析

表 3-6　　　　ABC 公司经营资产与非经营资产结构分析表　　　　金额单位：千元

项目	2020 年	2019 年	2020 年（%）	2019 年（%）	变动情况（%）
经营资产：					
货币资金	11 480 406	6 483 170	22.57	16.53	6.04
预付款项	355 887	311 362	0.70	0.79	-0.09
存货	8 978 036	7 429 503	17.65	18.94	-1.29
应收工程合约款	7 894 010	6 540 218	15.52	16.67	-1.15
固定资产	4 103 076	3 038 063	8.07	7.74	0.33
在建工程	817 086	931 090	1.61	2.37	-0.76
无形资产	589 084	224 848	1.16	0.57	0.59
经营资产合计	34 217 585	24 958 254	67.27	63.62	3.65
非经营资产：					
交易性金融资产	0	123 644		0.32	-0.32
应收票据	1 578 473	1 656 258	3.10	4.22	-1.12
应收账款	9 972 495	7 098 949	19.61	18.10	1.51
应收账款保理	1 658 941	153 668	3.26	0.39	2.87
其他应收款	757 847	689 889	1.49	1.76	-0.27
可供出售金融资产	251 148	43 464	0.49	0.11	0.38
长期应收款	612 008	581 007	1.20	1.48	-0.28
长期应收款保理	753 568	3 142 709	1.48	8.01	-6.53
长期股权投资	168 433	137 019	0.33	0.35	-0.02
开发支出	476 020	258 991	0.94	0.66	0.28
递延所得税资产	400 265	352 210	0.78	0.90	-0.12
其他非流动资产	19 138	33 494	0.04	0.09	-0.05
非经营资产合计	16 648 336	14 271 302	32.73	36.38	-3.65
资产总计	50 865 921	39 229 556	100	100	0

从表 3-6 可以看出，虽然 ABC 公司的经营资产与非经营资产都有所增长，但由于经营资产的增长速度高于非经营资产的增长速度，经营资产的比重还是增加了 3.65%，表明该公司的实际经营能力有所增长。

②固定资产与流动资产的比例关系。

一般而言，固定资产的盈利能力较强，但是流动性较差，风险较高；而流动资产的盈利能力较弱，流动性较强，风险较低。企业固定资产与流动资产之间只有保持合理的比例结构，才能形成现实的生产能力，否则，就有可能造成部分生产能力闲置或加工能力不足。以下三种固流结构政策可供企业选择：一是适中的固流结构政策。采取这种策略，就是将固定资产存量与流动资产存量的比例保持在平均水平。在这种情况下，企业的盈利水平一般，风险程度一般。二是保守的固流结构政策。采取这种策略，流动资产的比例较高。在这种情况下，由于增加了流动资产，企业资产的流动性提高，资产风险会因此降低，但可能导致盈利水平的下降。三是激进的固流结构政策。采取这种策略，固定资产的比例较高。在这种情况下，由于增加了固定资产，会相应提高企业的盈利水平，同时可能导致企业资产的流动性降低，资产风险会因此提高。

从表3-3的分析可以知道，ABC公司本年度流动资产比重为83.90%，固定资产比重为8.07%，固流比例大致为1∶10.4，上年度流动资产比重为77.71%，固定资产比重为7.74%，固流比例大致为1∶10，固流比例比较稳定。

③流动资产的内部结构。

流动资产内部结构指组成流动资产的各个项目占流动资产总额的比重。分析流动资产结构，可以了解流动资产的分布情况、配置情况、资产的流动性及支付能力。

根据ABC公司资产负债表提供的资料，编制流动资产结构分析表，见表3-7。

表3-7　　　　　　　　　流动资产结构分析表

项目	金额（千元）		结构（%）		
	2020年	2019年	2020年	2019年	差异
货币资产	11 480 406	6 483 170	26.90	21.27	5.63
债权资产	13 967 756	9 598 764	32.73	31.48	1.25
存货资产	8 978 036	7 429 503	21.04	24.37	-3.33
应收工程合约款	7 894 010	6 540 218	18.50	21.45	-2.95
其他	355 887	435 006	0.83	1.43	-0.60
合计	42 676 095	30 486 661	100	100	0

从表3-7可以看出，货币资产比重上升，有助于提高该公司的即期支付能力；债权资产比重虽然变化不大，但其比重较高，应当引起注意；存货资产比重虽有下降，但与固定资产的比例基本稳定。需要说明的是，仅仅通过前后两期的对比，只能说明流动资产结构变动情况，而不能说明这种变动是否合理。如本例，货币资产比重上升5.63%，存货资产比重下降3.33%，只能说明企业的即期支付能力增强了，但这种变化是使流动资产结构更加趋于合理还是变得更不合理，以上分析不能说明这一点。一般来说，选择同行业的平均水平或财务计划中确定的目标为标准还是比较合适的。同行业的平均水平是该产业部门目前已达到的平均水平，具有代表性，应当认为是合理的。企业财务计划中确定的目标是根据企业整体经营目标并结合企业的具体情况制定的，因此也可以作为评价标准。

（2）负债结构的具体分析评价。

①负债结构分析应考虑的因素。

负债是指过去的交易、事项形成的现时义务，履行该义务预期会导致经济利益流出企业。根据债务偿还期限，负债可以分为流动负债和非流动负债，需要在一年内偿还的债务称为流动负债，其余则为非流动负债。

负债结构是因为企业采用不同负债筹资方式所形成的，是负债筹资的结果，因此，负债结构分析必须结合其他相关因素进行。

第一，负债结构与负债规模。负债结构反映的是各种类型债务在全部负债中的组成情况，负债结构与负债规模相关，却不能说明负债规模的大小。负债结构变化既可能是负债规模变化引起的，也可能是负债各项目变化引起的。分析时，只有联系负债规模，才能真正揭示出负债结构变动的原因和趋势。

第二，负债结构与负债成本。企业举债，不仅要按期归还本金，还要支付利息，这是企业使用他人资金必须付出的代价，通常称其为资金成本。企业在筹集资金时，总是希望付出最低的代价，对资金成本的权衡，会影响到企业筹资方式的选择，进而对负债结构产生影响。反过来，负债结构的变化也会对负债成本产生影响。这是因为，不同的负债筹资方式所取得的资金，其资金成本是不一样的，任何一个企业都很难只用一种负债筹资方式来获取资金，当企业用多种负债筹资方式筹资时，其负债成本的高低除了与各种负债筹资方式的资金成本相关外，还取决于企业的负债结构。

第三，负债结构与债务偿还期限。这是负债结构分析要考虑的一个极其重要的因素。负债是必须偿付的，而且要按期偿付，企业在举债时，就应当根据债务的偿还期限来安排负债结构。企业负债结构是否合理的一个重要标志就是使债务的偿还时间与企业现金流入的时间相吻合，债务的偿还金额与现金流入量相适应。如果企业能够根据其现金流入的时间和流入量妥善安排举债的时间、偿债的时间和债务金额，使各种长、短期债务相配合，各种长、短期债务的偿还时间分布合理，企业就能及时偿付各种到期债务，维护企业信誉。否则，如果债务结构不合理，各种债务偿还期相对集中，就可能产生偿付困难，造成现金周转紧张的局面，影响到企业的形象，也会增加企业今后通过负债筹资的难度。

第四，负债结构与财务风险。企业的财务风险源于企业采用的负债经营方式。不同类型的负债，其风险是不同的，在安排企业负债结构时，必须考虑到这种风险。任何企业，只要采取负债经营方式，就不可能完全回避风险，但通过合理安排负债结构降低风险是完全可以做到的。一般来说，短期负债的风险要高于长期负债，这是因为长期负债的偿还期较长，使企业有充裕的时间为偿还债务积累资金，虽有风险，但相对较小。如果企业以多期的短期负债相衔接来满足长期资金的需要，可能因频繁的债务周转而发生一时无法偿还的情况，从而陷入财务困境，甚至导致企业破产。

第五，负债结构与经济环境。企业生产经营所处的经济环境也是影响企业负债结构的因素之一，其中，资本市场的资金供求情况尤为重要。当国家紧缩银根时，企业取得短期借款就可能比较困难，其长期债务的比重就会高些；反之，企业较容易取得贷款时，其流动负债的比重就会大些。在这种情况下，经济环境对企业负债结构的影响是主要方面，企业自身的努力也会发挥相当的作用。

第六，负债结构与筹资政策。企业负债结构的安排和变动受到许多主、客观因素的影响和制约，企业筹资政策完全可以说是一个纯粹的主观因素。企业根据自身的经营实际和资产配置情况所制定的筹资政策，直接决定企业的负债结构。从这个意义上说，负债结构分析也是筹资政策分析。

②典型负债结构分析评价。

负债的不同分类方式，可以形成不同的负债结构，因此，对负债结构的分析，可以从以下几个方面来进行：

第一，负债期限结构分析评价。负债按期限长短分为流动负债和非流动负债，负债的期限结构可以用流动负债比率和非流动负债比率来表示。

根据表3-1，经整理编制负债期限结构分析表，见表3-8。

表3-8 负债期限结构分析表

项目	金额（千元）		结构（%）		
	2020年	2019年	2020年	2019年	差异
流动负债	29 996 836	20 938 653	84.07	79.49	4.58
非流动负债	5 685 538	5 402 495	15.93	20.51	-4.58
负债合计	35 682 374	26 341 148	100	100	0

负债期限结构更能说明企业的负债筹资政策。从表3-8可以看出，ABC公司本年流动负债比重高达84.07%，比上期提高了4.58%，表明该公司在使用负债资金时，以短期资金为主。由于流动负债对企业资产流动性要求较高，因此，该公司所奉行的负债筹资政策虽然会增加公司的偿债压力，承担较大的财务风险，但同时也会降低公司的负债成本。

第二，负债方式结构分析评价。负债按其取得方式的不同可以分为银行信用、商业信用、应交款项、内部结算款项、外部结算款项、债券、应付股利和其他负债等。

根据表3-1，将负债按取得来源和方式汇总整理后，编制负债方式结构分析表，见表3-9。

表 3-9　　　　　　　　　　　负债方式结构分析表

项目	金额（千元）		结构（%）		
	2020 年	2019 年	2020 年	2019 年	差异
银行信用	9 369 541	9 785 030	26.27	37.15	-10.88
应付债券	3 514 652		9.85		9.85
商业信用	15 814 005	11 802 669	44.32	44.81	-0.49
应交款项	-760 021	-1 285 870	-2.13	-4.88	2.75
内部结算款项	1 443 017	1 207 431	4.04	4.58	-0.54
外部结算款项	4 358 444	3 088 533	12.21	11.73	0.48
应付股利	22 750	41 180	0.06	0.16	-0.10
其他负债	1 919 986	1 702 175	5.38	6.46	-1.08
负债合计	35 682 374	26 341 148	100	100	0

由表 3-9 可知，由于该公司本期通过发行可转换债券筹资，使其他融资渠道所筹资金的比重有所降低，但银行信用和商业信用仍然是该公司负债资金的最主要来源。由于银行信贷资金的风险要高于其他负债方式所筹资金的风险，因此，随着银行信贷资金比重的下降，其风险也会相应降低。而商业信用的比重虽略有降低，但仍维持较高比重，应注意该项目若不能及时支付，可能对公司信誉产生影响。负债方式结构的这种变化还将对该公司的负债成本产生影响。

第三，负债成本结构分析评价。各种负债，由于其来源渠道和取得方式不同，成本也有较大差异。有些负债，如应付账款等，基本属于无成本负债。有些负债，如短期借款，则属于低成本负债。长期借款、应付债券等则属于高成本负债。根据对各种负债成本的划分，然后进行归类整理，就会形成负债成本结构。

根据表 3-1，经整理后编制负债成本结构分析表，见表 3-10。

表 3-10　　　　　　　　　　负债成本结构分析表

项目	金额（千元）		结构（%）		
	2020 年	2019 年	2020 年	2019 年	差异
无成本负债	22 798 181	16 556 118	63.89	62.85	1.04
低成本负债	5 541 420	3 047 523	15.53	11.57	3.96
高成本负债	7 342 773	6 737 507	20.58	25.58	-5.00
负债合计	35 682 374	26 341 148	100	100	0

从表 3-10 可以看出，尽管 ABC 公司本期发行可转换债券使高成本负债金额有所增加，但在全部负债中，无成本负债比重高达 63.89%，比上年提高 1.04%，加上低成本负债比重提高了 3.96%，导致高成本负债的比重下降了 5%，其结果必然使企业

负债平均成本下降。由此可见,合理地利用无成本负债,是降低企业负债资金成本的重要途径之一。

(3) 股东权益结构的具体分析评价。

①股东权益结构分析应考虑的因素。

股东权益是指所有者在企业资产中享有的经济利益,其金额为资产减去负债后的余额。股东权益是由企业投资人投资和企业生产经营所得净收益的积累而形成的,具体包括四个部分:投资人直接投资所形成的投入资本;资本公积;从生产经营所得净收益中提取的盈余公积;保留的未分配利润的积累。

股东权益又称为自有资本、主权资金、权益资金,是企业资金来源中最重要的组成部分,是其他资金来源的前提和基础。权益资金在企业生产经营期间不须返还,是可供企业长期使用的永久性资金,而且没有固定的利息负担。所以,权益资金越多,企业的财务实力越雄厚,财务风险越小,如果企业的资金全部是权益资金,则无财务风险可言。

股东权益结构是因为企业采用权益筹资方式而形成的,是权益筹资的结果。对股东权益结构进行分析,必须考虑以下因素:

第一,股东权益结构与股东权益总量。股东权益结构变动既可能是因为股东权益总量变动引起的,也可能是因为股东权益内部各项目本身变动引起的,两者的变化可分为:一是总量变动,结构变动。例如,当各具体项目发生不同程度变动时,其总量会因此变动,但由于各项目变动幅度不同,其结构会随之变动。例如,经营活动带来未分配利润的增加。二是总量不变,结构变动。这是由股东权益内部各项目之间相互转化造成的。例如,以资本公积转增股本。三是总量变动,结构不变。当股东权益内部各项目按相同比例呈同方向变动时,会出现这种情况。实务中第三种情况几乎没有,而第一种、第二种情况却是普遍存在的。

第二,股东权益结构与企业利润分配政策。股东权益虽然由四个部分组成,实质上却可以分为两类:投资人投资和生产经营活动形成的积累。一般来说,投资人投资不是经常变动的,因此,由企业生产经营获得的利润积累而形成的股东权益数量的多少,就会直接影响股东权益结构,而这完全取决于企业的生产经营业绩和利润分配政策。如果企业奉行高利润分配政策,就会把大部分利润分配给投资者,留存收益的数额就较小,股东权益结构变动就不太明显,生产经营活动形成的股东权益所占比重就较低;反之,其比重就较高。

第三,股东权益结构与企业控制权。企业的真正控制权掌握在投资人手里,特别是投资比例较大的投资人。如果企业吸收投资人追加投资来扩大企业规模,就会增加股东权益中投入资本比重,使股东权益结构发生变化,同时也会分散企业的控制权。如果投资人不想他对企业的控制权被分散,在企业需要资金时,会倾向于采取负债筹资方式，在其他条件不变时，既不会引起企业股东权益结构发生变动，也不会分散企业控制权。

第四，股东权益结构与股东权益资金成本。股东权益结构影响股东权益资金成本的一个基本前提是，股东权益各项目的资金成本不同。事实上，在股东权益各项目中，只有投资人投入的资本，才会发生实际资金成本支出，其余各项目是一种无实际筹资成本的资金来源，其资金成本只不过是机会成本，即它们无须像投入资本那样分配企业的利润。从理论上看，企业必须给予投资者应有的回报，否则投资者可以通过各种方法进行反击。例如，如果企业不能实现投资者的价值，投资者能够撤换管理层。但是，在实务中，考虑到我国资本市场的实际情况，投资者在利益受到损害时，很难通过上述途径保护自己的利益。因而，这类资金的成本通常被视为低于投入资本。基于此类资金的这一特点，在股东权益中，这类资金比重越大，股东权益资金成本就越低。

第五，股东权益结构与经济环境。企业筹资渠道有多条，筹资方式也有多种，企业可以根据需要进行选择。企业在选择筹资渠道和筹资方式时，不仅取决于企业的主观意愿而且还受外界经济环境影响。例如，当资金市场比较宽松时，企业可能更愿意通过举债来筹集资金，这样既可以降低整个企业的资金成本，又可以获得财务利益，而资金市场紧张时，企业则会利用产权筹资方式来筹集资金，更注意企业自身的积累，其结果就会影响到股东权益结构。

②股东权益结构分析评价。

股东权益结构变动情况分析依据资产负债表提供的资料，采用垂直分析法进行。

根据表3-1提供的资料，编制股东权益结构变动情况分析表，见表3-11。

表3-11　　　　　　　　　　股东权益结构变动情况分析表

项目	金额（千元）		结构（%）		
	2020年	2019年	2020年	2019年	差异
股本	1 343 330	959 522	9.43	7.90	1.53
资本公积	6 298 172	5 807 332	44.20	47.85	-3.65
投入资本合计	7 641 502	6 766 854	53.63	55.75	-2.12
其他综合收益	-248 146	-65 562	-1.74	-0.54	-1.20
盈余公积	1 431 820	1 364 758	10.05	11.24	-1.19
未分配利润	5 021 369	3 831 231	35.24	31.57	3.67
拟派期末股利	402 999	239 880	2.82	1.98	0.84
内部形成权益资金合计	6 608 042	5 370 307	46.37	44.25	2.12
归属于母公司股东权益合计	14 249 544	12 137 161	100	100	0

从表3-11可以看出，如果从静态方面分析，投入资本仍然是该公司股东权益的

最主要来源。从动态方面分析，虽然投入资本有所增加，但因为本年度留存收益的增加幅度大，使投入资本的比重下降了 2.12%，内部形成的权益资金比重相应上升 2.12%，说明该公司股东权益结构的这种变化主要是生产经营上的原因引起的。

3.4 资产负债表项目分析

3.4.1 主要资产项目分析

（1）货币资金。

货币资金包括现金、银行存款和其他货币资金。货币资金是企业流动性最强、最有活力的资产，同时又是获利能力最低，或者说几乎不产生收益的资产，其拥有量过多或过少对企业生产经营都会产生不利影响。货币资金分析应关注以下几个方面。

①分析货币资金发生变动的原因。

企业货币资金变动的主要原因可能是：第一，销售规模的变动。企业销售商品或提供劳务是取得货币资金的重要途径，当销售规模发生变动时，货币资金存量规模必然会发生相应的变动，并且两者具有一定的相关性。第二，信用政策的变动。销售规模的扩大是货币资金增加的先决条件，如果企业改变信用政策，则货币资金存量规模就会因此而变化。例如，在销售时，企业提高现销比例，货币资金存量规模就会变大些；反之，货币资金存量规模就会小些。如果企业奉行较严格的收账政策，收账力度较大，货币资金存量规模就会大些。第三，为大笔现金支出做准备。在企业生产经营过程中，可能会发生大笔的现金支出，如准备派发现金股利，偿还将要到期的巨额银行贷款，或集中购货等，企业为此必须提前做好准备，积累大量的货币资金以备需要，这样就会使货币资金存量规模变大。第四，资金调度。一般来说，企业货币资金存量规模过小，会降低企业的支付能力，影响到企业的信誉，因此而负担不必要的罚金支出等，或因此而丧失优惠进货的机会及最佳投资机会等；反之，如果货币资金存量规模过大，则会使企业丧失这部分资金的获利机会，影响企业资金的利用效果。企业管理人员对资金的调度会影响货币资金存量规模，如在货币资金存量规模过小时通过筹资活动提高其存量规模，而在其存量规模较大时，通过短期证券投资的方法加以充分利用，就会降低其存量规模。第五，所筹资金尚未使用。企业通过发行新股、债券和银行借款而取得大量现金，但由于时间关系而没来得及运用或暂时没有合适的投资机会进行投资，就会形成较大的货币资金余额。

②分析货币资金规模及变动情况与货币资金比重及变动情况是否合理。

货币资金是企业资产中的一项特殊资产，其特殊性表现在货币资金是满足企业正常经营必不可少的资产,但它又是几乎不产生收益的资产。货币资金存量过低,不能满足日常经营所需;存量过高,既影响资产的利用效率,又降低资产的收益水平。特别是,过多的现金给予管理人员浪费资源的便利条件。因此,企业货币资金存量及比重是否合适应结合以下因素进行分析:第一,企业货币资金的目标持有量。企业货币资金的目标持有量是指既能满足企业正常经营需要,又避免现金闲置的合理存量。企业应根据其目标持有量,控制货币资金存量规模及比重。第二,资产规模与业务量。一般来说,企业资产规模越大,业务量越大,处于货币资金形态的资产就可能越多。这里的业务量,不但包括现有业务,还包括潜在的投资机会。企业会为可能出现的潜在业务而储备一定量的现金。第三,企业融资能力。如果企业有良好信誉,融资渠道畅通,就没有必要持有大量的货币资金,其货币资金的存量与比重就可以低些。第四,企业运用货币资金的能力。如果企业运用货币资金的能力较强,能灵活进行资金调度,则货币资金的存量与比重可维持较低水平。第五,行业特点。处于不同行业的企业,由其行业性质所决定,其货币资金存量与比重会有差异。

根据表3-2和表3-3可以对ABC公司的货币资金存量规模、比重及变动情况做以下分析评价:第一,从存量规模及变动情况看,本年该公司货币资金比上年增加了4 997 236千元,增长了77.08%,变动幅度较大,究其原因:一是营业收入增长27.36%,使货币资金相应增加;二是应付票据和应付账款分别增长2 371 630千元和1 639 706千元,使现金支付减少;三是经营活动现金流的改善,本年经营活动现金流量净额3 647 913千元(上年为88 390千元)。第二,从比重及变动情况看,该公司期末货币资金比重为22.57%,期初比重为16.53%,货币资金比重上升了6.04%(可以说,货币资金的比重还是较高的),而且有增长的趋势,公司应注意控制其存量规模及比重。

(2)应收款项。

应收款项主要包括应收账款(应收票据)和其他应收款,两者产生的原因不同,所以分析时也应分别进行。

①应收账款(应收票据)。

应收账款是因为企业提供商业信用产生的。单纯从资金占用角度讲,应收账款的资金占用是一种最不经济的行为,但这种损失往往可以通过企业扩大销售而得到补偿,所以应收账款的资金占用又是必要的。对应收账款的分析,应从以下几个方面进行。

第一,关注企业应收账款的规模及变动情况。企业销售产品是应收账款形成的直接原因,在其他条件不变时,应收账款会随销售规模的增加而同步增加,如果企业的应收账款增长率超过销售收入、流动资产和速动资产等项目的增长率,就可以初步判断其应收账款存在不合理增长的倾向,对此,应分析应收账款增加的具体原因是否正常。从经营角度讲,应收账款变动可能出于以下原因:一是企业销售规模变动导致应收账款变动。二是企业信用政策改变。当企业实行比较严格的信用政策时，应收账款的规模就会小些；反之，则会大些。三是企业收账政策不当或收账工作执行不力。当企业采取较严格的收账政策或收账工作得力时，应收账款的规模就会小些；反之，则会大些。四是应收账款质量不高，存在长期挂账且难以收回的账款，或因客户发生财务困难，暂时难以偿还所欠货款。

第二，分析会计估计变更的影响。由于企业经营活动中内在不确定因素的影响，某些会计报表项目不能精确地计量，而只能加以估计。会计估计变更是因为：第一种情况，赖以进行估计的基础发生变化，或者由于取得新的信息、积累更多的经验以及后来的发展变化，可能需要对会计估计进行修订。第二种情况，会计的随意性。企业管理人员为达到特定的目的，如追求盈利，用带有倾向性的假设对当前业务的未来结果做出预测。如果会计估计变更是因为第一种情况发生的，这种变更会增加财务报表资料的真实性，但如果是因为第二种情况发生的，财务报表资料就可能会掩盖某些事实，造成财务信息失真。无论哪种情况发生，对应收账款的会计信计变更，最终都会使应收账款发生变动。

第三，分析企业是否利用应收账款进行利润调节。企业利用应收账款进行利润调节的案例屡见不鲜，因此，分析时要特则关注：一是应收账款的异常增长，特别是会计期末突发性产生的与营业收入相对应的应收账款。如果一个企业平时的营业收入和应收账款都很均衡，而唯独第四季度特别是 12 月营业收入猛增，并且与此相联系的应收账款也直线上升，就有理由怀疑企业可能通过虚增营业收入或提前确认收入进行利润操纵。二是应收账款中关联方应收账款的金额与比例。由于关联方之间的交易并不总是按照市场价格进行，因此关联方交易为企业提供了操纵利润的盈余管理机会。如果一个企业应收账款中关联方应收账款的金额增长异常或所占比例过大，就应视为企业可能利用关联交易进行利润调节的信号。

第四，要特别关注企业是否有应收账款巨额冲销行为。一个企业巨额冲销应收账款，特别是其中的关联方应收账款，通常是不正常的，或者是在还历史旧账，或者是为今后进行盈余管理扫清障碍。这种行为通常被称为"洗大澡"(take a big bath)。当企业发现某年业绩较差时，在该年度进行巨额的应收账款冲销，甚至将本能收回的应收账款进行部分冲销，以便为未来利润的转回提供空间。

根据 ABC 公司提供的会计报表及会计报表附注可知，该公司本年应收账款余额为 9 972 495 千元，上年应收账款余额为 7 098 949 千元，本年应收账款增加了 2 873 546 千元，增长率为 40.48%。另根据该公司会计报表附注提供的应收账款账龄表得知，虽然该公司不同期限的应收账款的余额有所增长，但不同期限应收账款的比重基本未变，主要是一年以内的应收账款，其比重为 86%，说明公司的信用政策和收账政策比较稳定，对应收账款的变动几乎没有影响。但是，从本年营业收入增长 27.36% 来看，应收账款的增长高于营业收入的增长,其原因有待于进一步分析。

②其他应收款。

其他应收款的发生通常是由企业间或企业内部往来事项引起的。实务中,一些上市公司为了某种目的,常常把其他应收款作为企业调整成本费用和利润的手段,甚至公司大股东会通过该项目侵占公司利益,分析时对其他应收款项目应予以充分注意。其他应收款分析应关注以下几个方面:

第一,其他应收款的规模及变动情况。分析时应注意观察其他应收款增减变动趋势,如果其他应收款规模过大,或有异常增长现象,如其他应收款余额远远超过应收账款余额,其他应收款增长率大大超过应收账款增长率,就应注意分析企业是否有利用其他应收款进行利润操纵的行为。

第二,其他应收款包括的内容。一些企业常常把其他应收款项目当成蓄水池,任意调整成本费用,进而达到调节利润的目的。分析时要注意发现:一是,是否将应计入当期成本费用的支出计入其他应收款;二是,是否将本应计入其他项目的内容计入其他应收款。

第三,关联方其他应收款余额及账龄。近年来,大股东占用巨额上市公司资金的事例频繁曝光,已严重威胁到上市公司的正常经营。分析时应结合会计报表附注,观察是否存在大股东或关联方长期、大量占用上市公司资金,造成其他应收款余额长期居高不下的现象。

第四,是否存在违规拆借资金。上市公司以委托理财等名义违规拆借资金往往借助其他应收款来实现。特别要注意的是,其他应收款是否成为大股东或者实际控制人占用公司资金的手段。针对该类问题,可以分析其他应收款是否涉及公司的关联方。

第五,分析会计政策变更对其他应收款的影响。根据 ABC 公司提供的会计报表及附注可知,该公司本年其他应收款余额 757 847 千元,占总资产的比重为 1.49%,上年其他应收款余额为 689 889 千元,占总资产的比重为 1.76%,本年其他应收款增加了 67 958 千元,增长率为 9.85%。从其他应收款的增长幅度和所占比重来看并不高,其中前五名欠款合计 192 827 千元,占其他应收款的 25.44%,说明债务人比较分散。其他应收款中没有持有该公司 5% 及以上表决权股份的股东单位的欠款,表明不存在关联方资金占用或大股东掏空行为。

③坏账准备。

坏账准备作为应收账款的备抵科目,也被经常用来进行费用调整,从而对资产负债表和利润表产生影响。坏账准备的分析应注意:

第一,分析坏账准备的提取方法、提取比例的合理性。按会计制度规定,企业可以自行确定计提坏账准备的方法和计提的比例。这可能导致一些企业出于某种动机,利用会计估计的随意性选择提取比例，随意选择计提方法，人为地调节应收款项净额和当期利润。

第二，比较企业前后会计期间坏账准备提取方法、提取比例是否改变。一般来说，企业坏账准备的提取方法和提取比例一经确定，就不能随意变更了。企业随意变更坏账准备的提取方法和提取比例，往往隐藏着一些不可告人的目的。分析时应首先查明当企业坏账准备提取方法和提取比例变更时，企业是否按照信息披露制度的规定，对其变更原因予以说明。然后分析企业这种变更的理由是否充分合理，是正常的会计估计变更还是为了调节利润。

第三，区别坏账准备提取数变动的原因。坏账准备提取数发生变动，既可能是由于应收款项变动引起的，也可能是由于会计政策或会计估计变更引起的，分析时应加以区别。

根据 ABC 公司的资产负债表和会计报表附注，对该公司坏账准备变动情况做如下分析：公司本年度坏账损失采取备抵法核算，坏账准备按决算日应收账款余额进行分类计提。其中单项金额较大的应收账款占应收账款总额的比重为 50%，计提比率为 16%，其他单项金额不大的应收账款计提比率为 11%。本期计提坏账准备 1 526 730 千元，比上期增加 471 265 千元（1 526 730 - 1 055 465），由于该公司本期未发生会计政策和会计估计变更事项，因此，坏账准备的增加是因为应收账款余额增加所导致的，会计政策及会计估计对本项目未产生影响。由于其他应收款未发生减值，该公司未对其提取坏账准备。

（3）存货。

存货是企业最重要的流动资产之一，通常占流动资产的一半以上。存货核算的准确性对资产负债表和利润表有较大的影响，因此，应特别重视对存货的分析。存货分析主要包括存货构成分析和存货计价分析。

①存货构成。

企业存货资产遍布于企业生产经营全过程，种类繁多，按其性质分为材料存货、在产品存货和产成品存货。存货构成分析既包括各类存货规模与变动情况分析，也包括各类存货结构与变动情况分析。

第一，存货规模与变动情况分析。

存货规模与变动情况分析，主要是观察各类存货的变动情况与变动趋势，分析各类存货增减变动的原因。在分析存货规模和变动情况时，需要将存货信息与企业所处行业的生产经营特点，上下游行业的联动效应以及供应商和客户关系相结合。

根据 ABC 公司财务报表附注提供的资料，编制该公司存货变动情况分析表，见表 3-12。

表 3-12　　　　　　　　　　　　存货变动情况分析表　　　　　　　　　金额单位：千元

项目	2020 年	2019 年	变动情况	
			变动额	变动率（%）
原材料	2 166 948	2 546 562	-379 614	-14.91
委托加工材料	89 550	50 962	38 588	75.72
在产品	745 131	735 703	9 428	1.28
库存商品	2 337 993	2 553 963	-215 970	-8.46
发出商品	4 108 578	2 066 073	2 042 505	98.86
存货总值	9 448 200	7 953 263	1 494 937	18.80
存货跌价准备	470 164	523 760	-53 596	-10.23
存货净值	8 978 036	7 429 503	1 548 533	20.84

从表 3-12 可知，如果按存货资产总值计算，本年度存货资产增加了 1 494 937 千元，增长比率为 18.8%，表明存货资产实物量的绝对增加。如果按其净值计算，则增加了 1 548 533 千元，其增长比率为 20.84%。虽然存货净值的变动额和变动比率高于存货总值的变动额和变动比率，但这只是存货资产因计提跌价准备而造成的价值量变动，这种变化对生产经营活动本身不会产生实质影响。对生产经营活动进行分析时，还是应依据存货资产总值变动进行评价。

企业各类存货规模及其变动是否合适，应结合企业具体情况进行分析评价。材料存货和在产品存货是保证企业生产经营活动连续进行必不可少的条件，一般来说，随着企业生产规模的扩大，材料存货和在产品存货相应增加是正常的，其非正常减少会对今后企业生产的连续性产生影响。本例中，ABC 公司本年度销售收入增长了 27.36%，材料存货却减少了 14.91%，相比于销售收入的增长速度，即使考虑到委托加工材料略有增长，材料存货的减少也应引起注意。究竟这种变动是由于生产过程效率提升，减少了原材料的消耗，还是由于企业存货管理水平的提升，降低了原材料的资金占用，或者是企业生产过程出现了异常变动。本期在产品存货增加了 1.28%，其增长率远低于销售收入增长比例，如果是因为公司效率提高，缩短生产周期而减少在产品占用，则予以肯定；否则，公司应对在产品存货增长速度低于销售收入增长速度可能影响生产的连续性加以关注。库存商品存货不是为了保证生产经营活动正常进行的必需存货，所以应尽可能压缩到最低水平。该公司库存商品存货本期减少了 215 970 千元，其减少比率为 8.46%，发出商品存货则增加了 2 042 505 千元，增长率为 98.86%，表明该公司产品销路顺畅。

第二，存货结构与变动情况分析。

存货资产结构指各种存货资产在存货总额中的比重。各种存货资产在企业再生产过程中的作用是不同的，其中库存商品和发出商品存货是存在于流通领域的存货，不是保证企业再生产过程不间断进行的必要条件,必须压缩到最低限度。材料类存货是维护再生产活动的必要物质基础,然而它只是生产的潜在因素,所以应把它限制在能够保证再生产正常进行的最低水平上。在产品存货是保证生产过程连续性的存货,企业的生产规模和生产周期决定了在产品存货的存量,在企业正常经营条件下,在产品存货应保持一个稳定的比例。

企业生产经营的特点决定了企业存货资产的结构,在正常情况下,存货资产结构应保持相对的稳定性。分析时,应特别注意对变动较大的项目进行重点分析。任何存货资产比重的剧烈变动,都表明企业生产经营过程中有异常情况发生,因此应深入分析其原因,以便采取有针对性的措施加以纠正。

根据 ABC 公司财务报表附注提供的资料,编制存货资产结构分析表,见表 3-13。

表 3-13　　　　　　　　　　存货资产结构分析表

项目	金额（千元）		结构（%）		
	2020 年	2019 年	2020 年	2019 年	差异
原材料	2 166 948	2 546 562	22.93	32.02	-9.09
委托加工材料	89 550	50 962	0.95	0.64	0.31
在产品	745 131	735 703	7.89	9.25	-1.36
库存商品	2 337 993	2 553 963	24.75	32.11	-7.36
发出商品	4 108 578	2 066 073	43.48	25.98	17.50
存货总值	9 448 200	7 953 263	100	100	0
存货跌价准备	470 164	523 760			
存货净值	8 978 036	7 429 503			

从表 3-13 可以看出,该公司存货中所占比重较大的是库存商品和发出商品,两者合计的比重比上年增长 10.14%。本期库存商品比重下降,发出商品比重上升,表明该公司处于销售环节的商品在增加,公司产品适销对路。原材料存货虽然比上年降低了 9.09%,但其比重仍接近 23%,说明原材料存货管理仍然是该公司存货管理的重心。该公司在产品存货虽然总额有所增长,但因增长速度低于原材料存货增长速度,因此其比重仍然表现为下降,应关注这种变化可能会对公司下期生产经营产生的不利影响。

②存货计价。

存货资产是企业流动资产中最重要的组成部分,是生产经营活动重要的物质基础。存货资产的变动,不仅对流动资产的资金占用有极大的影响,而且对生产经营活动也会产生重大影响。存货变动更主要地受企业生产经营方面的影响,如生产经营规模的扩张和收缩、资产利用效率的高低、资产周转速度的快慢、存货管理水平的高低等。但存货的计价方法、存货的盘存制度和跌价准备的计提等因素的影响也不容忽视。虽然存货的计价方法不会改变存货实物量，但是计价方法能够反映出企业存货管理水平和管理人员对未来经营趋势的预期。

第一，分析企业对存货计价方法的选择与变更是否合理。可供企业选择的存货计价方法有先进先出法、个别计价法和加权平均法。因为价格的变动、存货的不同计价方法会导致不同的结果。在通货膨胀条件下，存货的不同计价方法对资产负债表和利润表的影响见表3-14。

表3-14　　　　　存货的不同计价方法对资产负债表和利润表的影响

计价方法	对资产负债表的影响	对利润表的影响
先进先出法	基本反映存货当前价值	利润被高估
个别计价法	基本反映存货真实价值	基本反映真实利润水平
加权平均法	介于两者之间	介于两者之间

存货计价方法的不同选择会产生重大的差异，一些企业在实务中往往将存货计价方法的选择作为操纵利润的手段。分析时应结合企业的具体情况、行业特征和价格变动情况，评价其存货计价方法选择的合理性，同时结合财务报表附注对存货会计政策变更的说明，判断其变更的合理性。

第二，分析存货的盘存制度对确认存货数量和价值的影响。存货数量变动是影响资产负债表存货项目的基本因素，企业存货数量的确定主要有两种方法：定期盘存法和永续盘存法。当企业采用定期盘存法进行存货数量核算时，资产负债表上存货项目反映的就是存货的实有数量。如果采用永续盘存法，除非在编制资产负债表时对存货进行盘存，否则，资产负债表上存货项目所反映的只是存货的账面数量。两种不同的存货数量确认方法会造成资产负债表上存货项目的差异，这种差异不是由存货数量本身的变动引起的，而是由存货数量的会计确认方法不同造成的。

第三，分析期末存货价值的计价原则对存货项目的影响。期末存货价值的确定通常采用历史成本法，但会计制度也允许企业采用"成本与可变现净值孰低法"来确定。当按历史成本法确定的存货等于可变现净值时，按两种方法确定的期末存货价值是一致的。当存货的可变现净值下跌至成本以下时，按"成本与可变现净值孰低法"确定的存货期末金额就会低于按历史成本法确定的存货期末金额。因此，企业改变存货价值的计价原则，就会引起资产负债表上存货项目的变动，但这种变动只是一种价值变动，存货数量并不因为计价方法的变更而改变。对报表使用者来说，按"成本与可变现净值孰低法"对期末存货计价，其资产价值更真实可信。如果说把历史成本法改为"成本与可变现净值孰低法"是一种会计政策选择或会计政策变更的话，对可变现净值的确定就是一种会计估计，同样会影响资产负债表中存货的价值。

根据 ABC 公司的财务报表附注可知，该公司本年和上年存货数量的确定方法是永续盘存制，计价原则是于资产负债表日按"成本与可变现净值孰低法"确定期末存货价值，对存货提取存货跌价准备。该公司本年未发生存货会计政策和会计估计变更事项。从表 3-12 可知，本年存货提取的跌价准备比上年减少了 53 596 千元，是因为存货实现销售后跌价准备的转回。存货跌价准备反映了企业存货的质量，如果存货跌价准备占存货的比例过高，可以判定企业存货质量过低。本例中存货跌价准备所占比例仅为 4.98%，说明该公司存货的质量还是比较高的。

（4）固定资产。

固定资产是企业最重要的劳动手段，对企业的盈利能力有重大影响。固定资产分析主要从固定资产规模与变动情况分析、固定资产结构与变动情况分析、固定资产折旧分析和固定资产减值准备分析四个方面展开。

①固定资产规模与变动情况分析。

固定资产规模与变动情况分析主要从固定资产原值变动情况分析和固定资产净值变动情况分析两个方面来进行。

第一，固定资产原值变动情况分析。固定资产原值是反映固定资产占用量的指标，如果剔除物价变动的影响，也可以说固定资产原值是以价值形式表示固定资产实物量的指标。固定资产原值反映了企业固定资产规模，其增减变动受当期固定资产增加和当期固定资产减少的影响。当期固定资产增加的主要原因有：投资转入固定资产；自行购入固定资产；自建、自制固定资产；融资租入固定资产；接受捐赠固定资产；固定资产盘盈；其他原因。当期固定资产减少的主要原因有：出售转让固定资产；投资转出固定资产；固定资产报废清理；固定资产盘亏及毁损；发生非常损失；其他原因。对固定资产原值变动情况及变动原因的分析，可根据财务报表附注和其他相关资料进行。

第二，固定资产净值变动情况分析。固定资产净值的变动取决于两个方面：一是固定资产原值的变动；二是折旧的变动，而折旧的变动完全取决于折旧政策的选择。固定资产净值变动情况分析就是分析固定资产原值变动和固定资产折旧变动对固定资产净值的影响。

下面以 ABC 公司为例对其固定资产规模与变动情况进行分析。

首先，分析固定资产原值变动情况。根据 ABC 公司财务报表附注提供的资料编制该公司固定资产规模变动分析表，见表 3-15。

表 3-15　　　　　　　　　　　　固定资产规模变动分析表　　　　　　　　　　　　单位：千元

项目	房屋及建筑物	电子设备	机器设备	运输工具	其他设备	合计
1. 期初原值	1 291 681	1 945 474	1 512 304	262 115	37 745	5 049 319
2. 本期增加						
其中：购置	35 153	60 063	619 826	52 957	11 916	779 915
在建工程转入	746 020	283 576				1 029 596
投资转入						
融资转入						
……						
3. 本期减少						
其中：出售及报废	2 841	86 119	149 153	26 719	6 049	270 881
投资转出						
……						
汇兑调整	3 424	60 650	19 191	6 623	9 272	99 160
4. 期末原值	2 066 589	2 142 344	1 963 786	281 730	34 340	6 488 789
5. 增减额	774 908	196 870	451 482	19 615	-3 405	1 439 470
6. 增减（%）	59.99	10.12	29.85	7.48	-9.02	28.51

从表 3-15 可以看出，该公司本期固定资产原值增加 1 439 470 千元，增长率为 28.51%，可以从三个不同角度分析：一是增长原因。本期固定资产原值增加的主要原因是在建工程项目本期完工转入，占本期增加额的 71.53%。然后是该公司本期购置。二是增长结果。本期固定资产原值增长主要是房屋及建筑物增加 781 173 千元，然后是机器设备增加 619 826 千元，电子设备增加 343 639 千元。机器设备和电子设备的增加都属于生产用固定资产的增长，有利于提高公司的生产能力。三是本期固定资产减少主要是因为正常报废清理所引起的固定资产原值减少。

其次，分析固定资产净值变动情况。根据表 3-2、表 3-15 和该公司财务报表附注的相关资料，对 ABC 公司固定资产净值变动情况分析如下：由于本期固定资产原值增加了 1 439 470 千元，使固定资产净值相应增加了 1 439 470 千元，由于固定资产折旧增加了 374 457 千元，使固定资产净值减少了 374 457 千元，两者相抵后，使本年固定资产净值增加了 1 065 013 千元。本期未提取固定资产减值准备，因而对固定资产净值变动无影响。

②固定资产结构与变动情况分析。

固定资产按使用情况和经济用途可以分为生产用固定资产、非生产用固定资产、租出固定资产、未使用和不需用固定资产、融资租入固定资产等。固定资产结构反映固定资产的配置情况，合理配置固定资产，既可以在不增加资金占用量的同时提高企业生产能力，又可以使固定资产得到充分利用。在各类固定资产中，生产用固定资产，特别是其中的机器设备,与企业生产经营直接相关,在固定资产中占较大比重。非生产用固定资产主要指职工宿舍、食堂、俱乐部等非生产单位使用的房屋和设备。虽然非生产用固定资产并不直接参与生产经营,但也是企业正常运行过程中不可缺少的。企业应在发展生产的基础上,根据实际需要适当增加这方面的固定资产,但增加速度一般应低于生产用固定资产的增加速度,其比重的降低应属正常现象。未使用和不需用固定资产对资金的有效使用是不利的,应该查明原因,采取措施,积极处理,将其压缩到最低限度。如因购入未来得及安装,或正在进行检修,虽属正常现象,也应加强管理,尽可能缩短安装和检修时间,使固定资产尽早投入生产运营中去。若因错误的投资决策造成固定资产闲置,则应改善资产管理流程和水平。

根据现行会计制度,企业无须对外披露固定资产的使用情况,企业外部分析人员通常无法获得这方面的相关信息。但是企业内部分析人员仍有必要分析固定资产的结构与变动趋势,考察固定资产分布和利用的合理性,为企业合理配置固定资产、挖掘固定资产利用潜力提供依据。固定资产结构分析应特别注意从以下三个方面进行:一是特别注意分析生产用固定资产与非生产用固定资产之间的比例变化情况;二是特别注意考察未使用和不需用固定资产比率的变化情况,查明企业在处置闲置固定资产方面的工作是否得力;三是考察生产用固定资产内部结构是否合理。

③固定资产折旧分析。

会计准则和制度允许企业使用的折旧方法有平均年限法、工作量法、双倍余额递减法、年限总和法,后两种方法属于加速折旧法。不同的折旧方法由于各期所提折旧不同,会引起固定资产价值发生不同的变化。固定资产折旧方法的选择对固定资产的影响还隐含着会计估计对固定资产的影响,如对折旧年限的估计、对固定资产残值的估计等。

固定资产折旧分析应注重以下几个方面:

第一,分析固定资产折旧方法的合理性。企业应根据科技发展、环境及其他因素,合理选择固定资产折旧方法,对于利用固定资产折旧方法的选择及折旧方法的变更,达到调整固定资产净值和利润的目的的做法,要通过分析比较揭示出来。

第二,分析企业固定资产折旧政策的连续性。固定资产折旧方法一经确定,一般不得随意变更。企业变更固定资产折旧方法,可能隐藏着一些不可告人的目的,因此,应分析其变更理由是否充分,同时确定折旧政策变更的影响。

第三,分析固定资产预计使用年限和预计净残值确定的合理性。分析时,应注意固定资产使用年限和固定资产预计净残值的估计是否符合国家有关规定,是否符合企业实际情况。实务中,一些企业在固定资产没有减少的情况下,往往通过延长固定资产使用年限,使折旧费用大幅减少,达到扭亏增盈的目的。对于这种会计信息失真现象,分析人员应予以揭示,并加以修正。

ABC公司提供的财务报表表明，该公司采取直线法按固定资产类别计提折旧，预计净残值、折旧年限都符合会计制度规定。对照上年的财务报表附注，可以发现本年公司的固定资产折旧方法、预计净残值、折旧年限均未发生变化，由此可以判断该公司资产负债表所列示的固定资产折旧比较可靠。

④固定资产减值准备分析。

固定资产减值准备分析主要从以下几个方面进行：

第一，固定资产减值准备变动对固定资产的影响。

第二，固定资产可回收金额的确定。这是确定固定资产减值准备提取数的关键。

第三，固定资产发生减值对生产经营的影响。固定资产发生减值使固定资产价值发生变化，既不同于折旧引起的固定资产价值变化，也不同于其他资产因减值而发生的价值变化。固定资产减值是由有形损耗或无形损耗造成的，如因技术进步已不可使用或已遭毁损不再具有使用价值和转让价值等，虽然固定资产的实物数量并没有减少，但其价值量和企业的实际生产能力都会相应变动。需要指出的是，根据现行准则规定，固定资产减值无法在将来转回，这会降低管理人员计提减值的意愿。如果固定资产实际上已发生了减值，企业不提或少提固定资产减值准备，不仅虚夸了固定资产价值，同时也虚夸了企业的生产能力。

3.4.2 主要负债项目变动情况分析

（1）短期借款。

短期借款数额的多少，往往取决于企业生产经营和业务活动对流动资金的需要量、现有流动资产的沉淀和短缺情况等。企业应结合短期借款的使用情况和使用效果分析该项目。为了满足流动资产的资金需求，一定数额的短期借款是必需的，但如果数额过大，超过企业的实际需要，不仅会影响资金利用效果，还会因超出企业的偿债能力而给企业的持续发展带来不利影响。短期借款适度与否，可以根据流动负债的总量、当前的现金流量状况和对未来会计期间现金流量的预期来确定。

短期借款发生变化，其原因不外乎两大方面：生产经营需要；企业负债筹资政策变化。其具体变动的原因可归纳为：

①流动资产资金需要，特别是临时性占用流动资产需要发生变化。当季节性或临时性需要产生时，企业就可能通过举借短期借款来满足其资金需要，当这种季节性或临时性需要消除时，企业就会偿还这部分短期借款，从而造成短期借款的变化。

②节约利息支出。一般来讲，短期借款的利率低于长期借款和长期债券的利率，举借短期借款相对于长期借款来说，可以减少利息支出。

③调整负债结构和财务风险。企业增加短期借款，就可以相对减少对长期负债的

需求，使企业负债结构发生变化。相对于长期负债而言，短期借款具有风险大、利率低的特点，负债结构变化将会引起负债成本和财务风险发生相应的变化。

④增加企业资金弹性。短期借款可以随借随还，有利于企业对资金存量进行调整。

表3-2显示，ABC公司本期短期借款和应收账款保理之银行拨款都有较大幅度增加，虽然可以因此而降低资金成本，有助于利润的增加，但偿债压力的加大和财务风险的增加，应引起公司注意。

(2) 应付账款及应付票据。

应付账款及应付票据因商品交易而产生，其变动原因有：

①企业销售规模的变动。当企业销售规模扩大时，会增加存货需求，使应付账款及应付票据等债务规模扩大；反之，会使其降低。

②为充分利用无成本资金。应付账款及应付票据是因商业信用产生的一种无资金成本或资金成本极低的资金来源，企业在遵守财务制度、维护企业信誉的条件下对其充分加以利用，可以减少其他筹资方式筹资数额，节约利息支出。虽然从资本成本来看，应付账款和应付票据并不发生直接的资金支出，但是会产生机会成本。更为重要的是，应付账款会影响企业的商业信誉，对企业的长期生产经营产生深远影响。

③提供商业信用的企业信用政策发生变化。如果其他企业放宽信用政策和收账政策，企业应付账款和应付票据的规模就会大些；反之，就会小些。

④企业资金的充裕程度。企业资金相对充裕，应付账款和应付票据规模会相对缩减一些，当企业资金比较紧张时，就会影响到应付账款和应付票据的清偿。

在市场经济条件下，企业之间相互提供商业信用是正常的。利用应付票据和应付账款进行资金融通，基本上可以说是无代价的融资方式，但企业应注意合理使用，以避免造成企业信誉损失。表3-2显示，ABC公司本年应付票据增加了2 371 630千元，增长率为60.09%，应付账款增加了1 639 706千元，增长率为20.87%，无论是从增长金额，还是从增长率看，两者的变动都是非常大的，公司应特别注意其偿付时间，以便做好资金方面的准备，避免出现到期支付能力不足而影响公司信誉的情况发生。

(3) 应交税费和应付股利。

应交税费反映企业应交未交的各种税金和附加费，包括流转税、所得税和各种附加费。交纳税费是每个企业应尽的法定义务，企业应按有关规定及时、足额交纳。应交税费的变动与企业营业收入、利润的变动相关。分析时应注意查明企业是否有拖欠国家税款的现象。

应付股利反映企业应向投资者支付而未付的现金股利，是因企业宣告分派现金股利而形成的一项负债。支付股利需要大量现金，企业应在股利支付日之前做好支付准备。本例应付股利金额较小，对公司的支付能力不会造成太大的压力。

（4）其他应付款。

与其他应收款类似，其他应付款也属于往来类别的科目。但是，其他应付款并不直接与生产经营行为相关，因而规模通常较小，变动幅度有限。其他应付款分析的重点是：①其他应付款规模与变动是否正常；②是否存在企业长期占用关联方企业资金的现象。分析时应结合财务报表附注提供的资料进行。本例中，该公司本期其他应付款余额高达 1 553 011 千元，较上年增加了 204 546 千元，增长率为 15.17%，应对其合理性作进一步分析。

（5）长期借款。

长期借款是企业利用负债方式获得长期资金来源的方式。长期借款属于企业重要的融资决策，对于企业生产经营产生深远影响。影响长期借款变动的原因有：

①银行信贷政策及资金市场的资金供求状况；

②为了满足企业对资金的长期需要；

③保持企业权益结构的稳定性；

④调整企业负债结构和财务风险。

根据表 3-2 提供的资料，ABC 公司本年长期借款减少 792 682 千元，减少比率为 38.01%，同时长期应收账款保理之银行拨款减少 2 389 141 千元，减少比率为 76.02%。结合公司流动负债增长率大于非流动负债增长率、短期借款增加而长期借款减少的情况来综合判断，可以得出公司负债筹资政策正在发生变动的结论。

【思考题】

1. 简述资产负债表分析的目的与内容。
2. 如何进行资产负债表变动情况的分析评价？
3. 如何进行资产变动的合理性与效率性分析评价？
4. 试述资产负债表结构变动情况的分析评价。
5. 如何进行资产负债表项目分析？
6. 以某上市公司的资产负债表为例，说明资产负债表各项目所反映的内容及资产负债表所反映的企业财务状况。
7. 如何对企业资产负债的整体结构进行评价？
8. 存货会计政策会受到哪些因素的影响？如何才能评价存货会计政策的合理性？
9. 货币资金项目出现变动，可能是受到哪些因素的影响？
10. 当资产负债表中的长期借款发生变动，应当从哪些方面进行分析？
11. 应当如何评价企业股东权益结构是否合理？

【案例讨论与分析】

案例一　业绩"变脸记"

（一）案例介绍

2019 年 4 月 30 日是上市公司披露 2018 年年报的最后期限，2018 年 5 月才上市的 Y 公司作为 A 股市场的"新生"，却未能按时"交作业"。面对第一次如此重要的年报，就无法按时完成，实在让人匪夷所思。公告称，因公司 2018 年度的审计工作、财务报表编制工作完成时间晚于预期，因此公司无法按时披露年报和 2019 年一季报。经查询，直到 4 月 30 日 17 点 32 分，Y 公司的 2018 年年报和 2019 年一季报才姗姗来迟。报告显示，2018 年 Y 公司实现营业收入 4.93 亿元，同比下降 45.19%；实现归属母公司扣除非经常性损益后的净利润 -4 023.19 万元，同比下降 150.48%。上市当年，不仅延迟披露年报，业绩还大幅下滑至亏损——Y 公司的管理能力和经营水平让人大跌眼镜。

Y 公司，成立于 2012 年，公司主营新能源汽车动力总成系统的研发、生产和销售，2018 年 5 月 8 日挂牌深交所创业板。Y 公司的业务存在一定的季节性，上半年为公司产品销售淡季，下半年为公司产品销售旺季。旺季主要为第四季度，这主要与新能源汽车行业特性有关。Y 公司 2016—2018 年的业绩情况见表 3-16。

表 3-16　　　Y 公司 2016—2018 年利润表部分项目　　　单位：万元

项目	2016 年	2017 年	2018 年
营业收入	65 351.77	89 956.83	49 331.33
归属母公司扣除非经常性损益后的净利润	7 879.57	7 910.44	-4 023.19

案例分析数据具体见表 3-17、表 3-18。

表 3-17　　　Y 公司 2016—2018 年现金流量表部分项目　　　单位：万元

项目	2016 年	2017 年	2018 年
经营活动现金流量	-15 374.12	-19 337.61	-11 554.60
投资活动现金流量	-5 183.94	-22 201.20	-24 237.09
筹资活动现金流量	36 614.08	28 970.54	45 582.35
现金流小计	16 056.02	-12 568.27	9 790.66

表 3-18　　　Y 公司 2016—2018 年资产负债表部分项目　　　单位：万元

项目	2016 年	2017 年	2018 年
应收账款	40463.73	90 910.97	113 943.84
应收账款减值准备本年计提金额	693.40	2 293.23	6 529.70

（二）案例分析要求

1. 对公司应收账款的质量进行分析。
2. 如何加强对应收账款的管理？
3. 考察公司应收账款和营业收入之间有何关系，可以得出的基本判断是什么？
4. 分析公司连续3年经营活动现金流量为负对公司的影响。
5. 2018年公司业绩"大变脸"有何财务启示？

案例二　会游走的小虾夷扇贝？

（一）案例介绍

Z集团股份有限公司系于2001年4月经L省D市人民政府批准，由Z渔业集团有限公司整体变更设立的股份有限公司。2007年，Z集团成为达沃斯"全球成长型公司社区"首批创始会员，荣膺"可持续发展的新领军者"典范企业、全球"行业塑造者"，并当选为"CCTV年度最佳雇主"、全国首届"兴渔富民新闻人物"企业。2006年9月Z股份有限公司在深圳证券交易所上市，并创造中国农业第一个百元股。截至2013年12月31日，本公司累计发行股本711 112 194股，公司注册资本711 112 194元，员工4 000余人，下设19家分公司、20家子公司、2家参股公司。公司行业性质为渔业；许可经营项目：水产养殖、捕捞、加工、销售。主要产品为：底播虾夷扇贝、鲍鱼、海参等。其中，虾夷扇贝是公司最主要的产品，近几年，其营业收入占公司主营总收入的比重稳定在四成左右。

2014年10月30日晚间，Z公司披露三季报，业绩巨亏引发市场轩然大波——公司2014年第三季度实现营业收入7.46亿元，同比增长1.26%；实现归属于上市公司股东的净利润-8.61亿元，同比大减8 429.37%。公司2014年前三季度实现营业收入19.93亿元，同比增长6.75%；实现归属于上市公司股东的净利润-8.12亿元，同比下降1 388.60%。与三季报同时披露的还有公司聘请的H会计师事务所出具的《关于公司部分海域底播虾夷扇贝监盘、核销及计提跌价准备会计处理的专项说明》《中国科学院海洋研究所会议纪要》等重要公告。

上述公告显示，造成此次业绩远低于预期的主因在于底播虾夷扇贝存货异常。Z公司称，公司决定对105.64万亩海域成本为7.35亿元的底播虾夷扇贝存货放弃本轮采捕，进行核销处理。对43.02万亩海域成本为3.01亿元的底播虾夷扇贝存货计提跌价准备2.83亿元，扣除递延所得税影响2.54亿元，合计影响净利润7.63亿元，全部计入2014年第三季度。Z公司第三季度季报业绩大幅"变脸"，由原本预计的盈利5 000万元左右变成亏损，归属于上市公司股东的净利润巨亏最终修正为8.12亿元。

根据Z公司存量抽测结果、中国科学院近海观测研究网络黄海站监测数据及开放航次调查数据、综合判定公司海洋牧场发生了自然灾害,灾害主要原因为北黄海冷水团低温及变温、北黄海冷水团和辽南沿岸流锋面影响、营养盐变化等综合因素。同期 Z 公司所处的深交所公司在《前三季度业绩预告修正公告》中在对业绩修正原因说明部分提到,公司在 2014 年 9 月 15 日至 10 月 12 日,公司秋季底播虾夷扇贝存量抽测发现部分海域的底播虾夷扇贝存货异常。而上述融券卖出的时间点正好在公司存量抽测期间。

Z 公司、大湖股份、东方海洋 2014 年存货规模变动情况如表 3-19 所示。

表 3-19　　　　　　　　　2014 年存货规模变动表　　　　　　　　单位:万元

项目	Z 公司	大湖股份	东方海洋
2014 年第三季度	169 562.24	48 505.64	90 804.63
2013 年年末	268 435.22	44 171.46	80 059.11

案例分析数据具体见表 3-20、表 3-21。

表 3-20　　　　　　Z 公司 2012—2014 年利润表部分项目　　　　　　单位:万元

项目	2012 年年末	2013 年年末	2014 年前三季度
营业收入	260 828.41	262 085.78	199 291.48
营业成本	193 601.39	204 158.79	165 706.73
……			
资产减值损失	4 886.68	1 733.27	29 818.52
营业外支出	6 105.45	1 567.11	74 150.72

表 3-21　　　　　　Z 公司 2012—2014 年报表部分重要数据　　　　　金额单位:千元

项目	2012 年		2013 年		2014 年(第三季度)	
	金额	占比	金额	占比	金额	占比
货币资金	528 177	10.73%	461 773	8.69%	820 758	15.43%
应收账款	172 182	3.50%	180 141	3.39%	244 204	4.59%
存货	2 449 491	49.77%	2 684 352	50.50%	1 695 622	31.88%
总资产	4 921 819		5 315 695		5 318 210	

(二) 案例分析要求

1. 对 Z 公司存货质量进行分析。
2. 什么情况下计提存货跌价减值准备?
3. 计提存货跌价准备对哪些报表项目产生影响?有何影响?

4. 加强存货质量管理对企业经营有什么影响？如何对存货进行管理？

5. 考察 Z 公司存货和营业成本等财务指标之间有何关系，可以得出的基本判断是什么？

6. 2014 年 Z 公司大额转销资产有何财务启示？

第4章 利润表分析

【学习目标】

1. 明确利润表分析的目的与作用；
2. 理解利润表的内涵与所提供的信息；
3. 掌握利润表综合分析、分部分析以及分项分析的基本方法、评价思路与原理。

──────────【引例】──────────

20世纪初，全球经济发展的重心逐步由欧洲转向美国。资本主义商品经济的快速发展和市场经济的迅速形成，使得越来越多的企业将融资的目光投向银行。随着银行贷款范围的不断扩大，银行逐渐把企业的资产负债表作为了解企业信用状况的主要依据，这种做法一直持续到20世纪30年代。1929—1933年，资本主义世界经历了历史上最严重的经济危机，大量企业倒闭，投资者和债权人蒙受了巨大的损失。市场的价格机制、供求机制、竞争机制和风险机制的共同作用，改变了资本主义初期单纯依靠资金的实力就可以开拓市场、占领市场份额并获取暴利的局面。这促使企业的投资者和债权人从只关心企业的财务状况转变为更加关心企业的盈利水平。于是，利润表应运而生。美国政府于1933年和1934年先后颁布了《证券法》和《证券交易法》，规定在证券交易所上市的企业必须公布由注册会计师鉴证的资产负债表和利润表。财务报表分析也从以资产负债表为核心转向以利润表为核心，由以往推崇的"资产负债观"向"收益观"转变。

4.1 利润表分析的目的与内容

4.1.1 利润表分析的目的

利润，通常是指企业在一定会计期间收入减去费用后的净额以及直接计入当期损益的利得和损失等，也称为企业一定时期内的财务成果或经营成果，具体包括营业利润、利润总额和净利润等。在商品经济条件下，企业追求的根本目标是企业价值最大化或股东权益最大化。而无论是企业价值最大化，还是股东权益最大化，其基础都是企业利润，利润已成为现代企业经营与发展的直接目标。企业生产经营过程中的各项工作，最终都聚焦在所创造利润的多少这一结果上。

在开始研究利润表分析的意义及作用之前，首先要搞清利润本身的意义与作用。利润的意义与作用主要表现在以下几个方面：

第一，利润是企业和社会积累与扩大再生产的重要源泉。企业实现的利润，从分配渠道看，一是分给企业所有者；二是留在企业内部形成留存收益。然而，无论利润分配到何处，其用途主要都是两个，即积累和消费。究其原因，可以说没有积累，就没有扩大再生产，也就是说没有利润就没有扩大再生产的资本。用企业内部留存收益直接进行扩大再生产是这样，采用筹资方式扩大再生产也是这样。因为企业筹资的一部分可能来自内部资金的积累，筹资本金或利息及股息的偿还和支付也离不开利润。

第二，利润是反映企业经营业绩最重要的指标，也是反映企业经营成果最综合的指标。企业生产经营各步骤、各因素的变动都会对利润产生影响。供、产、销各环节，人、财、物等各要素的变动都会反映在利润的增减变动中。企业各环节和各因素的表现良好，利润就高；反之，如果某一环节或因素出现问题，就会影响利润的增长，甚至会导致下降，因此，利润对于评价企业经营者经营业绩的重要性不言而喻。

第三，利润是企业进行投资与经营决策的重要依据。在现代企业制度下，政企职责分离，所有权与经营权分离，企业的经营自主权扩大。在这样的背景下，决策问题就成为企业经营管理中的核心问题，也是企业外部各投资者、债权人尤为关心的问题。但是，无论企业作出何种投资与经营决策，都离不开利润这一关键的依据及标准。只要是最终有利于利润增长的方案，或唯有能使利润增长的方案才是经济上可行、决策上可执行的方案。

研究利润本身的作用，对明确利润分析的作用打好了基础。利润分析，正是实现上述利润作用的方式或途径。利润分析的目的与作用具体表现在以下三个方面。

第一，通过利润分析可正确评价企业各方面的经营业绩。由于利润受企业生产经营过程中各环节、各步骤的影响，因此，通过对不同环节进行利润分析，可准确评价各环节的业绩。如通过产品销售利润分析，不仅可以说明产品销售利润受哪些因素影响以及各因素的影响程度，还可以说明造成影响的是主观因素还是客观因素，是有利影响还是不利影响等，这满足了准确评价各部门和各环节业绩的要求。

第二，利润分析可及时、准确地发现企业经营管理中存在的问题。正因为利润分析不仅能评价业绩，还能发现问题，因此，借助利润分析，企业在各环节存在的问题或缺陷都会一目了然，为企业进一步改进经营管理工作指明了可行的方向。这有利于企业放宽眼界，全面改善经营管理，从而促使利润持续增长。

第三，利润分析为投资者、债权者进行投资与信贷决策提供可靠信息。这是利润分析的一项重要作用。前面提及，由于企业经营权自主化及管理体制的改变，人们越发关心企业的利润。企业经营者关心利润，投资者、债权者也是如此，他们通过对利润作出分析，预测企业的经营潜力及发展前景，进一步作出契合实际的投资与信贷决策。另外，国家宏观管理者研究企业对国家的贡献时也会用到利润分析这一重要手段。

4.1.2 利润表分析的内容

在明确利润分析作用之后，进一步进行利润分析时，应凭借利润表及相关信息展开。本章的利润表分析主要由以下内容构成。

（1）利润表综合分析。

通过利润表综合分析，主要对利润表主表各项利润额的增减变动、利润结构变动情况进行分析。

①利润额增减变动分析。借助水平分析法，结合利润形成过程中相关的影响因素，反映利润额的变动情况，评价企业在利润形成过程中的各方面管理业绩并揭露存在的问题。

②利润结构变动分析。利润结构变动分析，主要是在对利润表进行垂直分析的基础上，通过各项利润及成本费用相对于收入的占比，反映企业各环节的利润构成、利润率及成本费用水平。

③营业利润分析。通过这一分析，反映企业营业利润金额的增减变动，揭示影响营业利润的主要因素。

（2）利润表分部分析。

利润表分部分析主要是由分部报告分析和产品营业利润变动情况分析两部分构成。

①分部报告分析。通过对分部报告的分析，展示企业各经营分部的经营状况和成果，有助于改善企业内部组织结构、满足管理要求、优化产业结构、加强内部报告制度，也为企业分部进行战略调整指明方向。

②产品销售利润分析。在进行这项分析前，首先要明确影响产品销售利润的因素，分析过程采用因素分析方法，并通过实际的案例分析进一步揭示各因素变动对产品营

业利润的影响，从而分清生产经营中的绩效与不足。

（3）利润表分项分析。

利润表分项分析主要是结合利润表有关附注所提供的详细信息，对企业利润表中重要项目的变动情况进行分析说明，深入揭示利润形成的主观及客观原因。具体包括企业收入分析、成本费用分析、资产减值损失分析、投资收益分析等。

①企业收入分析。收入是影响利润的重要因素。企业收入分析的具体内容包括：收入的确认与计量分析；影响收入的价格因素与销售量因素分析；企业收入的构成分析等。

②成本费用分析。成本费用分析主要包括产品销售成本分析和期间费用分析两部分。产品销售成本分析包括销售总成本分析和单位销售成本分析；期间费用分析包括销售费用分析、财务费用分析和管理费用分析。

③资产减值损失分析。资产减值损失分析包括资产减值损失的构成分析以及资产减值损失变动原因分析。

④投资收益分析。投资收益分析包括投资收益的构成分析以及投资收益变动原因分析。

此外，还可以根据不同企业利润表的资料，对一些重要项目进行深入分析。如对公允价值变动损益、资产处置收益与营业外收支等的变动情况进行分析。

4.2 利润表综合分析

4.2.1 利润增减变动情况分析

（1）分析资料与方法选择。

利润增减变动情况分析方法采用水平分析法。利润表水平分析，主要是指对利润表主表中各项利润额的增减变动情况进行分析。

（2）编制利润水平分析表。

利用利润额增减变动水平分析法，编制利润水平分析表，可以采用增减变动额和增减变动百分比两种方式表示，主要分析目的在于认清净利润增减变动的原因。

【例 4-1】根据表 4-1（ABC 公司利润表）的资料，编制 ABC 公司利润水平分析表。

表4-1　　　　　　　　　　　ABC 公司利润表　　　　　　　　　单位：千元

项目	2020年	2019年
一、营业总收入	44 293 427	34 777 181
二、营业总成本	43 042 372	33 951 430
其中：营业成本	29 492 530	23 004 541
税金及附加	415 854	280 266
销售费用	5 312 516	4 395 125
管理费用	2 099 715	1 777 554
研发费用	3 994 145	3 210 433
财务费用	1 308 254	494 371
资产减值损失	419 358	789 140
加：公允价值变动收益	-128 328	115 566
投资收益	122 666	59 437
其中：对联营企业和合营企业的投资收益	19 877	24 267
三、营业利润	1 245 393	1 000 754
加：营业外收入	1 098 296	906 133
减：营业外支出	81 146	179 153
其中：非流动资产处置损失	37 154	23 927
四、利润总额	2 262 543	1 727 734
减：所得税费用	350 608	276 283
五、净利润	1 911 935	1 451 451
归属于母公司股东的净利润	1 660 199	1 252 158
少数股东损益	251 736	199 293
六、其他综合收益的税后净额	403 473	-36 329
七、综合收益总额	2 315 408	1 415 122
归属于母公司所有者的综合收益	2 062 588	1 219 476
归属于少数股东的综合收益	252 820	195 646
八、每股收益		
（一）基本每股收益	1.24元	0.93元
（二）稀释每股收益	1.20元	0.92元

解：根据表4-1的资料，编制 ABC 公司利润水平分析表，见表4-2。

表 4-2　　　　　　　　　　　ABC 公司利润水平分析表　　　　　　　　　金额单位：千元

项目	2020 年	2019 年	增减额	增减（%）
一、营业总收入	44 293 427	34 777 181	9 516 246	27.36
二、营业总成本	43 042 372	33 951 430	9 090 942	26.78
其中：营业成本	29 492 530	23 004 541	6 487 989	28.20
税金及附加	415 854	280 266	135 588	48.38
销售费用	5 312 516	4 395 125	917 391	20.87
管理费用	2 099 715	1 777 554	322 161	18.12
研发费用	3 994 145	3 210 433	783 712	24.41
财务费用	1 308 254	494 371	813 883	164.63
资产减值损失	419 358	789 140	-369 782	-46.86
加：公允价值变动收益	-128 328	115 566	-243 894	-211.04
投资收益	122 666	59 437	63 229	106.38
其中：对联营企业和合营企业的投资收益	19 877	24 267	-4 390	-18.09
三、营业利润	1 245 393	1 000 754	244 639	24.45
加：营业外收入	1 098 296	906 133	192 163	21.21
减：营业外支出	81 146	179 153	-98 007	-54.71
其中：非流动资产处置损失	37 154	23 927	13 227	55.28
四、利润总额	2 262 543	1 727 734	534 809	30.95
减：所得税费用	350 608	276 283	74 325	26.90
五、净利润	1 911 935	1 451 451	460 484	31.73
归属于母公司股东的净利润	1 660 199	1 252 158	408 041	32.59
少数股东损益	251 736	199 293	52 443	26.31
六、其他综合收益的税后净额	403 473	-36 329	439 802	1 210.61
七、综合收益总额	2 315 408	1 415 122	900 286	63.62
归属于母公司所有者的综合收益	2 062 588	1 219 476	843 112	69.14
归属于少数股东的综合收益	252 820	195 646	57 174	29.22
八、每股收益				
（一）基本每股收益	1.24 元	0.93 元	0.31 元	33.33
（二）稀释每股收益	1.20 元	0.92 元	0.28 元	30.43

（3）利润增减变动分析评价。

企业的利润取决于收入和费用、直接计入当期利润的利得和损失金额的计量。从总体来看，ABC 公司 2020 年相比 2019 年营业利润、利润总额和净利润均有较大的增长。利润表增减变动分析应抓住几个关键利润指标的变动情况，分析其变动原因。

①净利润或税后利润分析。净利润是指企业所有者最终取得的财务成果，或可供企业所有者分配或使用的财务成果。本例中，ABC 公司 2020 年实现净利润 1 911 935

千元，比上年增长了 460 484 千元，增长率为 31.73%，增长幅度较高。其中，归属于母公司股东的净利润比上年增长了 408 041 千元，增长率为 32.59%；少数股东损益比上年增长了 52 443 千元，增长率为 26.31%。从水平分析表看，公司净利润增长主要是利润总额比上年增长 534 809 千元引起的，由于所得税费用比上年增长 74 325 千元，是不利于净利润增长的抵减项，最终在二者作用下净利润 2020 年增长了 460 484 千元。

②利润总额分析。利润总额是反映企业全部财务成果的指标，它不仅反映企业的营业利润，而且可以反映企业的营业外收支情况。本例中，公司 2020 年利润总额增长 534 809 千元，究其原因是公司营业外支出减少，当年减少 98 007 千元，下降了 54.71%；同时，营业利润增长也是影响利润总额增长的有利因素，2020 年度，企业营业利润比上年增长了 244 639 千元，增长率为 24.45%。同时，营业外收入的增加使利润总额增加了 192 163 千元。最终在综合作用的影响下，利润总额 2020 年度增加了 534 809 千元。

③营业利润分析。营业利润是企业计算利润的第一步，通常也是一定时期内企业盈利最主要、最稳定的关键来源，具体是指企业营业收入与营业成本、税金及附加、期间费用、资产减值损失、资产变动净收益之间的差额。它既包括企业在销售商品、提供劳务等日常活动中所产生的营业毛利，又包括企业公允价值变动净收益和对外投资的净收益，营业利润反映了企业自身生产经营业务的财务成果。本例中，公司营业利润增加主要是营业收入和投资收益增加所致。营业收入比上年增加 9 516 246 千元，增长率为 27.36%。根据该公司的年报，其营业收入大幅增长，主要原因在于集团在继续开拓发展中国家市场规模的同时，稳步提高了欧美地区销售在公司收入中所占的比重，使其逐步成为集团收入的重要来源；投资收益的增加，导致营业利润增加了 63 229 千元；资产减值损失的减少，是影响营业利润增加的有利因素，本年公司资产减值损失减少 369 782 千元，下降了 46.86%。但由于营业成本、税金及附加、销售费用、管理费用、研发费用、财务费用的增加，以及公允价值变动损益的大幅度下降等不利影响，使增减相抵后营业利润增加 244 639 千元，增长 24.45%。

除上述利润表三个关键指标分析以外，ABC 公司基本每股收益和稀释每股收益相比上年也有较大幅度增长，其中基本每股收益比上年增加了 0.31 元，增长率为 33.33%；稀释每股收益比上年增加了 0.28 元，增长率为 30.43%。综合收益总额等于企业净利润加上其他综合收益，"其他综合收益"项目，反映根据企业会计准则规定未在损益中确认的各项利得和损失扣除所得税影响后的净额。ABC 公司不仅本年净利润有较好表现，其他综合收益也比上年增加了 439 802 千元，增长率为 1 210.61%。两者共同作用使得综合收益总额比上年增加了 900 286 千元，增长率为 63.62%，其中归属于母公司所有者的综合收益比上年增加了 843 112 千元，增长率为 69.14%；归属于少数股东的综合收益比上年增加了 57 174 千元，增长率为 29.22%。

4.2.2 利润构成变动分析

(1) 分析资料与方法选择。

利润构成变动分析方法可采用垂直分析法,即根据利润表中的资料,通过计算各因素或各种财务成果在营业收入中所占的比重,分析财务成果的结构及其增减变动的合理程度。

(2) 编制利润垂直分析表。

利用垂直分析法,编制利润垂直分析表,通过计算各项目占营业收入的比重,分析利润表各项目的构成情况。

【例4-2】根据表4-1(ABC公司利润表)的资料,编制ABC公司利润垂直分析表。

解:根据表4-1的利润表资料,编制ABC公司利润垂直分析表,见表4-3。

表4-3　　　　　　ABC公司利润垂直分析表　　　　　　单位:%

项目	2020年	2019年
一、营业总收入	100	100
二、营业总成本	97.17	97.63
其中:营业成本	66.58	66.15
税金及附加	0.94	0.81
销售费用	11.99	12.64
管理费用	4.74	5.11
研发费用	9.02	9.23
财务费用	2.95	1.42
资产减值损失	0.95	2.27
加:公允价值变动收益	-0.29	0.33
投资收益	0.28	0.17
其中:对联营企业和合营企业的投资收益	0.04	0.07
三、营业利润	2.82	2.87
加:营业外收入	2.48	2.61
减:营业外支出	0.18	0.52
其中:非流动资产处置损失	0.08	0.07
四、利润总额	5.12	4.96
减:所得税费用	0.79	0.79
五、净利润	4.33	4.17

(3) 利润结构变动分析评价。

从表4-3可以看出ABC公司本年度各项经营财务成果的构成情况。其中,营业利润占营业收入的比重为2.82%,比上年度的2.87%下降了0.05%;本年度利润总额占营业收入的比重为5.12%,比上年度的4.96%增长了0.16%;本年度净利润的构成为4.33%,比上年度的4.17%增长了0.16%。可见,从利润的构成情况上看,ABC公司盈利能力2020年比上年度略有提高。进一步分析ABC公司各项财务成果结构变化的原因,从营业利润结构看,主要是营业成本、税金及附加、财务费用结构上升所致,说明营业成本、税金及附加和财务费用上升是降低营业利润构成的根本原因。但是利润总额构成增长的主要原因,还在于营业外支出比重的大幅下降。另外,投资收益比重上升,管理费用、销售费用和研发费用的下降,对营业利润、利润总额和净利润结构都带来一定的有利影响。

对利润结构变动分析,还可以针对综合收益总额进行垂直分析,分别考察净利润、其他综合收益构成的比重及变动,归属于母公司所有者的综合收益以及归属于少数股东的综合收益构成的比重及变动情况,进一步分析综合收益总额的构成及变动情况。

4.2.3 营业利润分析

(1) 营业利润水平分析。

营业利润是企业计算利润的第一步,也是企业盈利的关键环节,具体内容包括营业收入、营业毛利、公允价值变动收益(损失)、投资收益(损失),扣除期间费用和资产减值损失后的余额。根据表4-1的资料,编制ABC公司营业利润水平分析表,见表4-4。

表4-4　　　　　ABC公司营业利润水平分析表　　　　　金额单位:千元

项目	2020年	2019年	增减额	增减(%)
一、营业收入	44 293 427	34 777 181	9 516 246	27.36
减:营业成本	29 492 530	23 004 541	6 487 989	28.20
二、营业毛利	14 800 897	11 772 640	3 028 257	25.72
减:税金及附加	415 854	280 266	135 588	48.38
销售费用	5 312 516	4 395 125	917 391	20.87
管理费用	2 099 715	1 777 554	322 161	18.12
研发费用	3 994 145	3 210 433	783 712	24.41
财务费用	1 308 254	494 371	813 883	164.63
资产减值损失	419 358	789 140	-369 782	-46.86
加:公允价值变动收益	-128 328	115 566	-243 894	-211.04
投资收益	122 666	59 437	63 229	106.38
三、营业利润	1 245 393	1 000 754	244 639	24.45

（2）营业利润水平分析评价。

营业利润增减变动水平分析评价应包括以下几个方面：

①营业利润分析。营业利润是指企业自身生产经营业务所取得的财务成果。本例中，ABC 公司 2020 年实现营业利润 1 245 393 千元，比上年增长了 244 639 千元，增长率为 24.45%，增长幅度较大。从水平分析表上看，公司营业利润增长主要是营业毛利比上年增长 3 028 257 千元引起的，同时投资收益比上年增长 63 229 千元、资产减值损失比上年减少 369 782 千元，也是导致营业利润增长的有利因素；销售费用比上年增长 917 391 千元，管理费用比上年增长 322 161 千元，财务费用比上年增加 813 883 千元，公允价值变动损益比上年减少 243 894 千元，都是导致营业利润下降的不利因素，增减因素共同作用下，导致营业利润增长了 244 639 千元。

②营业毛利分析。营业毛利是指企业营业收入与营业成本之间的差额。本例中，ABC 公司营业毛利比上年增加 3 028 257 千元，增长率为 25.72%，最关键的因素是营业收入大幅增长，公司营业收入增加 9 516 246 千元，增长率为 27.36%，但由于营业成本增加 6 487 989 千元，对营业毛利造成不利影响，增减相抵，导致营业毛利增加 3 028 257 千元。

4.3　利润表分部分析

4.3.1　分部报告分析

（1）报告分部界定。

《企业会计准则第 35 号——分部报告》和《企业会计准则解释第 3 号》主要规范了企业分部报告的编制方法和应披露的信息，有助于充分披露会计信息，满足会计信息使用者的决策需要。企业提供分部信息，能够帮助会计信息使用者更好地理解企业以往的经营业绩，更好地评估企业的风险和报酬，以便更好地把握企业整体的经营情况，对未来的发展趋势作出合理的预期。随着企业跨行业和跨地区经营，许多企业生产和销售各种各样的产品和提供多种劳务，只有分析每种产品（或所提供劳务）和不同经营地区的经营业绩，才能更好地把握企业整体的经营业绩。因此，企业（或企业集团）存在多种经营或跨地区经营的，应当披露分部信息，且区分经营分部和报告分部。

企业应当以内部组织结构、管理要求、内部报告制度为依据确定经营分部。经济特征不相似的经营分部，应当分别确定为不同的经营分部。在实务中，并非所有的经营分部均作为独立的经营分部来考虑。在某些情况下，两个或两个以上的经营分部如果具有相似的经济特征，这些经营分部经常会表现出相似的长期财务业绩，如长期平均毛利率、资金回报率、未来现金流量等。此时，将其合并披露可能更为恰当。

报告分部是指符合经营分部定义，按规定应予披露的经营分部。报告分部的确定应当以经营分部为基础，而经营分部的划分通常是以不同的风险和报酬为基础，而不论其是否重要。存在多种产品经营或者跨多个地区经营的企业可能会拥有大量规模较小、不是很重要的经营分部，而单独披露数量如此之多的但规模较小的经营分部信息，不仅会给财务报表使用者带来困惑，还会给财务报表编制者带来不必要的披露成本。因此，报告分部的确定应当考虑重要性原则，在通常情况下，符合重要性标准的经营分部才能确定为报告分部。

（2）分部报告分析。

根据 ABC 公司 2019 年年报，目前，出于管理目的，根据产品和服务划分成业务单元，有三个报告分部，即：

①运营商网络（通信系统）包括无线通信、有线交换及接入和光通信及数据通信。

②终端包括公司生产和销售的手机和数据卡产品。

③电信软件系统与服务及其他产品分类负责提供运营支撑系统等电信软件系统及收费服务。

管理层出于配置资源和评价业绩的决策目的，对各业务单元的经营成果分开进行管理。分部业绩以报告的分部利润为基础进行评价。分部资产不包括递延所得税资产、货币资金、长期股权投资、其他应收款和其他未分配的总部资产，原因在于这些资产均由集团统一管理。分部负债不包括衍生工具、借款、其他应付款、应付债券、应交税费、递延所得税负债以及其他未分配的总部负债，原因在于这些负债均由集团统一管理。经营分部间的转移定价，参照与第三方进行交易所采用的公允价格制定。

根据《企业会计准则第 35 号——分部报告》和《企业会计准则解释第 3 号》的要求，分部报告分析包括报告分部增减变动分析和报告分部结构变动分析。

①报告分部增减变动分析。

报告分部增减变动分析，可运用水平分析法。选取 ABC 公司运营商网络和终端产品两个报告分部作为分析对象，编制报告分部水平分析表，见表 4-5。

根据表 4-5 进行分析评价如下：

第一，运营商网络本年实现的分部利润为 17 596 211 千元，比上年度增加 2 289 608 千元，从水平分析表看，本年分部利润增长主要是由分部收入增加引起的。由于运营商网络的本年分部收入为 35 911 511 千元，比上年增加 7 207 708 千元，而本年分部费用的

表 4－5　　　　　　　　　　　　　　报告分部水平分析表

编制单位：ABC 公司　　　　　　　　　　　　　　2020 年度　　　　　　　　　　　　　　单位：千元

项目	运营商网络			终端产品			2020 年		
	2020 年	2019 年	差额	2020 年	2019 年	差额	运营商网络	终端产品	差额
一、分部收入总计	35 911 511	28 703 803	7 207 708	10 710 102	8 322 697	2 387 405	35 911 511	10 710 102	25 201 409
其中：对外交易收入	28 963 799	22 567 491	6 396 308	9 692 563	7 645 126	2 047 437	28 963 799	9 692 563	19 271 236
分部间交易收入	6 947 712	6 136 312	811 400	1 017 539	677 571	339 968	6 947 712	1 017 539	5 930 173
二、分部费用	18 315 300	13 397 200	4 918 100	7 393 000	5 939 800	1 453 200	18 315 300	7 393 000	10 922 300
三、分部利润	17 596 211	15 306 603	2 289 608	3 317 102	2 382 897	934 205	17 596 211	3 317 102	14 279 109
四、分部资产	22 468 395	16 994 523	5 473 872	4 931 776	3 965 018	966 758	22 468 395	4 931 776	17 536 619
五、分部负债	3 399 777	2 319 950	1 079 827	149 854	183 649	-33 795	3 399 777	149 854	3 249 923
六、补充信息	1 852 809	1 588 136	264 673	430 254	352 743	77 511	1 852 809	430 254	1 422 555
1. 折旧和摊销费用	499 501	403 983	95 518	116 044	89 729	26 315	499 501	116 044	383 457
2. 资本性支出	1 353 308	1 184 153	169 155	314 210	263 014	51 196	1 353 308	314 210	1 039 098

增加是影响分部利润的不利因素,本年运营商网络分部费用为 18 315 300 千元,比上年增加 4 918 100 千元,两者相抵,使本年分部利润净增了 2 289 608 千元。从分部资产、负债规模来看,运营商网络本年度与上年度相比都有所增加,分部资产增加 5 473 872 千元,分部负债增加 1 079 827 千元。

第二,终端产品本年实现的分部利润为 3 317 102 千元,比上年度增加 934 205 千元,通过水平分析可以看出,其增长的原因在于分部收入的增加,同时分部费用的增加是影响分部利润的不利因素,本年终端产品的分部费用为 7 393 000 千元,比上年度增加了 1 453 200 千元,增长幅度小于分部收入,是本年度分部利润增长的原因之一。从分部资产规模来看,终端产品本年度较上年度增加 966 758 千元;从分部负债规模来看,终端产品本年的分部负债比上年度减少 33 795 千元。因此,本年度终端产品分部负债规模下降是分部资产规模上升幅度较小的主要原因。

第三,本年度运营商网络的分部利润为 17 596 211 千元,相比终端产品多 14 279 109 千元,从分部资产和分部负债来看,运营商网络比终端产品都要高,可见运营商网络的经营规模较大,其创造收入的能力也较强。从补充信息来看,由于运营商网络的分部资产规模大于终端产品,因此,其折旧和摊销费用、资本性支出都高于终端产品。至于各分部资产的盈利能力、资产的利用效果如何,还有待进一步分析。

②报告分部结构变动分析。

报告分部结构变动分析,可运用垂直分析法进行。以 ABC 公司的运营商网络和终端产品两个报告分部作为分析对象,编制报告分部垂直分析表,见表 4-6。

表 4-6　　　　　　　　　报告分部垂直分析表

编制单位:ABC 公司　　　　　　　2020 年度　　　　　　　　单位:%

项目	运营商网络		终端产品	
	2020 年	2019 年	2020 年	2019
一、分部收入总计	100	100	100	100
其中:对外交易收入	80.65	78.62	88.74	90.50
分部间交易收入	19.35	21.38	11.26	9.50
二、分部费用	51.00	46.67	68.23	69.03
三、分部利润	49.00	53.33	31.77	30.97
四、分部资产	100	100	100	100
五、分部负债	15.13	13.65	3.04	4.63
六、补充信息				
1. 折旧和摊销费用				
2. 资本性支出				

从表 4-6 可以看出,运营商网络本年的分部利润占分部收入的比重为 49.00%,比上年度的 53.33% 降低了 4.33%;终端产品本年的分部利润占分部收入的比重为 31.77%,比上年度的 30.97% 增长了 0.80%。可见,运营商网络和终端产品本年的盈利能力比上年都有所变化,但是变化的幅度不是特别突出,变化的原因各不相同。从分部利润的结构变化来看,运营商网络本年的分部费用占分部收入的比重为 51.00%,比上年度的 46.67% 上升了 4.33%;而终端产品本年的分部费用占分部收入的比重为 68.23%,与上年度的 69.03% 相比,下降了 0.80%。这说明成本费用的变化是导致运营商网络和终端产品本年营业利润变化的主要原因。

从资产负债率来看,运营商网络本年度的资产负债率相比上年度变动不大。终端产品本年度的资产负债率为 3.04%,比上年度的 4.63% 下降了 1.59%。

终端产品本年分部利润比重提高的主要原因在于分部费用比重的下降,至于分部费用中哪一部分费用的下降对本年分部利润的提高起主导作用,还有待进一步分析。另外,无论是本年度还是上年度,运营商网络的分部利润占分部收入的比重都比终端产品要高,可见运营商网络的盈利能力要强于终端产品。

(3)对外交易分析。

ABC 公司除已经作为报告分部信息组成部分的披露内容外,还从其他国家或地区取得对外交易收入总额,对其对外交易情况进行分析如下:

①对外交易增减变动分析。

ABC 公司根据集团地理信息,对外交易包括中国、亚洲(不包括中国)、非洲和其他地区。同样运用水平分析法对对外交易增减变动进行分析。在 ABC 公司主要交易地区中我们选取了 ABC 公司的中国和亚洲(不包括中国)地区作为分析对象,编制地区分部水平分析表,见表 4-7。

表 4-7　　　　　　　　　　　　对外交易水平分析表

编制单位:ABC 公司　　　　　　　　　2020 年度　　　　　　　　　　　单位:千元

项目	中国(地区1)			亚洲(不包括中国)地区(地区2)			2020 年		
	2020 年	2019 年	差额	2020 年	2019 年	差额	地区1	地区2	差额
一、对外交易收入合计	17 466 429	14 686 596	2 779 833	10 432 933	9 679 371	753 562	17 466 429	10 432 933	7 033 496
二、对外交易费用	11 181 300	9 987 800	1 193 500	7 848 500	6 907 100	941 400	11 181 300	1 848 500	3 332 800
三、对外交易利润	6 285 129	4 698 796	1 586 333	2 584 433	2 772 271	-187 838	6 285 129	2 584 433	3 700 696
四、对外交易资产	29 947 902	27 077 530	2 870 372	9 779 680	9 653 953	125 727	29 947 902	9 779 680	20 168 222

由表 4-7 的分析可知：

第一，中国本年度实现的对外交易利润为 6 285 129 千元，比上年度增加 1 586 333 千元，增长的主要原因是由于业务量扩大导致对外交易收入增加，尽管对外交易费用也同时有所增加，但没有对外交易收入增加的幅度大。中国的本年度对外交易收入为 17 466 429 千元，比上年度增加 2 779 833 千元，本年度的对外交易费用为 11 181 300 千元，比上年度增加 1 193 500 千元，两者相抵，使本年对外交易利润增加了 1 586 333 千元。

第二，亚洲（不包括中国）地区本年度实现的对外交易利润为 2 584 433 千元，比上年度下降 187 838 千元，通过水平分析可以看出，其下降的原因一方面是对外交易收入增长幅度小，另一方面是对外交易费用大幅度上升。亚洲（不包括中国）地区本年度的对外交易费用为 7 848 500 千元，比上年度增加了 941 400 千元，上升幅度较大，使亚洲（不包括中国）地区本年度营业利润小于上年度。至于对外交易费用中哪一部分费用大幅度上升对对外交易利润的下降起到了主导作用，还有待进一步分析。

第三，本年度中国的对外交易利润为 6 285 129 千元，要比亚洲（不包括中国）多 3 700 696 千元，从资产总额来看，中国的对外交易资产总额比亚洲（不包括中国）多 20 168 222 千元，可见中国的经营规模较大，创造收入的能力较强，所以中国的利润远大于亚洲（不包括中国）地区。

②对外交易结构变动分析。

对外交易结构变动分析，可运用垂直分析法。以 ABC 公司的中国和亚洲（不包括中国）地区为例，编制对外交易垂直分析表，见表 4-8。

表 4-8 　　　　　　　　　　对外交易垂直分析表

编制单位：ABC 公司　　　　　　　　　2020 年度　　　　　　　　　　　单位：%

项目	中国		亚洲（不包括中国）地区	
	2020 年	2019 年	2020 年	2019 年
一、对外交易收入	100	100	100	100
二、对外交易费用	64.02	68.01	75.23	71.36
三、对外交易利润	35.98	31.99	24.77	28.64

通过对表 4-8 的分析可知，中国本年度的对外交易利润占对外交易收入的比重为 35.98%，比上年度的 31.99% 增长了 3.99%，增长的原因主要是对外交易费用占对外交易收入的比重略有下降，由上年度的 68.01% 降为本年度的 64.02%，下降了 3.99%；亚洲（不包括中国）地区本年度的对外交易利润占对外交易收入的比重为 24.77%，比上年度的 28.64% 下降了 3.87%，究其原因主要是由于本年度对外交易费用占对外交易收入的比重比上年度增长了 3.87%。从两个地区的比较来看，无论是本

年度还是上年度，中国的对外交易利润占对外交易收入的比重都比亚洲（不包括中国）地区要高，可见中国的盈利能力要强于亚洲（不包括中国）地区。

需要说明的是，本部分我们主要介绍分部报告的分析方法，至于分部报告形式上的变化，可以继续关注公司以后年度的财务报告信息。

4.3.2 产品销售利润分析

通常，在企业中，产品销售利润的高低是影响营业利润最重要的因素，而产品销售利润的增长变化可能受销售量、品种构成、价格、质量、成本等诸多因素影响。因此，还应针对产品销售利润做进一步分析。这是企业内部财务分析的重要内容。

（1）影响产品销售利润的因素。

产品销售利润，也称主营业务利润，是综合反映企业主营业务最终财务成果的指标。产品销售利润的高低，直接反映了企业生产经营状况和经济效益状况。企业盈利状况最终还取决于主营业务利润的高低。因此，对产品销售利润进行因素分析是十分必要的。

进行产品销售利润因素分析，首先，应找出影响产品销售利润的因素；其次，确定各因素变动对产品销售利润的影响程度；最后，对产品销售利润完成情况进行分析评价。由于利润是反映企业经营状况的综合指标，因此，从不同角度看，影响产品销售利润的因素有许多，且影响程度各不相同。例如，从人的因素看，它受职工人数和人均创利影响；从资金的因素看，它受资金占用额和资金利润率的影响；等等。但是，影响产品销售利润最基本的因素，可从它的计算公式中找出，即：

$$产品销售利润 = \sum [产品销售量 \times (产品单价 - 单位销售成本)]$$

从上式可看出，影响产品销售利润的基本因素是销售量、单价和单位销售成本。在生产多种产品的企业，它还受产品销售品种构成的影响；在生产等级品的企业，由于优质优价，它又受产品等级影响。

（2）产品销售利润因素分析方法。

①销售量变动对利润的影响分析。

产品销售量是影响利润的一个重要因素。在产品单位利润一定的情况下，销售量的增减速度，直接决定着利润的增减速度。销售量变动对利润的影响，可用下式计算：

$$销售量变动对利润的影响 = 产品销售利润基期数 \times (产品销售量完成率 - 1)$$

其中，产品销售量完成率的计算公式是：

$$产品销售量完成率 = \frac{\sum [产品本期销售量 \times 基期单价(或单位成本)]}{\sum [产品基期销售量 \times 基期单价(或单位成本)]} \times 100\%$$

产品销售量完成率主要考察销售量的完成情况，因此，企业在生产一种产品时，可直接用实物量进行计算，但在生产多种产品时，实物量不能直接相加，通常可以价格或成本为参数，以便于汇总。计算销售量完成率所用的单价或单位成本，都应使用基期数。至于用单价还是单位成本，理论与实践中有不同做法，一般按单价计算较多，但在各种产品比价不合理时，用单位成本计算可能更好。

②销售品种构成变动对利润的影响分析。

企业生产多种产品时，必然存在着产品品种构成问题。所谓产品品种构成，是指某种产品的产量或销售量在全部产品的产量或销售量中所占的比重。研究品种构成变动对利润的影响，是利润分析评价中的一个难点问题。为什么品种构成变动会引起利润额变动呢？主要是因为各种产品的利润率高低不同。企业多生产利润率水平高的产品，少生产利润率水平低的产品，必然引起综合利润率或企业平均利润率的提高，使企业利润额增加；反之，则会使利润额下降。确定品种构成变动对利润额影响的方法较多，且各有利弊，下面对几种主要方法进行说明：

第一种方法：

$$品种构成变动对利润的影响 = \sum(产品本期销售量 \times 产品基期单位利润) - 基期产品销售利润 \times 产品销售量完成率$$

第二种方法：

$$品种构成变动对利润的影响 = \sum[\sum(产品本期销售量 \times 产品基期单价) \times (本期品种构成 - 基期品种构成) \times 基期销售利润率]$$

第三种方法：

$$品种构成变动对利润的影响 = \sum[\sum(产品本期销售量 \times 产品基期单价) \times (本期品种构成 - 基期品种构成) \times (基期销售利润率 - 基期综合销售利润率)]$$

上述三个公式计算的品种构成变动对利润影响程度应当是一致的。第一个公式可计算出品种构成变动对利润影响的总额，但不能说明各产品的影响情况。而第二个公式与第三个公式则既能说明总影响额，又能说明各产品的影响额。但第一个公式相对于第二个公式和第三个公式在计算上要简单。第二个公式和第三个公式虽然都试图说明各产品品种构成变动对利润的影响，但两者有明显的区别。按第二个公式计算，某产品销售比重变化与利润变动同方向。而按第三个公式计算，如果某产品销售利润率高于综合销售利润率，则该产品销售比重变化与利润成正比；如果某产品销售利润率低于综合销售利润率，则该产品销售比重变化与利润成反比。应当说，第三个公式比第二个公式更能准确反映品种构成对利润的影响程度，但它的计算要比第二个公式复杂。因此，实践中应根据分析的目的和条件，选择相应的分析方法。

③销售价格变动对利润的影响分析。

价格与销售利润成正比,即在其他条件不变的情况下,价格越高,利润越高。随着价格体制改革,国家定价范围逐渐减少,市场调节价范围不断扩大。价格成为影响企业产品销售利润的重要因素。价格变动对利润的影响一般可用下式计算:

价格变动对销售利润的影响 = $\sum$ [产品本期销售量 × (本期销售单价 - 基期销售单价)]

实践中,价格变动的原因是多种多样的,如国家调整价格、地区差价、批零差价、质量差价等。因此,分析价格变动对利润的影响,可分不同情况加以计算与评价。但是,概括地说,价格变动无非质量差价和供求差价或政策差价两种情况。对于质量变动差价对利润的影响,我们将在质量变动对利润的影响中分析,非质量差价通常可按上式计算。但是,如果属于等级品的价格变动,则应按下式进行计算:

等级品的价格变动对销售利润的影响 = $\sum$ [产品本期销售量 × (本期等级本期平均单价 - 本期等级基期平均单价)]

其中:

本期等级本期平均单价 = $\dfrac{\sum(各等级本期销售量 × 该等级本期单价)}{各等级本期销售量之和}$

本期等级基期平均单价 = $\dfrac{\sum(各等级本期销售量 × 该等级基期单价)}{各等级本期销售量之和}$

④等级构成变动对利润的影响分析。

产品等级构成是指在等级产品总产销量中,各等级品产销量所占的比重,它是反映等级品质量的重要指标。由于不同等级的产品其价格不同,因此,等级构成变动必然引起等级品平均价格的变动,从而引起产品销售利润的变动。确定等级品质量变动对利润的影响,可用下式计算:

质量变动对销售利润的影响 = $\sum$ [等级产品本期销售量 × (本期等级基期平均单价 - 基期等级基期平均单价)]

其中:

基期等级基期平均单价 = $\dfrac{\sum(各等级基期销售量 × 该等级基期单价)}{各等级基期销售量之和}$

上式只适用于等级品质量变动对利润的影响分析。对于一般产品优质优价变动对利润的影响,只要能计算出质量变动对单价的影响,套用前面的公式就可计算出质量变动对利润的影响。

⑤销售成本变动对利润影响分析。

销售成本变动对利润有着直接影响,在其他因素不变的情况下,销售成本降低多少，利润就会增加多少，即销售成本与利润成反比。因此，计算成本变动对利润的影响的公式是：

成本变动对销售利润的影响

= $\sum$[产品本期销售量 × (单位产品基期成本 − 单位产品本期成本)]

需要说明的是，在现行税收体制下，企业缴纳的税金主要有增值税、消费税等。由于产品销售价格中不含产品销项税，产品成本中也不含进项税，因此，增值税对产品销售利润没有直接影响。因此上述利润影响因素分析都没有考虑税率的变化问题。应当注意，由于企业缴纳的城市维护建设税及教育费附加等的计税依据与增值税有关，因此，增值税变动可通过城市维护建设税及教育费附加间接影响销售利润。但是，因为其金额较小，且与销售量关系复杂，分析时通常将其作为期间成本处理，将其增减变动额单独作为对分析对象的影响额。

如果企业生产并销售烟、酒、高档化妆品、贵重首饰及珠宝玉石、鞭炮、焰火、成品油、摩托车、小汽车等应缴纳消费税的产品，消费税税率或单位税金变动将影响产品销售利润。

消费税税率变动对产品销售利润影响的计算公式是：

消费税税率变动对利润的影响

= $\sum$[产品本期销售收入 × (基期消费税税率 − 本期消费税税率)]

这一公式主要适用于企业实行从价定率法计算消费税的情况。如果企业实行从量定额法计算消费税税额，则单位消费税税额变动对利润的影响的计算公式为：

消费税税额变动对利润的影响

= $\sum$[产品本期销售量 × (单位产品基期消费税税额 − 单位产品本期消费税税额)]

在实行从价定率计税时，前述价格和质量变动对利润影响的计算公式后都应乘以"1 − 基期消费税税率"。

(3) 产品销售利润因素分析案例。

下面以ABC公司某子公司2020年和2019年主要产品销售利润明细资料为例进行产品销售利润因素分析，见表4−9和表4−10。

表4−9　　　　　　　　2020年产品销售利润明细表　　　　　　　　单位：千元

产品名称	销售数量	单位产品销售价格	单位产品销售成本	单位产品销售利润	产品销售利润
甲	250	50	40	10	2 500
乙	450	248	186	62	27 900
丙	100	1 200	840	360	36 000
合计					66 400

表 4-10　　　　　　　　　2019 年产品销售利润明细表　　　　　　　　单位：千元

产品名称	销售数量	单位产品销售价格	单位产品销售成本	单位产品销售利润	产品销售利润
甲	200	50	42	8	1 600
乙	500	240	190	50	25 000
丙	80	1 200	830	370	29 600
合计					56 200

解：根据表 4-9 和表 4-10 的资料对企业产品销售利润进行因素分析。

首先，确定分析对象：66 400 - 56 200 = +10 200（千元）。

因素分析：

①销售量变动对利润的影响。

产品销售量完成率

$$= \frac{250 \times 50 + 450 \times 240 + 100 \times 1\,200}{200 \times 50 + 500 \times 240 + 80 \times 1\,200} \times 100\%$$

$$= \frac{240\,500}{226\,000} \times 100\%$$

$$= 106.42\%$$

销售量变动对利润的影响

= 56 200 × 106.42% - 56 200

= 59 808.04 - 56 200

= 3 608.04（千元）

②销售品种构成变动对利润的影响。

250 × 8 + 450 × 50 + 100 × 370 - 59 808.04

= 61 500 - 59 808.04

= +1 691.96（千元）

③单位价格变动对利润的影响。

450 × (248 - 240) = +3 600（千元）

④销售成本变动对利润的影响。

250 × (42 - 40) + 450 × (190 - 186) + 100 × (830 - 840) = +1 300（千元）

可见，企业主要产品销售利润比上年增加 10 200 千元，是各因素共同作用的结果，其中增加销售量、降低成本是利润增加的主要原因。品种结构变动也给利润增长带来有利影响。

应当注意，假如上述乙产品是等级产品，其有关补充资料见表 4-11。

表 4－11　　　　　　　　　乙产品有关等级及销售资料表　　　　　　　金额单位：千元

等级	销售量（台）		价格		2019 年销售额	2020 年销售额	
	2019 年	2020 年	2019 年	2020 年		2019 年	2020 年
一等品	350	360	249	252	87 150	89 640	90 720
二等品	150	90	219	232	32 850	19 710	20 880
合计	500	450			120 000	109 350	111 600

根据表 4－11 的资料可确定等级品质量变动对利润的影响。

第一，计算等级品平均单价：

上年等级构成的上年平均单价 = $\dfrac{120\,000}{500}$ = 240（千元）

本年等级构成的上年平均单价 = $\dfrac{109\,350}{450}$ = 243（千元）

本年等级构成的本年平均单价 = $\dfrac{111\,600}{450}$ = 248（千元）

第二，确定等级品价格变动对利润的影响：

450 × (248 － 243) = ＋2 250（千元）

第三，确定等级构成变动对利润的影响：

450 × (243 － 240) = ＋1 350（千元）

可见，价格变动对利润的影响数 2 250 千元和质量变动对利润的影响数 1 350 千元之和，正是上例中价格变动对利润的影响数 3 600 千元。说明上例中的价格变动对利润的影响，实际上受到了纯价格因素和质量因素两个因素的影响。

（4）产品销售利润完成情况评价。

产品销售利润分析评价，应在确定各因素对利润影响程度的基础上，从以下几个方面进行：

第一，分清影响产品销售利润的有利因素与不利因素。一般来说，凡是使利润增加的因素都被看作有利因素，使利润减少的因素都被看作不利因素。从上例计算结果可看出，影响企业利润的各种因素都是有利因素。

第二，分清影响产品销售利润的主观因素与客观因素。通常，把销售量、成本、质量因素等看成是主观因素，如果企业自行安排产品品种生产，那么，品种构成因素也属于主观因素。价格因素要具体分析，除国家政策调价等客观原因外，在市场经济条件下，价格因素也可看成是主观因素，税率因素属于客观因素。当然，对具体情况要具体分析。评价中，应排除客观因素，抓住主观因素。上例中利润增加主要是受到主观因素的影响。

第三，分清生产经营中的成绩与问题。一般地说，企业的成绩与问题都应从主观因素来看。凡是经过主观努力产生的对利润的有利影响，属于企业成绩；凡主观不努力产生的对利润的不利影响,属于企业的问题。上例中,销售量增加、成本下降、质量和价格提高等使利润增加,应看成是企业的成绩。对于品种构成,要结合具体情况具体分析:一是考虑国家计划与合同的完成情况;二是将品种构成与其相应的资产投入结合起来分析。因为在一些情况下,品种构成变动使销售利润增加,但可能使总资产报酬率下降。

4.4 利润表分项分析

企业的利润取决于收入和费用、直接计入当期利润的利得和损失金额的计量。对利润表的分项分析,即对企业利润的形成过程及利润结果的合规性、真实性、效益性及公允性进行分析。高质量的企业利润,应当表现为资产运转状况良好,企业所开展的业务具有较好的市场发展前景,企业有良好的购买能力、偿债能力、交纳税金和支付股利的能力及较强的获取现金的能力。高质量的企业利润能够为企业未来的发展奠定良好的资产基础;反之,低质量的企业利润,则表现为资产运转不畅,企业支付能力、偿债能力减弱,甚至影响企业的生存能力。利润表分项分析主要是根据利润表附注所提供的详细信息,进一步分析说明企业利润表中重要项目的增减变动情况,深入揭示利润形成的主观原因与客观原因,具体包括企业收入分析、成本费用分析、资产减值损失分析、投资收益分析、财务费用分析、营业外收入分析等。

从总体看,ABC 公司利润比上年有较大增长,如净利润和利润总额都有较大幅度的增加,营业利润也有所增长。增利的主要原因:一是营业收入大幅增加,增利 9 516 246 千元;二是资产减值损失大幅减少,增利 369 782 千元;三是营业外收入大幅增加,增利 192 163 千元;四是营业外支出大幅减少,增利 98 007 千元;五是投资收益增加,增利 63 229 千元。主要的减利因素:一是所得税费用增加,减利 74 325 千元;二是营业成本、税金及附加、销售费用、管理费用、研发费用、财务费用不同程度的增加,以及公允价值变动收益的大幅度下降,都是减利的主要原因。因此,应根据利润表附注提供的资料进一步对影响利润的各项因素进行分析。

4.4.1 企业收入分析

(1) 企业收入确认与计量分析。

①企业收入确认分析。

我国《企业会计准则——基本准则》对收入的定义中,工业企业制造并销售产品、商品流通企业销售商品、咨询公司提供咨询服务、软件公司为客户开发软件、安装公司提供安装服务、建筑企业提供建造服务等,均属于企业的日常活动。日常活动所形成的经济利益的流入应当确认为收入。

企业应根据《企业会计准则第 14 号——收入》规定的五步法确认收入。收入的确认至少应当符合以下条件：一是合同各方已批准该合同并承诺将履行各自义务；二是该合同明确了合同各方与所转让商品或提供劳务（以下简称转让商品）相关的权利和义务；三是该合同有明确的与所转让商品相关的支付条款；四是该合同具有商业实质，即履行该合同将改变企业未来现金流量的风险、时间分布或金额；五是企业因向客户转让商品而有权取得的对价很可能收回。

在明确收入内涵的基础上，应着重进行以下几个方面分析：

第一，收入确认时间合法性分析，即分析本期收入与前期收入或后期收入的界线是否分清。

第二，在特殊情况下，企业收入确认的分析，如附有销售退款条件销售时收入的确认、附有质量保证条款销售时收入的确认、售后回购收入的确认等，其收入的确认与一般性收入确认不同。

第三，收入确认方法合理性的分析，如对采用产出法和投入法的条件与估计方法是否合理等的分析。

②企业收入确认原则。

企业与客户之间的合同同时满足下列五项条件时，企业应当在客户取得相关商品控制权时确认收入：

第一，合同各方已批准该合同并承诺履行各自义务；

第二，该合同明确了合同各方与所转让商品（或提供劳务）相关的权利和义务；

第三，该合同有明确的与所转让商品相关的支付条款；

第四，该合同具有商业实质，即履行该合同将改变企业未来现金流量的风险、时间分布或金额；

第五，企业因向客户转让商品而有权取得的对价很可能收回。

③企业收入计量分析。

企业应当首先确定合同的交易价格，再按照分摊至各单项履约义务的交易价格计量收入。企业在确定交易价格时，应当考虑可变对价、合同中存在的重大融资成分、非现金对价以及应付客户对价等因素的影响，并应当假定按照现有合同的约定向客户转让商品，且该合同不会被取消、续约或变更。

企业收入计量分析主要是指营业收入计量分析。企业的营业收入是指全部营业收入减去销售退回、折扣与折让后的余额。因此，营业收入计量分析，关键在于确认销售退回、折扣与折让的计量是否准确。根据会计准则规定，销售退回与折让的计量比较简单，而销售折扣问题相对较复杂，应作为分析重点。分析时应根据商业折扣与现金折扣的特点，分别分析折扣的合理性与准确性以及对企业收入的影响。

无论是收入确认分析,还是收入计量分析,关键在于明确分析的目的是确认收入的正确性,而其正确与否的关键在于分析时选择的会计政策、会计方法的准确性与合理性。

(2)销售数量与销售价格分析。

企业营业收入的多少主要受销售数量和销售价格影响。因此,营业收入分析,应在分析收入总量变动的基础上,进一步确认销售量和价格对其影响的程度。分析的步骤如下:

①计算营业收入增长额和增长率。

营业收入增长额 = 本期实际营业收入 - 基期营业收入

$$营业收入增长率 = \frac{营业收入增长额}{基期营业收入} \times 100\%$$

②计算销售量变动对营业收入的影响。

销售量变动对营业收入的影响 = 基期营业收入 × 销售量增长率

$$销售量增长率 = \left[\frac{\sum(产品实际销售量 \times 基期单价)}{\sum(产品基期销售量 \times 基期单价)} - 1 \right] \times 100\%$$

③计算价格变动对收入的影响。

价格变动对收入的影响 = 营业收入增长额 - 销售量变动对营业收入的影响

通过销售量与价格对收入的影响分析,不仅可明确企业销售量及价格对收入的影响程度,而且可了解企业的竞争战略选择及其效果。

(3)企业收入构成分析。

企业收入分析不仅要研究其总量,而且应分析其结构及其变动情况,以了解企业的经营方向和会计政策选择。收入构成分析可主要从主营业务收入与其他业务收入、现销收入与赊销收入的结构进行。

①主营业务收入与其他业务收入分析。

企业收入包括主营业务收入和其他业务收入。通过对主营业务收入与其他业务收入的构成情况分析,可以了解与判断企业的经营方针、方向及效果,进而可分析、预测企业的持续发展能力。如果一个企业的主营业务收入结构较低或不断下降,其发展潜力和前景显然是值得怀疑的。WK股份公司2019年、2020年年度收入构成分析见表4-12。

表4-12　　　　WK股份公司年度收入构成分析表　　　　单位:万元

项目	2020年		2019年	
	金额	比重(%)	金额	比重(%)
主营业务收入	13 425 889.45	99.14	10 243 903.98	99.34
其他业务收入	115 989.66	0.86	67 720.53	0.66
营业收入	13 541 879.11	100.00	10 311 624.51	100.00

由表4-12可知，WK股份公司营业收入总额2020年较2019年有所增加，主要原因在于主营业务收入增加。在这两年公司营业收入中，超过99%的部分均来自主营业务收入，只有不到1%的部分来源于其他业务收入，说明WK股份公司主业突出，收入来源稳定，主营业务收入和营业收入均处于增长态势，经营战略和经营方式没有较大改变，企业营业收入具有一定的发展潜力。

②现销收入与赊销收入分析。

企业收入中的现销收入与赊销收入构成受企业的产品适销程度、企业竞争战略、会计政策选择等多个因素影响。通过对两者结构及其变动情况分析，可了解与掌握企业产品销售情况及其战略选择，分析判断其合理性。当然，在市场经济条件下，赊销作为商业秘密并不要求企业披露其赊销收入情况，所以这种分析方法更适用于企业内部分析。

（4）上市公司操纵收入确认的手法。

稳定增长的营业收入是上市公司经营良好的象征，也是股价攀升的有力依托，许多上市公司在粉饰财务报表时，几乎都进行收入操纵，以此获得投资者的青睐。常见的收入操纵手段主要包括以下几个方面。

①寅吃卯粮，透支未来收入。提前确认收入是把本应该属于以后年度确认的收入通过各种手段提前予以确认。它操纵的只是收入确认的时间，而没有改变收入的总量。这一收入操纵手法固然可以在短期内使销售收入大幅提升，但其实质是透支未来会计期间的收入，很容易产生两个负效应：以牺牲销售毛利为代价，不顾上市公司的持续发展。尽管收入确认的会计规范日臻完善，但上市公司对收入的操纵仍然屡禁不止。

②以丰补歉，储备当期收入。这一操纵手法与寅吃卯粮的手法完全相反。这种手法往往以稳健主义为幌子，通过递延收入或指使被收购企业在收购日之前推迟确认收入等手法，将本应在当期确认的收入推迟至以后期间确认，并将当期储备的收入在经营陷入困境的年份予以释放，达到以丰补歉、平滑收入和利润的目的。

③鱼目混珠，伪装收入性质。投资收益、补贴收入和营业外收入等收益项目虽然也与主营业务收入一样能够增加上市公司的利润，但由于这些项目属于非经营性收益，且难以预测，在评价上市公司的经营业绩时，一般将它们剔除。尽管这种收入操纵手法并不会改变收入与利润总额，但是其歪曲了收入与利润的结构，夸大了企业创造营业收入和经营性现金流量的能力，特别容易误导投资者对上市公司盈利质量和现金流量的判断。

目前中国上市公司虚构收入或提前确认收入最主要的方法仍然是对开发票、虚开发票、持货开票及发货确认销售等方式，在虚构收入或提前确认收入的同时会导致一项或多项资产虚增，分析时需要结合资产负债表和现金流量表项目。

4.4.2 成本费用分析

成本费用是指营业成本、销售费用、管理费用及财务费用的统称。从各项财务成果的分析可以看出，成本费用对财务成果有着十分重要的影响，降低成本费用是增加财务成果的关键或重要途径。因此，进行财务成果分析，应在揭示财务成果完成情况的基础上，进一步对影响财务成果的基本要素——成本费用进行分析，以找出影响成本升降的原因，为降低成本费用、促进财务成果的增长指明方向。

（1）产品营业成本分析。

营业成本分析包括全部营业成本完成情况分析、单位生产成本分析和营业成本构成分析三部分。

①全部营业成本完成情况分析。

全部营业成本分析，是根据产品生产、销售成本表的资料，对企业全部销售产品营业成本的本年实际完成情况与上年度实际情况进行对比分析，从产品类别角度找出各类产品或各主要产品营业成本升降的幅度，以及对全部销售成本的影响程度。全部营业成本分析的一般步骤是：

第一步，将本年度全部产品营业总成本与按本年实际销售量计算的上年实际营业总成本进行对比，求出营业成本的增减额和增减率。计算公式是：

全部营业成本降低额 = 本年实际营业总成本 − 按本年实际销售量计算的上年实际营业总成本

$$全部营业成本降低率 = \frac{全部营业成本降低额}{按本年实销量计算的上年营业总成本} \times 100\%$$

第二步，计算主要产品和非主要产品的营业成本降低额和降低率，以及对全部营业成本降低率的影响。主要产品和非主要产品营业成本降低额和降低率的计算可依据上式进行，只是产品的范围不同。它们对全部营业成本降低率影响的计算公式是：

$$主要产品营业成本降低对全部营业成本降低率的影响 = \frac{主要产品营业成本降低额}{按本年实销量计算的上年营业总成本} \times 100\%$$

$$非主要产品营业成本降低对全部营业成本降低率的影响 = \frac{非主要产品营业成本降低额}{按本年实销量计算的上年营业总成本} \times 100\%$$

第三步，计算各主要产品营业成本降低额和降低率，以及它们对全部产品营业总成本降低率的影响。计算方法可采用上述全部营业成本降低额和降低率的计算公式，以及主要产品降低对全部营业成本降低率影响的公式，只是产品的口径和范围不同。

通过以上三个步骤，不仅分析了全部营业成本的完成情况，而且从产品类别上找出了营业总成本增减变动的原因，为加强成本管理指明了方向。

下面举例说明全部营业成本完成情况分析的方法。根据 ABC 公司某子公司 2020 年度和上年度生产、销售成本表的资料，按照分析的目的和要求整理出所需资料，见表 4-13。

表 4-13　　　　　　　　　　产品营业成本资料表　　　　　　　金额单位：千元

产品名称	实际销售量（件）	实际单位生产成本		实际营业总成本	
		2019 年	2020 年	2019 年	2020 年
主要产品				179 000	177 700
其中：甲	250	42	40	10 500	10 000
乙	450	190	186	85 500	83 700
丙	100	830	840	83 000	84 000
非主要产品				17 050	18 080
其中：丁	100	80	82	8 000	8 200
……					
全部产品				196 050	195 780

根据表 4-13 的数据，按照全部产品营业成本完成情况分析的步骤，可对该企业全部营业成本分析如下：

第一步，计算全部营业成本增减变动额和变动率：

全部营业成本降低额 = 195 780 - 196 050 = -270（千元）

全部营业成本降低率 = -270 ÷ 196 050 × 100% = -0.14%

可见，企业全部营业成本比上年有所下降，降低额为 270 元，降低率为 0.14%。

第二步，确定主要产品和非主要产品成本变动情况及对全部营业成本的影响：

主要产品营业成本降低额 = 177 700 - 179 000 = -1 300（千元）

主要产品营业成本降低率 = -1 300 ÷ 179 000 × 100% = -0.73%

主要产品营业成本对全部营业成本降低率的影响 = -1 300 ÷ 196 050 × 100% = -0.67%

非主要产品营业成本降低额 = 18 080 - 17 050 = +1 030（千元）

非主要产品营业成本降低率 = 1 030 ÷ 17 050 × 100% = 6.04%

非主要产品营业成本对全部营业成本降低率的影响 = 1 030 ÷ 196 050 × 100% = 0.53%

从第二个步骤分析可看出，全部营业成本之所以比上年有所下降，关键是由主要产品营业成本下降引起的。主要产品营业成本比上年降低了 0.73%，使全部营业成本降低了 0.67%。而非主要产品的营业成本却比上年提高了，成本超支率为 6.04%，使全部营业成本上升了 0.53%。

第三步，分析各主要产品营业成本完成情况及对全部营业成本的影响：

甲产品营业成本降低额 = 10 000 - 10 500 = -500（千元）

甲产品营业成本降低率 = -500÷10 500×100% = -4.76%

对全部营业成本降低率的影响 = -500÷196 050×100% = -0.26%

乙产品营业成本降低额 = 83 700 - 85 500 = -1 800（千元）

乙产品营业成本降低率 = -1 800÷85 500×100% = -2.11%

对全部营业成本降低率的影响 = -1 800÷196 050×100% = -0.92%

丙产品营业成本降低额 = 84 000 - 83 000 = +1 000（千元）

丙产品营业成本降低率 = +1 000÷83 000×100% = +1.20%

对全部营业成本降低率的影响 = +1 000÷196 050×100% = +0.51%

可见，企业全部营业成本比上年下降主要是由主营产品营业成本下降引起的，而非主要产品的营业成本是上升的；在主要产品成本中，甲产品和乙产品的营业成本有所下降，而丙产品的营业成本却有所上升，应抓住关键产品对其成本升降情况进行进一步的分析。

②主要产品单位生产成本分析。

从上述产品营业成本分析可以看出，单位生产成本是全部营业成本分析的重要影响因素。因此深入地对单位生产成本进行分析是十分必要的。单位生产成本分析与全部营业成本的关系，可通过以下关系式反映出来：

某产品单位生产成本 = 该产品本期生产总成本÷该产品当期生产量

某产品营业总成本 = $\sum$ 某产品单位生产成本×该产品销售量

假设某子公司的丙产品期初无库存，且当期生产的产品当期全部销售，其产品单位成本简表，见表4-14。

表4-14　　　　　　　　　　丙产品单位成本简表

2020年度　　　　　　　　　　　　　　　　　金额单位：千元

成本项目	上年度实际		本年度实际	
直接材料	516		594	
直接人工	120		162	
制造费用	194		84	
产品单位成本	830		840	
补充明细项目	单位用量（千克）	金额	单位用量（千克）	金额
直接材料：A	72	216	66	264
B	60	300	60	270
直接人工工时（小时）	120		108	
产品产销量（件）	80		100	

根据表4-14的资料，运用水平分析法对单位成本完成情况进行分析，见表4-15。

表4-15 丙产品单位成本分析表　　金额单位：千元

成本项目	2019年实际成本	2020年实际成本	增减变动情况		项目变动对单位成本的影响（%）
			增减额	增减（%）	
直接材料	516	594	78	15.12	9.40
直接人工	120	162	42	35.00	5.06
制造费用	194	84	-110	-56.70	-13.24
合计	830	840	10	1.20	1.20

从表4-15的分析可以看出，企业丙产品单位生产成本比上年增加了10千元，增长1.20%，主要原因是直接人工成本和直接材料成本上升，它们使单位成本增加了120千元，但制造费用的下降，使单位成本又降低了110千元。因此，综合地看，单位成本上升10千元，上升率为1.20%。至于直接材料和人工成本上升的原因，以及制造费用下降的原因，还应进一步结合企业的各项消耗和价格的变动进行分析，以找出单位成本升降的最根本原因。

③营业成本构成分析。

与收入分析相对应，企业营业成本分析不仅要研究其总量，而且应分析其结构及其变动情况，以了解企业的经营方向和会计政策选择。营业成本构成分析可主要从主营业务成本与其他业务成本的结构对比进行。

通过对主营业务成本与其他业务成本的构成情况分析，可以了解与判断企业的经营方针、方向及效果，进而可分析、预测企业已销售产品的成本构成及变动情况。

（2）各项费用完成情况的分析。

与财务成果直接相关的费用有销售费用、管理费用和财务费用等。对各项费用进行分析可采用水平分析法和垂直分析法。运用水平分析法可将各费用项目的实际数与上期数或预算数进行对比，以揭示各项费用的完成情况及产生差异的原因。运用垂直分析法则可揭示各项费用的构成变动，说明费用构成变动的特点。

从上述案例某子公司的实际情况看，销售费用在各项费用总额中的比例最大，下面就通过对该企业销售费用的分析，说明企业费用分析的方法。该公司2020年度和2019年度销售费用资料，见表4-16。

表4-16 销售费用明细表　　单位：千元

项目	2019年实际	2020年实际
1. 工资	4 200	5 000
2. 职工福利费	588	700
3. 业务费	1 350	1 200

续表

项目	2019年实际	2020年实际
4. 运输费	4 800	2 480
5. 装卸费	300	320
6. 包装费		
7. 保险费		
8. 展览费		
9. 广告费	6 200	8 200
10. 差旅费	3 862	3 150
11. 租赁费		
12. 低值易耗品摊销		
13. 物料消耗		
14. 其他		
销售费用合计	21 300	21 050

根据表4-16的资料,运用水平分析法分析销售费用的完成情况,见表4-17。

表4-17　　　　　　　　销售费用完成情况分析表　　　　　　　　单位:千元

项目	2019年	2020年	增加额	增减率（100%）
1. 工资	4 200	5 000	800	19.05
2. 职工福利费	588	700	112	19.05
3. 业务费	1 350	1 200	-150	-11.11
4. 运输费	4 800	2 480	-2 320	-48.33
5. 装卸费	300	320	20	6.67
9. 广告费	6 200	8 200	2 000	32.26
10. 差旅费	3 862	3 150	-712	-18.44
销售费用合计	21 300	21 050	-250	-1.17

从表4-17可以看出,企业销售费用比上年度降低了250千元,降低率为1.17%。销售费用变动的主要原因:一是广告费用有较大增长,比上年度增长了32.26%;二是工资及福利费比上年增长了19.05%。但应当看到,企业在运输费、差旅费和业务费等方面的开支却有较大下降。

为了深入说明销售费用变动情况及其合理性,还应进一步从结构方面及百元销售收入销售费用方面进行分析。分析指标和方法,见表4-18。

表 4-18 销售费用结构分析表

项目	产品销售费用构成（%）			百元销售收入销售费用（元）		
	2019 年	2020 年	差异	2019 年	2020 年	差异
1. 工资	19.72	23.75	4.03	2.46	2.77	0.31
2. 职工福利费	2.76	3.33	0.57	0.34	0.39	0.05
3. 业务费	6.34	5.70	-0.64	0.79	0.66	-0.13
4. 运输费	22.54	11.78	-10.76	2.82	1.37	-1.45
5. 装卸费	1.41	1.52	0.11	0.18	0.18	0.00
9. 广告费	29.10	38.95	9.84	3.64	4.53	0.89
10. 差旅费	18.13	14.97	-3.16	2.26	1.74	-0.52
产品销售费用合计	100	100	0.00	12.49	11.64	-0.85

从表 4-18 可以看出，2020 年产品销售费用结构中广告费及工资占的比重最大，超过销售费用的 60%。另外，差旅费和运输费也占较大比重。从动态上看，本年度广告费比重上升较快，增长了 9.84%，而运输费、差旅费和业务费比重则有所下降。从百元销售收入的销售费用看，本年度比上年度降低了 0.85 元，降低幅度最大的是运输费，百元销售收入运输费降低了 1.45 元；其次差旅费降低了 0.52 元；而百元销售收入的广告费和工资却有所增加，前者增加 0.89 元，后者增加 0.31 元。至于各项销售费用增减变动的具体原因，应结合实际进一步分析。

对管理费用、财务费用进行分析可采用相同的分析方法。

4.4.3 资产减值损失分析

利润表中资产减值损失项目的构成以及增减变动情况，通常在财务报表附注中，以编制资产减值准备明细表的形式加以说明。具体包括坏账准备、存货跌价准备、可供出售金融资产减值准备、持有至到期投资减值准备、长期股权投资减值准备、固定资产减值准备、在建工程减值准备、工程物资减值准备、无形资产减值准备、商誉减值准备等。

根据 ABC 公司会计报表附注中有关资产减值损失的资料，可编制资产减值损失分析表，见表 4-19。

表 4-19 ABC 公司资产减值损失分析表 单位：千元

项目	2020 年	2019 年	增减额
坏账损失	472 954	714 042	-241 088
存货跌价损失（转回）	-53 596	75 098	-128 694
合计	419 358	789 140	-369 782

从表 4-19 可以看出，ABC 公司 2020 年度资产减值损失减少，主要是 2020 年度公司资产减值损失各项目都有所减少所致。其中，坏账损失 2020 年 472 954 千元，与 2019 年 714 042 千元相比，减少 241 088 千元，同时，存货跌价损失（转回）较上年减少 128 694 千元。两者综合作用，导致资产减值损失共减少 369 782 千元。

4.4.4 投资收益分析

利润表中的投资收益，是指企业在一定的会计期间对外投资所取得的回报。投资收益包括对外投资所分得的股利和收到的债券利息、投资到期收回或到期前转让所得款项高于账面价值的差额，以及按权益法核算的股权投资在被投资单位增加的净资产中所拥有的数额等。投资也可能遭受损失，投资收益减去投资损失则为投资净收益。利润表中反映的就是投资净收益，是企业营业利润的重要组成部分。

根据 ABC 公司会计报表附注中有关投资收益的资料，可编制投资净收益分析表，见表 4-20。

表 4-20　　　　　　　　ABC 公司投资净收益分析表　　　　　　　　单位：千元

项目	2020 年	2019 年	增减额
按权益法核算的长期股权投资收益	19 877	25 444	-5 567
收到的股利	3 257	4 944	-1 687
交易性金融资产投资收益	73 232	23 529	49 703
处置权益投资的收益	26 300	5 520	20 780
合计	122 666	59 437	63 229

从表 4-20 可以看出，ABC 公司投资净收益本年比上年大幅度增加，其主要是由于交易性金融资产投资收益所引起的。2020 年交易性金融资产投资收益 73 232 千元，与 2019 年 23 529 千元相比，增加 49 703 千元；同时，处置权益投资的收益较上年增加 20 780 千元，这两项是导致投资净收益增加的有利因素。相反，ABC 公司 2020 年按权益法核算的长期股权投资收益 19 877 千元与 2019 年 25 444 千元相比，减少 5 567 千元；同时，收到的股利，也较上年减少 1 687 千元。各项目综合作用的结果，导致 ABC 公司 2020 年投资净收益增加 63 229 千元。

4.4.5 营业外收支变动分析

根据 ABC 公司的会计附表资料，进一步对营业外收支进行分析。

（1）营业外收入分析。

从利润表主表分析可以看出，ABC 公司本年营业外收入变动较大，从会计报表附注中可以找到营业外收入变动的资料，据此编制营业外收入变动分析表，见表 4-21。

表4-21　　　　ABC公司营业外收入变动分析表　　　　单位：千元

项目	2020年	2019年	增减额
软件产品增值税退税	841 632	714 796	126 836
政府补助	131 037	70 963	60 074
财政补助	107 471	55 611	51 860
其他	18 156	64 763	-46 607
合计	1 098 296	906 133	192 163

从表4-21可以看出，ABC公司2020年营业外收入增加，主要是由于公司营业外收入以下各项目增加所引起的，其中软件产品增值税退税增加126.836千元，政府补助增加60 074千元，财政补助增加51 860千元。同时，其他项目减少46 607千元，是影响营业外收入增加的不利因素。各项目综合作用，导致营业外收入共增加192 163千元。

（2）营业外支出分析。

从利润表主表分析可以看出，ABC公司本年营业外支出变动较大，从会计报表附注中可以找到营业外支出变动的资料，据此编制营业外支出变动分析表，见表4-22。

表4-22　　　　ABC公司营业外支出变动分析表　　　　单位：千元

项目	2020年	2019年	增减额
赔款支出	47 149	103 440	-56 291
其他	33 997	75 713	-41 716
合计	81 146	179 153	-98 007

从表4-22可以看出，ABC公司2020年度营业外支出减少，主要是2020年度公司营业外支出各项目都有所减少，其中赔款支出减少56 291千元，其他支出减少41 716千元，综合作用，导致营业外支出共减少98 007千元。

【思考题】

1. 试述利润表分析的目的与内容。
2. 如何进行利润表水平分析？对利润表进行垂直分析的要点是什么？
3. 经营（报告）分部水平分析的基本思路是什么？
4. 如何进行利润表综合分析？
5. 影响产品销售利润的因素有哪些？如何进行产品销售利润的因素分析与评价？
6. 如何进行企业收入分析？
7. 如何进行企业成本费用分析？
8. 以某上市公司的利润表为例，说明利润表各项目所反映的内容以及其所反映的企业经营成果。

9. 有人认为"利润表中的收入越多越好，费用越少越好"，请谈谈你对这句话的看法。

【案例讨论与分析】

案例一　恒瑞医药利润表综合分析

（一）案例介绍

江苏恒瑞医药股份有限公司（以下简称恒瑞医药）是一家从事医药创新和高品质药品研发、生产及推广的医药健康企业，创建于1970年，2000年在上海证券交易所上市，是国内知名的抗肿瘤药品、手术用药品和造影剂的供应商，也是国家抗肿瘤药技术创新产学研联盟牵头单位，建有国家靶向药物工程技术研究中心、博士后科研工作站。恒瑞医药2018年度利润表见表4-23。

表4-23　　恒瑞医药2018年度利润表资料　　　　单位：万元

项目	2018年	2017年
一、营业总收入	1 741 790.11	1 383 562.94
其中：营业收入	1 741 790.11	1 383 562.94
二、营业总成本	1 323 434.17	1 022 359.97
其中：营业成本	233 456.81	184 987.71
税金及附加	23 677.82	25 362.02
销售费用	646 449.10	518 892.34
管理费用	162 632.32	119 357.27
研发费用	267 048.06	175 913.11
财务费用	-12 364.34	-3 663.17
其中：利息费用	-19 379.09	-12 405.05
利息收入	7 014.75	8 741.88
资产减值损失	2 534.40	1 510.69
加：其他收益	16 304.44	15 541.53
投资收益	24 793.78	3 872.20
资产处置收益	211.22	165.43
三、营业利润	459 665.38	380 782.13
加：营业收入	42.18	171.36
减：营业外支出	9 799.61	5 034.60
四、利润总额	449 907.95	375 918.89
减：所得税费用	43 789.53	46 623.55

续表

项目	2018年	2017年
五、净利润	406 118.42	329 295.34
（一）按经营持续性分类		
持续经营净利润	406 118.42	329 295.34
（二）按所有权归属分类		
1. 归属于母公司所有者的净利润	406 118.42	321 664.81
2. 少数股东损益	-442.54	7 630.53
六、其他综合收益的税后净额	-987.04	10.92
（一）归属于母公司所有者的其他综合收益的税后净额	-997.95	74.26
（二）将重分类进损益的其他综合收益	-997.95	74.26
1. 可供出售金融资产公允价值变动损益	-1 180.17	986.51
2. 外币财务报表折算差额	182.22	-912.25
（三）归属于少数股东的其他综合收益的税后净额	10.91	-63.34
七、综合收益总额	405 131.38	329 306.26
（一）归属于母公司所有者的综合收益	405 131.38	321 739.07
（二）归属于少数股东的综合收益	-431.63	7 567.19
八、每股收益		
（一）基本每股收益	1.10元	0.87元
（二）稀释每股收益	1.10元	0.87元

（二）案例分析要求

1. 编制恒瑞医药利润水平分析表并进行分析评价。
2. 编制恒瑞医药利润垂直分析表并进行分析评价。
3. 针对恒瑞医药营业利润进行分析评价。
4. 针对恒瑞医药营业毛利进行分析评价。

案例二　中远海运控股股份有限公司利润表分析

（一）案例介绍

刘先生一直对中远海运控股股份有限公司（股票代码：601919，以下简称中远海控）抱有很大的兴趣，总想择机购买中远海控的股票，对中远海控也进行了一定的了解和关注。

中远海控是特大型央企之一，其前身包括中国远洋运输集团（以下简称中远集团）。中远集团成立于1961年4月27日，经过50多年的发展，中远集团已经成为以航运、物流码头、修造船为主业的跨国企业集团。中远集团在全球范围内投资经营码头32个，总泊位达157个。中远海控主要从事集装箱航运、干散货航运和码头业务。

中远海控拥有和经营着 130 艘现代化全集装箱船舶,其中包括数艘世界最大的 10000TEU 型集装箱船。船队总载箱量超过 35 万个标准箱位,主干航线直达 100 多个世界重要港口,船队规模位居世界第五。中远海控拥有并控制的干散货船队,总运力超过 2 800 万载重吨,是当今世界上规模最大的散货船队。中远海控的油轮船队在中国油运市场上有举足轻重的地位。以"远大湖"号巨型原油轮为代表的中远系列 30 万吨级油轮,是当今世界上最先进的现代化运输船队之一。近年来,中远海控凭借其强大的国际海上运输实力,迅速引入当代先进的综合物流理念,全力推进在家电、汽车、电力、化工、医药、会展等物流领域的快速发展,稳居中国物流企业前列。

刘先生从专业机构、相关网站等收集了中远海控 2011—2018 年度的利润表中营业收入、营业利润、利润总额和净利润的数据,见表 4-24。

表 4-24　　中远海控 2011—2018 年的营业收入和利润数据表　　单位:百千元

项目	营业收入	营业利润	利润总额	净利润
2011 年	68 908	-6 805	-7 807	-8 838
2012 年	72 075	-6 008	-7 397	-8 137
2013 年	61 934	4 393	3 743	2 879
2014 年	64 374	14	507	1 550
2015 年	57 489	-2 178	1 755	1 791
2016 年	71 160	-7 913	-8 588	-9 101
2017 年	90 464	4 957	5 703	4 831
2018 年	120 829	3 045	3 845	3 026

从表 4-24 可以看出,中远海控的营业收入与利润的情况并不是十分稳定。刘先生对中远海控的股价表现一直不是十分满意,尤其是 2015 年度的股价有所上升,2015—2018 年整体上呈现下降的趋势,2018 年更是远远偏离刘先生的预期。但刘先生始终对中远海控情有独钟。为了今后有机会稳扎稳打地进行投资,刘先生在中远海控 2018 年年报披露以后,搜集中远海控 2011—2018 年度的收入及其他相关项目的资料,见表 4-25。

表 4-25　　中远海控 2011—2018 年度收入及相关项目资料　　单位:百千元

年份	2011 年	2012 年	2013 年	2014 年	2015 年	2016 年	2017 年	2018 年
营业收入	68 908	72 056	61 934	64 374	57 489	71 160	90 464	120 829
主营业务收入	68 897	72 002	61 809	64 187	57 300	71 092	90 430	120 703
其他业务收入	11	54	125	187	189	68	34	126
应收账款	5 890	8 690	4 327	3 611	3 501	5 932	6 196	8 719
经营性现金流量净额	-5 011	-5 297	-2 338	5 901	6 663	1 520	7 092	8 131
经营性现金流入量	118 314	123 149	91 760	73 976	65 683	77 905	99 208	129 144

(二) 案例分析要求

请运用案例中所提供的信息,帮助刘先生做好以下几个方面的分析工作:

1. 对中远海控 2011—2018 年度的营业收入规模和利润变动情况作出分析评价。
2. 对中远海控 2018 年营业收入相比上期的增减变动情况作出分析评价。
3. 对中远海控 2018 年度营业收入构成作出分析评价。
4. 对中远海控 2018 年度营业收入质量作出分析评价。
5. 对中远海控 2011—2018 年的收入状况进行趋势分析,并加以评价。

第5章 现金流量表分析

【学习目标】

1. 掌握现金流量表分析步骤和各步骤包括的主要分析内容；
2. 明确现金流量表的结构与内容；
3. 理解现金流量表与资产负债表和利润表的关系；
4. 明确现金流量表分析的目的；
5. 掌握现金流量与利润的综合分析；
6. 了解经营活动净现金流量的阶段性分析。

———————————【引例】———————————

  1975年10月，美国最大的商业企业之一——W. T. Grant公司宣告破产，引起了人们的广泛关注。令人不解的是，Grant公司在破产的前1年（1974年）里，其营业净利润近1 000万美元，经营活动提供的营运资金为2 000多万美元，银行扩大贷款总额达6亿美元，且在1973年年末，公司股票价格仍按其收益的20倍的价格出售。为什么净利润和营运资金都为正数的公司会在1年后宣告破产？为什么投资者会购买一个濒临破产的公司的股票而银行也乐于为其发放贷款？问题就出在投资者和债权人未对该公司的现金流状况做深入的了解和分析。如果分析一下该公司的现金流量表，就会发现，早在其破产前5年，即1970年，该公司的现金净流量就已为负。如果及时了解该公司的现金流状况，投资者就不会对一个现金严重短缺、毫无偿债能力的公司进行投资了。

  这一事件使投资者认识到，简单地分析资产负债表、利润表或财务状况变动表已不能完全满足投资决策的需要。他们需要了解企业的现金流状况，需要知道为什么盈利企业会走向破产？为什么亏损企业会发放股利？为什么经营净利润与经营现金净流量不相等？而这类问题均可通过分析现金流量表得到解答。

5.1 现金流量表分析的目的与内容

5.1.1 现金与现金流量表

现金流量表是以收付实现制为基础编制的，反映企业一定会计期间内现金及现金等价物流入和流出信息的动态报表。现金流量表中的现金是一个广义的概念，它包括现金和现金等价物。现金，是指企业库存现金以及可以随时用于支付的存款。不能随时用于支取的存款不属于现金。现金等价物，是指企业持有的期限短、流动性强、易于转换为已知金额现金、价值变动风险很小的投资。期限短，一般是指从购买日起三个月内到期。现金等价物通常包括三个月内到期的短期债券投资。权益性投资变现的金额通常不确定，因而不属于现金等价物。企业可以根据具体情况，确定现金等价物的范围，一经确定不得随意变更。除了三个月内到期的债券投资，在实务当中被企业认定为现金等价物的常见资产主要有：三个月内到期的票据保证金、结构性存款、定期存放同业款项等。

现金流量，包括现金流入量和现金流出量，是用来表示企业现金和现金等价物的增减变动情况，现金及现金等价物的增加被称为现金流入量，现金及现金等价物的减少被称为现金流出量。企业从银行提取现金、用现金购买短期的国库券等现金和现金等价物之间的转换不属于现金流量。

现金流量根据企业经济活动的性质，通常可分为经营活动现金流量、投资活动现金流量和筹资活动现金流量。现金流量根据现金的流程，又可分为现金流入量、现金流出量和现金流量净额。我国会计准则规定现金流量表主表的编制格式为按经济活动的性质分别归集经营活动、投资活动和筹资活动产生的现金流入量、现金流出量和现金流量净额，最后得出企业净现金流量。现金流量表补充资料的编制格式为以净利润为基础调整相关项目，得出经营活动净现金流量。

5.1.2 现金流量表与资产负债表、利润表的关系

现金流量表与资产负债表和利润表并不是相互脱离、彼此独立的，它们之间有着内在的钩稽关系。根据资产负债表的平衡式分析影响现金净流量的因素：

资产 = 负债 + 所有者权益

现金资产 + 非现金资产 = 负债 + 所有者权益

现金资产 = 负债 + 所有者权益 - 非现金资产

其中：

所有者权益＝实收资本（或股本）＋资本公积＋盈余公积＋留存收益

留存收益＝净利润＋其他综合收益的税后净额＋年初未分配利润－提取的公积金－利润（股利）分配

以上分析表明，影响公司净现金流量的因素与资产负债表和利润表有关，非现金资产类项目变化与净现金流量的变化呈反方向；负债与所有者权益类项目变化与净现金流量呈同方向变化。在其他因素不变的条件下，所有者权益的变化主要与留存收益有关，而后者主要取决于公司经营活动创造的净利润以及公司的股利政策。

现金流量表和资产负债表的关系表现为：公司在一定时期创造的现金及现金等价物净增加额是经营活动、投资活动和筹资活动各自产生的现金流量净额的代数和，其还可以表示为：

现金及现金等价物净增加额＝现金的期末余额－现金的期初余额＋现金等价物的期末余额－现金等价物的期初余额

其中，"现金的期末余额"等于资产负债表中"货币资金"项目的期末余额，"现金的期初余额"等于资产负债表中"货币资金"项目期初余额。但是，如果"货币资金"项目中包括流动性被限制的部分，应予以扣除。

现金流量表与利润表的关系表现为：经营活动净现金流量的数额，是在净利润的基础上，加上或减去调节项目，即加上非经营活动损失（筹资和投资活动的损益），如处置固定资产、无形资产、其他长期资产损失、固定资产报废损失、财务费用、投资损失（减收益）等；加上不支付现金的费用，如计提的减值准备、计提固定资产折旧、无形资产摊销等；加上存货减少（减增加）；加上经营性应付项目增加（减减少）。

5.1.3 现金流量表分析的目的

现金流量表反映了企业在一定时期内创造的现金数额，揭示了在一定时期内现金流动的状况。通过现金流量表分析，可以达到以下目的：

（1）从动态上了解企业现金变动情况和变动原因。

资产负债表中货币资金项目反映了企业一定时期现金变动的结果，是静态上的现金存量，企业从哪里取得现金，又将现金用于哪些方面，只有通过现金流量表的分析，才能从动态上说明现金的变动情况，并揭示现金变动的原因。

（2）判断企业获取现金的能力。

企业获取现金的能力是价值评估的基础，恰当地预测经营活动现金流量是采用净现值法进行股票定价的前提。通过对现金流量表进行现金流量分析，能够对企业获取现金的能力作出判断。

（3）评价企业盈利的质量。

利润是按权责发生制计算的，用于反映当期的财务成果，利润不代表真正实现的收益，账面上的利润满足不了企业的资金需要，因此，盈利企业仍然有可能发生财务危机，高质量盈利必须有相应的现金流入做保证，这就是为什么人们更重视现金流量的原因之一。

5.1.4　现金流量表分析的内容

（1）现金流量表综合分析。主要包括现金流量表总体分析、现金流量表水平分析、现金流量表结构分析、现金流量组合分析和自由现金流量等。

（2）现金流量表主要项目分析。主要包括经营活动现金流量项目分析、投资活动现金流量项目分析、筹资活动现金流量项目分析、汇率变动对现金的影响分析、现金及现金等价物分析等。

（3）现金流量与利润综合分析。主要包括经营活动净现金流量与净利润关系分析、现金流量表附表水平分析、现金流量表附表主要项目分析。

5.2　现金流量表综合分析

5.2.1　现金流量表总体分析

进行现金流量表的总体分析，就是要根据现金流量表的数据，对企业现金流量主要情况进行总体分析与评价。这时，现金流量表本身就可作为一张分析表，根据表中资料可分析说明企业现金流量情况，对于公司现金变动情况进行总体把握。下面以 ABC 公司现金流量表的资料为基础，对该公司 2020 年现金流量进行总体分析。

第一，该公司资产负债表货币资金项目年末比年初增加 49.97 亿元。剔除包含于年末及年初货币资金项目当中的使用受限制资金的影响，本年现金及现金等价物共增加 50.34 亿元。其中，经营活动产生现金流量净额 36.48 亿元；投资活动产生现金流量净额 -19.88 亿元；筹资活动产生现金流量净额 36.43 亿元。

第二，该公司本年经营活动现金流量净额的产生主要原因是销售商品、提供劳务收到现金 450.08 亿元，购买商品、接受劳务支付现金 304.31 亿元。

在三类业务活动引起的现金流量中，经营活动现金流量的稳定性和再生性较好，一般情况下应占较大比例。如果经营活动的现金流入量大于现金流出量，即经营活动的现金流量净额大于零，反映企业经营活动的现金流量自我适应能力较强，通过经营活动收取的现金,不仅能够弥补经营的付现成本,而且剩余部分还可以用于再投资或偿债。如果经营活动现金流入量小于现金流出量,即经营活动现金流量净额小于零,说明经营活动的现金流量自我适应能力较差,经营现金流入量不仅不能支持投资或偿债的资金需要,而且经营活动还在"蚕食"企业的现金存量,如果这种状况一直持续,将要借助于收回投资或举借新债取得现金才能维持正常的经营。形成这种情况的主要原因可能是销货款的回笼不及时,或存货大量积压无法变现。当然,也可能是企业处于初创期或季节性销售等原因导致的。

第三,投资活动现金流量主要是由于购建固定资产等长期资产引起的。大规模购建固定资产等长期资产可以增加企业未来的生产能力。ABC公司2020年用于投资活动的现金流量净额是19.88亿元,主要用于购建固定资产、无形资产和其他长期资产。

第四,筹资活动现金流量的增加主要来自发行可转换公司债券收到的现金39.61亿元,借入长期借款93.65亿元,筹资活动现金流出主要用于偿还到期债务88.97亿元。

筹资活动净现金流量分析应同企业理财政策以及前两项业务活动引起的现金流量方向结合起来分析。如果筹资活动现金流出量远远大于现金流入量的话,有可能是企业执行了高股利分配政策,或者是已经进入债务偿还期;联系经营活动现金流量如果也是负的话,企业可能出现较大的资金缺口,有可能是企业前期经营不善导致的。如果企业筹资活动的现金流入明显大于现金流出,就说明企业吸收资本或举债的步伐加快。联系投资的净现金流量,如果投资的净现金流出量也非常明显的话,则意味着企业加快了投资和经营扩张的步伐,这可能意味着企业有了新的获利增长点;联系经营活动的净现金流量,如果经营活动的净现金流出量明显的话,则说明吸收资本或举债的资金部分地补充了经营上的资金短缺。

5.2.2 现金流量表水平分析

现金流量表一般分析只说明了企业当期现金流量产生的原因,没能揭示本期现金流量与前期或预计现金流量的差异。为了解决这个问题,可采用水平分析法对现金流量表进行分析。仍以ABC公司资料为例,编制现金流量水平分析表,见表5-1。

表5-1　　　　　　　ABC公司现金流量水平分析表　　　　　　　金额单位:千元

项目	2020年度	2019年度	增减额	增减(%)
一、经营活动产生的现金流量:				
销售商品、提供劳务收到的现金	45 008 874	34 078 133	10 930 741	32.08
收到的税费返还	3 972 631	2 649 273	1 323 358	49.95
收到其他与经营活动有关的现金	325 759	199 881	125 878	62.98

续表

项目	2020年度	2019年度	增减额	增减（%）
经营活动现金流入小计	49 307 264	36 927 287	12 379 977	33.53
购买商品、接受劳务支付的现金	30 430 667	24 683 459	5 747 208	23.28
支付给职工以及为职工支付的现金	6 160 806	4 778 567	1 382 239	28.93
支付的各项税费	2 515 238	1 729 913	785 325	45.40
支付的其他与经营活动有关的现金	6 552 640	5 646 958	905 682	16.04
经营活动现金流出小计	45 659 351	36 838 897	8 820 454	23.94
经营活动产生的现金流量净额	3 647 913	88 390	3 559 523	4 027.07
二、投资活动产生的现金流量：				
收回投资收到的现金	15 392	26 803	-11 411	-42.57
取得投资收益收到的现金	89 862	34 479	55 383	160.63
处置固定资产、无形资产和其他长期资产收回的现金净额	52 554	18 295	34 259	187.26
投资活动现金流入小计	157 808	79 577	78 231	98.31
购建固定资产、无形资产和其他长期资产支付的现金	1 911 923	1 777 223	134 700	7.58
投资支付的现金	233 536	60 000	173 536	289.23
投资活动现金流出小计	2 145 459	1 837 223	308 236	16.78
投资活动产生的现金流量净额	-1 987 651	-1 757 646	-230 005	13.09
三、筹资活动产生的现金流量：				
吸收投资收到的现金	43 342	503 138	-459 796	-91.39
其中：子公司吸收少数股东投资收到的现金		17 207	-17 207	-100.00
发行可分离交易的可转换公司债券收到的现金	3 961 444		3 961 444	
取得借款收到的现金	9 365 004	6 981 386	2 383 618	34.14
筹资活动现金流入小计	13 369 790	7 484 524	5 885 266	78.63
偿还债务支付的现金	8 896 625	3 117 701	5 778 924	185.36
分配股利、利润或偿付利息支付的现金	830 481	538 488	291 993	54.22
其中：子公司支付给少数股东的股利、利润		66 259	-66 259	-100.00
筹资活动现金流出小计	9 727 106	3 656 189	6 070 917	166.04
筹资活动产生的现金流量净额	3 642 684	3 828 335	-185 651	-4.85
四、汇率变动对现金及现金等价物的影响：	-268 535	8 607	-277 142	
五、现金及现金等价物净增加额：	5 034 411	2 167 686	2 866 725	132.25
加：期初现金及现金等价物余额	6 309 749	4 142 063	2 167 686	52.33
六、期末现金及现金等价物余额：	11 344 160	6 309 749	5 034 411	79.79
公司或集团内子公司使用受限制的现金和现金等价物	136 246	173 421	-37 175	-21.44
资产负债表货币资金项目余额	6 445 995	4 315 484	2 130 511	49.37

从表 5-1 可以看出，ABC 公司 2020 年净现金流量比 2019 年增加了 28.67 亿元。经营活动、投资活动和筹资活动产生的净现金流量较上年的变动额分别是 35.60 亿元、-2.30 亿元和 -1.86 亿元。

经营活动净现金流量比上年增长了 35.60 亿元，增长率为 4 027.07%。经营活动现金流入量与流出量分别比上年增长 33.53% 和 23.94%，增长额分别为 123.80 亿元和 88.20 亿元。经营活动现金流入量的增长远远快于经营活动现金流出量的增长，致使经营活动现金净流量有了巨幅增长。经营活动现金流入量的增加主要因为销售商品、提供劳务收到的现金增加了 109.31 亿元，增长率为 32.08%。根据利润表信息，2020 年营业收入增长率为 27.36%，低于销售商品、提供劳务收到的现金的增长率，说明企业的销售情况有所改善。公司当年收到的税费返还比上年增加了 13.23 亿元，增长率为 49.95%。经营活动现金流出量的增加是因为：购买商品，接受劳务支付的现金增加 57.47 亿元，增长率为 23.28%；支付给职工以及为职工支付的现金增加了 13.82 亿元，增长率为 28.93%。

投资活动现金净流出量比上年增加了 2.3 亿元，保持了与上年规模相当的固定资产投资。公司还增加了证券市场的投资，投资支付的现金增加了 1.74 亿元，增长率为 289.23%，结合资产负债表可供出售金融资产项目分析，可知本年公司增加了对该项目的投资。投资活动现金流入量的增加主要来自取得投资收益收到的现金增加了 0.55 亿元，增长率为 160.63%；还有处置固定资产、无形资产和其他长期资产收回的现金净额增加了 0.34 亿元，增长率为 187.26%。

筹资活动净现金流量本年比上年减少了 1.86 亿元，主要是因为筹资活动现金流出的增加额比筹资活动现金流入的增加额要大，本期公司负债筹集的资金和偿还的债务都多于上期。

5.2.3 现金流量表结构分析

现金流量表结构分析，目的在于揭示现金流入量和现金流出量的结构情况，从而抓住企业现金流量管理的重点。现金流量结构分析的资料通常使用直接法编制的现金流量表，分析方法为垂直分析法。以下以 ABC 公司现金流量表的资料为基础，经过处理，可得出现金流量结构分析表，见表 5-2。

表 5-2　　　　　　　　ABC 公司现金流量结构分析表　　　　　　　金额单位：千元

项目	2020 年度	流入结构（%）	流出结构（%）	内容结构（%）
一、经营活动产生的现金流量：				
销售商品、提供劳务收到的现金	45 008 874	71.63		91.28
收到的税费返还	3 972 631	6.32		8.06
收到的其他与经营活动有关的现金	325 759	0.52		0.66

续表

项目	2020年度	流入结构（%）	流出结构（%）	内容结构（%）
经营活动现金流入小计	49 307 264	78.47		100.00
购买商品。接受劳务支付的现金	30 430 667		52.89	66.65
支付给职工以及为职工支付的现金	6 160 806		10.71	13.49
支付的各项税费	2 515 238		4.37	5.51
支付的其他与经营活动有关的现金	6 552 640		11.39	14.35
经营活动现金流出小计	45 659 351		79.36	100.00
经营活动产生的现金流量净额	3 647 913			
二、投资活动产生的现金流量：				
收回投资收到的现金	15 392	0.02		9.75
取得投资收益收到的现金	89 862	0.14		56.94
处置固定资产、无形资产和其他长期资产收回的现金净额	52 554	0.08		33.30
投资活动现金流入小计	157 808	0.25		100.00
购建固定资产、无形资产和其他长期资产支付的现金	1 911 923		3.32	89.11
投资支付的现金	233 536		0.41	10.89
投资活动现金流出小计	2 145 459		3.73	100.00
投资活动产生的现金流量净额	-1 987 651			
三、筹资活动产生的现金流量：				
吸收投资收到的现金	43 342	0.07		0.32
其中：子公司吸收少数股东投资收到的现金		0.00		0.00
发行可分离交易的可转换公司债券收到的现金	3 961 444	6.30		29.63
取得借款收到的现金	9 365 004	14.90		70.05
筹资活动现金流入小计	13 369 790	21.28		100.00
偿还债务支付的现金	8 896 625		15.46	91.46
分配股利、利润或偿付利息支付的现金	830 481		1.44	8.54
其中：子公司支付给少数股东的股利、利润			0.00	0.00
筹资活动现金流出小计	9 727 106		16.91	100.00
筹资活动产生的现金流量净额	3 642 684			
现金流入总额	62 834 862	100.00		
现金流出总额	57 531 916		100.00	
四、汇率变动对现金及现金等价物的影响：	-268 535			
五、现金及现金等价物净增加额：	5 034 411			
加：期初现金及现金等价物余额	6 309 749			
六、期末现金及现金等价物余额：	11 344 160			
公司或集团内子公司使用受限制的现金和现金等价物	136 246			
资产负债表现金及现金等价物余额	6 445 995			

(1)现金流入结构分析。

现金流入结构分为总流入结构和内部流入结构。总流入结构是反映企业经营活动的现金流入量、投资活动的现金流入量和筹资活动的现金流入量分别占现金总流入量的比重。内部流入结构反映的是经营活动、投资活动和筹资活动等各项业务活动现金流入中具体项目的构成情况。现金流入结构分析可以明确企业的现金究竟来自何方,增加现金流入应在哪些方面采取措施等。

ABC公司2020年现金流入总量约为628亿元,其中经营活动现金流入量、投资活动现金流入量和筹资活动现金流入量所占比重分别为78.47%、0.25%和21.28%。可见企业的现金流入量主要是由经营活动产生的。经营活动的现金流入量中销售商品、提供劳务收到的现金,投资活动的现金流入量中取得投资收益所收到的现金和处置长期资产收回的现金,筹资活动的现金流入量中取得借款收到的现金、发行可转换公司债券所收到的现金分别占各类现金流入量的较大比重。

总体来说,企业的现金流入量中,经营活动的现金流入量应当占较高比例,特别是其销售商品、提供劳务收到的现金应明显高于其他业务活动流入的现金。但是对于不同性质的企业,这个比例也可能有较大的差异。如一个单一经营,专心于某一特定经营业务,较少进行对外投资,筹资政策保守,较少举债经营的企业,该比例可能尤其高。

(2)现金流出结构分析。

现金流出结构分为总流出结构和内部流出结构。现金总流出结构是反映企业经营活动的现金流出量、投资活动的现金流出量和筹资活动的现金流出量分别在全部现金流出量中所占的比重。内部现金流出结构反映的是经营活动、投资活动和筹资活动等各项业务活动现金流出中具体项目的构成情况。现金流出结构可以表明企业的现金究竟流向何方,要节约开支应从哪些方面入手等。

ABC公司2020年现金流出总量约为575亿元,其中经营活动现金流出量、投资活动现金流出量和筹资活动现金流出量所占比重分别为79.36%、3.73%和16.91%。可见,在现金流出总量中经营活动现金流出量所占的比重最大,筹资活动现金流出量所占比重次之。在经营活动现金流出量当中购买商品、接受劳务支付的现金占66.65%,比重最大,支付给职工以及为职工支付的现金和支付的其他与经营活动有关的现金项目占全部现金流出结构分别为10.71%和11.39%,占经营活动现金流出量比重分别是13.49%和14.35%,是现金流出的主要项目。投资活动的现金流出量主要用于购建长期资产。筹资活动的现金流出量主要用于偿还债务。当期偿还债务支付的现金占全部现金流出量的比重为15.46%,其占筹资活动现金流出量的比重为91.46%。

在一般情况下,购买商品、接受劳务支付的现金往往要占到较大的比重,投资活动和筹资活动的现金流出比重则因企业的投资政策和筹资政策和状况不同而存在很大的差异。

为了掌握现金流量结构的变动情况,可将不同时期的现金流量结构进行对比分析。

5.2.4 现金流量组合分析

将经营活动、投资活动和筹资活动的现金流量净额的正负组合进行分析,可以发现企业当前的经营状况特征。各种组合情况如表 5-3 所示。

表 5-3　　　　　　　　　　现金流量组合分析表

序号	经营活动现金流量	投资活动现金流量	筹资活动现金流量
(1)	+	+	+
(2)	+	+	−
(3)	+	−	+
(4)	+	−	−
(5)	−	+	+
(6)	−	+	−
(7)	−	−	+
(8)	−	−	−

(1) 同时存在大量的经营活动、投资活动和筹资活动现金净流入量。这种组合体现出公司拥有充沛的现金流入量。经营活动和投资活动都为企业带来现金净流入量的同时,企业还在积极地开展筹资活动,可能在为大笔支出做准备。企业的现金存量增加,如果没有很好的投资计划,就可能会出现资金闲置的情况。

(2) 经营活动和投资活动产生现金净流入量,筹资活动导致现金净流出量。这种组合往往意味着企业的经营和投资状况良好,已进入债务偿还期或者为股东分配股利。

(3) 经营活动和筹资活动产生现金净流入量,投资活动导致现金净流出量。这种组合反映公司利用经营活动产生的现金流量以及筹资获得的资金进行了投资活动。企业实施积极的扩张政策,可能有助于企业未来持续稳定的利润增长,还要视投资活动效果而定。

(4) 经营活动产生现金净流入量,投资活动和筹资活动导致现金净流出。这种组合意味着企业依赖经营活动的现金流入量进行投资活动并偿还债务或分配股利,体现经营活动强大的现金产生能力,也要提防现金消耗量过大导致现金不足。

(5) 经营活动产生现金净流出,投资活动和筹资活动带来现金净流入。在这种情况下,经营收现收入无法弥补经营付现成本,出现现金短缺;正在通过筹资活动以及投资变现或投资收益来补充经营活动现金缺口。如果企业无法采取有效措施扭转经营活动的困境,长此以往将可能导致企业资金链断裂。

(6) 经营活动和筹资活动导致现金净流出,投资活动带来现金净流入。这样的企业形成了由投资活动现金流量独自苦苦支撑的局面。投资活动产生的现金流量既要填补经营活动现金缺口，又要偿还债务或支付股利。此时要分析投资活动现金流量的产生来源。如果是来自子公司或联营、合营企业的可持续的投资收益，尚可维持局面。如果是来自出售投资性资产，只怕会有坐吃山空的一天。

（7）经营活动和投资活动带来现金净流出量，筹资活动产生现金净流入量。企业一方面经营陷入困境；另一方面扩大投资，此时严重依赖外部融资，希望能通过高质量的投资挽救困局。

（8）经营活动、投资活动和筹资活动现金流量全部净流出。此时的企业内部经营活动在流失现金，外部的筹资活动也在抽取现金，只能通过消耗存量资金进行对外投资，投资活动的效果决定了企业未来的命运。

现金流量组合分析只是针对一般性情况的初步分析，在此基础上应结合具体的现金流量信息进一步深入。如有特殊情况发生，影响了分析结论应及时纠正。

5.2.5 自由现金流量

企业自由现金流量是指企业在满足了目前的经营活动和扩大再生产经营活动的现金需求量之后，剩余可支配现金量。这部分现金流量是在不影响公司持续发展的前提下，可供分配给企业资本提供者的最大现金量。当企业经营活动净现金流量大于零时，说明经营活动的收现收入能够弥补付现成本，企业目前的生产经营规模可以持续进行。如果扩大生产经营规模可能还需要追加营运资本，进行固定资产投资。所以自由现金流量可通过如下公式计算获得：

企业自由现金流量 = 经营活动现金净流量 − 营运资本追加额 − 资本性支出

在企业自由现金流量的基础上，减去支付偿还债务本息所支出的现金，加上债务筹资带来的现金流入量，可得到股权自由现金流量，即企业可以以股利的形式分配给股东的现金流量，或者选择留在企业以备未来进一步发展和获取更多的现金流量的需要。股权自由现金流量的计算公式如下所示：

股权自由现金流量 = 企业自由现金流量 − 债权人现金流量

其中：

债权人现金流量 = 新增债务筹资额 − 偿还债务本息额

所以有：

股权自由现金流量 = 经营活动现金净流量 − 营运资本追加额 − 资本性支出 − 偿还债务本息额 + 新增债务筹资额

自由现金流量不仅可以为企业决策提供信息，还可以作为企业价值评估的基础。基于自由现金流量的企业价值评估方法越来越被市场所接受。

5.3 现金流量表主要项目分析

5.3.1 经营活动现金流量项目分析

（1）销售商品、提供劳务收到的现金。

该项目反映企业本期销售商品、提供劳务收到的现金，以及前期销售商品、提供劳务本期收到的现金（包括销售收入和应向购买者收取的增值税销项税额）和本期预收的款项，减去本期销售本期退回的商品和前期销售本期退回的商品支付的现金。

此项目是企业现金流入的主要来源，通常具有数额大、所占比例高的特点。其与利润表中的营业收入项目相对比，可以判断企业销售收现情况。计算销售收现率指标时需要注意，销售商品、提供劳务收到的现金项目当中包含向购买者收取的增值税销项税额，而营业收入项目当中却不包含销项税额，所以建议参考报表附注当中所披露的税率进行调整。较高的收现率表明企业产品定位正确，适销对路，并已形成卖方市场的良好经营环境。但应注意也有例外的情况，如丰乐种业曾将证券买卖收益的现金流入量包装成销售商品、提供劳务收到的现金，美化现金流量表，给投资者的决策带来误导。

"营业收入"与"销售商品、提供劳务收到的现金"的差额，将会导致"应收账款""应收票据"和"预收账款"等项目的变化。但由于上述增值税影响的确切金额超出企业对外披露信息范围，因此外部分析者往往无法观测到"营业收入"与"销售商品、提供劳务收到的现金"的差额与"应收账款""应收票据"和"预收账款"等项目的变动额之间的等式关系。另外，如果两者之间差异悬殊，则需要从视同销售、会计处理差错等方面寻找原因。

以应收票据为基础的出售和融资事项的会计处理应遵循"实质重于形式"的原则，即关注与应收票据相关的风险和报酬是否已实质转移。对于风险和报酬已实质转移，因而在资产负债表上未作为短期质押借款处理的应收票据贴现业务发生时，在现金流量表上直接将所收到的贴现款项作为"销售商品、提供劳务所收到的现金"处理。由于票据的付款期限和贴现期限一般较短，因此从重要性出发，对带息票据所计提的应收利息，以及贴现时银行所扣的贴现息和手续费等均可不单独反映。

对于附有追索权的应收票据贴现是一种筹资行为，但是贴现时所收到的款项又是来自经营活动中销售商品、提供劳务所形成的应收款项。因此，贴现时所收到的现金兼有筹资活动和经营活动的性质。贴现时所收到的现金应当作为筹资活动中"借款所收到的现金"处理。在所贴现的应收票据到期时，如果票据承兑人按照有关条款履行了付款义务，则贴现申请人在当期不会有现金流入或流出，但在现金流量表上要同时反映两笔业务：一方面，将该笔应收票据的账面余额（包含贴现前已计提的利息在内）在现金流量表上反映为"销售商品、提供劳务所收到的现金"，同时在间接法部分中反映为"经营性应收项目的减少"；另一方面，将该笔应收票据的账面余额计入筹资活动中"偿还债务所支付的现金"（这里假定应收票据的期限较短，利息金额不重大，故作简化处理。如果利息金额较大，应考虑单列反映）。如果票据到期时，因票据承兑人无力或者拒绝支付票据款，因而申请贴现的企业遭到追索的，则按以下办法处理：如果原先将贴现所收到的现金直接作为"销售商品、提供劳务所收到的现金"的，则此时支付的票据款可作为"支付的其他与经营活动有关的现金"处理；如果原先将贴现所收到的现金作为"借款所收到的现金"的，则此时支付的票据款应作为"偿还债务所支付的现金"处理。其后行使再追索权，从原票据承兑人处收回全部或者部分票据款时，在上述两种情形下，可分别作为"收到的其他与经营活动有关的现金"和"销售商品、提供劳务收到的现金"处理。

（2）收到的税费返还。

该项目反映企业收到返还的增值税、所得税、消费税、关税和教育费附加等各种税费。返还增值税记"补贴收入"；返还消费税、教育费附加等，冲减"税金及附加"；返还所得税，冲减"所得税"。可结合相关项目信息对该项目进行分析。此项目通常数额不大，对经营活动现金流入量影响也不大。ABC公司2020年收到的税费返还金额为39.72亿元，占现金流入量比重为6.32%。

（3）收到其他与经营活动有关的现金。

该项目反映企业收到的捐赠收入、罚款收入、经营租赁收到的租金、流动资产损失中由个人赔偿的现金收入等其他与经营活动有关的现金流入金额，金额较大的应当单独列示。该项目可结合利润表的"营业外收入""其他业务收入""财务费用"等项目分析。此项目具有不稳定性，数额不应过多。ABC公司2020年收到的其他与经营活动有关的现金为3.26亿元，根据附注资料显示，主要是收到政府补助0.94亿元，利息收入1.13亿元。

（4）购买商品、接受劳务支付的现金。

该项目反映企业本期购买商品、接受劳务实际支付的现金（包括增值税进项税额），以及本期支付前期购买商品、接受劳务的未付款项和本期预付款项。本期发生的购货退回收到的现金应从本项目内扣除。

此项目应是企业现金流出的主要方向，通常具有数额大、所占比重大的特点。将其与资产负债表的"应付账款""应付票据"和"预付账款"等项目相比较，可以判断企业购买商品付现率的情况，借此可以了解企业资金的紧张程度或企业的商业信用情况，从而可以更加清楚地认识到企业目前所面临的财务状况如何。ABC公司2020年为购买商品、接受劳务支付现金304.31亿元，占现金流出总量的比重为52.89%。

(5) 支付给职工以及为职工支付的现金。

该项目反映企业本期实际支付给职工的工资、奖金、各种津贴和补贴等职工薪酬，但是应由在建工程、无形资产负担的职工薪酬以及支付给离退休人员的职工薪酬除外。两者分别在"购建固定资产、无形资产和其他长期资产支付的现金"和"支付其他与经营活动有关的现金"项目反映。此项目也是企业现金流出的主要方向，金额波动不大。ABC公司2020年支付给职工以及为职工支付的现金为61.61亿元，占现金流出总量的比重为10.71%。

(6) 支付的各项税费。

该项目反映企业本期发生并支付的、本期支付以前各期发生的以及预交的教育费附加、资源税、印花税、房产税、土地增值税、车船税等税费，计入固定资产价值、实际支付的耕地占用税、本期退回的增值税和所得税等税费除外。此项目会随着企业销售规模的变化而变动。ABC公司2020年支付的各项税费金额25.15亿元，占现金流出总量的比重为4.37%。

(7) 支付其他与经营活动有关的现金。

该项目反映企业支付的罚款支出，支付的差旅费、业务招待费、保险费，经营租赁支付的现金等其他与经营活动有关的现金流出，金额较大的应当单独列示。该项目主要与利润表的"销售费用"以及"管理费用"项目相对应，可结合相关信息进行分析。ABC公司2020年支付的其他与经营活动有关的现金为65.53亿元，占现金流出总量的比重为11.39%。根据利润表信息，当年销售费用、管理费用和研发费用三个项目的合计金额为114.06亿元，与该项目差异的原因主要是支付给职工以及为职工支付的现金还有折旧费用未包含在支付其他与经营活动有关的现金当中。

(8) 经营活动现金流量净额。

在三类业务活动引起的现金流量中，经营活动现金流量的稳定性和再生性较好，一般情况下应占较大比例。如果经营活动现金流入量小于现金流出量，即经营活动现金流量净额小于零，说明经营活动的现金流量自我适应能力较差，经营活动现金流入量不仅不能支持投资或偿债的资金需要，而且经营活动还在"蚕食"企业的现金存量。如果这种状况一直持续，企业将要借助于收回投资或举借新债取得现金才能维持正常的经营。形成这种情况的主要原因可能是销货款的回笼不及时，或存货大量积压无法变现。当然，也可能是企业处于初创期或季节性销售等原因导致的。如果经营活动的现金流入量大于现金流出量，即经营活动的现金流量净额大于零，反映通过经营活动收取的现金不仅能够弥补经营的付现成本，还可弥补一部分非付现成本。如果经营活动现金流量净额大于非付现成本，反映企业经营活动的现金流量自我适应能力较强，通过经营活动收取的现金，不仅能够弥补经营的付现成本和非付现成本，而且经营现金流量净额大于零的部分可以用于再投资或偿债。

在对经营活动净现金流量进行评价时，还应考虑企业所处的生命周期阶段的影响。从企业的成长过程来分析，在企业从事经营活动的萌芽期，由于其生产阶段的各个环节都处于"磨合"状态，设备、人力资源的利用率相对较低，材料的消耗量相对较高，导致企业的成本消耗较高。同时，为了开拓市场，企业有可能投入大量资金、采用各种手段将自己的产品推向市场（包括采用渗透法定价、加大广告支出、放宽收账期等），从而有可能使企业在这一时期的经营活动现金流量表现为"入不敷出"的状态。如果是由于上述原因导致经营活动产生的现金流量净额小于零，则应该认为这是企业在发展过程中不可避免的正常状态。如果企业在成长期和成熟期仍然出现这种状态，应当具体分析形成这种状态的具体原因，如果是由于企业的季节性生产或一些特殊原因（如正赶上原材料低价销售而大量用现金购入原材料）而出现的暂时或短期的经营活动产生的现金流入小于流出的状态，则仍然不能草率地得出经营活动产生的现金流量质量不高的结论。如果处在成长期和成熟期的企业长期持续呈现这种状态，应该认为企业经营活动回笼现金的能力较弱。处于衰退期的企业，经营活动产生的现金流量往往呈现流入长期持续小于流出的状态，这是企业经营活动严重萎缩和萧条的预警。

经营活动净流量阶段性分析及其评价结果，可以参照表5-4。

表5-4　　　　　　　　经营活动现金流量净额阶段性分析评价表

	萌芽期	成长期	成熟期	衰退期
经营活动产生的现金流量小于零	正常	长期持续状态说明回笼现金的能力很差		很差
经营活动产生的现金流量等于零	中等	长期持续状态说明回笼现金的能力很差		一般
经营活动产生的现金流量大于零但不足以补偿当期的非现金消耗性成本	较好	长期持续状态仍然不能给予较高评价		较好
经营活动产生的现金流量大于零并恰能补偿当期的非现金消耗性成本	好	较好	好	好
经营活动产生的现金流量大于零并在补偿当期的非现金消耗性成本后仍有剩余	很好	很好	很好	很好

5.3.2　投资活动现金流量项目分析

（1）收回投资所收到的现金。反映企业出售、转让或到期收回除现金等价物以外的交易性金融资产、长期股权投资而收到的现金，以及收回长期债权投资本金而收到的现金，但长期债权投资收回的利息除外。该项目可结合资产负债表的"交易性金融资产""可供出售金融资产""持有至到期投资""长期股权投资"和"投资性房地产"等项目的减少额，以及利润表的"投资收益"项目分析。如果因盈利出售投资性资产，说明前期投资活动取得了收益。但是，此项目也不能绝对地追求较大发生额。

投资扩张是企业未来创造利润的增长点，缩小投资可能意味着企业在规避投资风险、投资战略改变或企业存在资金紧张的问题。ABC 公司 2020 年收回投资所收到的现金为 0.15 亿元，主要是出售交易性金融资产所收到的现金，占现金流入量比重为 0.02%，可见公司当年并未大规模收回投资。

（2）取得投资收益所收到的现金。该项目反映企业因股权性投资而分得的现金股利，从子公司、联营企业或合营企业分回利润而收到的现金，以及因债权性投资而取得的现金利息收入，但股票股利除外。此项目存在发生额说明企业进入投资回收期。该项目金额同利润表当中的投资收益项目进行对比分析，可以考察投资收益的收现状况，同资产负债表当中的投资资产金额进行对比分析，可以考察投资资产的现金回报情况。ABC 公司 2020 年取得投资收益收到的现金额为 0.90 亿元，占现金流入总量的比重为 0.14%。ABC 公司 2020 年确认投资收益金额为 1.23 亿元，投资收益的现金回收率为 73.17%。

（3）处置固定资产、无形资产和其他长期资产收回的现金净额。该项目反映企业出售、报废固定资产、无形资产和其他长期资产所取得的现金（包括因资产毁损而收到的保险赔偿收入），减去为处置这些资产而支付的有关费用后的净额，但现金净额为负数的除外。该项目可与资产负债表中的"固定资产""在建工程"和"无形资产"等项目的减少额进行比较分析。此项目一般金额不大，如果数额较大，表明企业产业、产品结构将有所调整，或者表明企业未来的生产能力将受到严重的影响、已经陷入深度的债务危机之中，靠出售设备来维持经营。ABC 公司 2020 年由于处置固定资产、无形资产和其他长期资产收回的现金净额为 0.53 亿元，占现金流入总量的比重为 0.08%。

（4）处置子公司及其他营业单位收到的现金净额。该项目反映企业处置子公司及其他营业单位所取得的现金减去相关处置费用后的净额。处置子公司及其他营业单位属于公司的重大影响事项，公司一般会单独发布公告或者在年度报告中详细予以说明，可结合相关信息判断该事项对企业未来经营发展会产生何种影响。

（5）购建固定资产、无形资产和其他长期资产支付的现金。该项目反映企业购买、建造固定资产、取得无形资产和其他长期资产所支付的现金及增值税税款、支付的应由在建工程和无形资产负担的职工薪酬现金支出，但为购建固定资产而发生的借款利息资本化部分、融资租入固定资产所支付的租赁费除外。该项目可与资产负债表中的"固定资产""在建工程"和"无形资产"等项目的增加额相比较分析。此项目表明企业扩大再生产能力的强弱，可以了解企业未来的经营方向和获利能力，揭示企业未来经营方式和经营战略的发展变化。ABC 公司 2020 年由于购建固定资产、无形资产和其他长期资产支付的现金额为 19.12 亿元，占现金流出总量的比重为 3.32%。可见公司生产规模将进一步扩大，生产能力增强。

(6) 投资支付的现金。该项目反映企业取得的除现金等价物以外的权益性投资和债权性投资所支付的现金以及支付的佣金、手续费等附加费用。该项目可结合资产负债表的"交易性金融资产""可供出售金融资产""持有至到期投资""长期股权投资"和"投资性房地产"等项目的增加额分析。此项目表明企业参与资本市场运作、实施股权及债权投资能力的强弱,分析投资方向与企业的战略目标是否一致。ABC公司2020年投资支付的现金金额为2.34亿元,增强了资本市场的参与程度。

(7) 取得子公司及其他营业单位支付的现金净额。该项目反映企业购买子公司及其他营业单位购买出价中以现金支付的部分,减去子公司或其他营业单位持有的现金和现金等价物后的净额。购买子公司及其他营业单位属于公司的重大影响事项,公司一般会单独发布公告或者在年度报告中详细予以说明,可结合相关信息判断该事项对企业未来经营发展会产生何种影响。

(8) 收到其他与投资活动有关的现金、支付其他与投资活动有关的现金。反映企业除上述(1)至(7)项目外收到或支付的其他与投资活动有关的现金流入或流出,金额较大的应当单独列示。

5.3.3 筹资活动现金流量项目分析

(1) 吸收投资收到的现金。该项目反映企业以发行股票、债券等方式筹集资金实际收到的款项,减去直接支付给金融企业的佣金、手续费、宣传费、咨询费、印刷费等发行费用后的净额。此项目表明企业通过资本市场筹资能力的强弱。该项目如有发生额,数额一般较大,可结合资产负债表中的"股本"和"应付债券"等项目的增加额进行分析。

(2) 取得借款收到的现金。该项目反映企业举借各种短期、长期借款而收到的现金。该项目可结合资产负债表中的"短期借款"和"长期借款"等项目分析。此项目数额的大小,表明企业通过银行筹集资金能力的强弱,在一定程度上代表了企业商业信用的高低。ABC公司2020年因取得借款收到现金93.65亿元,占现金流入总量的14.90%,借款是公司当年所采取的主要筹资方式。

(3) 偿还债务支付的现金。该项目反映企业以现金偿还债务的本金,可结合资产负债表中的"短期借款""长期借款"和"应付债券"项目的减少额分析。此项目有助于分析企业资金周转是否已经达到良性循环状态。ABC公司偿还债务支付的现金额为88.97亿元,占现金流出总量的比重是15.46%。

(4) 分配股利、利润或偿付利息支付的现金。该项目反映企业实际支付的现金股利、支付给其他投资单位的利润或用现金支付的借款利息、债券利息。该项目可结合利润表的"财务费用"和所有者权益变动表的"利润分配"项目分析,还需要考虑利息资本化的影响。利润的分配情况可以反映企业现金的充裕程度。ABC公司2020年该项目的现金流出额为8.30亿元,占现金流出总量的比重为1.44%,其中支付上年的利润分配1.44亿元。

(5) 收到其他与筹资活动有关的现金、支付其他与筹资活动有关的现金。反映企业除上述(1)至(4)项目外,收到或支付的其他与筹资活动有关的现金流入或流出,包括以发行股票、债券等方式筹集资金而由企业直接支付的审计和咨询等费用、为购建固定资产而发生的借款利息资本化部分、融资租入固定资产所支付的租赁费、以分期付款方式购建固定资产以后各期支付的现金等。一般数额较小,如果数额较大,应注意分析其合理性。

5.3.4 汇率变动对现金的影响分析

汇率变动对现金的影响反映于下列项目的差额:

(1) 企业外币现金流量及境外子公司的现金流量折算为记账本位币时,所采用的现金流量发生日的即期汇率或按照系统合理的方法确定的、与现金流量发生日即期汇率近似的汇率折算的金额。

(2) "现金及现金等价物净增加额"项目当中外币现金净增加额按期末汇率折算的金额。此项目如果数额较大,需要借助会计报表附注的相关内容分析其原因及其合理性。ABC公司期末持有约49.95亿元外币,汇率变动对现金及现金等价物的影响金额约为-2.69亿元。

5.3.5 现金及现金等价物

(1) "现金及现金等价物的净增加额"项目金额等于"经营活动产生的现金流量净额""投资活动产生的现金流量净额"和"筹资活动产生的现金流量净额"三者的代数和,再调整外币现金资产汇率变动影响金额。ABC公司2020年经营活动、投资活动和筹资活动产生的现金流量净额分别为36.48亿元,-19.88亿元和36.43亿元,汇率变动的影响金额为-2.69亿元,当年"现金及现金等价物的净增加额"为50.34亿元。

(2) "期初现金及现金等价物余额"项目可结合资产负债表"货币资金"项目期初余额分析。ABC公司2020年初货币资金余额为64.83亿元,其中包含承兑汇票保证金、履约保证金和诉讼冻结等所有权受到限制的资产1.73亿元,不存在现金等价物,所以"期初现金及现金等价物余额"为63.10亿元。

(3) "期末现金及现金等价物余额"项目可结合资产负债表"货币资金"项目期末余额分析。ABC公司2020年年末货币资金余额为114.80亿元,其中包含借款抵押原因致使所有权受到限制的资产1.36亿元,不存在现金等价物,所以"期末现金及现金等价物余额"为 113.44 亿元。

5.4 现金流量与利润综合分析

5.4.1 经营活动净现金流量与净利润关系分析

利润表是按照权责发生制来归集企业的收入和支出,而现金流量表是按照收付实现制来归集企业的收入和支出。它们所反映的经济活动内容是相同的,只是反映的角度不同。但是在某个会计期间内,净利润和经营活动产生的现金流量净额却往往不一致。用公式表示经营活动净现金流量与净利润之间的关系如下:

经营活动现金流量净额 = 净利润 - 非付现经营性收入 + 非付现经营性费用 - 非经营性收入 + 非经营性费用 - 非现金流动资产净变化额 + 非现金流动负债净变化额

通过对这一关系式的分析,我们可以揭示出从净利润到经营活动净现金流量的变化过程,反映经营活动净现金流量与净利润的区别与联系。ABC 公司财务报表附注当中根据此原理编制的,披露了将净利润调节为经营活动的现金流量的资料见表 5-5。

表 5-5　　　　　　　　净利润现金流量调节表　　　　　　　　单位:千元

项目	2020 年	2019 年
净利润	1 911 935	1 451 451
加:资产减值准备	419 358	789 140
固定资产折旧	584 689	506 870
无形资产及开发支出摊销	115 380	103 051
长期递延资产摊销	14 356	0
处置固定资产、无形资产和其他长期资产的损失(减:收益)	37 154	23 927
公允价值变动损失(减:收益)	128 328	-115 566
财务费用(减:收益)	896 990	382 704
投资损失(减:收益)	-122 666	-59 437
递延所得税资产减少(减:增加)	-48 055	-84 827
递延所得税负债增加(减:减少)	-51 441	0
存货的减少(减:增加)	-1 494 937	-3 280 829
经营性应收项目的减少(减:增加)	-3 193 018	-5 911 494
经营性应付项目的增加(减:减少)	4 113 114	5 983 235
股权激励成本	299 551	297 668
所有权受到限制的货币资金的减少	37 175	-4 424
经营活动产生的现金流量净额	3 647 913	81 469

ABC公司2020年净利润约为19.12亿元,而其在这一期间内的经营活动净现金流量约为36.48亿元。形成这种差距的主要原因在于当期发生:①不减少现金的经营性费用包括资产减值准备、固定资产折旧、无形资产及开发支出摊销还有长期递延资产摊销共计11.34亿元;②非经营性费用包括公允价值变动损失、财务费用共计10.25亿元;③非经营性收入包括投资收益1.23亿元;④非现金流动资产的增加包括递延所得税资产增加、存货的增加和经营性应收项目的增加共计47.36亿元;⑤流动负债的增加包括经营性应付项目的增加41.13亿元。

【案例分析】

四川长虹的辉煌与悲怆

四川长虹是我国知名的彩电制造企业,一度是我国彩电行业的王牌。在人们惊叹于长虹的飞跃式发展之时,2004年四川长虹却报告了36.81亿元的亏损,创下了当时我国上市公司亏损的最高纪录。通过对比(见表5-6)可以发现,2002年销售收入增长31亿元,净利润1.76亿元,但经营活动现金流量净额却是-29.73亿元,属于典型的有利润没现金的纸面繁荣。2003年收入和利润继续增长,经营活动现金流量仍是负的。2004年现金流量虽然是正的,但其实是其违反相关规定,将大量本应记入筹资活动现金流量的商业汇票贴现记入经营活动现金流量当中。

据披露,2002年起,长虹的主要收入都来自对美国Apex公司的出口收入。其中,2002年对美国Apex公司的销售收入为61 095万美元,仅仅收回19 007万美元的货款;2003年对美国Apex公司的销售收入为42 442万美元,只收回34 990万美元的货款;2004年的巨额亏损主要来自计提的坏账准备,36.81亿元的亏损中,对美国Apex公司的坏账准备就高达25.07亿元。

表5-6　　　　　四川长虹的收入、利润和现金流量对比表　　　　　单位:亿元

项目	2001年	2002年	2003年	2004年
销售收入	95	126	141	115
净利润	0.89	1.76	2.41	-36.81
经营活动现金流量净额	13.73	-29.73	-7.75	7.60

四川长虹的巨额亏损警示我们:没有现金流量伴随的利润是多么的脆弱不堪!

5.4.2 现金流量表附表水平分析

根据ABC公司资料,编制现金流量表附表水平分析表,见表5-7。

表 5-7　　　　　　　　　ABC公司现金流量表附表水平分析表　　　　　　　　　单位：千元

项目	2020年	2019年	增加额	增减（%）
净利润	1 911 935	1 451 451	460 484	31.73
加：资产减值准备	419 358	789 140	-369 782	-46.86
固定资产折旧	584 689	506 870	77 819	15.35
无形资产及开发支出摊销	115 380	103 051	12 329	11.96
长期递延资产摊销	14 356	0	14 356	
处置固定资产、无形资产和其他长期资产的损失（减：收益）	37 154	23 927	13 227	55.28
公允价值变动损失（减：收益）	128 328	-115 566	243 894	
财务费用（减：收益）	896 990	382 704	514 286	134.38
投资损失（减：收益）	-122 666	-59 437	-63 229	106.38
递延所得税资产减少（减：增加）	-48 055	-84 827	36 772	-43.35
递延所得税负债增加（减：减少）	-51 441	0	-51 441	
存货的减少（减：增加）	-1 494 937	-3 280 829	1 785 892	-54.43
经营性应收项目的减少（减：增加）	-3 193 018	-5 911 494	2 718 476	-45.99
经营性应付项目的增加（减：减少）	4 113 114	5 983 235	-1 870 121	-31.26
股权激励成本	299 551	297 668	1 883	0.63
所有权受到限制的货币资金的减少	37 175	-4 424	41 599	
经营活动产生的现金流量净额	3 647 913	88 390	3 559 523	4 027.07

根据表5-7可进一步分析ABC公司2020年经营活动净现金流量较2019年变动的特点：存货、经营性应收项目和经营性应付项目的增长幅度都显著小于上年。

5.4.3　现金流量表附表主要项目分析

补充资料是采用间接法报告经营活动产生的现金流量，在企业当期净利润的基础上进行某些项目的调整，从而得到经营活动的现金流量净额。

（1）资产减值准备。该项目反映企业本期计提的坏账准备、存货跌价准备、可供出售金融资产减值准备、长期股权投资减值准备、持有至到期投资减值准备、投资性房地产减值准备、固定资产减值准备、在建工程减值准备、无形资产减值准备、商誉减值准备、生产性生物资产减值准备、油气资产减值准备等资产减值准备。本期计提资产减值准备时，减值损失已计入本期利润表中的相关损益项目，但并未引起实际的经营活动现金流出。因此，在净利润的基础上进行调整计算时，应将其加回到净利润中。该项目可结合利润表的"资产产值损失"项目，以及发生减值的资产项目分析。

（2）固定资产折旧、油气资产折耗、生产性生物资产折旧。该项目分别反映企业本期计提的固定资产折旧、油气资产折耗、生产性生物资产折旧。由于资产折旧、折耗并不影响经营活动现金流量，因此，在净利润基础上调整计算时，应将其全部加回到净利润中。该项目可结合资产负债表"固定资产""油气资产"和"生产性生物资产"等项目分析。

（3）无形资产摊销、长期待摊费用摊销。这两个项目分别反映企业本期计提的无形资产摊销、长期待摊费用摊销。无形资产、长期待摊费用的摊销，增加了成本费用，并在计算净利润时从中扣除，由于没有发生现金流出，因而在将净利润调节为经营活动现金流量时应加回。该项目可结合资产负债表"无形资产"和"长期待摊费用"等项目分析。

以上3个项目都未涉及现金的成本费用项目，在计量过程中需要运用的会计职业判断比较多，会计灵活性也比较大。所以对于金额较大、变化显著的项目应结合会计报表附注中的相关项目及相关会计政策进行详细分析，以发现操纵会计利润的行为。

（4）处置固定资产、无形资产和其他长期资产的损失和固定资产报废损失。这两个项目属于投资活动产生的损益，所以在将净利润调节为经营活动现金流量时需要予以调节。

（5）公允价值变动损失。该项目反映持有的金融资产、金融负债以及采用公允价值计量模式的投资性房地产的公允价值变动损益。属于投资活动损益，应予调整。

（6）财务费用。企业发生的财务费用可以分别归属于经营活动、投资活动和筹资活动。对于属于经营活动产生的财务费用，若既影响净利润又影响经营活动现金流量，如到期支付应付票据的利息，则不需要调整；对属于投资活动和筹资活动产生的财务费用，如长期借款利息，则只影响净利润，不影响经营活动现金流量，应在净利润的基础上进行调整。

（7）投资损益。投资损益是由投资活动所引起的，与经营活动无关。因此，无论是否有现金流量，该项目都应全额调节净利润，但不包括计提的减值准备。

（8）递延所得税资产减少和递延所得税负债增加。它们分别反映企业资产负债表"递延所得税资产"和"递延所得税负债"项目的期初余额与期末余额的差额。递延所得税在计提和缴纳时间上的不一致性导致了其对利润和现金流量影响时间上的不一致。因此应在净利润的基础上进行调整。

（9）存货的减少、经营性应收项目的减少和经营性应付项目的增加。它们分别反映了企业资产负债表"存货"项目、企业本期经营性应收项目（包括应收票据、应收账款、预付账款、长期应收款和其他应收款中与经营活动有关的部分及应收的增值税销项税额等）和企业本期经营性应付项目（包括应付票据、应付账款、预收账款、应付职工薪酬、应交税费、应付利息、应付股利、长期应付款、其他应付款中与经营活动有关的部分及应付的增值税进项税额等）的期初余额与期末余额的差额。

经营活动存货的增加，说明现金减少或经营性应付项目增加；存货减少，说明非付现销售成本增加。所以在调节净利润时，应减去存货的净增加数，或加上存货的净减少数。至于赊购增加的存货,通过同时调整经营性应付项目的增减变动而进行自动抵销。若存货的增减变动不属于经营活动,则不作调整,如接受投资者投入的存货应作扣除。

经营性应收项目增加,说明企业未收到现金的收入增加,即利润增加但现金流量未增加。经营性应收项目减少,说明应收款项收回,现金增加,但不影响利润。所以要对由此引起的净利润与现金流量的差异进行调整。经营性应付项目的情况与此相反。

【思考题】

1. 试述现金流量表分析的目的与内容。
2. 现金流量的分类及其所包含的主要项目有哪些?
3. 如何进行现金流量表变动情况分析?
4. 经营活动现金净流量与净利润之间存在什么关系?
5. 现金流量表信息对资产负债表和利润表信息的补充体现在哪些方面?
6. 试述现金流量表主要项目分析。
7. 以某上市公司的现金流量表为例,说明表中各个项目所反映的内容以及现金流量表所反映的企业的现金流量情况。
8. 有人认为"现金流量表中的经营活动产生的现金净流量占全部现金净流量的比重越大越好",请谈谈你对这种观点的看法。

【案例讨论与分析】

案例一 现金去哪儿了?

(一) 案例介绍

哈药集团三精制药股份有限公司(以下简称:三精制药,现名:人民同泰,股票代码:600829)始建于1950年,拥有60多年的发展史,最初以生产肌肉和静脉水针剂为主,是黑龙江省最早的专业化生产水针剂和国内最早引进国外水针剂一连机生产设备的企业。目前,三精制药由一个单一剂型的小药厂,已经发展成为多品种、多剂型、医药原料和制剂并重,集科研、生产、销售、商贸于一体的大型集团化综合制企业。三精制药是最早通过国家GMP认证的医药企业之一,其注册商标也被国家认定为"中国驰名商标"。目前为止,三精制药已拥有31个控股和参股子公司,七大生产基地。公司的主打产品包括:三精葡萄糖酸钙口服溶液、三精葡萄糖酸锌口服液、三精双黄连口服液、三精司乐平等,这些知名产品已享誉全国,集团正在此基础上陆续推出新的产品。

2013年,三精制药实现营业收入31.77亿元,同比降低21.91%;净利润亏损778.27万元,同比降低98.23%;经营活动产生的现金流量净额为-1.58亿元,同比降低171.45%。三精制药2008—2011年净利润连连攀升,2012年尚实现净利润3.53

亿元，2013年却突然报亏，这已让投资者颇感意外，但其巨大的经营活动现金流量缺口更让人跌破眼镜。人们不禁要问：三精制药的现金去哪儿了？让我们打开财务报表寻找答案。三精制药2008—2013年主要报表数据摘要见表5-8。

表5-8　　　　　三精制药2008—2013年主要报表数据摘要　　　　　单位：元

年份	2008	2009	2010	2011	2012	2013
净利润	28 067.97	29 352.05	33 937.58	38 847.67	35 349.39	-778.27
营业收入	259 434.41	263 825.32	300 508.86	360 573.89	406 838.53	317 700.49
销售商品、提供劳务收到的现金	168 219.84	230 660.26	233 005.11	274 854.87	372 145.92	259 221.81
经营活动产生的现金流量净额	-6 593.41	44 782.50	16 298.65	-10 830.03	22 157.34	-15 831.23
经营性应收	116 395.39	100 717.73	123 208.90	136 513.11	160 159.62	159 662.87
经营性应付	53 624.68	70 986.95	98 015.33	89 070.16	90 983.64	73 404.84

根据表5-8的数据可以看出，2012年以前，三精制药营业收入和净利润都呈现出稳定增长的态势，但与之相伴随的是经营性应收项目金额居高不下，并节节高升。而经营性应付项目金额则基本保持稳定，增长趋势并不明显。

2014年，三精制药意外地"触底反弹"，实现经营活动净现金流量392 578 769.60元，三精制药2014年在年报中披露的现金流量表补充资料见表5-9。

表5-9　　　　　　　　　现金流量表补充资料　　　　　　　　　单位：元

项目	金额
净利润	26 228 323.91
加：资产减值准备	68 898 499.54
固定资产折旧、油气资产折耗、生产性生物资产折旧	82 079 403.61
无形资产摊销	4 468 240.67
长期待摊费用摊销	4 746 054.34
处置固定资产、无形资产和其他长期资产的损失	-10 189.29
财务费用	17 747 974.01
投资损失	-773 684.46
递延所得税资产的减少	-8 110 863.76
存货的减少	5 879 012.29
经营性应收项目的减少	436 140 015.53
经营性应付项目的增加	-244 714 016.79
经营活动净现金流量	392 578 769.60

（二）案例分析要求

1．请分析三精制药2008—2013年的销售获现状况。

2. 请分析三精制药经营性应收项目与经营性应付项目配合使用的状况。

3. 三精制药经营活动产生现金流量是否充足？在对经营活动现金流量进行充分性分析时应考虑哪些因素？

4. 请分析哪些因素可能导致净利润和经营活动净现金流量的不平衡？结合表 5－9，说明具体哪些因素导致三精制药 2014 年净利润和经营活动净现金流量产生差异。

5. 请综合分析现金流量表与利润表以及资产负债表之间的关系。

案例二　投资决定未来

（一）案例介绍

"三年前的选择决定了你今天的生活，今天的选择决定了你三年后的生活。"这句当今流行语用到公司上面来就是，三年前的投资活动决定了公司今天的成果，今天的投资活动决定了公司三年后的成果。因此，在公司管理中，衔接战略和财报的核心就是公司的投资活动。

一家公司在确定战略以后，需要通过其投资活动来贯彻和执行战略。例如，华为提出"全球领先的信息与通信技术（ICT）解决方案供应商"的战略，就要不断地在 ICT 领域进行投资，包括研发投资、生产投资、服务投资。公司的大多数投资活动，体现在现金流量表中的投资活动现金流量中。因此，我们可以通过投资活动现金流量来分析一家公司的战略及未来发展。

投资活动现金流量包括购建固定资产、无形资产和其他长期资产支付的现金项目和处置固定资产、无形资产和其他长期资产收回的现金净额项目。它们是与公司战略密切相关的项目。长期资产是一家公司的生产资料，需要经过比较长的时间才能收回初始投入的现金。公司选择什么行业，就必须配置与该行业相关的长期资产。由于长期资产的专用属性，一旦公司购建了长期资产后就很难用于其他行业和用途，因此一家公司的长期资产决定了未来一定时期内这家公司所处的行业及经营特征，从这个角度来说，购建长期资产的决策和活动对公司的长远发展具有重大的战略意义。

在分析购建和处置长期资产的现金流量时，要关心两个问题：一是公司的投资方向，即公司进入的行业。不同行业资产带来未来回报的能力存在着差异，这个问题需要结合前面不同行业的财报特征来分析和判断。二是购建和处置长期资产后，公司经营规模和生产能力的扩张程度。

可以通过以下三个指标来反映：①长期资产净投资额＝购建长期资产支付的现金－处置长期资产收回的现金；②长期资产新投资额＝长期资产净投资－报废或到期退役的长期资产净额；③长期资产新投资额比例＝长期资产新投资额÷长期资产期初净额×100%。

第一个指标的含义是：当期新购建的长期资产减去当期处置的长期资产，代表一家公司是买进来的长期资产多还是卖出去的长期资产多。例如，A航空公司当期新购入了50架飞机，同时处置了10架飞机（如转让给其他航空公司），则当期从购建和处置的角度而言A航空公司增加了40架飞机的经营规模。

第二个指标的含义是：长期资产净投资额减去到期退役的长期资产净额，代表一家公司实际增加的经营规模和生产能力，反映一家公司扩张的绝对程度。如果一家公司的长期资产新投资额远远大于零，则这家公司采取了扩张战略。如果一家公司的长期资产新投资额远远小于零，则这家公司采取了收缩战略。如果一家公司的长期资产新投资额接近于零，则这家公司采取了维持战略。一家公司经营能力的降低，除了出售长期资产外，还包括报废和长期资产正常使用到期后无法使用的情况。例如，上述A航空公司当期除了处置10架飞机以外，因为折旧到期而退役了8架飞机，则A航空公司当期实际增加32架飞机的经营规模。公司内部管理人员做分析时可以得到准确的到期退役的长期资产净额，而外部分析人员则只能采用近似的替代数字——当期折旧摊销金额来替代。折旧摊销在财务上的意义是一家公司的资产在长期使用过程中被消耗的程度，因此需要把折旧摊销的金额用来持续更新其生产设备等长期资产。长期资产新投资额表明一家公司的自我扩张情况。

第三个指标——长期资产新投资额比例，代表一家公司当期新增加的经营规模和生产能力占前期经营规模和生产能力的比重，反映一家公司扩张的相对速度。

万华化学投资活动现金流量分析表见表5–10。大秦铁路投资活动现金流量分析表见表5–11。

表5–10　　　　　　　万华化学投资活动现金流量分析表　　　　　　金额单位：万元

	投资活动产生的现金流量	2011年	2012年	2013年	2014年	2015年
(1)	处置固定资产、无形资产和其他长期资产收回的现金净额	782.14	630.77	474.43	63.43	6 343.60
(2)	构建固定资产、无形资产和其他长期资产支付的现金	290 372.70	393 470.79	677 078.53	905 028.67	516 046.47
(3)	长期资产净投资额=(2)-(1)	289 590.56	392 840.02	676 604.10	904 965.24	509 702.87
(4)	固定资产折旧、油气资产折耗、生产性生物资产折旧	66 203.01	73 144.68	84 613.47	93 410.51	147 283.57
(5)	无形资产摊销	909.57	1 185.67	2 104.77	4 452.57	7 317.79
(6)	长期待摊费用摊销	472.29	766.52	1 001.86	1 013.21	—
(7)	处置固定资产、无形资产和其他长期资产的损失	1 387.00	16 982.18	2 943.74	22 280.25	16 002.01
(8)	固定资产报废损失					
(9)	长期资产新投资额=(3)-(4)-(5)-(6)-(7)-(8)	220 618.69	300 760.97	585 940.26	783 808.70	339 099.50
(10)	期初长期资产净额	792 009.56	963 849.84	1 398 641.31	2 261 402.90	3 151 290.18
(11)	长期资产扩张性资本支出比例=(9)÷(10)×100%	27.86%	31.20%	41.89%	34.66%	10.76%

表 5-11　　　　　　　　大秦铁路投资活动现金流量分析表　　　　　　　金额单位：万元

	投资活动产生的现金流量	2011 年	2012 年	2013 年	2014 年	2015 年
(1)	处置固定资产、无形资产和其他长期资产收回的现金净额	791.99	2 379.58	1 905.69	4 996.63	3 285.14
(2)	构建固定资产、无形资产和其他长期资产支付的现金	398 752.48	394 346.46	473 804.57	551 537.83	581 168.05
(3)	长期资产净投资额 = (2) - (1)	397 960.49	391 966.88	471 898.88	546 541.20	577 882.91
(4)	固定资产折旧、油气资产折耗、生产性生物资产折旧	398 370.94	436 951.57	471 016.21	481 734.09	502 057.95
(5)	无形资产摊销	10 479.66	10 913.59	11 031.52	11 405.27	11 426.22
(6)	长期待摊费用摊销	192.47	3 124.27	3 152.08	3 564.58	3 512.78
(7)	处置固定资产、无形资产和其他长期资产的损失	2 580.41	1 036.42	7 326.38	4 451.56	14 714.90
(8)	固定资产报废损失	—	—	—	—	—
(9)	长期资产新投资额 = (3) - (4) - (5) - (6) - (7) - (8)	-13 662.99	-60 058.97	-20 627.31	45 385.70	46 171.06
(10)	期初长期资产净额	7 231 764.02	7 093 506.42	7 187 804.63	7 268 897.23	7 208 380.49
(11)	长期资产扩张性资本支出比例 = (9) ÷ (10) ×100%	-0.19%	-0.85%	-0.29%	0.62%	0.64%

（二）案例分析要求

1. 请根据所提供资料，分析万华化学的投资发展战略。
2. 请根据所提供资料，分析大秦铁路的投资发展战略。

案例三　新三板企业浩淼科技的现金流量质量分析

（一）案例介绍

明光浩淼安防科技股份公司（以下简称浩淼科技）2017 年 6 月在中国证监会网站披露招股说明书，拟转 A 股，在深交所创业板公开发行 2 210 万股，发行后总股本 8 839 万股。然而该企业经营性现金净流量在三年内两年为负。

公开资料显示，浩淼科技的主营业务为消防车的研发、生产、销售以及相关技术服务，一直致力于为公安消防部门以及石油、化工、电力、煤炭、机场等企业提供罐类、举高及特种类消防车产品，同时还积极拓展布障车、防暴车等其他公共安全与应急救援装备业务。据了解，浩淼科技于 2015 年 1 月 27 日正式在新三板挂牌，自 2015 年 12 月进入上市辅导阶段。招股书显示，浩淼科技本次 IPO 计划募集资金 1.6 亿元，用于年产 80 辆举高及特种类消防车项目、消防车技改项目和研发中心建设项目。

业绩方面，浩淼科技 2014—2016 年实现营业收入 20.62 亿元、26.45 亿元和 30.18 亿元，同期净利润为 1 420.61 万元、2 776.88 万元和 3 702.21 万元，经营活动产生的现金流量净额分别为 -5 579.94 万元、4 466.36 万元和 -1.46 亿元。

招股书显示，2014—2016 年末，浩淼科技的应收账款账面价值为 7 844.32 万元、

6 650.71 万元和 11 372.08 万元，占同期营业收入的比例分别为 38.04%，25.15% 和 37.68%。浩森科技称，公司应收账款客户主要为公安消防部门以及国有大中型企业，信誉良好，信用风险较低，且公司对应收账款充分计提了坏账准备；同时，公司制定了完善的应收账款管理制度，并采取了积极的收款措施，但仍然存在应收账款不能按期收回或无法收回产生坏账的风险，进而对公司业绩和生产经营产生不利影响。

本次发行前，2014—2016 年，浩森科技扣除非经常性损益后归属于公司普通股股东的按净利润口径计算的加权平均净资产收益率分别为 10.31%、23.42% 和 18.2%。

2016 年年度报告显示，浩森科技的营业收入为 3.02 亿元，较上年同期增长 14.11%；归属于挂牌公司股东的净利润为 3 702.21 万元，同比增长 33.32%；基本每股收益为 0.63 元，较上年同期增长 23.53%。截至 2016 年 12 月 31 日，浩森科技资产总计 3.73 亿元，较上年期末增长 29.23%，资产负债率为 34.12%，较上年期末的 56.21% 下降了 22.09 个百分点。经营活动产生的现金流量净额本期为 -1 455.66 万元，上年同期为 4 466.36 万元。2016 年度净利润与上年同期相比增加了 33.23%，主要原因有两个：一是公司业务规模扩大，营业收入增加；二是公司加大研发投入，开发了高附加值的产品，毛利率上升。

（二）案例分析要求

1. 公司近三年的营业收入和净利润均持续上涨，而经营活动产生的现金净流量却出现波动，其中两年为负，有哪些原因会导致这种情况发生？
2. 如何评价公司的现金流量质量？

第6章 所有者权益变动表分析

【学习目标】

1. 掌握所有者权益变动表的内涵及其与其他对外报表内容与项目的钩稽关系；
2. 理解所有者权益变动表的编制与分析意义；
3. 掌握所有者权益变动表一般分析的具体内容；
4. 掌握所有者权益变动的影响因素分析。

---【引例】---

2017年成功IPO的联泰环保（股票代码：603797）曾在2014年遭到质疑。

（一）负债率偏高成隐忧

联泰环保2014年的招股书显示，虽然在报告期内业绩增长喜人，但与外资和国内大型水务集团项目相比，公司在资金实力上存在劣势，2011年至2014年6月30日，公司合并口径的资产负债率分别为67.56%、65.93%、62.53%和61.48%，处于较高水平，限制了公司开拓新项目的能力。

同时，联泰环保的流动比率、速动比率也低于同行业上市公司水平。以2013年为例，其流动比率和速动比率分别为0.36和0.34，而同期行业平均水平分别为2.38和2.25。

对此，联泰环保解释：一方面，公司流动负债结构中一年内到期的非流动负债占比较高，导致流动负债总额较高；另一方面，由于污水处理运营业务大部分资产主要为特许经营权等无形资产，流动资产的比例较低。但联泰环保亦表示，公司投资运营污水处理项目的客户为政府部门，应收账款均能及时收回，经营活动产生的现金流量充裕。

（二）黄氏家族持股超九成

事实上，联泰环保是一个家族色彩较浓的企业，其在招股书中表示，公司实际控制人为黄振达、黄婉茹和黄建勋，三人合计持有联泰环保控股股东——联泰集团100%的股权，间接持有联泰环保93.02%的股份，在此次发行不超过5334万股后，其间接持股比例仍将达到50%以上，保持控制地位。

据了解，黄振达与黄婉茹是父女关系，黄振达与黄建勋是父子关系，黄建勋为联泰环保董事长，黄婉茹为副董事长。黄振达、黄建勋、黄婉茹和得成投资分别持有联泰集团25%、38%、12.5%和24.5%的股份，黄婉茹和黄建勋分别持有得成投资60%和40%的股份。联泰集团为联泰环保控股股东，持股比例为70.23%，其全资子公司联泰投资为联泰环保第二股东，持股比例为22.79%。照此计算，黄氏家族共有联泰环保93.02%的股份。

《时代周报》记者发现，黄氏家族旗下还有14家主要的企业，其中包括联泰投资、汕头市达濠市政建设有限公司、湖南永蓝高速公路有限公司等，在这14家公司中，有6家本年半年度净利润亏损，有2家目前未正式投入运营。其中，湖南永蓝高速公路有限公司亏损最多，报告期内净利润为–16 510.50万元，湖南邵永高速公路有限公司紧随其后，亏损3 212.38万元。

如此算来，2014年上半年盈利冲销之后，黄氏家族控制的这14家企业亏损总额达到13 695.53万元，同一控制人控制的公司资金亏空是否会影响到联泰环保？对于这一担忧，联泰环保在招股书中并未做详细解释。

对于黄氏家族三人的实际控制人地位，联泰环保坦言，虽然公司通过制定《公司章程》《关联交易管理制度》《对外担保制度》等规章制度，以及实施独立董事制度，建立了比较完善的法人治理结构，运行情况良好，但实际控制人仍对公司的经营决策有着较大的影响力，对公司存在控制风险。

如何认识一家公司的法人治理结构？如何理解和评价所有者权益变动所包含的质量信息？如何全面解读所有者权益变动表？此类问题将在本章得到揭示。

6.1 所有者权益变动表分析的目的与内容

6.1.1 所有者权益变动表的内涵

所有者权益变动表是一张总结性的报表，它总结了影响所有者权益的所有交易，反映了公司本期（年度或中期）内截至期末所有者权益变动情况的报表。新会计准则颁布以前，公司所有者权益变动情况是以资产负债表附表形式予以体现的，新会计准则颁布后，宏观层面要求上市公司于2007年开始正式对外呈报所有者权益变动表。所有者权益变动表成为与资产负债表、利润表和现金流量表并列披露的第四张财务报表。

2014年1月26日，财政部发布了修订版《企业会计准则第30号——财务报表列报》（财会〔2014〕7号），并规定自2014年7月1日起在所有执行企业会计准则的企业范围内施行，鼓励在境外上市的企业提前执行，2006年2月15日发布的《企业会计准则第 30 号——财务报表列报》同时废止。根据 2014 年准则，所有者权益变动表最大的变化为："综合收益总额"取代"净利润"和"直接计入所有者权益的利得和损失项目及其总额"。

所有者权益是指公司资产扣除负债后由股东享有的"剩余权益"，也称为净资产，是股东投资资本与经营过程中形成的留存收益的集合，是股东投资和公司发展实力的资本体现。所有者权益在公司经营期内可供企业长期、持续地使用，是公司生存和发展的基础，按其来源或者形成渠道划分，可分为投入资本（包括实收资本和资本公积）和留存收益（包括盈余公积和未分配利润），也可以称投入资本为原始投入的资本，称留存收益为经营形成的资本。前者主要来自股东投入，后者源于企业经营积累。

所有者权益变动表是一张反映企业财务状况、提供企业经营成果信息的报表。它不仅反映了股东权益的变化和企业利润的分配情况，还对某些绕过利润表而直接计入所有者权益的利得和损失项目进行了披露，报表使用者可以通过利润表，再结合所有者权益变动表了解企业的全面收益。

所有者权益变动表应当反映构成所有者权益的各组成部分当期的增减变动情况。综合收益总额以及与所有者（或股东）的资本交易导致的所有者权益的变动，应当分别列示。与所有者的资本交易，是指企业与所有者以其所有者身份进行的、导致所有者权益变动的交易。

所有者权益变动表至少应当单独列示下列项目的信息：

（1）综合收益总额，在合并所有者权益变动表中还应单独列示归属于母公司所有者的综合收益总额和归属于少数股东的综合收益总额；

（2）会计政策变更和会计差错更正的累积影响金额；

（3）所有者投入资本和向所有者分配利润等；

（4）按照规定提取的盈余公积；

（5）所有者权益各组成部分的期初和期末余额及其调节情况。

财务分析者应该从总体角度理解对外财务报表及其关联，并深入理解所有者权益变动表的作用。资产负债表报告的是某一时点的价值存量，利润表、现金流量表与所有者权益变动表反映的是两个时点之间的存量变化——流量，利润表反映了所有者权益变化的一部分，现金流量表则反映了现金的变化过程，所有者权益变动表反映的是资产负债表中所有者权益具体项目的变化过程。四张会计报表用会计语言反映了会计期间的总体财务状况和经营业绩。

6.1.2 编制所有者权益变动表的意义

（1）编制所有者权益变动表符合全面收益改革的国际趋势。

1992 年 10 月，英国会计准则委员会（ASB）要求对外编报的主要财务报表增加

"全部已确认利得与损失表";1997年,美国会计准则委员会(FASB)要求财务报表中必须有一个独立的组成部分,突出显示企业的全部利得和损失,在收益表之外报告全面收益;1997年国际会计准则委员会(IASC)公布的修订后的IASI"财务报表表述"中,要求财务报表中必须有一个独立的组成部分,来突出显示企业的全部利得和损失。

从国外会计准则制定机构关于财务业绩报告的改革过程来看,改革业绩报告的目标基本一致,都要求报告提供更全面、更有用的财务业绩信息,以满足使用者投资、信贷及其他经济决策的需要。

我国在2014年修订后的《企业会计准则——基本准则》中对所有者权益要素作了如下规定:"所有者权益的来源包括所有者投入的资本、直接计入所有者权益的利得和损失、留存收益等。"其中,直接计入所有者权益的利得和损失,是指不应计入当期损益、会导致所有者权益发生增减变动的、与所有者投入资本或者向所有者分配利润无关的利得或者损失。

由所有者权益变动表的内容可知,我国的所有者权益变动表的作用实际上就相当于英国ASB的"全部已确认利得与损失表"、美国FASB的"全面收益表"、国际会计准则委员会(IASC)的"权益变动表"。我国新准则颁布后的所有者权益变动表能更好地帮助投资者获得与其决策相关的全面收益信息。

(2) 编制所有者权益变动表是公司所有者权益和受托责任日益受到重视的体现。

所有者权益变动表可以反映股东所拥有的权益,据以判断资本保值、增值的情况以及对负债的保障程度。该表将全面反映企业的所有者权益在年度内的变化情况,便于会计信息使用者深入分析,进而对企业的资本保值增值情况做出正确判断,为决策提供有用的信息。投资人可以通过所有者权益变动表分析被投资方的投资价值、股利发放、员工红利等各项权益变动因素,以预测投资效益。

从受托责任角度,编制所有者权益变动表,既是对投资者负责,也是对股东和公司自身负责。

(3) 编制所有者权益变动表将更好地为利润表和资产负债表提供辅助信息。

所有者权益变动表中"综合收益总额"以及"利润分配"与利润表之间存在较强的关联性。利润表中的"综合收益总额"提供了综合收益总额的组成,能够帮助会计报告的使用者理解综合收益总额各组成部分对所有者权益变动的贡献。而所有者权益变动表中的"利润分配",该项目反映当年对所有者分配的利润金额和按规定提取的盈余公积金额,据此财务分析主体可分析企业的利润分配项目、利润分配政策以及利润分配趋势等内容,从而了解企业利润分配政策以及利润分配趋势。

利润分配实际上是法人行为,合并报表并非法人报表,而且合并报表上由于抵销了内部未实现利润和没有恢复子公司计提的盈余公积,合并报表上的未分配利润不是母公司真正可供分配的利润,所以上市公司利润分配还是应该以母公司报表可供分配利润为准。因此,编制合并会计报表的公司,其利润分配应当以母公司报表中的可供分配的利润为依据。

所有者权益变动表中提供的所有者结构变动信息与资产负债表中所有者权益部分相辅相成,提供了所有者权益具体项目变动的过程,弥补了资产负债表只提供某一时点价值存量的不足,让会计报告的使用者理解引起所有者权益变动的根源。

(4) 编制所有者权益变动表能更清晰地体现会计政策变更和前期差错更正对所有者权益的影响。

会计政策变更和前期差错更正对所有者权益本年年初余额的影响,原先主要在会计报表附注中体现,很容易被投资者忽略。新准则要求除了在附注中披露与会计政策变更、前期差错更正有关的信息外,还将在所有者权益变动表上直接列示会计政策变更和前期差错更正对所有者权益的影响,以使其得到更清晰的体现。

6.1.3 所有者权益变动表分析的目的

所有者权益变动表分析,是通过所有者权益的来源及变动情况,了解会计期间内影响所有者权益增减变动的具体原因,判断构成所有者权益各个项目变动的合法性与合理性,为报表使用者提供较为真实的所有者权益总额及其变动信息。

所有者权益变动表分析的具体目的如下:

(1) 通过所有者权益变动表的分析,可以清晰体现会计期间构成所有者权益各个项目的变动规模与结构,了解其变动趋势,反映公司净资产的实力,提供资本保值增值的重要信息。

(2) 通过所有者权益变动表的分析,可以进一步从全面收益角度报告更全面、更有用的财务业绩信息,以满足报表外部和内部使用者进行投资、信贷、监管及其他经济决策的需要。

(3) 通过所有者权益变动表的分析,可以反映会计政策变更的合理性以及会计差错更正的幅度,具体报告会计政策变更和会计差错更正对所有者权益的影响数额。

(4) 通过所有者权益变动表的分析,可以反映股利分配政策、股票回购等公司战略对所有者权益的影响。

6.1.4 所有者权益变动表的分析内容

所有者权益变动表的分析,主要包括以下内容:

(1) 所有者权益变动表的一般分析。包括所有者权益变动表的水平分析、垂直分析和趋势分析。

（2）所有者权益变动影响因素分析。

6.2 所有者权益变动表的一般分析

6.2.1 所有者权益变动表的水平分析

所有者权益变动表的水平分析，是将所有者权益变动表的整体数据变动与各个项目的数据变动进行对比，揭示公司当期所有者权益规模与各个组成要素变动的关系，解释公司净资产的变动原因，从而进行相关分析与决策的过程。

所有者权益变动表的水平分析思路，是通过所有者权益的来源及其变动情况，了解会计期间内影响所有者权益增减变动的具体原因，判断构成所有者权益各个项目变动的合法性与合理性，为报表使用者提供较为真实的所有者权益总额及其变动信息。对于所有者权益变动表所包含的财务状况质量信息，主要应关注："输血性"变化和"盈利性"变化；所有者权益内部项目互相结转的财务效应；公司股权结构的变化与方向性含义；会计核算因素的影响；公司股利分配方式所包含的财务状况质量信息；等等。

下面以 ABC 公司 2020 年所有者权益变动表为例，对 ABC 公司所有者权益变动表的规模变动原因予以具体项目分析，详见表 6-1。

对所有者权益变动表进行阅读和分析，其最重要的内容之一是本年增减变动额。

由表 6-1 可知，ABC 公司 2020 年所有者权益比 2019 年增加了 2 295 139 千元，增长幅度为 17.81%；从影响的主要项目看，最主要的原因是本年综合收益总额 2 315 408 千元的贡献，而综合收益总额中净利润为 1 913 019 千元（2 315 408 - 402 389），占所有者权益增加额的 83.4%（1 913 019 ÷ 2 295 139），说明 ABC 以盈利为资本保值增值的模式。增加净利润是经营资本增加的源泉，也是所有者权益增长的重要途径，正如定价理论信条所言，价值是股东在经营过程中产生的，而非股东在财务活动中产生的；健康成长型公司，应通过投资收益实现经营积累，实现投资者资本的保值增值。从目前看来，ABC 公司正是在重视和追求权益回报，以回归公司本质——"以营利为目的的经济组织"。

除此之外，所有者权益变动表的规模分析还应当对所有者权益规模变动原因逐一分析：

（1）实收资本（或者股本）变动情况的分析。

实收资本（或者股本）的增加包括资本公积转入、盈余公积转入、利润分配转入

表 6-1 ABC 公司所有者权益变动表的规模分析

2020 年

单位：千元

项目	股本	资本公积	减：库存股	其他综合收益	盈余公积	未分配利润	拟派期末股利	小计	少数股东权益	股东权益
一、本年年初余额	959 522	5 807 332		-65 562	1 364 758	3 831 231	239 880	12 137 161	751 247	12 888 408
加：会计政策变更										
前期差错更正										
二、本年年末余额	1 343 330	6 298 172		-248 146	1 431 820	5 021 369	402 999	14 249 544	934 003	15 183 547
三、本年增减变动额	383 808	490 840		-182 584	67 062	1 190 138	163 119	2 112 383	182 756	2 295 139
四、本年增减变动率（%）	40	8.45		-278.49	4.91	31.06	68	17.4	24.33	17.81
五、本年规模变动原因										
（一）综合收益总额				402 389		1 660 199		2 062 588	252 820	2 315 408
（二）股东投入和减少资本		289 675						289 675	-19 984	269 691
1. 股东投入股本										
2. 股份支付计入股东权益的金额		299 551						299 551		299 551
3. 其他		-9 876						-9 876		-9 876
（三）利润分配					67 062	-470 061	163 119	-239 880	-50 080	-289 960
1. 提取的盈余公积					67 062	-67 062				
2. 对股东的分配						-402 999		-239 880	-50 080	-289 960
3. 拟派期末股利							402 999			
4. 其他										
（四）股东权益内部结转	383 808	-383 808								
1. 资本公积转增股本	383 808	-383 808								
2. 盈余公积转增股本										
3. 盈余公积弥补亏损										
4. 其他										

说明：本年增减变动额 = 本年年末余额 - 本年年初余额；
企业综合收益总额 = 企业净利润 + 其他综合收益税后净额。

和发行新股等多种渠道，前三种都会稀释股票的价格，而发行新股既能增加注册资本和股东权益，又可增加公司的现金资产，这是对公司发展最有利的增股方式。例如，ABC于2020年度通过资本公积转增股本方式，使股本增加383 808千元，较上年增长40%，同年净利润增长，使加权平均每股收益较上年有所增长。

（2）资本公积变动情况的分析。

资本公积是指归所有者所共有的、非收益转化而形成的资本。资本公积增加的原因包括资本（股本）溢价和其他资本公积，如接受捐赠、法定财产重估增值和资本溢价。企业接受非控股股东（或非控股股东的子公司）直接或间接捐赠，经济实质表明属于非控股股东对企业的资本性投入，应当将相关利得计入所有者权益（资本公积）；法定财产重估增值是指企业在分立、合并、变更和投资时资产评估或者合同、协议约定的资产价值与原账面净值的差额；资本溢价是指投资人缴付的出资额超出其认缴资本金的差额，包括股份有限公司发行股票的溢价净收入及可转换债券转换为股本的溢价净收入等。ABC公司在2020年年末所有者权益变动表中，资本公积增加490 840千元，较上年增长8.45%，其具体的原因为：发行可分离交易的可转换公司债券580 210千元、权益法下被投资单位其他所有者权益变动对母公司的影响4 763千元、股份支付计入股东权益的金额299 551千元等；资本公积减少的原因主要是转增资本，例如，ABC公司以资本公积转增股本383 808千元，占股本变动总金额的16.72%（383 808÷2 295 139），资本公积转增股本并没有改变股东的权益总额，但却增加了股本规模，因而客观结果与送红股相似。

（3）其他综合收益变动情况的分析。

其他综合收益是指企业根据其他会计准则规定未在当期损益中确认的各项利得和损失，包括以后会计期间不能重分类进损益的其他综合收益项目和以后会计期间在满足规定条件时将重分类进损益的其他综合收益项目两大类。

ABC公司在2020年年末所有者权益变动表中，其他综合收益减少182 584千元，较上年减少278.49%，为外币报表折算差额的影响。

（4）盈余公积变动情况的分析。

盈余公积是指公司从税后净利润中提取的公积积累基金。盈余公积按规定可用于弥补亏损，也可按法定程序转增资本金，法定公积金提取率为10%，盈亏公积的增减变动情况可以直接反映出公司创利及其积累的情况。ABC公司2020年从净利润中提取盈余公积67 062千元，与2019年33 699千元相比，增加了9%，体现出ABC公司利润积累的实力。

（5）未分配利润的分析。

未分配利润是企业留待以后年度分配的结存利润。2020年ABC公司未分配利润当期增加1 190 138千元，增幅达31.06%，占母公司当期净利润的71.69%（1 190 138÷

1 660 199×100%）；拟派期末股利增加 163 119 千元，增幅达 68%，占母公司当期净利润的 9.83%（163 119÷1 660 199×100%），说明公司当期有较强的持续发展能力和继续分红能力。

除上述母公司层面原因外，影响 ABC 公司本期所有者权益变动的项目还包括：外币报表折算差额对本期所有者权益变动的影响为 -182 584 千元，以及少数股东权益对本期所有者权益变动的影响为 182 756 千元。

6.2.2 所有者权益变动表的垂直分析

所有者权益变动表的垂直分析，是对所有者权益各个子项目变动占所有者权益变动的比重予以计算，并进行分析评价，揭示公司当期所有者权益各个子项目的比重及其变动情况，解释公司净资产构成的变动原因，从而进行相关决策的过程。以 ABC 公司所有者权益变动表为基础资料，编制 ABC 公司 2020 年所有者权益变动垂直分析表，见表 6-2。

表 6-2　　　　　　　　ABC 公司所有者权益变动垂直分析表

2020 年　　　　　　　　　　　　　　　　　　　　　金额单位：千元

	归属于母公司股东权益								少数股东权益	股东权益合计
	股本	资本公积	减：库存股	其他综合收益	盈亏公积	未分配利润	拟派期末股利	小计		
一、本年初余额	959 522	5 807 332		-65 562	1 364 758	3 831 231	239 880	12 137 161	751 247	12 888 408
二、本年末余额	1 343 330	6 298 172		-248 146	1 431 820	5 021 369	402 999	14 249 544	934 003	15 183 547
三、本年增减变动额	383 808	490 840		-182 584	67 062	1 190 138	163 119	2 112 383	182 756	2 295 139
四、本年增减变动构成比重（%）	16.72	21.39		-7.96	2.92	51.85	7.11	92.04	7.96	100

从表 6-2 可以看出，ABC 公司 2020 年所有者权益变动项目总构成为 100%，其中，股本增加的构成为 16.72%，资本公积增加的构成为 21.39%，其他综合收益的构成为 -7.96%，盈余公积增加的构成为 2.92%，未分配利润增加的构成为 51.85%，拟派期末股利增加的构成为 7.11%，归属于母公司所有者权益变动的构成为 92.04%，少数股东权益的构成为 7.96%。

从所有者权益变动总构成可见，ABC 公司 2020 年"盈利性"变化使所有者权益增加的比重为 61.85%，其中包括留存收益增加的比重 54.75%（2.9%＋51.85%），以及拟派期末股利增加的比重 7.11%；"输血性"变化使所有者权益增加的比重为 38.11%（16.72%＋21.39%）。总体而言，ABC 公司的股东权益的增加，通过经营形成的资本占据了较大比重。

留存收益的直接效果就是在利润分配前提取盈余公积,限制向投资者分配利润,在利润分配中不完全分配以便以后年度分配,其目的在于:(1)降低公司财务风险。要发展、要扩大经营,必须保持一定数量的流动资本,以便保证企业能不断更新固定资产,按期偿还债务或应付经营中可能出现的意外损失,这一切可以通过留存收益来实现。(2)均衡各期利润分配。因为公司各年实现利润不可能一样,为了给投资者以良好形象,显示公司经营稳定,可通过留存收益,以丰补歉,使投资者各年能得到大体相同的投资回报。(3)为公司扩充实力追加投资。作为公司,为了增强抗风险能力,必须扩大企业规模,在外界无追加投资的情况下,可以通过盈余公积转增资本的形式来补充原始投入资本的不足。(4)出于某些特殊目的考虑。

实收资本(或股本)是投资者按照公司章程或合同、协议的约定,实际投入公司并依法进行注册的资本,它体现了公司所有者对公司的基本产权关系。实收资本(或股本)的构成比例是确定所有者参与公司财务经营决策的基础,也是公司进行利润分配或股利分配的依据,同时还是公司清算时确定所有者对净资产的要求权的依据。资本公积是投资者的出资中超出其在注册资本中所占份额的部分,以及直接计入所有者权益的利得和损失,它不直接表明所有者对公司的基本产权关系。资本公积从形成来源上看,它不是由公司实现的利润转化而来的,从本质上讲应属于投入型资本范畴,因此,它与留存收益有根本区别,因为后者是由公司实现的利润转化而来的。资本公积尽管属于投入资本范畴,但它与实收资本又有所不同,实收资本属于法定资本,在金额上有比较严格的限制,资本公积在金额上则没有严格的限制,而且在来源上也相对灵活,它可以来源于投资者的额外投入,也可以来源于除投资者之外的其他企业或个人,如接受捐赠的资产等。ABC公司2020年资本公积的来源包括:发行可分离交易的可转换公司债券溢价、权益法下被投资单位其他所有者权益变动的影响、股份支付计入股东权益的部分等。

关于所有者权益变动表主要项目的分析,可以根据所有者权益变动表矩阵式数据、报表附注和其他相关信息进一步分析其变动的原因及合理性。

6.2.3 所有者权益变动表的趋势分析

所有者权益变动表的趋势分析,是通过所有者权益变动表各个项目的变动情况,观察和分析股本、资本公积、盈余公积、未分配利润等项目的变动趋势,深入理解和掌握所有者权益项目增减变动的原因与规律,为财务预测、财务决策、编制财务预算和估算企业价值提供依据。由于所有者权益变动表已反映资产负债表中所有者权益项目由期初到期末的具体变动,因此,所有者权益变动表趋势分析是对资产负债表趋势分析的补充与延伸。

6.3 所有者权益变动影响因素分析

公司不同的股利政策和筹资行为会对所有者权益产生不同的影响,理解这些行为对所有者权益的影响对于恰当地分析所有者权益变动表是十分必要的。本节介绍了股利决策、股票分割、库存股、可转换债券、债务重组债转股以及以权益结算的股份支付对于所有者权益的影响。

6.3.1 股利决策对公司所有者权益的影响

目前我国上市公司主要采用的是派现和送股这两种形式发放股利,股利决策对公司财务状况的影响是不同的:派现使公司的资产和所有者权益同时减少,股东手中的现金增加;送股使流通在外的股份数增加,公司账面的未分配利润减少,股本增加,影响每股账面价值和每股收益。

(1) 派现。

①派现的含义。派现即派发现金股利,是指公司以现金向股东支付股利的形式,是公司最常见的、最易被投资者接受的股利支付方式。这种形式能够满足大多数投资者希望得到稳定投资回报的要求。公司是否支付现金股利,既取决于公司是否有足额的可供分配的利润,还取决于公司的投资需要、现金流量和股东意愿等因素。

②派现对所有者权益的影响。派现会导致公司现金流出,减少公司的资产和所有者权益规模,降低公司内部筹资的总量,既影响所有者权益内部结构,也影响整体资本结构。

派现将减少公司的资产和留存收益规模,降低公司的财务弹性,并影响公司整体的投资与筹资决策。所以,管理层在决定派现时,应当权衡各方面的因素。

一般而言,公司派现决策的动机如下:

第一,消除不确定性动机。投资者对股利和资本利得有不同的偏好,大多数投资者认为,现金股利是在本期收到的实惠,而未来的资本利得则具有很大的不确定性,公司通过派现将消除投资者期望收益的不确定性,树立良好的市场形象。

第二,传递优势信息动机。根据股利传播信息论,在非完善资本市场中,派现常常被管理者用作传递公司未来前景的信息。当管理者对公司未来发展前景看好时,就会通过一定的派现向市场传递公司的绩优信息,从而提高公司的股票价格。

第三,减少代理成本动机。将剩余的现金流量以股利的形式发放给股东,可以降低经营者控制企业资源的能力,从而降低因所有者和经营者之间的冲突而产生的代理成本。

第四,返还现金动机。每个公司都会走向成熟期,在这个阶段,公司很难找到投资收益率超过投资者要求的必要收益率的项目,这时就应该考虑向投资者派现,以稳定投资者的心态。

(2) 送股。

①送股的含义。送股即送股票股利,是指公司以股票形式向投资者发放股利的方式。其具体做法是:在公司注册资本尚未足额时,以股东认购的股票作为股利支付,也可以发行新股支付股利。实际操作过程中,有的公司增发新股时,预先扣除当年应分配股利,减价配售给老股东;也有的公司发行新股时进行无偿增资配股,即股东无须缴纳任何现金和实物即可取得公司发行的股票。

公司选择送股的动因如下:第一,送股固然不会增加股票的内在价值,但对股东来说将收益作为本金留存公司是一种再投资行为。只要公司经营长线看好,股票红利就很诱人。第二,从市场评价来看,送股相当吸引人。大量送股后每股收益被稀释,填补每股盈利的缺口给公司经营提出了更高的要求。根据信息理论,大量送股给市场这样一个信号——公司对盈利增长有信心。第三,公司送股决策最直接的动因还是为了更多地筹资。例如,承销商会建议某些小盘股,先送红股将盘子做大,然后配股,这样配股价不致太高,还可以多筹资。第四,送股还有避税、降低交易成本等优点。

②送股对所有者权益的影响。送股是比较特殊的福利形式,它不直接增加股东的财富,不会导致企业资产的流出或负债的增加,不影响公司的资产、负债及所有者权益总额的变化,所影响的只是所有者权益内部有关各项目及其结构的变化,即将未分配利润转为股本(面值)或资本公积(超面值溢价)。

③送股对每股收益和每股市价的影响。送股后,如果盈利总额不变,普通股股数的增加会引起每股收益和每股市价的下降,但由于股东所持股份的比例不变,每位股东所持股票的市场价值总额仍保持不变。

发放股票股利对每股收益和每股市价的影响,可以通过对原每股收益、每股市价的调整直接算出。其计算公式如下:

发放股票股利后的每股收益 $= E_0 / (1 + D_s)$

其中,E_0——发放股票股利前的每股收益;

D_s——股票股利发放率。

发放股票股利后的每股市价 $= M / (1 + D_s)$

其中,M——除权日的每股市价。

④转增股本与送股。转增股本是指公司将资本公积金转化为股本,转增股本并没有改变股东的权益,但却增加了股本的规模,因而客观结果与送股相似。

6.3.2 股票分割对公司所有者权益的影响

(1) 股票分割的含义。

股票分割是在保持原有股本总额的前提下，将每股股份分割为若干股，使股票面值降低而增加股票数量的行为。

股票分割对中小投资者购买股票更具吸引力，具体说来可归纳为：

①股票分割可降低公司股票的市场价格，从而易于在市场上流通。这有利于吸引投资者买卖公司股票。

②股票分割实际上是向投资者传递公司发展前景良好的信息。因为股票分割意味着公司想以较低的发行价吸引投资者购买公司的新股票，公司的股票价格有上升趋势。

③如果股票分割后的每股现金股利比股票分割前高，股东可获得较多的利益，从而对公司的发展充满信心，并且不会随便出售手中持有的股票。这无疑有利于稳定公司的股票价格。

当然，公司如果认为流通中的股票价格过低，可通过反分割的方法将每股价格提高。在国际上，股票的分割和反分割都会受到有关法律的限制。

(2) 股票分割对所有者权益的影响。

股票分割不属于股利分配，但与股票股利在效果上有一些相似之处，即股票分割也不直接增加股东的财富，不影响公司的资产、负债及所有者权益的金额变化。与送股的不同之处在于股票股利影响所有者权益有关各项目的结构发生变化，而股票分割则不会改变公司的所有者权益结构。

(3) 股票分割对每股收益和每股市价的影响。

虽然股票分割不属于某种股利，但与股票股利一样，它会对公司的每股收益，每股市价等产生影响。在其他条件不变的情况下，进行股票分割会使公司的每股收益和每股市价下降。

6.3.3 所有者权益变动表中的库存股

(1) 库存股的概念。

库存股亦称库藏股，是指公司购回而没有注销并由该公司持有的已发行的股份，库存股在回购后并不一定注销，由公司持有并决策，在适当的时机可以再向市场出售或用于对员工的激励。库存股是发行总股本的减项，可以被理解为将股利一次性支付给股东，属于间接股利分配形式。

库存股同时具备以下四个特点：①库存股是本公司的股票；②库存股是已发行的股票；③库存股是收回后尚未注销的股票；④库存股是可以再次出售的股票。根据定义，我们也可以作如下理解：凡是属于公司未发行的股票、公司持有的其他公司的股票或者是公司已收回并注销的股票都不能被视为库存股。

股票回购的原因一般有以下两点：①实施基于股票的管理层激励，管理层可以以低于市价的价格购买公司的股票，从而使管理层和股东的利益一致。②提高每股收益，减少发行在外的股票数量，会使每个股东享有的利润增加，从而提高每股收益。

回购股份时，

借：库存股

  贷：银行存款

注销回购股份时，

借：股本（按回购数乘以股票购买的价格）、资本公积（也可以在贷方，表示回购价格低于股本价格）

  贷：库存股，其中按股本和回购价格先冲减资本公积，再冲减盈余公积，不够冲减的情况下再冲减未分配利润。

除了股票回购外，本公司股东或债务人以股票抵偿公司的债务、股东捐赠本公司的股票等行为都会形成库存股。

（2）库存股对公司所有者权益的影响

①库存股不是公司的一项资产，而是所有者权益的减项，发生时不影响总股本变化，注销时库存股对所有者权益总额有影响。

②库存股的变动不影响损益，只影响权益。由于库存股不是公司的一项资产，因此再次发行库存股时，其所产生的收入与取得时的账面价值之间的差额不会引起公司损益的变化，而是引起公司所有者权益的增加或减少。例如，公司以低价格买入库存股，以高价格卖出库存股，则成本和卖价间的差异会记录为资本公积的增加。

③库存股的权利受限。由于库存股没有具体股东，因此，库存股的权利会受到一定的限制，例如，它不具有股利分派权、表决权、优先认购权、分配剩余财产权等。

（3）对库存股分析应该注意的问题。

从实质影响看，股票回购可以被认为是将股利一次性支付给股东，属于间接股利分配，但股票回购比高股利政策更有财务影响：①合理增加库存股能进一步提高股票价格，吸引投资者。公司通过增加库存股可以减少发行在外的流通股，从而达到提高每股净收益和每股股利的目的，以保持或提高股价。②合理增加库存股可减少股东人数，化解外部控制或减少施加重要影响的公司和企业，以避免公司自身被收购或者恶意运作。③公司通过库存股的合理运用，可以调整自身的资本结构，保证股东和债权人的利益。

库存股会影响到公司的股价、资本结构、公司形象等，因此，在报表分析中应该注意以下几项：

①法律、法规、章程等对发行在外的股票数量及金额的限制。
②法律、法规、章程等因持有库存股而对其股利分配的限制。
③依法回收股票的原因、库存股的增减变动状况。
④法律、法规、章程对库存股所享有的股东权利的限制。
⑤若子公司于母公司财务报表期间持有母公司股票，母公司利润表应揭示相关资料，并在财务报表附注中揭示子公司购入的股数及账面价值、再出售股数及售价、期末持有数及市价。
⑥有无利用股票回购内幕操纵股价、粉饰财务数据、误导投资者、满足公司管理层短期行为的动机，等等。

6.3.4 可转债、债转股以及股份支付对所有者权益的影响

（1）可转换公司债券的发行与行权。

根据《上市公司证券发行管理办法》，可转换债券是指发行公司依法发行，在一定期间内依据约定的条件可以转换成股份的公司债券。可转换公司债券赋予投资者在一定的期间内根据约定的条件将债券转换成发行公司普通股票的自由选择权，而不承担必须进行转换的义务，并且在转股前一直享有债权人的权益。换言之，可转换持有人可以选择持有至到期，并且在转股前一直享有债权人的权益。换言之，可转换持有人可以选择持有至到期，要求公司还本付息，也可以在约定的时间内转换为股票，享受股利分配或资本增值。

可转换公司债券发行时，应将其包含的负债成分和权益成分进行拆分，将负债成分确认为应付债券，权益成分确认为其他权益工具，故而可转换公司债券的发行会使得所有者权益中的其他权益工具增加。

可转换公司债券持有人行使转换权利时，其持有的债券就会转化为股票，其转换时的账务处理为：

按可转换公司债券的余额，

借：应付债券——可转换公司债券（面值、利息调整）

按其权益成分的金额，

借：其他权益工具，按股票面值和转换的股数计算股票面值总额

   贷：股本，按其差额

   贷：资本公积——股本溢价

可见，可转换公司债券行权时，股本会增加，其他权益工具会减少，资本公积——其他资本公积也会变化。

（2）债务重组债务转为资本。

债务重组是指债务人在发生财务困难的情况下，债权人按照其与债务人达成的协

议或法院的裁定作出让步的事项。"债务人发生财务困难"是指债务人出现资金周转困难或经营陷入困境，导致其无法或者没有能力按原定条件偿还债务；"债权人作出让步"是指债权人同意发生财务困难的债务人现在或者将来以低于重组债务账面价值的金额或者价值偿还债务。债务人发生财务困难是债务重组的前提条件，债权人作出让步是债务重组的必要条件。

债务重组主要有以下几种方式：①以资产清偿债务；②将债务转为资本；③修改其他债务条件；④以上三种方式的组合。其中会涉及所有者权益变动的重组方式为将债务转为资本，其债务人账务处理为：企业将重组债务转为资本的，应按重组债务的账面余额，借记"应付账款"等科目，按债权人因放弃债权而享有本企业股份的面值总额，贷记"实收资本"或"股本"科目，按股份的公允价值总额与相应的实收资本或股本的差额，贷记或借记"资本公积——资本溢价"或"资本公积——股本溢价"科目，按其差额，贷记"营业外收入——债务重组利得"科目。

（3）以权益结算的股份支付。

股份支付，是"以股份为基础的支付"的简称，是指企业为获取职工和其他方提供服务而授予权益工具或者承担以权益工具为基础确定的负债的交易。

股份支付具有以下几个特征：①股份支付是与职工或其他方之间发生的交易；②股份支付是以获取职工或其他方服务为目的的交易；③股份支付交易的对价或其定价与企业自身权益工具未来的价值密切相关。

股份支付主要分为以权益结算的股份支付和以现金结算的股份支付两大类，其中以权益结算的股份支付会对所有者权益有影响。

【思考题】

1. 试述所有者权益变动表分析的目的与内容。
2. 如何进行所有者权益变动表的规模分析？
3. 如何进行所有者权益变动表的构成分析？
4. 股利决策对公司所有者权益有何影响？
5. 股票分割对公司所有者权益有何影响？
6. 如何理解所有者权益变动表中的库存股？
7. 可转债、债务重组债转股以及股份支付对所有者权益有何影响？
8. 以某上市公司的所有者权益变动表为例，说明所有者权益变动表中各项目反映的内容以及该表反映的企业所有者权益的构成和变动情况。
9. 以某上市公司的所有者权益变动表为例，分析企业投资者的收益情况。

【案例讨论与分析】

案例一　所有者权益变动表：连接资产负债表和利润表的桥梁

（一）案例介绍

表6-3　　　　A股份有限公司2020年度所有者权益变动表

编制单位：A股份有限公司　　　　2020年12月　　　　单位：千元

项目	实收资本（或股本）	资本公积	减：库存股	盈余公积	未分配利润	所有者权益合计
一、上年年末余额	3 589.42	9 434.15		3 225.93	1 279.41	17 528.90
加：会计政策变更						
前期差错更正						
二、本年年初余额	3 589.42	9 434.15		3 225.93	1 279.41	17 528.90
三、本年增减变动金额（减少以"-"号填列）	426.14	-385.02		173.94	1 183.37	1 398.44
（一）净利润					1 930.90	1 930.90
（二）直接计入所有者权益的利得和损失		41.12				41.12
1. 可供出售金融资产公允价值变动净额		39.74				39.74
2. 权益法下被投资单位其他所有者权益变动的影响		8.53				8.53
3. 与计入所有者权益项目相关的所得税影响		-7.15				-7.15
4. 其他						
上述（一）和（二）小计		41.12			1 930.90	1 972.02
（三）所有者投入和减少资本	426.14	-426.14				
1. 所有者投入资本	426.14	-426.14				
2. 股份支付计入所有者权益的金额						

续表

项目	实收资本（或股本）	资本公积	减：库存股	盈余公积	未分配利润	所有者权益合计
3. 其他						
（四）利润分配				173.94	−747.53	−573.58
1. 提取盈余公积				173.94	−173.94	0.00
2. 对所有者（或股东）的分配					−538.41	−538.41
3. 其他					−35.17	−35.17
（五）所有者权益内部结转						
1. 资本公积转增资本（或股本）						
2. 盈余公积转增资本（或股本）						
3. 盈余公积弥补亏损						
4. 其他						
四、本期期末余额	4 015.56	9 049.13		3 399.87	2 462.78	18 927.34

（二）案例分析要求

请根据 A 股份有限公司 2020 年度所有者权益变动表，综合分析和评价企业所有者权益情况。

案例二　可转换公司债券的发行与转换对所有者权益的影响

（一）案例介绍

爱奇艺 2018 年 12 月 29 日发布公告，计划发行总本金为 5 亿美元的可转换优先债券。

公告信息显示，此次拟发行的债券期限为 5 年，将于 2023 年 12 月 1 日到期。爱奇艺计划给予债券的初始认购者 13 天的选择权，允许其最多可额外购买价值 7 500 万美元的债券。

爱奇艺 2018 年三季报显示，爱奇艺 2018 年第三季度总收入为 69 亿元人民币（约合 10 亿美元），同比增长 48%，其中会员收入成为第一大收入来源。截至 2018 年 9 月 30 日，爱奇艺持有现金、现金等价物和短期投资共计 97 亿元人民币（约合 14 亿美元）。

（二）案例分析要求

1. 企业发行可转换公司债券的动机是什么？
2. 爱奇艺发行可转债中，如何确认所有者权益和负债的金额？
3. 阐述可转换公司债券在转换时的会计处理，分别影响负债类和所有者权益类下的什么科目？

第7章 合并报表分析

【学习目标】

1. 了解企业合并的类型与原因;
2. 掌握合并报表与个别报表以及汇总报表的显著区别;
3. 掌握合并范围、少数股权等与合并报表有关的概念;
4. 重点掌握合并报表的作用、特征及其特有的分析方法。

【引例】

2013年6月底,曾入狱5年多的安然(Enron)前首席财务官安迪·法斯托出现在了美国特许诈骗审查师学会(ACFE)召开的大会上,这是他在艰难的救赎之路上迈出的最为公开的一步——讲述自己怎样成为一个"诈骗者",就如今公司的做法发出令人深省的警告。

法斯托曾在78个法庭上面临诈骗指控,大多数罪名都和安然与一系列表外机构的交易有关。法斯托在这些机构组成的网络中起着核心作用,这些交易掩盖了安然的财务状况,让法斯托获利数千万美元。法斯托对听众说:"我为什么会在这里?首先我要说,我在这里的原因是我曾经犯过罪……我造成过不可估量的损失,永远也不可能弥补。但我试图通过作报告,特别是为学生或董事作报告,来帮助人们了解我为什么会做这样的事。"

法斯托说,他遭到指控的原因是"技术性违反证券法规",但这不是"他被判有罪的主要原因"。他"最严重的罪名"是,他主导的那些交易"故意给安然制造了一个假象——让安然看起来很健康,但实际上并不是这样"。

法斯托解释说:"会计法规和证券法规都很模糊,它们很复杂……我在安然所做的事以及我们作为一家公司所做的事,并不是把这种复杂性和模糊性看作问题,而是把它们当作机会。"他还指出,唯一的问题是,"规则是否允许,或者说规则是否允许这样进行解释"。

法斯托坚持称每项交易都得到了批准——律师、会计师、管理层和董事会的批准。

但他指出,安然还是成了"历史上最大的会计诈骗案"。他带着讽刺的口吻问道:"已经得到批准的……又怎么会成为诈骗呢?"因为它有误导性,而且他知道这一点。他说道:"我知道那样做不对,我知道我所做的事情会误导别人,但我并不认为这样做违法。我的想法是,游戏就是这么玩的。摆在你面前的是一套复杂的规则,而你的目标是让这些规则为你所用。这就是我犯的错误。"

安然在会计处理上的重大错误之一就是:安然未将其持有一定股份的两个"特殊目的实体"(special purpose entity,相当于安然的子公司)的资产负债情况纳入合并会计报表的范畴,却将其收益包括在了安然的业绩之内,从而隐瞒了公司的巨额债务。"安然事件"后,人们注意到了合并会计报表中存在的隐患,也敲响了合并报表制度改革的警钟。

7.1 企业合并与合并报表

7.1.1 企业合并的界定

企业合并是将两个或两个以上单独的企业合并形成一个报告主体的交易或事项。从企业合并的定义看,是否形成企业合并,关键要看有关交易或发生前后,是否引起报告主体的变化。报告主体的变化产生于控制权的变化。

除了一家企业对另一家或多家企业的合并以外,一家企业对其他企业某项业务的合并也视同企业合并。业务是指企业内部某些生产经营活动或资产、负债的组合,该组合具有投入、加工处理过程和产出能力,能够独立计算其成本费用或所产生的收入,但不构成一个企业,不具有独立的法人资格,如企业的分公司、独立的生产车间、不具有独立法人资格的分部等。

7.1.2 企业合并的类型

(1)按法律形式划分。

①吸收合并。吸收合并即两家或两家以上的企业合并成一家企业。吸收合并后,参与合并的企业通常只有其中一家继续保留法人地位,另一家或几家企业在合并后丧失法人地位,不复存在。

②创立合并。创立合并也称新设合并,是指创建新企业的合并,即原有的各家企业均不复存在,丧失法人资格,合并成一家新的企业。

③控股合并。控股合并是指一家企业(合并方)通过企业合并交易或事项取得对

另一家企业（被合并方）的控制权，企业合并后能够通过所取得的股权等主导被合并方的生产经营决策并自被合并方的生产经营活动中获益，被合并方在企业合并后仍维持其独立法人资格并继续经营。

（2）按合并所涉及的行业划分。

①横向合并。横向合并是指生产工艺、产品、劳务相同或相近的企业间的合并。

②纵向合并。纵向合并是指生产工艺、产品、劳务虽不相同或相近，但具有前后联系的企业间的合并。一家汽车制造企业合并一家汽车零配件生产企业，就属这种类型。

③混合合并。混合合并也称多种经营合并，是指生产工艺、产品、劳务没有内在联系的企业间的合并。如一家汽车制造企业合并一家房地产开发企业。

（3）按我国企业合并准则划分。

①同一控制下的企业合并。同一控制下的企业合并是指参与合并的企业在合并前后均受同一方或相同的多方最终控制且该控制并非暂时性的。同一控制下的企业合并一般发生于企业集团内部。企业之间的合并是否属于同一控制下的企业合并，应综合考虑构成企业合并交易的各方面情况，按照实质重于形式的原则进行判断。

②非同一控制下的企业合并。非同一控制下的企业合并是指参与合并各方在合并前后不受同一方或相同的多方最终控制的企业合并，即除属于同一控制下的企业合并情况以外的其他的企业合并。

7.1.3 企业合并的主要原因

企业合并的主要原因是创造协同优势（合并后主体的价值大于组成它的个别部分的总和）。具体包括以下几个方面。

（1）实现增长。

这是合并最普遍的动机。一个希望通过进入新的地区性市场来实现增长的公司，可以在新的地区雇用更多的销售人员和营销人员，租用办公楼和展厅。这种通过公司内部的努力来实现增长的方式可描绘成内部有机增长。通过合并则是另一种实现增长的方法。与其耗费资源强行拓展新市场，不如将资源用于购买这个市场现有的公司。这是外部增长，即通过收购取得增长。如果单纯为增长而增长，则没有任何价值。增长的价值在于获得经济利益，通过收购来实现增长，必须创造协同优势。

（2）规模经济。

可以通过消除重复作业（如生产或建设）来实现规模经济。要成功地实现有效的规模经济，就必须有果断的管理层和优秀的领导。如果两个或更多公司未能充分利用它们的资源，就可以通过合并清除过剩的生产能力而使生产更加有效率。

（3）消除竞争。

收购竞争对手可使企业对市场取得更广泛的控制。这正是各国管理机关严格监管收购的原因。相关法规可以抑制任何工业可能出现的垄断，并限制任何工业中特大经营者的权力。管理部门对可能导致垄断行为的主要收购的审批，显然会在一定程度上起到制约作用。

（4）确保原料来源不断。

如果一个企业在原料或部件供应上遇到困难，它可能决定对供应商进行收购以控制供应品的供应时间、数量和质量。例如，炼铁厂可以购买矿山。

（5）分散经营风险（多元化）。

分散企业的产品和市场范围，就可以减少整体经营风险。这有利于承担与新产品及新市场有关的更大的风险。其含义与"不要把所有的鸡蛋放在一个篮子里"的格言一致。尤其是在核心业务有很高的经营风险时，降低风险往往是多元化经营的一大动机。

如果一个特殊行业日趋衰落，就必须找一个替代业务。这只能通过多元化来实现。烟草业是一个很好的例子，所有的烟草公司都因核心业务衰落而多元化经营。

与此有关的是消除周期性的不稳定性。如果企业的一个业务是季节性或周期性的，收购另一个有相反周期和季节性的业务，既有助于稳定生产和利润，也有助于降低经营风险和财务风险。

7.1.4 合并报表的相关概念

（1）合并报表。

合并报表是指综合反映母公司和子公司形成的企业集团整体财务状况、经营成果和现金流量的财务报表。

为了理解合并报表的概念，下面进一步讨论合并报表与其他一些报表的差异。

①合并报表与汇总报表。

在我国会计实践中广泛流传、广泛编制的报表之一就是汇总报表。汇总报表主要是指由行政管理部门根据所属企业报送的报表，对各项目进行加总编制的报表。在编制汇总报表时，行政管理部门对本部门所属企业报送的报表，采用将所有汇总范围内的企业相同报表相同项目简单相加的方法进行汇总。这样，汇总报表与合并报表的主要区别至少有两点：

第一，报表涉及的企业范围不同。汇总报表所涉及的企业范围，主要是以企业的行政隶属关系作为确定的依据，即以企业是否归其管理、是否属于其下属企业作为确定编报范围的依据，凡属于其下属企业、在行政上归其管理的，均包括在汇总报表的编报范围之内。合并报表所涉及的企业并不是集团内的所有企业，而是以母公司对另一企业的控制关系作为确定编报范围（即合并范围）的依据，即凡是通过投资关系或协议关系能够由其控制的企业，一般均属于合并会计报表的编制范围。

第二，报表数据的形成方法不同。汇总报表主要采用简单加总方法编制。合并报表则必须在抵销内部投资、债权债务以及内部销售等内部会计事项对个别会计报表的影响后编制，它剔除了集团内部交易对报表整体的影响。

②合并报表与个别报表。

这里的个别报表是指以集团内各母、子公司为单位（会计主体）编制的，体现各独立法人单位财务状况与经营成果的报表。合并报表与个别报表的差异主要表现在以下方面：

第一，个别报表的编制以独立的企业法人为单位，合并报表则以母公司与子公司所组成的企业集团中符合合并范围的企业为"单位"编制。这个合并范围所形成的"单位"不是独立的企业法人，而仅是经济意义上的会计主体。

第二，由于个别报表出自各独立的企业法人，因而其生成过程大体经历从凭证到账簿再到报表的会计循环过程。合并报表则没有这种形成机制，它是以合并范围内的企业个别报表为基础，在剔除各项集团内部交易后编制的。

（2）企业集团。

企业集团是指以资本为主要联结纽带的母、子公司为主体，以集团章程为共同行为规范的母公司、子公司、参股公司及其他成员企业或机构共同组成的具有一定规模的企业法人联合体。企业集团一般不具有企业法人资格。

企业集团由母公司、子公司、参股公司以及其他成员单位组建而成。事业单位法人、社会团体法人也可以成为企业集团成员。

母公司应当是依法登记注册，取得企业法人资格的控股企业。子公司应当是母公司对其拥有全部股权或者实质性控股权的企业法人。企业集团的其他成员应当是母公司对其参股或者与母、子公司形成生产经营、协作联系的其他企业法人、事业单位法人或者社会团体法人。

在集团中，母公司能够直接或间接控制子公司的经营决策和财务政策。因此，为了全面反映整个企业集团的财务状况和经营成果，就有必要编制合并报表，提供企业集团整体的会计信息。

（3）合并范围。

这里的合并范围是指在母公司编制合并报表时所涉及的公司范围。合并财务报表的合并范围应当以控制为基础加以确定。

①控制的定义。

控制是指一个企业能够决定另一个企业的财务和经营政策，并能据以从另一个企业的经营活动中获取利益的权力。控制通常具有如下特征：

第一，控制的主体只能是一方。即对被投资单位的财务和经营政策的提议不必征得其他方同意，就可以形成决议并付诸实施。

第二，控制的内容主要是被控制方的财务和经营政策，这些财务和经营政策的控制一般是通过表决权来决定的。在某些情况下，也可以通过法定程序严格限制董事会、受托人或管理层对特殊目的主体经营活动的决策权，如规定除设立者或发起人外，其他人无权决定特殊目的主体经营活动的政策。

第三，控制的性质是一种权力或法定权力，也可以是通过公司章程或协议、投资者之间的协议授予的权力。

第四，控制的目的是获取经济利益，包括增加经济利益、维持经济利益、保护经济利益或者降低所分担的损失等。

②母公司和子公司。

投资企业能够对被投资单位实施控制，则被投资单位为投资企业的子公司。企业集团由母公司和全部子公司构成，母公司和子公司是相互依存的，有母公司必然存在子公司，同样，有子公司必然存在母公司。表7-1列出了母公司和子公司的特征。

表7-1　　　　　　　　　　母公司和子公司的特征描述

公司级次	特征描述	说明
母公司	必须有一个或一个以上的子公司	即必须满足控制的要求，能够决定另一个或多个企业的财务和经营政策，并有据以从另一个或多个企业的经营活动中获利的权力
	可以是企业，也可以是其他主体	如《公司法》规范的股份有限公司、有限责任公司等；非企业形式但形成会计主体的其他组织，如基金等
子公司	必须被母公司控制，且只能有一个母公司	被两个或多个公司共同控制的被投资单位是合营企业，而不是子公司
	可以是企业，也可以是其他主体	如《公司法》规范的股份有限公司、有限责任公司等；非企业形式但形成会计主体的其他组织，如基金等

③控制的具体应用。

第一，母公司拥有其半数以上的表决权的被投资单位应当纳入合并财务报表的合并范围。

表7-2列出了详细内容。

表7-2　　　　　母公司拥有其半数以上的表决权的被投资单位
应当纳入合并财务报表的合并范围

控制方式	说明	表决权比例
直接拥有	母公司直接拥有子公司的表决权	半数以上
间接拥有	母公司通过子公司对子公司的子公司拥有表决权	半数以上
直接拥有+间接拥有	母公司直接拥有的对第三方的表决权与母公司的子公司拥有的对第三方的表决权	半数以上

第二，母公司拥有其半数以下的表决权的被投资单位纳入合并财务报表的合并范围

表7-3列出了详细内容。

表7-3　　　　母公司拥有其半数以下的表决权的被投资单位
纳入合并财务报表的合并范围

控制方式	说明	形式要件
与其他投资者签订协议，实施控制	在共同投资的前提下，受托管理和控制被投资单位，拥有该被投资单位半数以上表决权	书面协议
公司章程或协议规定能够实施控制	在被投资单位的公司章程等文件中明确母公司对其财务和经营政策能够实施控制	章程或协议中明确规定
有权任免董事会多数成员	任免被投资单位董事会或类似机构的多数（半数以上）成员，控制该被投资单位	董事会或类似机构能够控制被投资单位
董事会中占有多数表决权	董事会或类似机构占有多数表决权，从而主导公司董事会的经营决策	

第三，在确定能否控制被投资单位时对潜在表决权的考虑。

一是应当考虑企业和其他企业持有的被投资单位的当期可转换和可执行的可转换公司债券、认股权证等潜在表决权因素。

二是不仅要考虑本企业的潜在表决权，还要同时考虑其他企业或个人的潜在表决权。

三是不仅要考虑可能会增大本企业的潜在表决权，还要考虑可能会减小本企业的潜在表决权，但是，本企业和其他企业或个人执行潜在表决权的意图和财务能力对潜在表决权的影响除外。

四是潜在表决权不影响当期母公司股东和少数股东之间的分配比例。

第四，判断母公司能否控制特殊目的主体应当考虑的因素。

一是母公司为融资、销售商品或提供劳务等特定经营业务的需要直接或间接设立特殊目的主体。

二是母公司具有控制或获得控制特殊目的主体或其资产的决策权。

三是母公司通过章程、合同、协议等具有获取特殊目的主体大部分利益的权力。

四是母公司通过章程、合同、协议等承担了特殊目的主体的大部分风险。

④不纳入合并财务报表的合并范围。

只要是由母公司控制的子公司，不论子公司的规模大小、向母公司转移资金能力是否受到严格限制，也不论子公司的业务性质与母公司或企业集团内其他子公司是否有显著差别，都应当纳入合并财务报表的合并范围，但下列被投资单位已不再是母公司的子公司，不应当纳入合并范围。表7-4列出了不纳入合并范围的情形。

表7-4　　　　　　　　　　　　不纳入合并范围的情形

不纳入合并范围的情形	说明
已宣告被清理整顿的原子公司	日常管理已转交清算组，本公司不再实施控制
已宣告破产的原子公司	日常管理已转交人民法院指定的管理人，本公司不再实施控制
不能控制的其他被投资单位	除上述情形以外的其他被投资单位，如联营企业、合营企业等

需要说明的是，受所在国外汇管制及其他管制，资金调度受到限制的境外子公司，如果其财务和经营政策仍然由本公司决定，资金调度受到限制并不妨碍本公司对其实施控制，应将其纳入合并财务报表的合并范围。

（4）商誉。

非同一控制下的企业合并是参与合并的一方购买另一方或多方的交易，企业合并成本大于合并中取得的被购买方可辨认净资产公允价值份额的差额应确认为商誉。在控股合并的情况下，该差额是指在合并财务报表中应予以列示的商誉，即长期股权投资的成本与购买日按照持股比例计算确定应享有被购买方可辨认净资产公允价值份额之间的差额；在吸收合并的情况下，该差额是购买方在其账簿或个别报表中应确认的商誉。

商誉体现的是合并中取得的由于不符合确认条件而未予以确认的资产以及被购买方有关资产产生的协同效应或合并盈利能力的价值。在合并报表的编制过程中，对商誉的处理有十分重要的地位。

（5）少数股权。

在股份制企业中，有两类股东：一类是取得公司控制权的股东，称为控股股东；另一类是掌握非控制权股份的股东，通常称为少数股东。少数股东在企业中享有的权益称为少数股东权益，简称少数股权。在合并报表中，少数股东享有的权益主要体现在两个方面：一是在合并资产负债表中，代表少数股东对集团净资产的要求权，即少数股东权益；二是在合并利润表中，代表少数股东对集团利润（亏损）的应享份额，即少数股东损益。

对于少数股权的定义，在国际会计准则中给出的是："附属公司的净经营成果和净资产中不直接归属，亦不通过附属公司间接归属母公司的部分。"在编制合并报表时，对于少数股权的处理通常有三种不同的理论，即所有权理论、母公司理论和实体理论，对此国际会计准则和美、德、英等国有不同的选择。

以往，母公司理论一直是主流，即认为合并财务报表是母公司报表的扩展。少数股权在合并资产负债表中既不列在股东权益部分，也不列在负债部分，而作为一个单独项目列在负债和股东权益之间，合并资产负债表中的股东权益实际上反映的是属于母公司的股东权益。在合并利润表中，"少数股东损益"项目被看作一项费用，作为合并损益的一个扣减项目，合并利润表中的净收益反映的是属于母公司的净收益。

随着经济发展出现新的情况，原来处于上风的母公司理论渐渐被呼声日高的实体理论所代替，国际会计准则、美国会计准则等都进行了修改，我国新的合并报表相关准则也是如此。实体理论认为，母公司与子公司之间的关系是控制与被控制的关系，而不是拥有与被拥有的关系，母公司有权支配子公司的全部资产。编制合并会计报表的目的是满足合并主体所有股东的信息要求，而不是仅仅满足母公司的信息要求。所以合并资产负债表中的股东权益反映的应是整个企业集团的股东权益，合并利润表反映的应是整个企业集团的净收益，少数股权相关项目应在合并资产负债表、合并利润表、合并现金流量表和合并所有者权益变动表中予以适当反映和揭示。因而，将少数股权看作合并股东权益的一部分，列于合并资产负债表中"股东权益"项下；将少数股东损益看作合并主体实现的合并净利润的一项分配，列示在合并利润表中"净利润"项目之后，而不再将其作为一项费用处理。可见，我国目前合并报表的编制主要以实体理论为基础，它能较好地体现合并的经济实质，满足合并报表信息使用者的需要。

7.2 合并报表编制的一般原理

合并报表一般包括合并资产负债表、合并利润表、合并现金流量表以及合并所有者权益变动表。在进行合并报表的编制时，不再存在"凭证—账簿—报表"的程序，而只是由母公司根据集团中合并范围内的企业报送的报表及母公司自身的报表在账外完成。具体地说，是对母公司和子公司个别财务报表各项目的数据进行汇总和抵销处理，在此基础上计算得出合并财务报表各项目的合并金额。合并报表的关键在于合并资产负债表的编制，其次是合并利润表的编制。这里简要介绍合并会计报表编制的一般原理。

7.2.1 合并资产负债表编制的一般原理

合并资产负债表是由母公司以合并范围内企业的资产负债表为基础、剔除集团内部交易的影响后编制而成，用以展示集团整体资产、负债和所有者权益状况的财务报表。

合并资产负债表编制中涉及的抵销处理一般包括以下几项：

（1）母公司对子公司的长期股权投资与母公司在子公司所有者权益中所享有的份额应当相互抵销，同时抵销相应的长期股权投资减值准备。

在购买日，母公司对子公司的长期股权投资与母公司在子公司所有者权益中所享有的份额的差额，应当在"商誉"项目列示。商誉发生减值的，应当按照经减值测试后的金额列示。各子公司之间的长期股权投资以及子公司对母公司的长期股权投资，应当比照上述规定，将长期股权投资与其对应的子公司或母公司所有者权益中所享有的份额相互抵销。

（2）母公司与子公司、子公司相互之间的债权与债务项目应当相互抵销，同时抵销应收款项的坏账准备和债券投资的减值准备。

母公司与子公司、子公司相互之间的债券投资与应付债券相互抵销后，产生的差额应当计入投资收益项目。

（3）母公司与子公司、子公司相互之间销售商品（或提供劳务，下同）或其他方式形成的资产中所包含的未实现内部销售损益应当抵销。

对资产计提的跌价准备或减值准备与未实现内部销售损益相关的部分应当抵销。

（4）母公司与子公司、子公司相互之间发生的其他内部交易对合并资产负债表的影响应当抵销。

子公司所有者权益中不属于母公司的份额，应当作为少数股东权益，在合并资产负债表中所有者权益项目下以"少数股东权益"项目列示。

7.2.2　合并利润表编制的一般原理

合并利润表是由母公司以合并范围内企业的利润表为基础、剔除集团内部交易的影响后编制而成，用以展示集团整体损益状况的财务报表。

编制合并利润表的基本原理与编制合并资产负债表的基本原理相似，关键也在于母公司和子公司相互之间"内部交易事项"的抵销，一般包括以下几项：

（1）内部营业收入与营业成本项目相互抵销。

（2）购买企业内部购进商品作为固定资产、无形资产等资产使用时未实现毛利相互抵销。

（3）内部应收账款计提的坏账准备等减值准备相互抵销。

（4）内部投资收益（利息收入）和利息支出相互抵销。

（5）母公司与子公司、子公同相互之间持有对方长期股权投资的投资收益和利润分配有关项目相互抵销。

7.2.3　合并现金流量表编制的一般原理

合并现金流量表是由母公司以合并范围内企业的财务报表为基础、剔除集团内部交易的影响后编制而成，反映企业集团整体报告期内现金流入、现金流出数量及其增减变动情况的财务报表。

合并现金流量表的编制主要应把握两个方面：一方面是采用什么方法编制合并现

金流量表；另一方面是企业集团少数股东与子公司之间的现金流动应如何披露。合并现金流量表有两种编制方法：第一种方法是根据合并资产负债表、合并利润表及其他有关资料，按个别现金流量表的编制方法编制；第二种方法是根据集团内部成员企业（母公司及纳入合并范围的子公司）的个别现金流量表，通过抵销母、子公司之间的现金流入和现金流出，采用合并会计报表的一般原理编制。

在以母、子公司个别现金流量表为基础编制合并现金流量表时，同合并资产负债表、合并利润表的编制原理一样，关键也在于母公司和子公司相互之间"内部交易事项"的抵销。所不同的是，其中的抵销项目基本都与现金的流入流出相关，主要包括以下几项：

（1）集团内部公司之间相互销售和提供商品时，一方的经营活动现金流入需要与另一方的经营活动现金流出相互抵销；但个别情况下可能要求一方的经营活动现金流入（或流出）与另一方的投资活动（或筹资活动）现金流出（或流入）相互抵销。

（2）集团内部公司之间发生投融资业务时，一般情况下，集团内一方的投资业务往往涉及另一方的筹资业务，所以一方的投资活动现金流出或流入与另一方的筹资活动现金流入或流出相互抵销。

（3）集团内部一方当期取得投资收益产生的现金流入与分配股利、利润或偿付利息产生的现金流出相互抵销。

（4）集团内部公司之间以现金结算债权与债务所产生的现金流量相互抵销。

7.2.4 合并所有者权益变动表编制的一般原理

合并所有者权益变动表是由母公司以合并范围内企业的所有者权益变动报表为基础、剔除集团内部交易的影响后编制而成，反映构成集团所有者权益的各组成部分当期的增减变动情况的财务报表。

编制合并所有者权益变动表的基本原理与编制合并资产负债表的基本原理相似，关键也在于母公司和子公司相互之间"内部交易事项"的抵销，一般包括以下几项：

（1）母公司对子公司的长期股权投资与母公司在子公司所有者权益中所享有的份额相互抵销。

（2）母公司与子公司相互之间持有对方长期股权投资的投资收益应当予以抵销。

7.3 合并报表分析的问题与方法

从目前对合并报表的研究来看，学术界对合并报表的编制方法探讨较多，对合并报表分析的研究相对较为薄弱。我们认为，对于广大财会实务工作者而言，首先应该明确合并报表的作用，然后再探讨如何编制合并报表才能满足信息使用者的要求；对于广大信息使用者而言，更应该了解合并报表的作用以及合并报表分析的基本方法。本节将重点探讨合并报表的特征、作用以及相关的分析方法。

7.3.1 从合并报表的编制原理看合并报表的特征

在企业存在对外控制性投资的情况下，投资方与被投资方就形成了母、子公司的关系，双方也因此组成了控股关系意义上的企业集团。从合并报表的编制过程来看，合并报表至少具有以下特征：

（1）合并报表主体仅是一个会计主体而非法律主体。

合并报表是以组成企业集团的母公司和子公司的个别报表为基础，在抵销了集团各公司之间的内部交易事项之后编制的、体现企业集团整体财务状况的报表。也就是说，组成集团的母公司、子公司均是独立核算、各自具有独立的财务和经营体系、独立对其股东出具财务报告的经济实体（多数为法律主体）。集团内的母公司、子公司均有权支配各自报表中所列示的资源，并运用各自资源来取得相应的经营成果。而整个集团内的母公司与子公司虽然以股权关系为纽带，有机地联系在一起，但是实际上并不存在一个能够有权支配合并报表所列示的全部资源，并通过对这种资源的有效运用或支配来谋求现实经济利益的法律主体。

（2）合并报表的编制质量仅体现逻辑关系的正确性。

合并报表是母公司以合并范围内的母公司、子公司的报表为基础编制的。对于个别报表来说，企业的报表与账簿、凭证以及实物等有"可验证性"的对应关系，报表的编制质量可以通过这种可验证性来检验。但是，对于合并报表来说，由于在编制过程中集团内部交易需要相互抵销，因此合并报表与分散在企业集团各个企业的账簿、凭证以及实物不可能存在个别企业报表的那种可验证性的关系。合并报表的编制质量也仅仅具有逻辑关系正确与否的意义。

（3）合并报表信息的决策有用性具有显著差异。

合并报表信息可以综合反映通过产权纽带关系构成的企业集团某一期间的整体财务状况、经营成果和现金流转状况，揭示整个集团所控制的资产、承担的负债、实现的收入以及发生的费用等方面的信息，因此，合并报表信息的决策有用性毋庸置疑。但由于合并会计报表在编制基础、编制方法、处理程序等诸多方面相对于个别报表来说存在特殊性，因而决定了合并报表信息的决策有用性可能存在显著差异。尤其是在子公司与母公司的经营性质和业务特征截然不同的情况下，合并报表信息的决策有用性更会受到不同程度的影响。

举例来说，在合并报表的编制过程中，要将与内部交易相关的项目剔除。然而被剔除的项目对个别报表的主体——母、子公司来说仍具有决策有用性，如债务企业的债务仍然需要偿还、内部交易实现的销售收入已经计入利润表作为计税的依据等。这种合并报表编制过程中的"项目在抵销基础上的直接相加"程序，使对个别报表有意义的信息在合并报表分析中有可能消失或者失去意义，结果导致合并报表中的数字在很大程度上具有"汇总"味道，而失去了其原有的"鲜活"味道。因此，通常情况下，当企业面对诸如分派股利、支付报酬、偿付债务、缴纳税金等一系列的决策问题时，还是应该以母公司个别报表为基础。合并报表揭示的信息在很多情况下（尤其是针对母子公司自身来说）并不能直接作为决策依据。而一些用于决策的财务指标，如毛利率、存货周转率、资产周转率等，更会由于子公司与母公司的经营性质和业务特征有差异，在合并报表分析中不同程度地失去意义。

7.3.2 合并报表分析中存在的主要问题

合并报表所具有的上述特征决定了其存在自身的特殊性和天然的局限性，因此它在提供会计信息的相关性和有用性方面都不及企业的个别报表。但是，在对企业集团的偿债能力、财务风险、营运能力以及盈利能力等方面加以分析时，也不应该简单套用个别报表的财务分析指标（具体的财务分析指标参见第9章）。因此，在合并报表分析中，常规的比率分析方法在很大程度上已失去意义；针对集团内特定企业来说，合并报表并不具有决策的依据性。具体地说，合并报表分析存在以下主要问题。

（1）企业集团偿债能力分析中存在的问题。

从法学角度来看，企业集团只是一个经济实体，而不是一个独立的法律主体。企业集团成员有各自的利益趋向，因此集团资金不能任意划拨。特别是在母公司与非全资子公司之间以及各非全资子公司之间，虽然母公司控制着各子公司的财务决策权，但是它不可能不顾子公司中少数股东的利益，而任意在企业集团内部无偿划拨资金。在对企业集团的偿债能力进行分析时，如果只是简单沿用流动比率、速动比率、资产负债率等指标，而不考虑合并报表的特殊性，就有可能得出错误的结论。例如，若合并报表中的流动比率大于2，速动比率大于1，从财务分析的角度来看，企业集团的短期偿债能力应该不错。但事实是，母公司对子公司的债务只是就其投入资本部分承担有限责任；子公司债权人的求偿权也仅限于对子公司的资产，而不能追溯至合并报表中列示的全部资产；母公司债权人的求偿权也只能从母公司的资产中得到满足，而不能直接向子公司追偿。因此，母、子公司的偿债能力是相对独立的，简单地计算这些指标并不能真实地反映企业集团整体的偿债能力。

（2）企业集团财务风险分析中存在的问题。

企业集团中的非全资子公司可以通过以下两种方式融资：一是采用母公司提供担保的形式取得贷款；二是母公司从银行获得贷款后再转贷给子公司。编制合并报表抵销分录后，两种融资方式下企业集团的合并报表是完全相同的。但在这两种融资方式下，企业集团所承担的财务风险实际上并不相同。因为在第一种融资方式下，当子公司面临财务危机不能到期还本付息时，母公司必须履行其担保责任，以其资产为子公司偿还债务，实际上使整个企业集团为少数股东承担了一部分债务以及由此带来的财务风险。但如果子公司是通过母公司间接向银行等金融机构融资，整个企业集团为此而承担的债务只包括其持股比例与贷款金额的乘积部分（不包括少数股权所应承担的部分）。显然，就这两种融资方式而言，第一种融资方式下企业集团所承担的财务风险是大于第二种融资方式的，但是仅分析合并报表并不能得出这一结论。同理，企业集团母、子公司之间的相互融资也存在类似的现象。

（3）企业集团营运能力分析中存在的问题。

分析企业集团的营运能力时，由于存货周转率、应收账款周转率、流动资产周转率、总资产周转率等指标的计算分析都是以合并报表数据为基础，抵销后的周转额（销售收入、销售成本）代表整个集团对外完成周转的存货或流动资产规模，因而与集团内单一公司情况下完成的周转额并不相同，后者会随中间环节增多而增大，有可能虚假地反映出资金周转速度的加快。因此，以合并数据为基础计算的周转率指标，能敏感而客观地反映出集团整体资产周转效率的实际情况。

同时还应注意，为了分散经营风险，企业集团常采用多元化经营方式，其合并报表将不同地区、不同行业的企业个别报表加以合并，使不同地区、不同行业的企业之间资产周转效率、经营风险水平的差异性有可能被掩盖。特别是各个行业的财务指标衡量标准不同，个别报表合并后，会使合并报表财务分析、财务预测的意义大大减弱。以存货周转率为例，合并报表上的存货余额是集团各成员单位的存货数额之和扣除存货中包含的未实现利润所得的金额，这就给我们的分析带来一定的难度。一方面，母、子公司的存货及其性质不一定相同，流动性也不一样，如母公司的主业是对外贸易，子公司经营房地产，由合并报表计算出的存货周转率便难以准确反映整个集团的存货实际周转状况；另一方面，抵销公司之间的未实现损益的金额不受少数股东权益的影响，而是完全抵销公司之间的未实现损益，这样就使企业集团的存货与销售成本同少数股东权益并未完全配比，计算所得的比率难免失真。

因此，为了降低合并报表信息的聚合程度，提高合并报表的决策有用性，信息使用者必须进一步结合企业集团母、子公司的个别报表展开分析，以提高企业集团会计信息的相关性。

7.3.3 合并报表的作用与分析方法

合并报表的作用到底是什么呢？合并报表中包含的财务状况质量信息有哪些呢？我们应该如何分析合并报表呢？

尽管在多数情况下合并报表并不能直接作为决策依据，但对于信息使用者，尤其是母公司的股东、管理层以及债权人来说，仍具有一定的决策意义。这是因为子公司的资产是由母公司控制的，子公司的负债也通常是由母公司担保的，母公司的收益是基于整个集团资产、负债、收入、支出的规模取得的。所以说，合并报表扩展了母公司报表，可以向母公司的利益相关者提供一定的增量信息。

然而，合并报表的特征决定了信息使用者在分析合并报表时，不能简单采用一般的分析方法和常用的财务指标，而是应该采用合并报表所特有的差量分析法。差量分析法是指在合并报表分析中将合并报表与母公司报表逐项比较，在分析差额的基础上对集团的资源分布状况、母公司与子公司之间的关联关系及其特征、母公司与子公司的资产管理质量、相对盈利能力以及现金流转等方面做出判断，进而考察集团的经营战略、扩张战略及其实施效果，发现目前经营管理中存在的主要问题，为企业今后的发展提供有用的决策信息支持。

应该指出的是，母公司与子公司之间的关系错综复杂，企业对外控制性投资的目的千差万别。试图在本书中穷尽所有的合并报表分析方法是很难做到的。鉴于此，本部分仅介绍常见的一些合并报表分析方法。

下面围绕合并报表的主要作用以及相应的分析方法展开讨论。

(1) 合并报表可以反映企业控制性投资的资产扩张效果。

在将企业资产划分为经营性资产与投资性资产的情况下，企业可以分为经营主导型、投资主导型与并重型三种。这三种类型企业的资产中均可能包括控制性投资。

企业对外控制性投资的目的有很多。在以扩张为目的形成控制性投资的情况下，控制性投资的资产扩张效果是评价扩张质量的重要方面。具体地说，需要从以下几个方面展开分析。

①控制性投资所占用的资源规模分析。

首先，我们需要在母公司资产负债表的资产中找出可能"隐藏"控制性投资所占用资源的相关项目，除了直接反映控制性投资所占用资源的长期股权投资项目之外，预付款项、其他应收款、其他流动资产和其他非流动资产等项目都有可能间接地反映出控制性投资所占用的资源。从目前企业的集团管理实践以及企业编制报表的实际情况来看，母公司除了通过支付现金或发行股票等方式获得子公司的控制权外，也可能直接通过其他应收款向子公司提供资金，甚至通过预付货款的方式向子公司提供资金，还有可能将支持子公司的资金"隐藏"于其他流动资产和其他非流动资产项目之中。

从合并财务报表的编制原理来看，如果上述项目中存在越合并越小的情况，则两者之间的差额基本上可以列入母公司对子公司投资（即企业的控制性投资）所占用的资源范围。

需要强调的是，我们仅是直接利用报表数据进行比较分析，受减值准备、母公司与子公司之间的债权债务往来等各种因素的影响,还不能十分精准地计算出母公司对其子公司所投入资源的全部数额。但是,这种分析可以基本满足衡量企业控制性投资效果的要求。

需要指出的是,除了母公司直接进行控制性投资以外,有的企业还通过其子公司进行控制性投资,即形成所谓的"孙公司"。在这种情况下,可以将其全部视同母公司所进行的控制性投资,统一衡量母公司控制性投资的扩张效果。

这样,企业控制性投资所占用资源的基本规模可以确定如下(能够列入其中的条件是:同一项目,合并报表的数据小于母公司的数据),见表7-5。

表7-5　　　　　　　　企业控制性投资所占用资源规模分析

	合并数 (1)	母公司数 (2)	企业控制性投资占用资源的基本规模 (3)=(2)-(1)
长期股权投资			
其他应收款			
预付款项			
其他流动资产			
其他非流动资产			
合计			

②控制性投资的资产扩张效果分析。

从合并资产负债表的编制原理来看,可以通过合并资产负债表的资产总计与母公司资产负债表的资产总计之间的差额来反映控制性投资的资产扩张效果,即母公司控制性投资增量撬动的子公司的资产规模,见表7-6。

表7-6　　　　　　　　控制性投资的资产扩张效果分析

	合并资产 (1)	母公司资产 (2)	企业控制性投资的资产扩张效果 (3)=(1)-(2)
控制性投资的资产扩张效果			

③影响母公司控制性投资的资产扩张效果的原因分析。

资产负债表中的资本结构实际上蕴含了企业发展的四大动力:经营性负债驱动、金融性负债驱动、股东入资驱动以及企业利润积累驱动。

同样,在企业对外进行控制性投资的情况下,影响企业控制性投资的资产扩张效果的主要因素为:子公司的经营性负债规模、子公司的债务融资状况、子公司吸纳少数股东(非控制性股东)入资状况以及子公司的累积盈利状况等。其中,子公司的经营性负债规模主要是基于子公司经营业务的规模及其商业竞争力等因素共同形成的。

（2）合并报表可以反映企业的资金管理模式。

在企业实施集团化经营的过程中，有关资金的集权与分权管理模式，会在母公司报表和合并报表的相关项目的规模特征上有所体现。

资金的集权管理模式是指由母公司集中融资，然后再向控股子公司提供资金的一种资金运作模式。在这种情况下，企业母公司的财务报表上就会出现财务费用高、短期借款或者长期借款高、其他应收款高（但合并资产负债表中"其他应收款"的规模会远远低于母公司的"其他应收款"规模）"三高"现象。资金的分权管理模式则是指由母、子公司根据各自的资金需求分别进行融资的一种资金运作模式。在这种情况下，企业母公司的财务报表上一般不会出现上述"三高"现象，而是会表现出合并资产负债表的短期借款或者长期借款规模远远大于母公司的短期借款或者长期借款规模、合并资产负债表的货币资金规模远远大于母公司的货币资金规模等特征，其结果往往会在合并报表上表现出货币资金规模高、短期借款或者长期借款规模高和财务费用高的另一种"三高"现象。

从目前情况来看，很多母公司对集团内母、子公司的货币资金管理都采用了集权式管理模式。这种集权式管理将大大降低整个集团的融资成本，提高整个集团的资金利用效率，从而有利于整个集团盈利水平的进一步提升。

在母公司采用集权式管理的情况下，子公司会将闲置资金"汇交"回母公司，这除了会引起母公司的货币资金等资产（汇交回母公司的资金一旦被运用，将转化为货币资金以外的其他资产）增加外，还会引起有关负债的增加。我们可以通过母公司对子公司负债的基本规模来大致判断集权式管理模式下母公司所汇集的子公司资金总规模。具体判断方法如下：

首先，我们可以在母公司资产负债表的负债中找出母公司对子公司负债可能"藏身"的项目——预收款项、其他应付款、其他流动负债和其他非流动负债等，这些项目在报表上列示的数据之和，意味着母公司汇集起来的子公司资金的最大可能规模。当然，由于某些特殊情况，所汇集的资金不一定全部"藏身"于上述项目中。

如果母公司与合并资产负债表中相同的负债项目在数量上呈现出越合并越小的情况，则两者之间的差额基本上可以确定为子公司向母公司"汇交"资金的基本规模。

这样，母公司所汇集的资金的基本规模可以确定如下（能够列入其中的条件是：同一项目，合并报表的数据小于母公司的数据），见表7-7。

表 7-7　　　　　　　　　母公司所汇集资金的基本规模分析

	合并数 （1）	母公司数 （2）	母公司所汇集的资金的基本规模 （3）=（2）-（1）
预收款项			
其他应付款			
其他流动负债			
其他非流动负债			
合计			

（3）合并报表可以反映母、子公司之间的业务联系。

反映母、子公司之间业务关系的内容主要体现在母公司利润表和合并利润表上。

母、子公司之间的业务联系体现在以下几个方面。

①母、子公司"一致对外"销售。

母、子公司之间以及子公司之间如果选择无关多元化发展战略，或者母、子公司之间地域结构较为分散，则母、子公司通常会各自直接面向市场，"一致对外"销售。合并利润表与母公司利润表的主要项目（如营业收入、营业成本、销售费用、管理费用等）之间的关系一般会呈现出越合并越大的情况。

②母公司将主要产品销往子公司，子公司负责对外销售。

某些情况下，母公司将其全部或者主要的产品销往子公司，子公司的设立就是为了将母公司的产品销往市场。此时，合并利润表与母公司利润表之间的一个重大差异是，相对于子公司，母公司基本没有或者仅有少量的销售费用。

③相当一部分子公司主要为母公司提供配套零部件或者劳务，而只向集团外销售少量商品或者劳务。

有些子公司的设立目的主要是向母公司提供配套的产品零部件或者劳务。子公司在满足母公司的需求后再向集团外部市场直接销售。在这种情况下，合并利润表的营业收入与母公司利润表的营业收入并不一定有显著差异，但合并营业成本有可能小于母公司营业成本。母公司的销售费用占合并销售费用的比重较大。

（4）合并报表可以评价母、子公司的基本获利能力和费用发生的比较效率。

这种分析尤其适用于母、子公司"一致对外"销售的模式。

由于母、子公司均直接面对外部市场，因此，通过比较母公司利润表和合并利润表的主要项目之间的差异，可以判断母、子公司（当然，子公司不是一个，而可能是一批，我们的分析只能是基本分析）基本的获利能力，考察母、子公司基本盈利能力的差异及其变化趋势。其中需要比较的项目主要有：营业收入、营业成本、毛利与毛利率、销售费用与销售费用率、管理费用与管理费用率，等等。这可以在一定程度上分析母、子公司费用发生的特点与相对效率。

（5）合并报表可以分析整个集团的现金流转状况和投融资运作状况。

合并现金流量表中的经营活动现金流量净额、对外投资现金流量、筹资活动中的子公司吸收的少数股东资本、贷款带来的现金流量等信息，为信息使用者分析整个集团开展的经营活动、投资活动与资本运作活动以及税务环境等提供了条件。通过比较母公司现金流量表和合并现金流量表的相关项目，可以分析比较母、子公司的经营活动现金流量的获取能力差异、投资活动现金流量的发生情况与扩张规模及其战略上的差异、筹资活动现金流量所表现出来的融资能力上的差异，等等。

【思考题】

1. 试述企业合并的类型与原因。
2. 合并报表与个别报表以及汇总报表有何区别？
3. 如何理解合并范围、少数股权等概念？
4. 在合并报表的编制过程中应抵销的集团内部交易有哪几类？
5. 合并报表的作用有哪些？合并报表中包含哪些关于财务状况质量的信息？应如何对其加以分析和使用？
6. 以某上市公司的合并会计报表为例，谈谈企业的母公司或合并后的集团公司的财务状况、经营成果以及现金流量等情况。
7. 以某上市公司的分部报告为例，说明各项目的含义以及所反映的企业经营状况。

【案例讨论与分析】

案例一　股利政策带来的报表联动——以茅台集团
2015—2017年的股利政策为例

（一）案例介绍

贵州茅台酒厂有限责任公司是由贵州茅台酒股份有限公司、贵州茅台酒厂技术开发公司等八家公司共同发起，并经贵州省人民政府批准设立的，注册资本为18 500万元。

根据往年的财报，自2001年上市以来，贵州茅台酒厂有限责任公司每年都会派发红利。这种从上市伊始就逐年派发红利以回报股东和投资人的行为，在我国的资本市场上算是比较少见的。有的股民当时就喊出了"茅台不仅是黄金，还超越了黄金"的口号，关于2017年茅台集团的股利政策及相关财务数据见表7-8、表7-9和表7-10。

表7-8　　　　　　　茅台集团2015年—2017年的普通股股利分配方案　　　　　金额单位：元

分红年度	2015年	2016年	2017年
每10股送红股数（股）			
每10股派息（含税）	61.71	67.87	109.99
每10股转增数（股）			
现金分红的数额（含税）	7 751 996 623.81	8 525 814 475.19	13 816 919 602.20
分红年度合并报表中归属于上市公司普通股股东的净利润	15 503 090 276.38	16 718 362 734.16	27 079 360 255.74
占合并报表中归属于上市公司普通股股东的净利润的比率（%）	50	51	51.02

表7-9　　　　　　　　　　　2017年附注未分配利润　　　　　　　　　　　　单位：元

项目	本期	上期
调整前上期末未分配利润	62 717 808 036.61	54 878 964 497.77
调整期初未分配利润合计数（调增：+，调减：-）		
调整后期初未分配利润	62 717 808 036.61	54 878 964 497.77
加：本期归属于母公司所有者的净利润	27 079 360 255.74	16 718 362 734.16
减：提取法定盈余公积	1 079 945 546.57	925 125 465.58
提取任意盈余公积		
提取一般风险准备	180 100 820.26	202 397 105.93
应付普通股股利	8 525 814 475.19	7 751 996 623.81
转作股本的普通股股利		
期末未分配利润	80 011 307 450.33	62 717 808 036.61

表7-10　　　　　　　　　　　2017年筹资活动现金流量表　　　　　　　　　　单位：元

项目	本期	上期
筹资活动产生的现金流量		
吸收投资收到的现金	6 000 000.00	16 000 000.00
其中：子公司吸收少数股东投资收到的现金	6 000 000.00	16 000 000.00
取得借款收到的现金		
发行债券收到的现金		
收到其他与筹资活动有关的现金		
筹资活动现金流入小计	6 000 000.00	16 000 000.00
偿还债务支付的现金		
分配股利、利润或偿付利息支付的现金	8 905 177 880.80	8 350 512 252.23
其中：子公司支付给少数股东的股利、利润	379 363 405.61	532 067 286.55
支付其他与筹资活动有关的现金		
筹资活动现金流出小计	8 905 177 880.80	8 350 512 252.23
筹资活动产生的现金流量净额	-8 899 177 880.80	-8 334 512 252.23

(二)案例分析要求

1. 结合表7-8,请说明上述股利分配制度如何在2017年合并所有者权益变动表中体现?
2. 说明上述股利分配制度对2017年合并资产负债表哪些项目产生影响?
3. 结合表7-9、表7-10,请说明上述股利分配制度如何在2017年合并现金流量表中体现?
4. 分析上述股利分配政策可能对哪些常见的财务指标产生影响。

案例二 首旅酒店合并报表的信息含量分析

(一)案例介绍

下面是北京首旅酒店(集团)股份有限公司(以下简称首旅酒店)2016年度报告中的部分财务信息。

表7-11 资产负债表与合并资产负债表 单位:元

报告期	2016-12-31 年报	2016-12-31 年报	2015-12-31 年报	2015-12-31 年报
报表类型	合并报表	母公司报表	合并报表	母公司报表
流动资产:				
货币资金	1 104 148 452	91 171 938	166 874 787	72 372 798
应收票据	18 913		6 356	
应收账款	177 003 838	5 806 251	35 445 778	5 133 902
预付款项	276 728 807	228 523	138 433 540	357 281
应收利息		25 123 806		
其他应收款	228 946 523	7 672 491 856	13 990 912	187 010
存货	54 412 290	4 791 796	22 792 445	6 651 010
其他流动资产	28 277 429	11 166 951		
流动资产合计	1 869 536 251	7 810 781 121	377 543 819	848 020 00
非流动资产:				
可供出售金融资产	277 933 062	265 990 766	128 101 892	127 901 892
长期股权投资	234 268 963	5 386 985 891	449 360 085	1 470 029 979
投资性房地产	3 404 934	3 404 934	3 809 584	3 809 584
固定资产	2 657 307 552	188 793 847	1 887 904 042	205 387 251
在建工程	19 9146 018	434 707	74 638 500	366 500
无形资产	4 085 073 499	45 525 585	763 072 523	46 656 724
商誉	4 767 733 770		245 757 280	
长期待摊费用	2 467 368 673		29 123 506	

续表

	2016-12-31	2016-12-31	2015-12-31	2015-12-31
递延所得税资产	771 510 173	23 744 097	1 618 568	70 322
其他非流动资产		35 376		
非流动资产合计	15 423 746 642	5 914 879 827	3 583 421 356	1 854 222 252
资产总计	17 293 282 893	13 725 660 948	3 960 965 175	1 938 924 252
流动负债：				
短期借款	4 920 000 000	3 988 000 000	1 319 000 000	390 000 000
应付账款	109 838 318	10 289 080	82 702 071	25 398 946
预收款项	147 841 451	16 725 283	83 387 624	5 534 157
应付职工薪酬	299 517 634	12 218 187	26 909 625	8 815 174
应交税费	134 202 700	6 734 677	27 290 159	7 571 241
应付利息	10 040 234	8 392 020	2 596 970	706 676
应付股利			2 622 743	
其他应付款	1 852 436 857	745 210 661	133 376 176	211 108 003
一年内到期的非流动负债	360 727 272		35 493 269	
流动负债合计	7 834 604 466	4 787 569 908	1 713 378 636	649 134 198
非流动负债：				
长期借款	290 000 000		618 000 000	180 000 000
长期应付职工薪酬	1 841	1 841	19 801	19 801
预计负债	21 811 583			
递延所得税负债	1 101 562 568	36 723 802	2 214 386 05	24 981 317
递延收益—非流动负债	32 808 161		1 857 143	
其他非流动负债	1 009 137 744			
非流动负债合计	2 455 321 897	36 725 643	841 315 549	205 001 118
负债合计	10 289 926 363	4 824 295 551	2 554 694 185	854 135 316
所有者权益（或股东权益）：				
实收资本（或股本）	679 785 627	679 785 627	231 400 000	231 400 000
资本公积	5 037 133 649	7 601 980 675	85 772 645	193 819 607
其他综合收益	38 511 046	37 307 337	74 909 931	74 943 950
专项储备			5589359	5589359
盈余公积	19 0820 875	187 025 191	187 024 301	183 228 617
未分配利润	773 727 201	395 266 567	601 295 225	395 807 402
归属于母公司所有者权益合计	6 719 978 398	8 901 365 397	1 185 991 462	1 084 788 936
少数股东权益	283 378 132		220 279 529	
所有者权益合计	7 003 356 530	8 901 365 397	1 406 270 990	1 084 788 936
负债和所有者权益总计	17 293 282 893	13 725 660 948	3 960 965 175	1 938 924 252

表 7-12　　　　　　　　　　　利润表与合并利润表　　　　　　　　　　单位：元

报告期	2016-12-31 年报	2016-12-31 年报	2015-12-31 年报	2015-12-31 年报
报表类型	合并报表	母公司报表	合并报表	母公司报表
一、营业总收入	6 522 779 198	251 992 682	1 332 799 606	256 012 344
营业收入	6 522 779 198	251 992 682	1 332 799 606	256 012 344
二、营业总成本	6 226 522 720	443 908 346	1 295 052 062	282 402 700
营业成本	359 212 751	25 050 840	181 335 261	29 218 918
税金及附加	106 350 294	11 977 023	71 152 429	17 005 691
销售费用	3 792 679 607	64 025 802	475 310 094	65 066 506
管理费用	1 497 866 933	151 154 333	450 603 283	149 837 846
财务费用	404 963 928	191 670 776	117 516 252	22 109 114
资产减值损失	65 449 207	29 572	-865 258	-835 375
投资净收益	171 011 942	230 126 134	95 563 682	122 969 319
其中：对联营企业和合营企业的投资收益	-23 126 986	-24 447 323	-9 887 260	-3 605 904
三、营业利润	467 268 420	38 210 470	133 311 227	96 578 963
加：营业外收入	92 762 630	523 403	19 098 421	166 657
减：营业外支出	31 777 015	153 888	5 659 774	94 540
其中：非流动资产处置净损失	17 921 441	138 668	4 237 745	35 440
四、利润总额	528 254 035	38 579 986	146 749 873	96 651 080
减：所得税	194 943 219	614 247	34 029 779	5 926 002
五、净利润	333 310 816	37 965 739	112 720 094	90 725 078
减：少数股东权益	122 372 267		12 589 827	
归属于母公司所有者的净利润	210 938 549	37 965 739	100 130 266	90 725 078
加：其他综合收益	-36 398 885	-37 636 614	4 910 678	4 944 697
六、综合收益总额	296 911 931	329 125	117 630 771	95 669 775
减：归属于少数股东的综合收益总额	122 372 267		12 589 827	
归属于母公司的综合收益总额	174 539 664	329 125	105 040 944	95 669 775

表 7-13　　现金流量表与合并现金流量表　　　　　　单位：元

报告期	2016-12-31 年报	2016-12-31 年报	2015-12-31 年报	2015-12-31 年报
报表类型	合并报表	母公司报表	合并报表	母公司报表
一、经营活动产生的现金流量：				
销售商品、提供劳务收到的现金	6 790 414 215	260 364 142	1 386 886 672	257 150 241
收到的税费返还				
收到其他与经营活动有关的现金	334 576 037	2 738 348	289 846 133	2 305 123
经营活动现金流入小计	7 124 990 252	263 102 490	1 676 732 805	259 455 364
购买商品、接受劳务支付的现金	449 970 171	31 730 721	2 128 626 32	28 390 737
支付给职工以及为职工支付的现金	1 642 610 343	122 855 578	434 149 005	114 314 980
支付的各项税费	660 940 966	23 434 993	137 227 869	21 175 237
支付其他与经营活动有关的现金	2 889 177 486	52 713 582	528 721 086	60 222 937
经营活动现金流出小计	5 642 698 965	230 734 876	1 312 960 592	224 103 892
经营活动产生的现金流量净额	1 482 291 286	32 367 615	363 772 213	35 351 473
二、投资活动产生的现金流量：				
收回投资收到的现金	172 530 587	172 530 587	53 669 541	69 947 359
取得投资收益收到的现金	3 113 661	73 410 522	18 789 811	92 114 293
处置固定资产、无形资产和其他长期资产收回的现金净额	32 530 480	20 812	3 534 866	27 984
处置子公司及其他营业单位收到的现金净额	1 483 084		102 885 562	
收到其他与投资活动有关的现金	31 612 781	27 375 188		200 785 849
投资活动现金流入小计	241 270 593	273 337 108	178 879 779	362 875 484
购建固定资产、无形资产和其他长期资产支付的现金	407 084 092	6 096 107	36 760 256	6 779 290
投资支付的现金	29 313 310	28 026 864	23 449 730	480 348 821
取得子公司及其他营业单位支付的现金净额	6 406 459 545		174 877 298	
支付其他与投资活动有关的现金		7 630 000 000		150 000 000
投资活动现金流出小计	6 842 856 947	7 664 122 971	235 087 284	637 128 111
投资活动产生的现金流量净额	-6 601 586 355	-7 390 785 863	-56 207 505	-274 252 627
三、筹资活动产生的现金流量：				
吸收投资收到的现金	3 804 273 502	3 804 273 502		
其中：子公司吸收少数股东投资收到的现金				

续表

	2016-12-31	2016-12-31	2015-12-31	2015-12-31
取得借款收到的现金	16 473 643 500	7 988 000 000	2 975 000 000	380 000 000
收到其他与筹资活动有关的现金	320 000 000	491 049 990	257 920 000	127 749 880
筹资活动现金流入小计	20 597 917 002	12 283 323 492	3 232 920 000	507 749 880
偿还债务支付的现金	13 740 323 500	4 570 000 000	2 995 000 000	160 000 000
分配股利、利润或偿付利息支付的现金	357 065 685	242 683 515	167 942 371	55 686 571
其中：子公司支付给少数股东的股利、利润	23 243 296		20 450 435	
支付其他与筹资活动有关的现金	380 050 416	93 432 155	459 075 400	148 600 000
筹资活动现金流出小计	14 477 439 602	4 906 115 670	3 622 017 771	364 286 571
筹资活动产生的现金流量净额	6 120 477 400	7 377 207 822	-389 097 771	143 463 309
四、汇率变动对现金的影响	-63 908 667	9 566	43 487	
五、现金及现金等价物净增加额	937 273 664	18 799 140	-81 489 576	-95 437 845
加：期初现金及现金等价物余额	166 724 787	72 372 798	248 214 363	167 810 643
六、期末现金及现金等价物余额	1 103 998 452	91 171 938	166 724 787	72 372 798

(二) 案例分析要求

1. 上述母公司报表与合并报表的比较可以揭示哪些信息？

2. 通过查阅首旅酒店2016年度财务报告，评价一下引起企业年度内重大财务状况变化的事件对企业造成的影响。

第8章 财务报表的其他重要信息分析

【学习目标】

1. 掌握会计政策、会计估计的含义及其对财务报表分析的影响；
2. 掌握关联方的概念及关联方交易对企业财务报表分析的重要性；
3. 掌握资产负债表日后事项及其对财务报表分析的影响；
4. 掌握审计意见的基本类型及其包含的质量信息；
5. 掌握分部报告分析的主要内容。

---【引例】---

据上海证券交易所2017年5月2日通报，交易所在日常信息披露监管中发现，神马实业股份公司（股票代码：600810）在信息披露及规范运作方面存在违规，主要表现为年报财务数据造假及关联交易未披露等，上交所近日对神马股份公司及时任董事长、财务总监及公司副总经理等人作出纪律处分决定。

据查，神马股份的主要违法行为表现为：2014年年报主要财务数据披露不真实、不准确。

2015年4月25日，公司披露2014年年报显示，公司当年营业收入为148.86亿元，营业成本为142.02亿元。2016年4月20日，公司披露关于会计差错更正的公告称，公司在编制2014年年报时，未将合并报表范围内各个主体之间的交易予以合并抵销，导致公司2014年年报中营业收入和营业成本均虚增53.43亿元，占调整后当年营业收入、营业成本的比例分别为56%、60%。公司年度报告主要财务数据披露不真实、不准确，金额巨大，情节严重。

其违法行为还表现为：公司重大关联交易未履行相应决策程序及信息披露义务。

公司2014年、2015年年报显示，公司2014年和2015年通过独立第三方与关联方河南神马尼龙化工公司、中国平煤神马集团国际贸易公司进行的原材料、产成品交易金额分别为63.8亿元、48.7亿元，分别占2013年、2014年度经审计净资产的274%、188%。上述交易属于关联交易，但是公司均未按照关联交易履行股东大会审议程序，也未按规定及时履行信息披露义务,且金额巨大。

上交所同时还查明,公司 2015 年度日常关联交易预计金额为 26.4 亿元,实际发生金额为 28.62 亿元,超出预计金额 2.2 亿元,占 2014 年度净资产的 8.5%。但是,公司未及时对超出部分履行股东大会审议程序和信息披露义务。

上交所有关负责人称,公司年度营业收入、营业成本是投资者决策的重要参考指标,公司年度报告相关内容不真实、不准确;公司重大关联交易未履行股东大会决策程序,也未及时披露,其行为严重违反了上交所《股票上市规则》相关规定。对此违法行为,时任董事长王良作为公司主要负责人和信息披露第一责任人,财务总监赵运通和副总经理段文亮作为公司经营管理主要人员,未能勤勉尽责,对公司的违规行为负有直接责任;时任董事兼总经理张电子主要负责科研工作和项目建设,董秘刘臻负责公司信息披露事务,未尽督促义务,对公司的违规行为负有责任。

基于上述违法事实和情节,依据上交所《股票上市规则》,并经上交所纪律处分委员会审核通过,上交所近日作出纪律处分决定:对神马股份和王良、赵运通、段文亮予以公开谴责,对张电子、刘臻予以通报批评。

对于上述纪律处分,上交所将通报中国证监会和河南省政府,并将记入上市公司诚信档案。

会计信息需求者在翻阅关于关联方交易的报表附注时,应关注哪些方面的信息?在公司存在关联方交易的情况下,其财务形象可能会受到怎样的影响?公司未按照规定披露关联方交易是否属于财务舞弊行为?神马股份没有按照规定披露关联方交易的可能动机是什么?学完本章后,你就会得到答案。

在前面几章,我们就企业主要财务报表进行了分析。由于企业经营活动和经济环境日趋复杂,而且会计报表中的数据是高度概括性的,要深入理解企业的实际情况,还需要借助其他一些信息。本章将对上市公司财务报告中的其他重要信息展开分析。

8.1 会计政策、会计估计变更和前期差错更正

企业在报表编制过程中将涉及会计政策变更、会计估计变更和前期差错更正等问题。上述三个方面的处理包含较为丰富的财务状况质量信息。下面以我国企业当前的会计准则为基础来对上述问题进行分析。

8.1.1 会计政策变更

(1) 会计政策及其具体内容。

会计政策是指企业在会计确认、计量和报告中所采用的原则、基础和会计处理

方法。

企业在会计核算中所采纳的会计政策，通常应在会计报表附注中加以披露。我国企业当前需要披露的项目主要有：

①合并政策。是指编制合并会计报表所采纳的原则，如母公司与子公司的会计年度不一致的处理原则、合并范围的确定原则、母公司和子公司所采用会计政策是否一致等。

②外币折算。是指外币折算所采用的方法，以及汇兑损益的处理，如外币报表折算是采用现行汇率法，还是采用时态法或其他方法。

③收入的确认。是指收入确认的原则。

④存货的计价。是指企业存货的计价方法，如企业的存货在先进先出法和其他国家统一的会计制度所允许的计价方法之间的选择。

⑤长期投资的核算。是指长期投资的具体会计处理方法，如企业对被投资单位的股权投资在采用成本法核算还是采用权益法核算之间的选择。

⑥坏账损失的核算。是指坏账损失的具体会计处理方法，如企业的坏账损失在直接转销法和备抵法之间的选择。

⑦借款费用的处理。是指借款费用的处理方法，即借款费用在资本化和费用化之间的选择。

⑧其他。是指固定资产的计价及折旧方法、无形资产的计价及摊销方法、财产损溢的处理、研究与开发费用的处理等。

（2）会计政策变更的含义与条件。

会计政策变更是指企业对相同的交易或事项由原来采用的会计政策改用另一会计政策的行为。为保证会计信息的可比性，使会计报表使用者在比较企业一个以上期间的会计报表时，能够正确判断企业的财务状况、经营成果和现金流量的趋势，一般情况下，企业应在每期采用相同的会计政策，不应也不能随意变更会计政策。否则，势必会削弱会计信息的可比性，使会计报表使用者在比较企业的经营业绩时发生困难。

但是，也不能认为会计政策不能变更，企业出现下列情况时，应改变原来采用的会计政策：法律、行政法规或者国家统一的会计制度等要求变更；会计政策变更能够提供更可靠、更相关的会计信息。

（3）会计政策变更对企业财务状况质量分析的影响。

在法律或会计准则等行政法规、规章的要求下发生的会计政策变更，属于不可抗力，企业只能被动地按照国家的有关规定执行。这种条件不会成为企业会计政策变更的经常性原因。

为提供有关企业财务状况、经营成果和现金流量的更可靠、更相关的会计信息而发生的会计政策变更，则属于企业在会计政策选择方面的一种主动行为。在企业认定原来所采用的会计政策不能像新的会计政策那样提供有关方面更可靠、更相关的会计信息时，原则上企业应当进行会计政策的变更。但必须注意的是，这种变更的必要性是以企业自身的主观判断为依据的。在很多情况下，企业变更会计政策可能出于其他方面的考虑（如新的会计政策的运用，有可能导致企业所披露的财务信息更有利于企业管理层对其业绩的展示）。企业财务信息的使用者应当对这种可能性有所警惕。

此外，还应注意的是，不论何种原因引起的企业会计政策的变更，均会导致企业不同会计年度的财务信息不可比。在对企业不同年度的财务信息进行比较时，应当对这种因会计政策变更而导致的财务信息的不可比性予以关注。

8.1.2 会计估计变更

（1）会计估计的含义。

会计估计是指企业对其结果不确定的交易或事项以最近可利用的信息为基础所做的判断。下列各项属于常见的变更进行估计的项目：

①坏账；

②存货遭受毁损、全部或部分陈旧过时；

③固定资产的耐用年限与净残值；

④无形资产的受益期；

⑤收入确认中的估计。

（2）会计估计变更的原因。

会计估计变更是指由于资产和负债的当前状况及预期经济利益和义务发生了变化，企业对资产或负债的账面价值或者资产的定期消耗金额进行调整。企业据以进行估计的基础发生了变化，或者由于取得新信息、积累更多经验以及后来的发展变化，都可能需要对会计估计进行修订。会计估计变更的依据应当真实、可靠。

（3）会计估计变更对企业财务状况质量分析的影响。

显然，会计估计的变更是企业的一种主动行为，与会计政策变更类似，在很多情况下，企业变更会计估计可能出于其他方面的考虑（如新的会计估计的运用，有可能导致企业所披露的财务信息更有利于企业管理层对其业绩的展示）。企业财务信息的使用者应当对这种可能性有所警惕。

同样应注意的是，企业会计估计的变更会导致企业不同会计年度的财务信息不可比。在对企业不同年度的财务信息进行比较时，应当对这种因会计估计变更而导致的财务信息的不可比性予以剔除。

需要特别关注的是，为了防止企业利用会计估计调节年度间的盈亏状况，我国企业会计准则对企业关于会计估计的处理进行了规范。例如，在非流动资产项目上已计提的减值准备不允许转回。

8.1.3 前期差错更正

（1）前期差错的含义。

前期差错是指由于没有运用或错误运用下列两种信息，而对前期财务报表造成省略遗漏或错报：一是编报前期财务报表时预期能够取得并加以考虑的可靠信息；二是前期财务报告批准报出时能够取得的可靠信息。

前期差错通常包括计算错误、运用会计政策错误、疏忽或曲解事实及舞弊产生的影响以及存货、固定资产盘盈等。

前期差错的产生有诸多原因，以下是常见的原因：

①采用法律或会计准则等行政法规、规章所不允许的会计政策；

②账户分类以及计算错误；

③会计估计错误；

④在期末应计项目与递延项目未予调整；

⑤漏记已完成的交易；

⑥对事实的忽视和误用；

⑦提前确认尚未实现的收入或不确认已实现的收入；

⑧资本性支出与收益性支出划分差错。

（2）关注企业有关前期差错的信息的质量含义。

在企业的会计实践中，出现前期差错是难以避免的。但应该注意的是，相当多的上市公司披露的前期差错在对企业盈亏的影响上呈现出在特定会计期间方向一致性的特征。如果这种情形成为一种普遍现象，我们就应该对这种差错产生的真实原因进行分析。

此外，还要警惕企业滥用会计政策和会计估计及其变更的情形。滥用会计政策和会计估计及其变更有一个很重要特点，就是其处理有"反常识"色彩。例如，有的上市公司在某些年度的管理费用、营业费用出现负数，有的上市公司的期间费用随意增减，等等。

8.2 关联方关系及其交易的披露

企业必须在报表的附注中披露关联方关系及其交易。下面以我国当前的企业会计准则为基础，讨论企业关联方关系及其交易的披露以及对财务状况质量分析的影响。

8.2.1 与关联方关系及其交易有关的概念

一方控制、共同控制另一方或对另一方施加重大影响，以及两方或两方以上同受一方控制、共同控制或重大影响的，构成关联方。

控制，是指有权决定一个企业的财务和经营政策，并能据以从该企业的经营活动中获取利益。

共同控制，是指按照合同约定对某项经济活动所共有的控制，仅在与该项经济活动相关的重要财务和经营决策需要分享控制权的投资方一致同意时存在。

重大影响，是指对一个企业的财务和经营政策有参与决策的权力，但并不能够控制或者与其他方一起共同控制这些政策的制定。

下列各方构成企业的关联方：

(1) 该企业的母公司；
(2) 该企业的子公司；
(3) 与该企业受同一母公司控制的其他企业；
(4) 对该企业实施共同控制的投资方；
(5) 对该企业施加重大影响的投资方；
(6) 该企业的合营企业；
(7) 该企业的联营企业；
(8) 该企业的主要投资者个人及与其关系密切的家庭成员（主要投资者个人是指能够控制、共同控制一个企业或者对一个企业施加重大影响的个人投资者）；
(9) 该企业或其母公司的关键管理人员及与其关系密切的家庭成员（关键管理人员是指有权力并负责计划、指挥和控制企业活动的人员。与主要投资者个人或关键管理人员关系密切的家庭成员，是指在处理与企业的交易时可能影响该个人或受该个人影响的家庭成员）；
(10) 该企业主要投资者个人、关键管理人员或与其关系密切的家庭成员控制、共同控制或施加重大影响的其他企业。

仅与企业存在下列关系的各方，不构成企业的关联方：

(1) 与该企业发生日常往来的资金提供者、公用事业部门、政府部门和机构；
(2) 与该企业发生大量交易而存在经济依存关系的单个客户、供应商、特许商、经销商或代理商；
(3) 与该企业共同控制合营企业的合营者。

仅受国家控制而不存在其他关联方关系的企业，不构成关联方。

由此可见，关联方是指那些可以不依赖于市场而"制造"业务的有关各方。因此，关联方交易的最大特点是其存在潜在的操纵性。

8.2.2 关联方交易

关联方交易是指关联方之间转移资源、劳务或义务的行为，而不论是否收取价款。企业关联方交易的主要形式有：

（1）购买或销售商品。购买或销售商品是关联方交易较常见的交易事项，例如，企业集团成员之间互相购买或销售商品，从而形成了关联方交易。

（2）购买或销售除商品以外的其他资产。例如，母公司出售给子公司设备或建筑物等，购买或销售除商品以外的其他资产都是关联方交易的主要形式。

（3）提供或接受劳务。例如，A 企业为 B 企业的联营企业，A 企业专门从事设备维修服务，B 企业的所有设备均由 A 企业负责维修，B 企业每年支付设备维修费用 20 万元。因此，关联方之间提供或接受劳务是关联方交易的主要形式。

（4）担保。担保包括在借贷、买卖、货物运输、加工承揽等经济活动中，为了保障其债权实现而实行的保证、抵押等。当存在关联方关系时，一方往往为另一方提供借贷、买卖等经济活动中所需的担保。因此，关联方之间提供的担保是关联方交易的主要形式。

（5）提供资金（包括以现金或实物形式提供的贷款或权益性资金）。例如，企业从其关联方取得资金或权益性资金在关联方之间的增减变动等。因此，关联方之间提供资金是主要的关联方交易。

（6）租赁通常包括经营租赁和融资租赁等，关联方之间的租赁合同是主要的交易事项。

（7）代理。代理主要是依据合同条款，一方为另一方代理某些事务，如代理销售货物，或一方代另一方签订合同等。因此，关联方之间的代理业务是关联方交易的主要形式。

（8）研究与开发项目的转移。当存在关联方关系时，有时某企业所研究与开发的项目会由于一方的要求而放弃或转移给其他企业。例如，B 公司是 A 公司的子公司，A 公司要求 B 公司停止对某新产品的研究和试制，并将 B 公司现有的研究成果转给 A 公司最近购买的、研究和开发能力超过 B 公司的 C 公司继续研制。因此，关联方之间研究与开发项目的转移是关联方交易的主要形式。

（9）许可协议。当存在关联方关系时，关联方之间可能达成某项协议，允许一方使用另一方的商标等，从而形成关联方之间的交易。

（10）代表企业或由企业代表另一方进行债务结算。

（11）关键管理人员薪酬。企业支付给关键管理人员薪酬，也是一项主要的关联方交易。

8.2.3 对关联方交易的披露

企业无论是否发生关联方交易,都应当在附注中披露与母公司和子公司有关的下列信息:

(1) 母公司和子公司的名称;母公司不是该企业最终控制方的,还应当披露最终控制方名称;母公司和最终控制方均不对外提供财务报表的,还应当披露母公司"之上"与其最相近的对外提供财务报表的母公司名称。

(2) 母公司和子公司的业务性质、注册地、注册资本(或实收资本、股本)及其变化。

(3) 母公司对该企业或者该企业对子公司的持股比例和表决权比例。

企业与关联方发生关联方交易的,应当在附注中披露该关联方关系的性质、交易类型及交易要素。交易要素至少应当包括:

(1) 交易的金额;

(2) 未结算项目的金额、条款和条件,以及有关提供或取得担保的信息;

(3) 未结算应收项目的坏账准备金额;

(4) 定价政策。

关联方交易应当根据关联方以及交易类型予以披露。类型相似的关联方交易,在不影响财务报表阅读者正确理解关联方交易对财务报表的影响的情况下,可以合并披露。

企业只有在提供确凿证据的情况下,才能披露关联方交易是公平交易。

8.2.4 关联方及其交易对企业财务状况质量分析的影响

企业关联方及其交易的信息披露之所以越来越引人注目,主要原因在于,关联方之间存在密切的关联关系,完全可以在不依赖正常市场交易的条件下,通过内部操纵完成关联交易,以达到某种目的。例如,在某关联方在一定时期需要表现较多利润的条件下,其他关联方有可能向该关联方以低于市场正常水平的价格提供产品或劳务,以高于市场正常水平的价格从该关联方处购买产品或劳务。这样,就可以把其他关联方的利润转移到需要表现较多利润的关联方,从而将其"包装"为外在盈利能力远远超过实际盈利能力的企业。显然,这并不是企业正常交易的结果。因此,财务信息的使用者必须对企业关联方关系及其交易给予足够的重视。

当然,在关联方交易中,也有相当部分属于正常交易。关联方交易是否正常,应当通过企业在报表附注中披露的交易内容,特别是定价政策等信息来判断。

8.3 资产负债表日后事项

8.3.1 资产负债表日后事项的含义及其种类

按照企业会计准则的表述,资产负债表日后事项是指资产负债表日至财务报告批准报出日之间发生的有利或不利事项。其中,财务报告批准报出日是指董事会或类似机构批准财务报告报出的日期。

资产负债表日后事项一般分为调整事项和非调整事项。

(1) 调整事项。

调整事项是指资产负债表日后获得新的或进一步的证据,有助于对资产负债表日存在状况的有关金额作出重新估计的事项。企业应据此对资产负债表日所反映的收入、费用、资产、负债以及所有者权益进行调整。调整事项的表现形式主要有:

①资产负债表日后诉讼案件结案,法院判决证实了企业在资产负债表日已经存在现时义务,需要调整原先确认的与该诉讼案件相关的预计负债,或确认一项新负债。

②资产负债表日后取得确凿证据,表明某项资产在资产负债表日发生了减值或者需要调整该项资产原先确认的减值金额。

③资产负债表日后进一步确定了资产负债表日前购入资产的成本或售出资产的收入。

④资产负债表日后发现了财务报表舞弊或差错。

这里需要说明的是,原准则将资产负债表日至财务报告批准报出日之间,由董事会制定的财务报告所属期间的利润分配方案作为一项调整事项,要求现金股利在资产负债表所有者权益中单独列示。如果董事会制定的利润分配方案中包括股票股利,则作为非调整事项在会计报表附注中披露,不能作为调整事项处理。而新准则只要求将拟分配的现金股利和股票股利在报表附注中披露,不再作为调整事项处理。

(2) 非调整事项。

非调整事项是资产负债表日后才发生或存在的事项。这类事项不影响资产负债表日存在的状况,但如不加以说明,将会影响财务报告使用者作出正确估计和决策,因此需要在会计报表附注中予以披露。非调整事项的表现形式主要有:

①资产负债表日后发生重大诉讼、仲裁、承诺。

②资产负债表日后资产价格、税收政策、外汇汇率发生重大变化。

③资产负债表日后因自然灾害导致资产发生重大损失。

④资产负债表日后发行股票和债券以及其他巨额举债。

⑤资产负债表日后资本公积转增资本。
⑥资产负债表日后发生巨额亏损。
⑦资产负债表日后发生企业合并或处置子公司。

8.3.2 资产负债表日后事项对企业财务状况质量分析的影响

企业对资产负债表日后事项中的调整事项已经进行了报表调整，其对财务状况质量分析的影响已经体现在相应的报表项目中。非调整事项对财务信息使用者判断企业未来的发展方向有重要影响，财务信息使用者应当给予足够的重视：应当以考虑了调整事项对企业未来的影响后的财务信息作为评价企业未来财务状况的依据。

8.4 审计报告

审计报告，是指注册会计师就企业财务报表的编制是否恰当地反映了企业的财务状况和经营成果所出具的意见。

从我国目前的情况看，股份制企业尤其是上市公司以及外商投资企业的年度财务报表一般均应经注册会计师审计并出具审计报告。从市场经济的发展趋势看，将会有越来越多的企业的年度报表需要注册会计师审计。因此，了解审计报告的种类、出具条件以及具体含义，对理解企业的财务报表具有重要意义。

8.4.1 企业报表审计的委托人及审计目标

现代企业普遍采用经营权与所有权相分离的形式。企业的所有者向企业注入资本后，由经营者经营企业，使企业的资产增值并获利，向所有者分配股利。大多数所有者不参与企业的经营活动，他们只能通过阅读其投资企业的财务报表来了解企业的经营状况，做出自己的决策（持有或转让投资）。受各种因素的制约，企业的经营者往往在报表的编制中粉饰企业的财务状况与经营成果，对所有者的投资决策造成误导。因此，企业的所有者只能聘请公正的第三者——注册会计师对企业所编制的具有粉饰财务状况、误导读者倾向的财务报表进行审计，并对报表编制是否恰当地反映了企业的财务状况和经营成果出具报告。

也就是说，企业财务报表审计的委托者是企业的所有者或股东；财务报表审计的目标是对被审计企业的报表是否恰当地反映了财务状况发表意见，形成审计报告。

8.4.2 审计报告的作用

一般认为，注册会计师签发的对企业年度财务报表出具的审计报告，具有鉴证作用和证明作用。

(1) 鉴证作用。

注册会计师签发的审计报告，是以超然独立的第三者身份，对被审计单位会计报表中所反映的财务状况、经营成果等情况是否恰当表明自己的意见。这种客观意见具有鉴证作用，这种鉴证作用得到各国政府及各部门和社会各界的普遍认可。政府有关部门（如财政部门、税务部门等）了解、掌握企业的财务状况和经营成果的主要依据是企业提供的会计报表，而判断会计报表是否恰当，主要依据注册会计师的审计报告；股份制企业的股东主要依据注册会计师的审计报告来判断被投资企业的财务状况和经营成果是否真实以进行投资决策等。

(2) 证明作用。

审计报告是对注册会计师审计任务完成情况及其结果所做的总结，它可以表明审计工作的质量并明确注册会计师的审计责任。因此，审计报告可以对审计工作质量和注册会计师的审计责任起证明作用。审计报告在一定程度上可以证明注册会计师在审计过程中是否完成了预定的审计程序，是否以审计工作底稿为依据表示审计意见，表示的审计意见是否与被审计单位的实际情况相一致，审计工作的质量是否符合要求。审计报告还可以证明注册会计师审计责任的履行情况。注册会计师的审计责任是指注册会计师应对其出具的审计报告的质量负责。审计报告必须反映注册会计师的审计范围、审计依据、实施的审计程序和应表示的审计意见。同时，审计报告的编制和出具必须符合《中华人民共和国注册会计师法》和独立审计准则的规定。

8.4.3 审计意见的基本类型

按照我国独立审计准则的规定，注册会计师在完成其报表审计任务后，可以视实际情况形成不同的审计意见，出具四种基本类型审计意见的审计报告，即标准无保留意见的审计报告、保留意见的审计报告、否定意见的审计报告和无法（拒绝）表示意见的审计报告。

(1) 标准无保留意见的审计报告。

无保留意见是指注册会计师对被审计单位的会计报表，依照独立审计准则的要求进行审查后，确认被审计单位采用的会计处理方法遵循了会计准则及有关规定；会计报表反映的内容符合被审计单位的实际情况；会计报表内容完整，表达清楚，无重要遗漏；报表项目的分类和编制方法符合规定要求，因而对审计单位的会计报表无保留地表示满意。无保留意见意味着注册会计师认为会计报表的反映是恰当的，能满足非特定多数的利害关系人的共同需要，并对表示的该意见负责。

注册会计师经过审计后，认为被审计单位会计报表的编制符合下述情况时，应出具标准无保留意见的审计报告：

①会计报表的编制符合《企业会计准则》和国家其他财务会计法规的规定；

②会计报表在所有重要方面恰当地反映了被审计单位的财务状况、经营成果和资金变动情况；

③会计处理方法遵循了一致性原则；

④注册会计师已按照独立审计准则的要求，完成了预定的审计程序，在审计过程中未受阻碍和限制；

⑤不存在影响会计报表的重要的未确定事项；

⑥不存在应调整而被审计单位未予调整的重要事项。

（2）保留意见的审计报告。

注册会计师通过审查对被审计单位的会计报表有异议，或存在某些疑问，就不应签发无保留意见的审计报告。注册会计师应视被审计单位的实际情况及所掌握的审计证据，签发保留意见、否定意见或拒绝表示意见的审计报告。

保留意见是指注册会计师对会计报表的反映有所保留的审计意见。一般是由于某些事项的存在，使无保留意见的条件不完全具备，影响了被审计单位会计报表的表达，因而注册会计师对无保留意见加以修正，对影响事项提出保留意见，并表示对该意见负责。

注册会计师经过审计后，认为被审计单位会计报表的反映整体而言是恰当的，但存在下述情况时，应出具保留意见的审计报告：

①个别重要财务会计事项的处理或个别重要会计报表项目的编制不符合《企业会计准则》和国家其他有关财务会计法规的规定，被审计单位未予调整；

②因审计范围受到局部限制，无法按照独立审计准则的要求取得应有的审计证据；

③个别会计处理方法不符合一致性原则的要求；

④存在对会计报表反映有重要影响的个别未确定事项。

上述条件要求注册会计师在遇到可能对被审计单位会计报表产生较大影响的重要事项时，应在审计意见中加以保留。上述保留事项可归纳为以下四类：

①未调整事项。即被审计单位的会计处理方法与注册会计师的看法不一致，又不愿进行调整，而且这种不一致所产生的差异能够准确地加以计量。一般来说，注册会计师在审计过程中提出的应予调整的项目，被审计单位已经做了处理的，如调整本年度会计报表，或在不便调整时，在会计报表的附注中加以反映的，审计报告中就不再表示保留，只在相应的审计工作底稿中列示。但若被审计单位对于注册会计师认为比较重要的审计调整事项不进行调整，注册会计师应将这些对审计意见有较大影响的内容在审计报告中明确提出，并说明理由，指出这些调整对被审计单位提供的会计报表可能产生的影响。

②审计范围受到局部限制。即注册会计师在审计过程中应实施的审计程序，由于

审计范围受到局部限制而无法实施,也难以实施必要的替代审计程序,而且无法实施的审计程序对被审计单位的会计报表可能产生影响。

③不符合一致性原则的事项。即被审计单位的个别会计处理方法虽符合《企业会计准则》和国家其他有关财务会计法规的规定,但前后期不一致,而且这种不一致对会计报表的影响是可以计量的。

④未确定事项。即被审计单位和注册会计师共同努力都不能预计、确认其对会计报表影响程度的事项。

注册会计师出具保留意见的审计报告时,应于"意见段"之前另设"说明段",以说明持保留意见的理由,并在"意见段"中使用"除存在上述问题以外""除上述问题造成的影响以外"或"除上述情况待定以外"等术语,除使用保留意见的特定术语之外,其余应该使用无保留意见的审计报告的术语,表示其他事项已做了恰当的反映。

(3) 否定意见的审计报告。

否定意见是指与无保留意见相反,提出否定会计报表恰当地反映被审计单位财务状况、经营成果和资金变动情况的审计意见。

当未调整事项、未确定事项、违反一致性原则的事项等对会计报表的影响程度在一定范围内时,注册会计师可以表示保留意见。但是如果其影响程度超出一定范围,以致会计报表无法被接受,被审计单位的会计报表已失去其价值,注册会计师就不能表示保留意见,也不应不表示意见,而只能表示否定意见。

注册会计师经过审计后,认为被审计单位的会计报表存在下述情况之一时,应当出具表示否定意见的审计报告:

①会计处理方法严重违反《企业会计准则》和国家其他财务会计法规的规定,被审计单位拒绝进行调整;

②会计报表严重歪曲了被审计单位的财务状况、经营成果和资金变动情况,被审计单位拒绝进行调整。

注册会计师在出具表示否定意见的审计报告时,应于"意见段"之前另设"说明段",以说明持否定意见的理由,并在"意见段"中使用"由于上述问题造成的重大影响""由于受到前段所述事项的影响"等专业术语,并指出会计报表"不能恰当地反映""不符合……规定"等问题。

(4) 无法表示意见的审计报告。

无法表示意见是指注册会计师说明其对被审计单位的会计报表不能表示意见,即对会计报表不发表包括肯定、否定或保留的审计意见。

注册会计师在审计过程中,由于受到委托人、被审计单位或客观环境的严重限制,不能获取必要的审计证据,以致无法对会计报表整体表示审计意见时,应当出具无法表示意见的审计报告。

注册会计师在出具无法表示意见的审计报告时，应于"意见段"之前另设"说明段"，以说明持无法表示意见的理由，并在"意见段"中使用"由于审计范围受到严重限制""由于无法实施必要的审计程序""由于无法获取必要的审计证据"等术语，并指出"我们无法对上述会计报表整体表示审计意见"。

否定意见的审计报告和无法表示意见的审计报告在实践中均不多见。

必须强调的是，审计意见是注册会计师判断的结果。而这种判断受多种因素制约，既有注册会计师主观业务水准方面的因素，也有企业客观对注册会计师意见形成的影响因素。

8.4.4 审计报告所包含的质量信息

在审计报告中，普遍存在若干重要术语，如"我们认为""在所有重大方面""公允"等。审计意见有四种基本类型，不同类型的审计意见所揭示的企业财务信息的质量不同。

（1）"我们认为"。

每一份审计报告均由多位注册会计师签字，这意味着，这些签字的注册会计师对审计报告负责。"我们认为"告诉读者，之所以签署具体的审计意见，是因为存在签字者的主观认为或者主观判断。换句话说，就某个企业的财务报表来说，某些注册会计师"认为"应该签署标准无保留意见的审计报告，而另外的注册会计师可能"认为"应该签署否定意见的审计报告。

也就是说，注册会计师的看法存在极强的主观判断性，因而促使其签署某种意见的原因的弹性非常大。读者不应该因为注册会计师的看法就对经审计的企业报表深信不疑。

（2）"在所有重大方面"。

需要注意两点：第一，"在所有非重大方面"存在的问题，并不影响注册会计师对审计意见的基本态度；第二，是否重大，完全取决于注册会计师的主观判断。对于"重大"的认识，不同的注册会计师之间存在重大差异很正常。

（3）"公允"。

尽管有《会计法》《企业会计准则》以及中国证监会发布的针对上市公司会计处理与信息披露的各种规定，但什么是"公允"的还是由注册会计师来判断。注册会计师既有可能把公允的判断为公允的，也有可能把不公允的判断为公允的，还有可能把公允的判断为不公允的。

必须指出，随着注册会计师业务素质、道德素质的提高以及监管力度的加大，审计意见对企业财务信息的质量的意义会越来越大。从总体上说，被出具标准无保留意见和保留意见的财务报告的质量普遍高于被出具另外两种审计意见的财务报告。

（4）关键审计事项说明。

自2017年起，新颁布的审计准则要求在上市公司的审计报告中增设关键审计事项部分，披露审计工作中的重点难点等审计项目的个性化信息。其中，要求注册会计师说明某事项被认定为关键审计事项的原因、针对该事项是如何实施审计工作的。这样，注册会计师提示的关键审计事项说明，将更有助于信息使用者判断在分析中需要关注的重点项目。

8.5 分部报告

现代证券市场是建立在信息披露制度之上的，上市公司的信息披露是证券市场健康发展的重要保证，也是投资者做出合理投资决策的基本依据。如今，我国上市公司的经营规模和经营范围越来越大，跨行业、跨地区甚至跨国家经营，而企业对外提供的财务会计报告通常反映的是企业整体的财务状况，因而会计信息的使用者通过财务会计报告很难分析其利润增长和财务状况变动的具体原因，这就为分部财务报告提供了滋生的土壤。随着投资者理性程度的提高，投资者和其他会计信息使用者对企业分部信息的关注程度日益提高。

8.5.1 报告分部的确定

企业应当以内部组织结构、管理要求、内部报告制度为依据确定经营分部，以经营分部为基础确定报告分部，并按相关规定披露分部信息。

（1）经营分部的确定。

经营分部是指企业内同时满足下列条件的组成部分：

①该组成部分能够在日常活动中产生收入、发生费用；

②企业管理层能够定期评价该组成部分的经营成果，以决定向其配置资源、评价其业绩；

③企业能够取得该组成部分的财务状况、经营成果和现金流量等有关会计信息。

企业若存在经济特征相似的两个或多个经营分部，在一定条件下可以合并为一个经营分部。

（2）报告分部的确定。

企业在以经营分部为基础确定报告分部时，应当满足下列三个条件之一：

①该分部的收入占所有分部收入合计的10%或者以上；

②该分部的利润（亏损）的绝对额，占所有盈利分部利润合计额或者所有亏损分

部亏损合计额的绝对额中较大者的 10% 或者以上；

③该分部的资产占所有分部资产合计额的 10% 或者以上。

未满足规定条件，但企业认为披露该经营分部信息对财务报告使用者有用的，也可将其确定为报告分部。

报告分部的数量通常不应超过 10 个。报告分部的数量超过 10 个需要合并的，应当以经营分部的合并条件为基础，对相关的报告分部予以合并。

8.5.2　报告分部的信息披露要求

企业报告分部确定后，应当披露下列信息：

①确定报告分部考虑的因素、报告分部的产品和劳务的类型；

②每一报告分部的利润（亏损）总额相关信息，包括利润（亏损）总额组成项目及计量的相关会计政策信息；

③每一报告分部的资产总额、负债总额相关信息，包括资产总额组成项目的信息，以及有关资产、负债计量的相关会计政策。

此外，企业还应当根据具体情况适当披露下列信息：

①每一产品和劳务或每一类似产品和劳务组合的对外交易收入；

②企业取得的来自本国的对外交易收入总额以及位于本国的非流动资产（不包括金融资产、独立账户资产、递延所得税资产，下同）总额，企业从其他国家取得的对外交易收入总额以及位于其他国家的非流动资产总额；

③企业对主要客户的依赖程度。

8.5.3　分部报告的分析

在分析分部报告时，首先要明确的就是企业划分分部的原则是否具有误导性。如果分部原则与企业的具体情况不符，则应对该分部报告的可信性产生怀疑。

在经营分部、报告分部确定合理，分部报表项目确认、计量恰当的基础上，便可以采用一定的分析方法对分部报告进行分析，以获取有用的决策信息。一般情况下，传统的财务报表分析方法，如比率分析法、趋势分析法、比较分析法等也适用于分部报告的分析。但需要强调的是，分部报告分析是一个比较复杂的过程，必须深入了解企业相关行业现状、商业模式、管理战略、内外部环境、经济政治因素、地理环境等相关信息。另外，在分部报告中可能会在诸如成本费用分配等方面存在较多的人为因素，这将大大增加分析难度，影响分析结论的客观性，因此应将分部报告分析与企业整体的财务状况分析相结合，以免出现以偏概全的情况。大体上来说，对企业分部报告可以从以下几个方面展开分析。

（1）分析各报告分部的增长率及其变化原因。

企业整体是由各个分部构成的，分部的增长率会在很大程度上影响整个企业的增长率水平。通过采用趋势分析法分析各分部的销售增长率、资产增长率以及利润增长率的变化情况，信息使用者可以判断各分部的相对管理水平和相对发展速度，找出影响整个公司增长率变动的主要分部，进而通过考察这些分部的持续发展能力和存在的潜在风险等方面，来预测企业未来的成长性。

（2）考察企业资产的分布状况。

通过比较每一报告分部的资产相对分布百分比，来评价公司资产的分布状况以及变动特点。分部资产的分布百分比是对整个企业而言的，是指每一报告分部的资产占企业总资产的比重。占有资产比重较大的分部，一般是管理层较为重视的分部，应成为企业主要的盈利支柱。结合趋势分析，可以从资产分布百分比的变化来考察企业资产的基本流向，可进一步分析企业未来的发展方向。

（3）了解各报告分部的销售业务对外部客户的依赖程度。

一个分部的销售可能全部为内销（表现为企业内部的资源流转），可能部分内销部分外销，也可能全部为外销。在确定报告分部时，没有将内销收入剔除，主要是考虑到内销对整个企业来说也很重要。如果一个分部的销售主要是外销，那么，该分部对外部客户的依赖程度就很高，随时存在来自客户的风险。因此，对于外销业务较多的分部，要慎重地分析相关客户的情况，以确定其可能存在的潜在风险。

但从另一个角度来说，由于内销只能带来未实现利润，在编制财务报表时会予以抵销，因而企业最终实现的利润应来自外销。外销收入和利润越多的分部，对整个企业的收入和利润的贡献也就越大，这一分部也就越重要。企业管理层借此可以进行相应的战略调整，使资源由外销收入低、盈利能力弱的分部向外销收入高、盈利能力强的分部转移，以达到企业资源整体的优化配置。而对于外部信息使用者来说，可以了解到公司的收入和利润主要来自什么业务、什么经营部门、什么地区，在对这些业务、部门和地区进行分析的基础上，可以更加全面地评价企业的财务状况，以便做出更加科学的投资决策。

（4）比较各报告分部的相对盈利能力。

通过计算各报告分部的毛利率、经营性资产报酬率等财务指标，可以考察每一分部的相对盈利能力，进而分析各分部对整个企业盈利能力的影响程度，这样便于了解企业的盈利主要来自哪些分部，企业盈利水平的提高或降低主要是由哪些分部引起的。对那些盈利水平较高或亏损较大的分部应给予特别的关注，它们往往对企业未来的发展起到至关重要的作用。

在分析各报告分部的相对盈利能力时，应注意企业商业模式对各分部盈利能力的影响。在移动互联网时代，我们日益感受到商业模式的重要性，同样的产品、同样的质量、同样的品牌，采用不同的商业模式可能形成截然不同的竞争力和盈利能力。商业模式创新亟须完善财务报告特别是分部报告的披露。例如，腾讯采用第三方付费的商业模式，通过免费提供微信和QQ等社交服务，吸引一部分用户参与网络游戏进而获取收入和利润。分部报告显示，腾讯有四大业务板块，分别是增值服务（大部分为网络游戏）、网络广告、电子商务和其他服务。其2016年的财报显示，腾讯总收入为1 519.38亿元，比上年同期增长48%。其中，全年网络游戏收入为708.44亿元，占总收入的47%，毛利率达60%以上。网游业务的毛利率如此之高，显然与腾讯没有将用户免费使用的微信和QQ等社交平台的维护成本分摊到网络游戏有关。在第三方付费的商业模式日益盛行的移动互联网时代，分部报告如何编制和披露，有偿服务的收入如何与免费服务的成本相配比，是值得会计界探索的问题。如果这些问题不解决，采用第三方付费商业模式的企业，其披露的分部报告将严重高估有偿服务的盈利能力，对报表使用者会产生误导。

【思考题】

1. 会计政策、会计估计的含义是什么？它们对财务报表分析的影响如何？
2. 关联方是指什么？如何认识关联交易对上市公司财务报表分析的重要性？
3. 资产负债表日后事项的含义是什么？其对财务报表分析有何影响？
4. 审计意见的基本类型有几种？其包含的质量信息是什么？
5. 如何确定报告分部？如何进行分部报告分析？

【案例讨论与分析】

案例一　上市公司与子公司互殴："东方精工"业绩变脸背后对赌门

（一）案例介绍

2019年5月6日，普莱德公司召开新闻发布会，称不认可"东方精工"报告中涉及普莱德公司2018年业绩及商誉减值等相关内容。

4月17日，"东方精工"公告称，由于动力电池系统公司"普莱德"2018年扣除非经常性损益后的净利润为亏损2.17亿元，对"普莱德"计提38.5亿元商誉减值，这也直接导致上市公司亏损38.8亿元。而"普莱德"的补偿义务人"北大先行""宁德时代""福田汽车""北汽产投""青海普仁"应向"东方精工"赔偿约26.45亿元，但"福田汽车""宁德时代"并不买账。

4月19日，"福田汽车"发布了关于"普莱德"2018年业绩承诺相关事项的提示性公告，表示不会认可"东方精工"出具的《关于北京普莱德新能源电池科技有限公司2018年业绩承诺实现情况的专项审核报告》中计算的补偿金额。其次，由于"东方精工"未披露商誉减值测试的评估报告及具体内容,其计提减值的依据是否充分无法确认,也不会认可。随后,"宁德时代"发布公告称,"东方精工"公告的"普莱德"2018年度业绩不符合实际情况,对"普莱德"与公司关联交易公允性的判断不客观,将严重损害本公司及股东的利益。

这场发布会刚结束,5月6日晚,"东方精工"立即发表声明称,"东方精工"称此次发布会均系"普莱德"原股东推荐至普莱德任职的管理人员利用职务之便单方面发起之行为,该行为及有关声明内容均未经普莱德董事会批准,未获得普莱德股东确认和授权且声明内容存在诸多误导性内容,与实际情况不符。

2016年7月,"东方精工"以发行股份及支付现金的方式购买"北大先行""宁德时代""福田汽车""北汽产投""青海普仁"合计持有的"普莱德"100%股权,收购对价达47.5亿元,溢价19.93倍,形成商誉41.42亿元。这起高溢价收购的背后,原股东方的利润承诺或许被"东方精工"视为一重"保障"。根据交易协议,所有原股东方对"普莱德"共计四年的业绩作出承诺:经审计的累计实际扣除非经常性损益后的净利润不低于14.98亿元!其中,2016年、2017年、2018年和2019年扣除非经常性损益后的净利润分别不低于2.5亿元、3.25亿元、4.23亿元及5亿元。如果"普莱德"期末累计实际盈利数小于期末累积承诺盈利数,则补偿义务人须优先以取得的"东方精工"股份进行补偿("东方精工"以1元回购),不足部分由补偿义务人以现金方式补足。

2019年4月27日,深交所对"东方精工"下发问询函,要求公司说明仍未与"普莱德"原股东及其管理层就"普莱德"2018年度财务数据达成一致的原因、双方主要的分歧、拟采取的解决方案等,以及对公司合并报表层面的影响。5月7日,"东方精工"回复深交所称,目前公司与"普莱德"原股东对2018年的经立信会计师事务所(特殊普通合伙)审计的数据调整存在重大争议,其实质是对"普莱德"原股东(业绩承诺方)的业绩赔偿义务存在争议。"上述争议和分歧将有可能持续,甚至有可能会进一步升级,从而有可能导致本公司对普莱德'失去有效控制的风险'。"

在这几方的口水战中,有一个"关键人"即会计师事务所。"福田汽车"在公告中提到,立信会计师事务所在未与"普莱德"管理层就2018年度财务报表数据进行确认,未出具"普莱德"2018年度专项审计报告的情况下,直接在"东方精工"合并报表层面对"普莱德"2018年度业绩予以确认,严重违反了注册会计师执业准则与道德规范。

(二)案例分析要求

1. "东方精工"与其子公司之间的纠纷都涉及哪些财务活动?如何在会计报表中加以反映?

2. 除"东方精工"和子公司"普莱德"之外,本次纠纷还涉及哪些财务分析信息来源？这些财务分析信息都有哪些主要特点？在信息收集过程中，应当如何处理其与"东方精工"和"普莱德"信息之间的关系？

3. 为证实"东方精工"的观点，还需要从哪些方面收集财务分析相关信息？为证实"普莱德"的观点，还需要从哪些方面收集相关信息？

案例二　会计政策与会计估计变更对*ST生物的影响分析

（一）案例介绍

以下内容是*ST生物关于2016年年报问询函回复的公告（会计估计变更部分）。

南华生物医药股份有限公司（以下简称公司或南华生物，股票代码：000504）于2017年4月24日收到深圳证券交易所公司管理部下发的《关于对南华生物医药股份有限公司的年报问询函》（公司部年报问询函〔2017〕第82号），现将相关问题及回复公告如下：

关于公司会计估计变更问题

1. 公司及公司新三板挂牌孙公司城光（湖南）节能环保服务股份有限公司（以下简称城光节能）披露的2016年年度报告显示，公司报告期内对"单项金额重大的应收账款的判断依据或金额标准"及坏账准备计提比例根据城光节能的会计估计进行了调整。

公司表示调整的原因系由于公司重大资产重组工作已完成，公司资产及主营业务结构发生重大变化，为使公司的会计制度更加客观公正地反映公司财务状况和经营成果，经参照行业内经营干细胞业务和节能环保业务的市场化企业的应收款项坏账准备计提政策，并考虑公司现有客户质量情况进行变更。调整前后的对比情况如下（略）。

2. 根据公司2016年8月31日和2016年9月22日披露的重大资产重组报告书及其修订稿，公司在"第五节拟购买资产情况（七）重大会计政策或会计估计"项下称，本次交易完成后，将根据上市公司政策相应变更城光节能应收款会计政策及固定资产折旧会计估计，变更后，城光节能坏账计提比例较原会计政策上升，固定资产年折旧率较原会计估计下降。具体如下（略）。

基于上述信息，请公司就如下信息进行补充说明并披露：

在重组报告书及其修订稿中，公司称将根据上市公司的应收账款坏账计提和固定资产折旧方法变更城光节能相应的会计估计，但在2016年年报中却根据城光节能应收账款会计估计调整上市公司会计估计，根据上市公司的固定资产折旧方法对城光节能进行调整。请公司说明采取前述不同处理方式的具体理由，是否与重组报告书及修订稿中所述的"如统一按上市公司的方法对城光节能进行变更，则城光节能坏账计提比例较原会计政策上升，固定资产年折旧率较原会计估计下降"相关，是否存在选择性调整和利润调节的目的，重组报告书披露文件或2016年年报披露的信息是否涉嫌虚假陈述。

回复：

1. 公司应收账款会计估计变更与重组报告书及修订稿中所述的拟调整城光节能相应的会计估计不一致的原因如下：

（1）调整上市公司会计估计变更的背景。公司通过重大资产重组，将原有的纸质出版传媒业务资产全部剥离转让给非关联第三方，公司以现金收购节能环保业务资产，目前形成了以节能环保、干细胞储存为主业的业务结构。公司业务结构调整完成后，客户质量大大优化和提升，坏账风险有效降低。

在应收款项对象上，节能环保项目的客户对象以政府、机关职能部门以及大型企业居多，应收账款出现坏账的风险较小；干细胞储存业务的客户对象则全部为个人，由于干细胞储存业务收费相对较高，客户对象多为经济条件较好的群体，且其储存的干细胞为稀缺资源，因此，对应每年需缴付的储存费违约概率较小，应收账款坏账风险较低。

在应收款项具体数据上，截至 2016 年 12 月 31 日，公司应收账款账面余额为 3 861.48 万元，其中归属于城光节能的应收账款为 3 825.08 万元，占比 99.06%；应收账款总额中，账龄在 1 年以内的为 3 641.91 万元，占比 94.31%。

从数据上看，公司的应收账款账面余额绝大部分为节能环保业务收入产生的应收款项，这与公司节能环保业务的以下特点相吻合，即项目经过前期准备和实施阶段直到确认收入，往往需要 6~8 个月时间，因此年末的应收账款大幅增加，次年按合同约定收款后，应收账款余额大幅下降。截至 2017 年 4 月 26 日，公司已收回华谊兄弟电影城、麦融高科的全部应收款项合计 3 009.37 万元，收回宜章城管执法局应收款项 417.36 万元，收回资兴住建局应收款项 71.92 万元，静态应收账款账面余额为 362.83 万元，比 2016 年 12 月 31 日下降 90.60%，坏账风险较低。至于期末 1 834.09 万元的其他应收款，截至 2017 年 4 月 26 日，已收回 1 001.19 万元，坏账风险也较低。

（2）为更客观公允地反映子公司的财务状况和经营结果。南华生物母公司作为控股平台，自身没有具体的经营业务，经营业务主要由子公司及孙公司来开展，结合节能环保、干细胞业务特点及客户情况，以母公司的会计估计标准来调整子公司的会计估计，将难以客观公允地反映子公司的财务状况和经营成果，对子公司是有失公允的。

（3）参照同行业上市公司应收款项坏账准备计提比例，结合公司的实际情况，公司选择比较谨慎的应收款项坏账政策。

2. 城光节能的固定资产折旧方法未进行调整的原因。

截至 2016 年 11 月 30 日，城光节能固定资产账面净值仅为 27.14 万元，主要为运输设备和电子设备；南华生物母公司本部固定资产账面净值 3 173.05 万元，其中房产为 3 130.35 万元，运输设备及办公设备 42.70 万元。因公司主要固定资产集中在母公司,且母公司各类固定资产折旧年限基本与同行业上市公司相符,所以重组完成后,固定资产折旧年限保持不变。

因城光节能固定资产账面净值很小,公司未对城光节能现有固定资产折旧年限进行调整;对城光节能2016年12月1日起新采购的固定资产,实行与母公司一致的折旧方法,实现会计估计的统一。

综上所述,公司此次会计估计变更,是对之前政策及其实施方案的调整,是基于市场和公司实际情况的完善,以力求更加客观公允地反映公司财务状况和经营成果,为投资者提供更可靠、更准确的会计信息。此次会计估计变更已经公司第九届董事会第二十一次临时会议审议通过,独立董事发表了事前认可意见和独立意见。

本次会计估计变更符合企业会计准则的规定,公司不存在选择性调整和利润调节的目的,不存在虚假陈述。

(二)案例分析要求

1. 会计政策与会计估计变更的条件是什么?
2. 上市公司在成为*ST的情况下进行会计政策或会计估计的变更,尽管给出了充分理由,但背后的动机可能是什么?对其财务形象有哪些影响?
3. 请关注*ST生物在2017年的盈利情况。如果扭亏为盈了,它是借助哪些手段和途径实现扭亏为盈的?

案例三 频繁更换会计师事务所背后的玄机

(一)案例介绍

2017年6月10日,上市公司*ST弘高发布公告:鉴于上会会计师事务所对公司2016年度财务会计报告及相关专项报告出具了非标准审计意见,公司无法依据其审计意见履行承诺并推进后续程序。为切实维护公司及股东利益,特别是中小股东利益不受侵害,公司拟聘请中兴财光华会计师事务所为公司提供服务,对公司2016年度会计报告及相关专项报告重新审计。

*ST弘高于2017年4月29日披露了2016年审计报告,上会会计师事务所为公司出具了无法表示意见的审计报告,出具非标准意见审计报告的原因和依据是:公司2016年度原财务总监离职后,一直未任命新财务总监。同时财务部关键岗位人员离职和变动,导致财务核算混乱,在销售与收款环节、采购与付款环节的内部控制上出现重大缺陷,严重影响财务报表的可靠性和公允性。

2017年5月31日,*ST弘高就深交所相关问题作出回复。在回函中,*ST弘高及其审计机构上会会计师事务所就内控相关问题说法明显不一致。上会会计师事务所称*ST弘高内控出现"重大缺陷",*ST弘高则称企业内部控制制度"不存在重大缺陷","只是在2016年执行过程中出现了偏差"。

上会会计师事务所为 *ST 弘高于 2017 年 3 月刚刚聘请的审计机构。2017 年 3 月 29 日，*ST 弘高发布公告称，原聘任的天职国际会计师事务所（特殊普通合伙）预期可能无法按时完成公司的财务报表审计工作，已协商一致解除审计协议，后聘任上会会计师事务所为公司 2016 年度财务报表审计机构。

（二）案例分析要求

1. 注册会计师出具的审计意见有几种类型？各代表什么含义？
2. 上市公司更换会计师事务所一般有几种可能？
3. *ST 弘高在公布年报之前更换会计师事务所，其意图是什么？

第9章 企业财务效率分析

【学习目标】

1. 明确企业资本结构分析、企业偿债能力分析、企业盈利能力分析、企业营运能力分析、企业发展能力分析的目的与内容;
2. 掌握企业资本结构分析的基本方法;
3. 掌握企业偿债能力分析的基本方法;
4. 掌握企业盈利能力分析的基本方法;
5. 掌握企业营运能力分析的基本方法;
6. 掌握企业发展能力分析的基本方法。

【引例】

在美国工业大发展前,国内企业的规模都较小,银行根据个人信用发放贷款。然而,随着经济的发展,银行无法只根据个人信用就向企业发放贷款,银行更加关心企业的财务状况,关心企业是否具有偿债能力。19世纪末20世纪初,美国银行为确保发放贷款的安全性,要求申请贷款的企业提供其资产负债表。随后,美国银行家亚历山大·沃尔(Alexander Wall)首开财务分析和评价的先河,创立了比率分析体系。当时,沃尔的比率分析体系仅限于信用分析,所用的财务比率指标只有流动比率指标,主要为银行提供信用分析服务,以防范银行贷款的违约风险,对贷款人进行信用调查和分析,据以判断客户的偿债能力。因此,信用分析又称资产负债表分析,主要用于分析企业的流动资金状况、负债状况和资金周转状况等。

到了20世纪20年代,随着资本市场的形成,财务分析由主要为贷款银行服务扩展到为投资者服务。在资本市场上,随着社会筹资范围的扩大,非银行的债权人和股权投资者不断增加,公众开始进入资本市场和债券市场,投资者对财务信息分析的要求变得更为广泛,为确保和提高投资收益,广大投资者纷纷利用银行对不同企业及行业的分析资料进行投资决策。于是,会计报告分析由信用分析阶段进入了投资分析阶段,其主要任务也从稳定性分析过渡到了收益性分析。当时的财务分析涵盖了偿债能力、盈利能力、筹资结构、利润分配等分析内容，已发展成一个比较完善的外部财务分析体系。

财务效率分析是通过对财务报表上若干重要项目的相关数据进行比较，计算出相关的财务比率，用以分析和评价企业财务状况和经营成果的一种方法。财务效率分析是财务分析最基本的工具之一。财务效率分析可以消除规模的影响，用来比较不同企业的收益与风险，从而帮助投资者、债权人、企业管理层以及政府机构等各类信息使用者做出理智的决策。

由于进行财务报表分析的目的不同，各类信息使用者所关注的侧重点会有所不同。每一个比率所使用的项目不同，反映的企业财务状况的问题也各不相同。财务比率可以评价企业在各年度之间财务状况和经营成果的变化，也可以在某一时点比较某一行业的不同企业。

但需要强调的是，单个比率一般是针对企业某个特定方面进行的分析，因此通常不能全面地说明问题。单个财务比率的高低，只能反映被评价的方面的状态和水平。对企业整体财务状况的系统把握，还需要结合更多的财务比率，借助更多的分析方法进行分析。

9.1 企业资本结构分析

企业资本结构，是指企业资产负债表右侧"负债和所有者权益"的结构，既包括企业负债总规模与所有者权益规模的对比关系，又包括企业各类债务（如流动负债、非流动负债）占总负债的比重和所有者权益中各类股东的持股构成比例以及所有者权益中各项目的构成比例。资产负债表可以帮助报表使用者对资本结构的质量进行分析，评价企业资本结构与企业当前以及未来经营和发展活动是否相适应。具体来说，对于企业资本结构质量，主要应关注以下几个方面。

9.1.1 企业资本成本的水平与企业资产报酬率的对比关系

一般来说，资本成本是指企业取得和使用资本所付出的代价，主要包括筹资过程中的筹资费用和使用过程中的使用费用。其中，筹资费用是指企业获取资金（如发行债券、股票以及其他筹资方式等）过程中发生的申请、登记、印刷等费用；使用费用则是指企业在一定时期内因使用资金而支付给资金提供者的报酬，如利息、股利等。这样，从财务管理的角度来看，除去筹资费用外，企业从债权人那里筹集的资金（负债）与从股东那里筹集的资金（资本），均存在资本成本的问题。企业的资本成本，应该是指企业的负债成本与股东入资成本的加权平均成本。因此，从成本效益的角度来分析，只有当企业的资产报酬率（应当为企业的息税前利润与企业总资产之比）大于企业的加权平均资本成本时，企业才能在向资金提供者支付报酬以后使企业的净资产有所增加。反之,在企业的资产报酬率小于企业的加权平均资本成本时,企业在向资金提供者支付报酬以后,企业净资产的规模将逐渐缩小。也就是说,在企业的加权平均资本成本大于其资产报酬率时,企业的资本结构将导致企业的净资产逐渐萎缩。在这种情况下,只能认为是企业的资本结构较差。

9.1.2 企业资金来源的期限构成与企业资产结构的适应性

从期限构成的角度来看,企业资金来源中的所有者权益属于永久性的资金来源;企业资金来源中的负债部分,则有流动负债与非流动负债之分。企业筹集资金的用途,决定筹集资金的类型。如果企业增加永久性流动资产或增加非流动资产,应当通过长期资金来源(包括所有者权益和非流动负债)来解决;企业需要季节性、临时性的流动资产时,则应通过短期资金来源来解决。如果企业的资金来源不能与资金的用途相配比,在用长期资金来源来支持短期波动性流动资产的情形下,由于企业长期资金来源的资本成本相对较高,企业的效益将会下降;在用短期资金来源来支持非流动资产和永久性流动资产的情形下,由于企业的非流动资产和永久性流动资产的周转时间相对较长,企业可能经常会面临短期偿债压力。也就是说,当企业资金来源的期限构成与企业资产结构相适应时,企业的资本结构质量较好;反之,企业的资本结构质量较差。需要注意的是,某些企业因为战略发展的需要,往往会出现资金来源的期限和企业资产结构不适应的情况,此时应该根据具体情况进行动态分析,不能轻易地下结论。

不同的企业或企业在不同的时期,其资金来源的期限构成与企业资产结构的关系可能存在较大差异。归纳起来,企业的资产结构可以分为保守型结构、稳健型结构、平衡型结构和风险型结构4类。

保守型结构,是指企业全部资产的资金来源都是长期资本(所有者权益和非流动性负债),其具体形式如图9-1所示。

资产负债表			
流动资产		速动资产	长期资本
		存货	
非流动资产			

图 9-1 保守型结构

保守型结构的主要标志是企业全部资产的资金都依靠长期资本来源来满足。这种结构的最大优点是企业风险较低。但是,如果全部资金都是长期资本,则资本成本较高;同时,这种结构的筹资结构弹性较差。这种结构实际上只是一种理论界定,实践中几乎所有企业都必须存在一定的流动负债,因此这种形式很少被企业采用。

稳健型结构的理论基础是,在持续经营的企业中,企业的资产可分为永久性占用资产和临时性占用资产两部分。永久性占用资产应具有稳定和长期的资本来源，临时性占用资产与短期负债相对应。其具体形式如图 9 - 2 所示。

资产负债表		
流动资产	速动资产	流动负债
	存货	
非流动资产		长期资本

图 9 - 2　稳健型结构

非流动资产与存货组成的企业永久性占用资产的资金来源是长期资本和流动负债。在稳健型结构下企业流动资产中的存货，一部分由长期资本来满足，另一部分由流动负债来满足。这种结构将使企业保持较好的财务信誉，企业风险较小。与保守型结构相比，稳健型结构的负债成本相对较低，并具有一定的弹性。稳健型结构是一种大部分企业都能接受和采用的资产与权益的对称结构。

在平衡型结构中，企业的非流动资产应以长期资本来满足，流动资产应以流动负债来满足。平衡型结构的具体形式如图 9 - 3 所示。

资产负债表	
流动资产	流动负债
非流动资产	长期资本

图 9 - 3　平衡型结构

由于平衡型结构中流动资产的资金需要全部依靠流动负债来满足，这就要求企业的流动资产内部结构与流动负债内部结构相互适应。当两者相互适应时，企业不仅不会产生很大风险，反而会降低资本成本。但是当两者不相适应时（如流动资产变现时间和数量与偿债时间和数量不一致），就会使企业资金周转困难，并有可能陷入财务危机。因此，平衡型结构只适用于经营状况良好、流动资产与流动负债内部结构相互适应的企业。

在风险型结构形式中，流动负债不仅用于满足流动资产的资金需要，而且用于满足部分长期资产的资金需要，其具体形式如图 9 - 4 所示。

资产负债表	
流动资产	流动负债
非流动资产	
	长期资本

图 9 - 4　风险型结构

由于风险型结构中流动负债的构成高于流动资产的构成，这必然使企业的支付能力较差，财务风险较大。虽然相对于其他结构形式，风险型结构的资本成本可能最低，但如果不能解决短期偿债能力问题，企业随时存在出现财务危机的可能。因此，这种结构只适用于企业的资产流动性很好且经营现金流量较充足的情况。从总体或长远来看，企业不宜采用这种结构。

本章财务比率分析，均以光华公司的财务报表为例进行说明，各财务报表具体数据详见本章后附录。

从光华公司的资产负债表（附录，表 9-1）来看，其资产结构属于风险型结构，如图 9-5 所示。

资产负债表	
流动资产 0.38	流动负债 0.59
非流动资产 0.62	长期资本 0.41

图 9-5　光华公司资产与资金来源的期限结构

9.1.3　企业的财务杠杆状况与财务风险、未来融资要求以及未来发展要求的适应性

企业的财务杠杆状况，一般可以通过三个比率来分析：一是负债与资产的比率（资产负债率）；二是负债与所有者权益的比率；三是非流动负债与所有者权益的比率。实际上，上述三个比率所表现的实质内容是一致的，即表现在形成企业资产的财务来源中，负债所占有的相对规模。与企业财务杠杆状况相关的三个比率越高，表明企业资源对负债的依赖程度越高。在过高的财务杠杆比率下，企业将面临两个主要压力：一是不能正常偿还到期债务的本金和利息；二是在企业发生亏损时，可能会由于所有者权益的比重相对较小而使企业的负债受到侵害。受此影响，企业从资本市场进行再贷款的难度会大大提高。这就是说，企业在未来进行债务融资的难度会因企业目前较高的杠杆比率而增大。因此，财务杠杆比率较高的企业，其财务风险相对较高。

9.1.4　企业股东的持股构成与企业未来发展的适应性

企业股东的持股构成，主要是指在企业普通股的构成中，控制性股东、重大影响性股东和非重大影响性股东的持股构成状况。我们知道，按照股东对企业的影响程度，一般可以将企业的股东分为控制性股东、重大影响性股东和非重大影响性股东三类。其中，控制性股东有权决定一个企业的财务和经营政策；重大影响性股东则对一个企

业的财务和经营政策有参与决策的权力；非重大影响性股东则对被投资单位的财务和经营政策几乎没有什么影响。显然，控制性股东、重大影响性股东将决定企业未来的发展方向。因此，在对企业的资本结构进行分析时，必须关注企业的控制性股东、重大影响性股东的状况，如分析谁在控制着企业及控制企业的股东有没有能力将企业引向光明的未来等。

9.2 企业偿债能力分析

企业的偿债能力，是指企业用其资产偿还长短期债务的能力。企业偿债能力是反映企业财务状况和经营能力的重要标志，是企业偿还到期债务的能力或保证能偿还债务的程度，它是债权人最关心的一项指标，同时也受到股东和潜在股东的普遍关注。举债经营可以有效地提高股东权益报酬率，但与此同时，债务也会给公司带来破产的风险。对公司的偿债能力进行分析，是预测风险、保护债权人利益和股东利益的一种有效方法。

对于企业来说，任何一家企业要想维持正常的生产经营活动，手中必须持有足够的现金或者随时变现的流动资产，以支付各种到期的费用账单和其他债务。其分析目的在于：

（1）了解企业的财务状况；

（2）揭示企业所承担的财务风险程度；

（3）预测企业筹资前景；

（4）为企业进行各种理财活动提供重要参考。

一般而言，企业债务偿付的压力主要有以下两个方面：

（1）一般性债务本息的偿还，如各种长期借款、应付债券、长期应付款和各种短期结算债务等。

（2）各种刚性的应付税款，企业必须偿付。不是所有的债务都会对企业直接构成压力，真正直接对企业构成压力的是那些即将到期的债务。企业能够及时清偿到期债务是建立在其具有足够资产的基础之上的，并且需要有足够的现金流入量作为保障。企业的偿债能力有短期偿债能力和长期偿债能力两种。即使是处于盈利阶段的公司，如果不能及时履行对债权人的义务，也有可能破产。例如，曾经显赫一时的中国普马、德隆、巨人集团等，都是由于无力偿还到期债务而破产的。

9.2.1 短期偿债能力

总体来说，流动资产与流动负债之间的差额越大（营运资本越多），企业的短期偿债能力就越强。但是由于企业之间存在规模差异，因而该指标在不同的企业之间不具有可比性。为了能够在不同的企业之间进行横向对比，我们可以将绝对值转化为相对值，这样就可以避开公司规模差异的影响。利用资产负债表，报表使用者可以通过计算营运资金、流动比率、速动比率（也称酸性试验比率）和现金比率等来对企业的短期偿债能力进行评估。

（1）营运资金。

营运资金，是指企业流动资产减去流动负债后的差额，用公式表示为：

$$营运资金 = 流动资产 - 流动负债$$

从上式可以看出，营运资金实际上反映的是企业流动资产归还和抵补流动负债后的余额。营运资金越多，说明企业可用于偿还流动负债的资金越充足，企业的短期偿债能力越强，债权人收回债权的可能性越大。对营运资金指标进行分析，可以评价企业当期的偿债能力状况和不同时期的偿债能力变动情况。

下面根据光华公司资产负债表（附录，表9-1）等资料，运用营运资金指标对该企业的偿债能力进行分析。

2×20 年年末营运资金 $= 3\,493\,639 - 5\,366\,645 = -1\,873\,006$（元）

2×20 年年初营运资金 $= 2\,692\,759 - 4\,657\,712 = -1\,964\,953$（元）

企业营运资金为负数，说明企业流动资产不足以抵补流动负债，2×20 年年末资金缺口约为18.7亿元，比年初的19.6亿元资金缺口略有缓解。从绝对值看，企业的偿债能力有所上升，日常经营需要的资金可以有所增加。应当注意，营运资金只反映可用于偿还短期负债剩余资金的绝对量，因此，在企业流动资产和流动负债都发生变化时，运用相对数指标反映企业的偿债能力是十分必要的。

（2）流动比率。

流动比率是流动资产与流动负债的比率。流动比率用公式表示为：

$$流动比率 = \frac{流动资产}{流动负债}$$

流动比率是评价企业用流动资产偿还流动负债的能力的指标，说明对于企业每1元流动负债，有多少流动资产可以作为支付的保障。我们已经知道，流动资产是企业短期内变现的主要资产，而流动负债则是企业在近期将要偿还的债务。因此，流动比率可以反映企业的短期偿债能力，即企业用可以在短期内转变为现金的流动资产偿还到期的流动负债的能力。一般认为，企业正常的流动比率是2，下限是1.25，低于该数值，企业的偿债风险将加大。该比率越高，说明企业偿还流动负债的能力越强；该比率越低，说明企业对流动负债的偿付能力越弱，越容易发生周转资金短缺的现象。流动比率的高低反映了企业从事生产经营活动的活力及应变能力的强弱，但流动比率也不是越高越好，企业的流动比率能够说明其有能力偿还短期债务就行，如果流动比率过高则表明企业流动资产占用的资金较多，这会影响企业资金的使用效率和获利能力。企业流动比率过高还可能是出于存货积压、应收账款过多且收账期延长等原因，而真正可用来偿债的资金和存款却严重短缺。

通常认为，流动资产及流动负债是同比例增长的，利润总额也随之增长是企业比较理想的状况，这说明企业在发展较快的前提下，暂时不存在无法偿还债务的风险。如果流动负债的增长速度大于流动资产的增长速度。则说明企业的生产经营发展过快，资金明显不足，企业有可能无法偿还到期债务。

根据光华公司的资产负债表（附录，表9-1）等资料。可计算该公司2×20年年末和年初的流动比率：

$$2×20 \text{年年末流动比率} = \frac{3\,493\,639}{5\,366\,645} = 0.65$$

$$2×20 \text{年年初流动比率} = \frac{2\,692\,759}{4\,657\,712} = 0.58$$

光华公司年初流动比率仅为0.58，这表示对于公司每1元钱的短期债务，仅有0.58元的流动资产作为偿还的保障，也就是将全部的资产拿去还债，对于每1元钱的短期债务，还有0.42元的缺口。可见，企业的偿债压力是很大的。而这种情况在年末得到了一定的缓解，年末流动比率提高到0.65。但是，如果按照经验标准来判断，该公司无论是年初还是年末，流动比率都远远低于正常水平，这表明企业的偿债能力较弱。

如果就公司流动比率变动的原因进行分析，会发现尽管该公司本年流动资产增长了30%，但是由于流动负债仅增加了15%，所以该公司年末流动比率高于年初。

运用流动比率指标分析、评价企业的短期偿债能力时，应注意以下几个问题：

①判断偿债能力时必须结合所在行业和经济环境的标准。企业的标准流动比率为2，是就一般情况而言的，并不是绝对标准。不同行业和企业因资产、负债占用情况不同，流动比率会有较大差别，一些行业的流动比率达到1时就可能表示其有足够的偿债能力了，而有些行业的流动比率达到或超过2时，也不一定表明其偿债能力很强。如光华公司所处的行业是资产流动较快的批发零售行业，因此，尽管企业流动比率很低，但是由于其存货周转速度非常快，因此，企业的短期偿债能力实际上并不像数据显示的那样低。在国内，一般情况下，如果这类企业销售状况良好，那么流动比率达到1，就能基本保证其对短期债务的偿还。当经济环境好时，企业信用比较好，即使流动比率低一些，偿债能力也有保障；当经济环境不好时，企业纷纷倒闭，即使流动比率很高，企业也可能无法偿还到期债务。

②注意人为因素对流动比率指标的影响。流动比率是根据资产负债表等有关资料计算出来的，体现的仅仅是账面上的支付能力，企业管理人员出于某种目的，可以运用各种方式进行调整，使以流动比率表现出来的偿债能力与实际偿债能力有较大差异。

例如,企业可以通过本期期末归还借款、下期期初再举债的方式调低期末流动负债余额,或通过举借长期借款、增加流动资产等方式达到调整流动比率、掩盖企业真实财务状况的目的。

③应结合流动资产的结构状况进行分析。由于流动资产中各项目的变现能力存在差别,企业流动比率的变动也不一定能准确说明企业偿债能力的好坏,例如,如果企业流动比率增加是由于存货的增加而引发的,而当存货的销售发生困难,甚至导致其过时报废时,企业的偿债能力实际上并没有得到改善,所以分析时还需要用其他指标对流动比率进行补充,从而正确分析、评价企业的偿债能力。

(3) 速动比率。

速动比率是速动资产与流动负债的比率。速动资产是将流动资产中变现能力较差的部分(如存货等)扣除后的余额。以存货为例,通常存货的变现能力相对较差,或者可能存在某种原因使部分存货已报废但还没做处理或部分存货已抵押给某债权人。此外,存货的价值也较容易受市场行情等因素的影响而波动,企业对存货的估价往往与合理市价存在一定差距。因此,把存货等变现能力较弱的部分从流动资产总额中扣除而最终计算出的速动比率所反映出的短期偿债能力更加可信。速动比率用公式表示为:

$$速动比率 = \frac{速动资产}{流动负债} = \frac{流动资产 - 存货}{流动负债}$$

通常认为企业正常的速动比率为1,它说明对于企业每1元流动负债,有1元的速动资产(现款或近似现款的资产)作保证。速动比率的下限为0.25,低于该界限的速动比率被认为是企业短期偿债能力低的表现。如果速动比率偏高,则说明企业有足够的能力偿还短期债务,同时也表示企业有较多的不能盈利的现款和应收账款,企业失去了用这部分资产获取收益的机会。如果速动比率偏低,则企业将依赖出售存货或举借新债来偿还到期的债务,这就可能造成因急需出售存货而带来的价格损失或因举借新债而形成的利息负担。但速动比率为1仅是一般标准,因为在不同的行业和企业中,速动比率会有很大的差别。

根据光华公司资产负债表(附录,表9-1)等资料,可计算该企业2×20年年末和年初的速动比率:

$$2×20 年年末速动比率 = \frac{3\,493\,639 - 1\,478\,133}{5\,366\,645} = 0.38$$

$$2×20 年年初速动比率 = \frac{2\,692\,759 - 1\,046\,885}{4\,657\,712} = 0.35$$

从计算结果可以看出,光华公司年末短期偿债能力强于年初,但年初、年末的两项速动比率均小于1。2×20年年末,公司拥有的速动资产如果能及时变现,就能偿还流动负债的38%。当然,该公司要想偿还所有流动负债,还必须使企业的存货销售顺利,资金快速周转,同时有较为丰厚的利润;否则,就必须使部分非流动资产变现,用以偿还短期债务。

应当指出,由于速动资产包括货币资金、以公允价值计量且其变动计入当期损益的金融资产、应收票据、应收账款等项目,而应收票据和应收账款并不能保证按期收回,有些应收账款的回收期可能超过1年,应收票据虽然可以随时向银行贴现,但当开票方到期不能承付时,实际上等于增加了企业的负债,因此,即使企业的速动比率达到1,其也不一定有足够的能力偿还短期债务。

(4)现金比率。

在有应收账款长期挂账和存货大量积压的情况下,以流动资产和速动资产账面价值为依据计算出的流动比率和速动比率都有可能使投资者高估企业的短期偿债能力,解决这一问题的方法就是采取更为保守的态度来计算和分析企业的偿债能力。在企业的流动资产中,现金及现金等价物的流动性最好,可直接用于偿还企业的短期债务。从稳健的角度出发,用现金比率来衡量企业的偿债能力最为保险。现金比率,是指企业的现金类资产与流动负债之间的比率。在这里,现金类资产主要包括货币资金及现金等价物。现金比率用公式表示为:

$$现金比率 = \frac{现金及现金等价物}{流动负债}$$

根据光华公司资产负债表(附录,表9-1)等资料,可计算及分析该企业2×20年年末和年初的现金比率:

$$2×20年年末现金比率 = \frac{1\ 259\ 570}{5\ 366\ 645} = 0.23$$

$$2×20年年初现金比率 = \frac{1\ 046\ 592}{4\ 657\ 712} = 0.22$$

从计算结果可以看出,光华公司期末现金比率比期初现金比率有所提高,这种变化表明企业的直接支付能力略有提高。与批发零售行业的同类企业相比,该企业的现金比率适中。一般来说,现金比率越高,企业的偿债能力越强。但是如果这一指标过高,也未必是好事,说明企业在理财方面存在问题,不善于利用现金资源。如果企业的现金比率在较长时期内稳定地大于1,则企业流动负债中的贷款部分(有代价的负债部分)就是完全没有必要的。在这种情况下,企业应当积极地进行债务清偿、开展增值投资等。

总体来看,光华公司的短期偿债压力较大。因此,企业必须保证存货的快速周转,并且保持较好的利润率,才能化解短期债务风险;否则,企业将面临财务危机。

影响企业短期偿债能力的因素还有很多,如企业可动用的银行贷款、准备很快变现的长期资产、企业信誉等。如果企业的这些指标很高,就会增强企业的变现能力;而如果企业存在或有负债或者担保事项等,就会在不同程度上削弱企业的短期偿债能力。

(5) 现金流动负债比率。

现金流动负债比率是指经营活动现金流量净额与平均流动负债的比率,用来衡量企业的流动负债用经营活动所产生的现金来支付的程度。其计算公式是:

$$现金流动负比率 = \frac{经营活动现金流量净额}{平均流动负债}$$

经营活动现金流量净额的大小反映出企业某一会计期间生产经营活动产生现金的能力,是偿还企业到期债务的基本资金来源。当该指标等于或大于1时,表示企业有足够的能力以生产经营活动产生的现金来偿还其短期债务;如果该指标小于1,则表示企业生产经营活动产生的现金不足以偿还到期债务,必须采取对外筹资或出售资产才能偿还债务。

根据附录表9-1所提供的光华公司资产负债表资料,表9-3所提供的光华公司现金流量表资料,可以计算出该公司2020年度的现金流动负债比率。

$$本期现金流动负债比率 = \frac{889\,386}{(5\,366\,645 + 4\,657\,712) \div 2} = 0.18$$

计算结果表明,光华公司的本期现金流动负债比率仅为0.18,依靠生产经营活动产生的现金满足不了偿债的需要,公司必须以其他方式取得现金,才能保证债务的及时清偿。

9.2.2 长期偿债能力

非流动负债是可供企业长期使用的资金。与流动负债相比,非流动负债具有数量较大、偿还期限较长、利息负担较重等特点。企业举借非流动负债的目的主要有两个:一是扩大企业的生产经营规模,如购置或建造机器设备、厂房等固定资产;二是运用财务杠杆为企业所有者带来利益,因为在企业投资报酬率高于长期负债利息率时,企业借入资金越多,股东获利越大。通过进行长期偿债能力分析,股东可以判断其资本的安全性。通常,企业的偿债能力越强,投资者的安全性越高。决定企业偿债能力高低的因素主要有两个:一是企业的资产结构和规模;二是企业的盈利能力。

企业资产是偿还企业债务的基本保证,因此,分析研究企业的偿债能力,最终还体现在对资产规模与负债规模的比较上。一般来说,如果企业的资产规模大于负债规模,则其长期偿债能力较好;反之,则说明企业的长期偿债能力存在严重问题。从资产、负债的角度进行长期偿债能力分析时,主要可通过对资产负债率、产权比率、利息保障倍数、到期债务本息偿付比率、现金债务总额比率等指标的计算与分析来进行。

(1) 资产负债率。

资产负债率是综合反映企业偿债能力，尤其是企业长期偿债能力的重要指标。它是指企业的负债总额与资产总额之间的比率，其计算公式为：

$$资产负债率 = \frac{负债总额}{资产总额}$$

资产负债率反映在总资产中有多大比例是通过借债筹资的方式取得的，它可以用来衡量企业在清算时保护债权人利益的程度。这个指标反映债权人所提供的资本占全部资本的比重，也被称为举债经营比率。从股东的立场来看，在资本利润率高于借款利息率时，企业负债的比重越大越好；否则，相反。对于债权人来说，资产负债率越低越好，因为在企业清算时，资产变现所得很可能低于其账面价值，而企业的所有者一般只承担有限责任，因此企业的资产负债率过高，债权人蒙受损失的可能性越大。但企业的股东和经营者通常希望该指标能高一些，这一方面有利于企业筹集资金扩大规模；另一方面有利于利用财务杠杆增加企业所有者的获利能力。但资产负债率过高，反过来又会影响企业的筹资能力。因此，一般来说，该指标为 0.5 比较合适，这样有利于风险与收益的平衡。如果该指标大于 1，则表明企业已资不抵债，可视为达到破产警戒线。

根据光华公司资产负债表（附录，表 9-1）等资料，可计算 2×20 年年末与年初企业的资产负债率：

$$2×20 年年末资产负债率 = \frac{6\ 105\ 379}{9\ 089\ 422} = 0.67$$

$$2×20 年年初资产负债率 = \frac{5\ 028\ 982}{7\ 821\ 217} = 0.64$$

光华公司 2×20 年年初的资产负债率为 0.64，年末上升至 0.67，表明该公司债务负担加重。一个主要的原因是年末长期借款比年初大量增加，增幅达到 120%。企业资产负债率高于 0.5，说明企业整体债务风险较高。但是，如果与行业同类企业相比较，光华公司的资产负债率并不算很高。

(2) 产权比率。

产权比率是企业负债总额与所有者权益总额的比率。产权比率用公式表示为：

$$产权比率 = 负债总额 / 所有者权益总额$$

该指标反映债权人提供的资本与股东提供的资本的相对关系，反映企业基本财务结构的稳定性。产权比率也是衡量企业长期偿债能力的一个重要指标，它反映了企业清算时，所有者权益对债权人利益的保障程度。从偿债能力或债权人的角度看，该指标越低越好，因为净资产负债率越低，所有者权益对负债的保障程度就越大，债权人就越安全。但从企业所有者和经营者的角度看，为了扩大生产经营规模和取得财务杠杆收益，适当的负债经营是有益的，一般认为该指标为 1 比较合适。

根据光华公司资产负债表（附录，表9-1）等资料，计算该企业 2×20 年年末和年初的产权比率：

$$2×20 \text{ 年年末产权比率} = \frac{6\ 105\ 379}{2\ 984\ 043} = 2.05$$

$$2×20 \text{ 年年初产权比率} = \frac{5\ 028\ 982}{2\ 792\ 235} = 1.80$$

从产权比率的计算结果可以看出，2×20 年年末企业股东 1 元钱的投入，要为偿还 2.05 元的负债进行担保，显然企业的负债过重，若不能在今后的经营中盈利，企业的财务风险将很大。

站在股权投资者的立场，一般来说，企业的股东资本大于借入资本时对股权投资者比较有利，但也不能一概而论。在通货膨胀时期，企业多借债可以把损失和风险转嫁给债权人；在经济繁荣时期，企业多借债可以获取额外的利润；在经济萎缩时期，少借债可以减少利息支出、降低财务风险。企业的产权比率高属于高风险、高报酬的财务结构，产权比率低属于低风险、低报酬的财务结构。该指标同时也反映了债权人投入的资本受到股东权益保障的程度，或者说是企业清算时对债权人利益的保障程度。

还有一些资产负债表以外的债务因素也会影响企业的长期偿债能力。对于这些因素，报表使用者也不应该忽视。例如，企业若有大量的长期租赁业务，就会形成一种长期性的、到期必须支付的租金，或者企业存在担保责任及经济纠纷和未决诉讼时，都会增加企业长期偿债的负担。以上这些信息在会计报表分析指标中都得不到反映，需要根据会计报表附注或其他资料才能进行了解。

单纯分析资产负债表中企业的偿债能力指标是不能反映企业的实际偿债能力的，应该与企业的获利能力指标结合起来进行分析。企业偿债能力的高低取决于企业获利能力的高低，即使企业的各项偿债能力指标都较好，如果该企业处于衰退期，并且处在夕阳行业且获利能力很低（息税前利润率低于负债的资本成本率），则单从偿债能力指标分析来看，该企业虽然短期具有一定的偿债能力，但是从长期来看，该企业的偿债能力是值得怀疑的。相反，如果企业的资产负债率较高（如大于0.6），但息税前利润率高于企业负债的资本成本率（该企业获利能力较强），并且处于发展阶段或属于朝阳行业，则从偿债能力指标分析来看，该企业短期内偿债能力可能较差，但是长期而言，该企业的偿债能力是值得肯定的。换句话说，企业盈利状况对企业的长期偿债能力的影响主要体现在：企业利润越多，企业可用于偿还负债本息的资金就越多。因此，通过对反映企业盈利能力与负债本息之间关系的指标进行计算与分析，投资者可以明确企业的长期偿债能力状况。

（3）利息保障倍数。

一般情况下，盈利能力对短期偿债能力和长期偿债能力都有影响，但由于利润是按权责发生制计算的，当期实现的利润并不一定在当期就能取得货币收入。因此，并不能将企业的盈利能力与短期偿债能力画等号。而从长期看,利润与经营现金净流量是成正比的,利润越多,企业偿债能力就越强。从盈利能力角度对企业长期偿债能力进行分析、评价的指标主要是利息保障倍数。

利息保障倍数是指息税前营业利润与利息总额之比,其计算公式为:

$$利息保障倍数 = \frac{息税前营业利润}{利息总额}$$

其中,息税前营业利润是指扣除利息费用和所得税前的正常营业利润,它不包括非正常的项目、中断营业和特别项目等,按照我国的利润表项目,息税前营业利润等于营业利润加财务费用中的利息费用;利息总额包括财务费用中的利息和资本化利息等。利息保障倍数指标反映了企业的盈利与利息费用之间的特定关系,一般来说,该指标越高,说明企业的长期偿债能力越强;该指标越低,说明企业的长期偿债能力越差。

运用利息保障倍数分析、评价企业长期偿债能力时,一般认为该指标至少要大于1,否则说明企业的偿债能力很差,无力举债经营。

根据光华公司2×20年的利润表(附录,表9-2)等资料,并已知财务费用中的利息费用为106 272千元,可以计算该企业的利息保障倍数:

$$2×20年利息保障倍数 = \frac{509\ 732 + 106\ 272}{106\ 272} = 5.80$$

从该指标的计算结果来看,企业的正常息税前营业利润足以保障企业的利息支出,因此,企业的长期偿债能力较强。总体来看,光华公司在同行业中的债务水平不是很高,如果企业能够保证在未来几年内持续盈利,其长期偿债能力还是较强的。

(4)到期债务本息偿付比率。

到期债务本息偿付比率用来衡量企业到期债务本金及利息可由经营活动创造的现金来支付的程度。其计算公式是:

$$到期债务本息偿付比率 = \frac{经营现金流量净额}{本期到期债务本息} \times 100\%$$

经营活动现金流量净额是企业最稳定、经常性的现金来源,是清偿债务的基本保证。如果这一比率小于1,说明企业经营活动产生的现金不足以偿付到期债务和利息支出,企业必须通过其他渠道筹资或通过出售资产才能清偿债务。这一指标数值越大,表明企业长期偿债能力越强。

(5)现金债务总额比率。

现金债务总额比率是指经营活动现金流量净额与期初、期末负债平均余额的比率,用来衡量企业的负债总额用经营活动所产生的现金来支付的程度。其计算公式是:

$$现金债务总额比率 = \frac{经营活动现金流量净额}{负债平均余额} \times 100\%$$

企业真正能用于偿还债务的是现金流量,通过现金流量和债务的比较可以更好地反映企业的偿债能力。现金债务总额比率能够反映企业生产经营活动产生的现金流量净额偿还长短期债务的能力。该比率越高,表明企业偿还债务的能力越强。

9.3 企业盈利能力分析

盈利能力,通常是指企业在一定时期内赚取利润的能力。盈利能力的大小是一个相对概念,因为利润是相对于一定的资源投入和一定的收入而言的。利润率越高,盈利能力越强;利润率越低,盈利能力越差。企业经营业绩的好坏最终可通过企业的盈利能力来反映。

无论是企业的经理人员、债权人还是股东,都非常关心企业的盈利能力,并重视对利润率及其变动趋势的分析与预测。

从企业的角度来看,从事各种经营活动,直接目的是最大限度地赚取利润并维持企业持续稳定的经营和发展。企业持续稳定的经营和发展是获取利润的基础;而最大限度地获取利润又是企业持续稳定发展的目标和保证。只有在不断获取利润的基础上,企业才可能发展;同样,盈利能力较强的企业比盈利能力较弱的企业具有更大的活力和更好的发展前景。因此,盈利能力是企业经理人员最重要的业绩衡量标准,也是发现问题、改进企业管理的突破口。

对于企业经理人员来说,进行企业盈利能力分析的目的具体表现在以下两个方面:

(1) 利用盈利能力的有关指标反映和衡量企业经营业绩。企业经理人的根本任务,就是通过自己的努力使企业赚取更多的利润。各项盈利能力指标反映着企业盈利能力的高低,也体现了经理人工作业绩的好坏。用已实现的盈利能力指标与基期数据、同行业竞争对手数据、行业平均数据以及经验数据相比较,可以衡量经理人工作业绩的优劣。

(2) 通过盈利能力分析发现企业经营管理中存在的问题。盈利能力是企业各环节经营活动的具体表现,企业经营的好坏,都会通过盈利能力表现出来。通过对盈利能力的深入分析,可以使经理人发现经营管理中的重大问题,进而采取措施解决问题,提高企业收益和管理水平。

对于债权人来讲,利润是企业偿债的重要来源,特别是对长期债务而言。盈利能力的强弱直接影响企业的偿债能力。企业举债时,债权人势必审查企业的偿债能力,而偿债能力的强弱最终取决于企业的盈利能力。因此,对债权人而言,分析企业的盈利能力也是非常重要的。

对于股东(投资人)而言,企业盈利能力的强弱更是至关重要的。在市场经济下,股东往往会认为企业的盈利能力比财务状况、营运能力更重要。股东的直接目的就是获得更多的利润,因为对于信用相同或相近的几个企业,投资人更倾向于将资金投向盈利能力较强的企业。股东关心企业赚取利润的多少并重视对利润率的分析,是因为他们获取股息多少与企业的盈利能力紧密相关。此外,企业盈利能力增加还会使股票价格上升,从而使股东获得资本收益。

企业盈利能力的主要衡量指标有净资产收益率、总资产报酬率、总资产收益率、营业收入利润率、营业收入净利率、营业成本费用利润率、每股收益、市盈率、股利发放率等。

9.3.1 净资产收益率

净资产收益率,是指企业本期净利润与平均净资产的比率,它是反映企业盈利能力的核心指标。净资产收益率既可直接反映资本的增值能力,又影响着企业股东价值的大小。该指标越高,表明企业的盈利能力越好。净资产收益率的计算公式是:

$$净资产收益率 = \frac{净利润}{平均净资产} \times 100\%$$

其中,平均净资产 = (期初净资产总额 + 期末净资产总额) ÷ 2。

上式中,净利润是指企业当期税后利润。净资产是指企业资产减负债后的余额,包括实收资本、资本公积、盈余公积和未分配利润等,也就是资产负债表中的所有者权益部分。对于平均净资产,一般取企业期初与期末净资产的平均值,但是,如果要通过该指标观察企业的利润分配能力,则用年末的净资产更为恰当。净资产收益率表示企业利用 1 元钱的投入资本所赚取的利润。该指标越高,说明企业的盈利能力越强。

根据光华公司的利润表(附录,表 9-2)资料,结合资产负债表(附录,表 9-1)等资料,可计算 2×20 年该企业的净资产收益率:

$$2 \times 20 年净资产收益率 = \frac{326\ 624}{(2\ 984\ 043 + 2\ 792\ 235) \div 2} \times 100\% = 11.31\%$$

从该指标可以看出,企业利用投资者每 1 元钱的投入,可以赚取 0.11 元的利润。投资者需要将该指标与社会平均利润率、行业平均利润率或资本成本率相比较,来判断企业的盈利状况。根据经验判断,这个比率还是比较令人满意的。

9.3.2 总资产报酬率

总资产报酬率是息税前利润与平均总资产之间的比率,它反映的是企业营运资产创造利润的能力。运用资产负债表和利润表等资料,可计算出企业的总资产报酬率,计算公式为:

$$总资产报酬率 = \frac{利润总额 + 利息费用}{平均总资产} \times 100\%$$

其中,平均总资产=(期初资产总额+期末资产总额)÷2。

这里的利息费用,指的是财务费用中的利息费用。为什么总资产报酬率指标中包括利息费用?这是因为,既然采用全部资产,没有从利润中扣除投资者投入资本的等价报酬——股利,那么,同样也不能扣除投入资本的等价报酬利息。何况从企业对社会的贡献来看,利息和利润具有同样的经济意义。总资产报酬率高,说明企业资产的运用效率好,也意味着企业资产的盈利能力强,所以这个比率越高越好。

根据光华公司的利润表(附录,表9-2)资料,结合资产负债表(附录,表9-1)等资料,可计算2×20年该企业的总资产报酬率:

$$2\times20\text{年总资产报酬率} = \frac{578\ 006 + 106\ 272}{(9\ 089\ 422 + 7\ 821\ 217)\div 2} \times 100\% = 8.09\%$$

从该指标可以看出,企业投入1元钱资产,可以赚取0.08元的产出。投资者需要将该指标与社会平均利润率或行业平均利润率及其他同类企业指标进行对比,来判断企业的盈利状况。根据经验判断,这个比率比较适中。

9.3.3 总资产收益率

总资产收益率是净利润与平均总资产之间的比率,它反映的是企业所控制和拥有的全部资产为企业所有者创造净利润的能力。运用资产负债表和利润表的有关资料,可计算企业的 总资产收益率,计算公式为:

$$\text{总资产收益率} = \frac{\text{净利润}}{\text{平均总资产}} \times 100\%$$

其中,平均总资产=(期初资产总额+期末资产总额)÷2。

总资产收益率高,说明企业资产的盈利能力强,所以这个比率越高越好。

根据光华公司的利润表(附录,表9-2)和资产负债表(附录,表9-1)等资料,可计算2×20年该企业的总资产收益率:

$$2\times20\text{年总资产收益率} = \frac{326\ 624}{(9\ 089\ 422 + 7\ 821\ 217)} \times 100\% = 3.86\%$$

从该指标可以看出,企业拥有和控制每1元资产,可以为企业所有者赚取约0.04元的净利润。投资者需要将该指标与社会平均利润率或行业平均利润率及其他同类企业指标进行对比,来判断企业的盈利状况。

9.3.4 营业收入利润率

营业收入利润率是指营业利润与营业收入之间的比率,它反映的是企业的营业收入产生利润的能力,这个指标越高,表明企业产品及服务的利润空间越大,其计算公式为:

$$营业收入利润率 = \frac{营业利润}{营业收入} \times 100\%$$

该指标表示企业每1元的营业收入带来的营业利润是多少。根据该指标，还可以分析和判断企业产品的经营策略及市场的竞争情况。营业收入利润率越低，说明同行业的价格竞争越激烈，企业可能采取的是低价格竞争战略。评价营业收入利润率时，投资者需要将它与企业前期的营业收入利润率、同行业其他企业的营业收入利润率等指标进行比较。

根据光华公司的利润表（附录，表9-2）等资料，可计算2×20年和2×19年该企业的营业收入利润率：

$$2\times20\text{年营业收入利润率} = \frac{509\,732}{14\,968\,766} \times 100\% = 3.41\%$$

$$2\times19\text{年营业收入利润率} = \frac{507\,038}{11\,418\,968} \times 100\% = 4.44\%$$

从该指标可以看出，2×20年企业每1元的收入，可以带来约0.03元的利润，比2×19年大幅下降，降幅达23%，这说明企业销售额的大幅提高，并没有带动利润率提高，企业每单位收入的盈利能力在下降，企业可能正在采用低价竞争的策略，以扩大市场份额。

9.3.5 营业收入净利率

营业收入净利率是指净利润与营业收入之间的比率，反映的是企业的营业收入产生净利润的能力。这个指标越高，表明企业的收入质量越好，对收益的贡献能力越强。计算公式为：

$$营业收入净利率 = \frac{净利润}{营业收入} \times 100\%$$

该指标表示企业每1元的营业收入带来的净利润是多少。营业收入净利率越高，说明企业的收入带来的最终财务成果越多。评价营业收入净利率时，需要与企业前期的比率、同行业其他企业的这一比率进行比较。

根据光华公司的利润表（附录，表9-2）等资料，可计算2×20年和2×19年该企业的营业收入净利率：

$$2\times20\text{年营业收入净利率} = \frac{326\,624}{14\,968\,766} \times 100\% = 2.18\%$$

$$2\times19\text{年营业收入净利率} = \frac{319\,260}{11\,418\,968} \times 100\% = 2.80\%$$

从该指标可以看出，2×20年企业每1元的收入可以为企业贡献约0.02元的净利润，而2×19年这指标约为0.03元，这说明企业营业收入贡献收益的能力在下降。

9.3.6 营业成本费用利润率

营业成本费用利润率是指营业利润与营业成本费用总额的比率。营业成本费用总额包括营业成本及期间费用。期间费用包括销售费用、管理费用、财务费用等。营业成本费用利润率的计算公式如下:

$$营业成本费用利润率 = \frac{营业利润}{营业成本 + 期间费用} \times 100\%$$

其中,期间费用 = 销售费用 + 管理费用 + 财务费用。

营业成本费用利润率反映企业的投入产出水平,体现了利润的增加是以成本及费用的降低为基础的。该指标的数值越高,表明生产和销售产品发生的每1元成本及费用所取得的利润就越多,劳动耗费产生的效益也就越高;反之,则说明每耗费1元成本及费用实现的利润越少,劳动耗费产生的效益也就越低。所以营业成本费用利润率是综合反映企业成本效益的重要指标。营业成本费用利润率是正指标,即指标值越高越好。分析评价时,投资者可将各指标实际值与前期值或标准值进行对比。标准值可根据分析的目的与管理要求确定。

根据光华公司的利润表(附录,表9-2)等资料,可计算2×20年和2×19年该企业的营业成本费用利润率:

2×20年营业成本费用利润率

$$= \frac{509\ 732}{11\ 921\ 108 + 497\ 254 + 1\ 721\ 567 + 121\ 502} \times 100\%$$

$$= 3.57\%$$

2×19年营业成本费用利润率

$$= \frac{507\ 038}{9\ 051\ 327 + 385\ 159 + 1\ 236\ 395 + 93\ 169} \times 100\%$$

$$= 4.71\%$$

从该指标可以看出,2×20年企业每1元钱的耗费,可以带来不到0.04元的利润,比2×19年大幅下降。降幅达24%,这说明企业单位成本产生的利润在下降,或者说单位利润的成本耗费在提高。

9.3.7 每股收益

每股收益,是指净利润扣除优先股股息后的余额与发行在外的普通股的平均股数之比(如果存在可转换证券、认股权证和股份期权等,要计算稀释每股收益,计算方法比较复杂)。它反映了每股发行在外的普通股所能分摊到的净收益额。这一指标对普通股股东的利益影响极大,因此他们往往根据这一指标来进行投资决策。其计算公式如下（不考虑可转换证券、认股权证和股份期权等）：

$$每股收益 = \frac{净利润 - 优先股股利}{发行在外普通股加权平均数}$$

其中，发行在外普通股加权平均数 = 期初发行在外普通股股数 + 当期新发行普通股股数 × 已发行时间 ÷ 报告期时间 − 当期回购普通股股数 × 已回购时间 ÷ 报告期时间。

公式中分母采用加权平均数，是因为本期发行在外的普通股股数只能在增加以后的这一段时期内产生收益，减少的普通股股数在减少以前的期间内仍产生收益，所以必须采用加权平均数，以正确反映本期内发行在外的股份数额。例如，某企业 2×19 年年初发行在外的普通股为 20 万股，同年 4 月 1 日又增发了 6 万股，并且在该年内未发行其他股票，亦无退股事项，则该年度普通股流通在外的平均数应为 24.5 万股（20 + 6 × 9 ÷ 12）。

显然，每股收益越高，企业的盈利能力越强。关于每股收益的信息，在利润表及附注中可以查询到。在判断企业盈利能力强弱时，应将同行业的几家不同企业或者同一企业不同时期的每股收益进行比较，才能得出正确认识。

另外，为了分析企业每股收益变动的原因，应确定每股收益的影响因素，并对各个因素进行分析，测算各个因素的变动对每股收益的影响程度。根据每股收益指标的经济内容，可对其做如下分解：

每股收益

$$= \frac{净利润 - 优先股股利}{发行在外普通股加权平均数}$$

$$= \frac{普通股权益平均余额}{发行在外普通股加权平均数} \times \frac{净利润 - 优先股股利}{普通股权益平均余额}$$

= 每股账面价值 × 普通股权益报酬率

由分解公式可知，每股收益主要取决于每股账面价值和普通股权益报酬率两个因素。

9.3.8 市盈率

市盈率反映了普通股的市场价格与当期每股收益之间的关系，可用来与其他企业的股票相比较以判断企业股票潜在的价值大小。上市公司的市盈率一直是广大股票投资者进行中长期投资的重要决策指标。其计算公式如下：

$$市盈率 = \frac{每股市价}{每股收益}$$

在一个企业内，该指标近几年的数值能够表明企业盈利能力的稳定程度，可在一定程度上反映企业管理部门的经营能力和企业盈利能力及潜在的成长能力。同时，该指标还反映此股票市价是否具有吸引力。通过对多个企业的市盈率进行比较，并结合对该企业所属行业的经营前景的了解，投资者可以将其作为选择投资目标的参考。影响企业股票市盈率的因素归纳起来主要有：①企业盈利能力的成长性。如果企业预期盈利能力不断提高,说明企业具有较好的成长性,虽然目前市盈率较高,也值得投资者进行投资,但企业的市盈率会随企业盈利能力的提高而不断下降。②投资者所获报酬率的稳定性。如果企业经营效益良好且相对稳定,则投资者获取的收益也较高且稳定,投资者就愿意持有该企业的股票,该企业的股票市盈率会由于众多投资者的普遍看好而相应提高。③市盈率也受到利率水平变动的影响。当市场利率水平变化时,市盈率也应作相应的调整。

一般情况下,如果企业具有较高的市盈率,就意味着投资者愿意出高价购买企业的股票,这表明投资者对企业的发展前景有信心;反之,则说明投资者对企业的前景并不看好。但是必须注意,当全部资产利润率很低或企业发生亏损时,每股收益可能为零或负数,因此市盈率会很高。在这一特殊情况下,仅利用这一指标来分析企业的盈利能力常常会造成错误的估计。

光华公司 2×20 年 12 月 31 日的股票市价是 50.50 元,每股收益为 1.03 元,则其市盈率计算如下:

$$市盈率 = \frac{50.50}{1.03} = 49$$

这一市盈率是很高的,说明市场的投资者对企业的发展前景看好。当然,从当时的证券市场的情况看,各上市公司的市盈率普遍较高,大大高于西方成熟的资本市场的平均市盈率(一般在 20 倍以内),理论界和实务界对此看法不一,尚没有定论。

9.3.9 股利发放率

股利发放率是普通股股利与每股收益的比值,反映普通股股东从每股的全部获利中分得份额的多少。其计算公式如下:

$$股利发放率 = \frac{每股股利}{每股收益} \times 100\%$$

公式中每股股利是指实际发放给普通股股东的股利总额与流通在外的普通股股数的比值。股利发放率反映了企业的股利政策,其高低要根据企业对资金需要量的具体情况而定,没有一个固定的衡量标准。

9.4 企业营运能力分析

营运能力,主要指企业营运资产的效率。企业营运资产的效率主要指资产的周转率或周转速度。企业资产营运能力的实质,就是要以尽可能少的资产占用,或尽可能短的时间周转,生产尽可能多的产品,实现尽可能多的销售收入,并创造尽可能多的纯收入,也就是要看企业利用了多少资产,生产出多少产品。用的资源越少,产出越多,说明企业的效益越好。

进行企业营运能力分析的主要目的是:

(1) 评价企业资产的营运效率。生产企业的经营活动从采购原材料、购买固定资产开始,此时货币资金转化为实物资产。原材料被领用投入生产过程后,原材料存货转化为在产品存货。生产过程结束之后,在产品存货转化为产成品存货。产品被销售之后,如果是信用销售,便进入了应收账款阶段。最后应收账款被收回,实物资产又重新回到货币资金状态,也就实现了资金周转。资产在各种形态之间的转化速度越快,资产营运的效率也就越高。

(2) 评价企业资产的营运效益。公司制企业经营的根本目的是获取收益。通过开展经营活动以较少的投入获取较多的产出,从而实现收益最大化。在企业周转使用资产进行经营活动的过程中,如果在周转获利的情况下,那么周转速度越快,一定时期内周转次数越多,获利越多。当把前序周转过程中的获利投入后序周转中时,企业便扩大了经营规模,每次周转的获利水平得到提高。由此便可实现资产营运效益的增长。

(3) 挖掘企业资产利用的潜力。企业总体资产营运能力的高低,取决于各类资产营运能力的高低,也受到企业内外多种因素的影响,通过企业营运能力分析,可以了解企业资产利用方面存在哪些问题,尚有多大的潜力,进而采取有效措施,提高企业资产营运能力。

企业营运能力主要从总资产营运能力和流动资产营运能力两个方面来分析。

9.4.1 总资产营运能力

总资产营运能力是指企业全部资产的营运效率,主要是投入或使用全部资产所取得产出的能力。反映总资产营运能力的指标主要是总资产周转率。总资产周转率是营业收入与平均总资产的比率,用公式表示为:

$$总资产周转率(次) = \frac{营业收入}{平均总资产}$$

其中,平均总资产 = (期初总资产 + 期末总资产) ÷ 2。

该项指标反映了企业资产的周转速度,揭示了企业每占用 1 元资产,可以获得多少收入。该项指标越大,说明企业的产出越多,资产营运的效率也就越高。若该指标比率过低,说明企业的资产利用率低,产出不足,还可能存在大量的闲置资产。根据光华公司的利润表(附录,表 9-2)和资产负债表(附录,表 9-1)等资料,光华公司 2×19 年年初的总资产为 6 280 181 千元,可计算 2×20 年和 2×19 年该公司的总资产周转率:

$$2 \times 20 \text{ 年总资产周转率} = \frac{14\ 968\ 766}{(9\ 082\ 422 + 7\ 821\ 217) \div 2} = 1.77(次)$$

$$2 \times 19 \text{ 年总资产周转率} = \frac{11\ 418\ 968}{(7\ 821\ 217 + 6\ 280\ 181) \div 2} = 1.62(次)$$

光华公司 2×19 年的总资产周转率为 1.62 次，2×20 年增加到了 1.77 次。这说明企业整体资产营运效率较高，并且效益大幅提高，营运能力较强。

一般情况下，影响企业总资产周转率最主要的因素有两个：一是流动资产周转率，因为流动资产的周转速度往往高于其他各类资产的周转速度，加速流动资产的周转，就会使总资产周转速度加快，反之则会使总资产周转速度减慢；二是流动资产占总资产的比重，因为流动资产周转速度快于其他各类资产的周转速度，所以总资产中企业流动资产所占的比重越大，总资产周转速度越快，反之则越慢。

9.4.2 流动资产营运能力

流动资产营运能力，是指企业流动资产的营运效率，主要是企业投入或使用流动资产所取得的产出能力。由于企业资产营运最快的部分是流动资产，因此，流动资产的周转速度极大地影响着总资产的营运效率。反映流动资产营运能力的指标主要有流动资产周转率、存货周转率和应收账款周转率等。

（1）流动资产周转率。

流动资产周转率既是反映流动资产周转速度的指标，也是综合反映流动资产利用效果的基本指标，它是一定时期流动资产平均占用额和流动资产周转额的比率，是用流动资产的占用量和其所完成的工作量的关系来表明流动资产使用效率的一项指标。流动资产周转率的计算公式如下：

$$流动资产周转率(次) = \frac{营业收入}{平均流动资产}$$

其中，平均流动资产 =（期初流动资产 + 期末流动资产）÷2。

或者也可以计算流动资产周转天数，其具体的计算公式如下：

$$流动资产周转天数 = \frac{365}{流动资产周转次数}$$

流动资产的周转次数或天数，均表示流动资产的周转速度。流动资产在一定时期内的周转次数越多，或者每周转一次所需要的天数越少，其周转速度就越快，流动资产的使用效率就越好；反之，流动资产的周转速度就越慢，企业流动资产的营运能力也就越差。

根据光华公司的利润表（附录，表 9-2）和资产负债表（附录，表 9-1）等资料，光华公司 2×19 年年初的流动资产为 1 755 274 千元，可计算 2×20 年和 2×19 年该企业的流动资产周转率：

$$2×20 年流动资产周转率 = \frac{14\ 968\ 766}{(3\ 493\ 639 + 2\ 692\ 759) \div 2} = 4.84(次)$$

$$流动资产周转天数 = \frac{365}{4.84} = 75(天)$$

$$2×19 年流动资产周转率 = \frac{11\ 418\ 968}{(2\ 692\ 759 + 1\ 755\ 274) \div 2} = 5.13(次)$$

$$\text{流动资产周转天数} = \frac{365}{5.13} = 71(\text{天})$$

光华公司 2×20 年的流动资产周转率为 4.84 次,也就是说,企业全部的流动资产在 1 年内可以周转 4.84 次,每 75 天周转 1 次。与行业平均情况相比,该企业的流动资产营运能力是比较强的。但是,与 2×19 年相比,该企业 2×20 年的流动资产周转率有所下降,周转天数也增加了 4 天,这说明企业的流动资产营运效率在下降。

(2) 存货周转率。

存货周转率是指企业在一定时期内存货占用资金可周转的次数,或存货每周转一次所需要的天数。因此,存货周转率指标有存货周转率和存货周转天数两种形式:

$$\text{存货周转率(次)} = \frac{\text{营业成本}}{\text{平均存货}}$$

其中,平均存货 =(期初存货 + 期末存货)÷2。

或者是,

$$\text{存货周转天数} = \frac{365}{\text{存货周转次数}}$$

应当注意,存货周转次数和周转天数实际上是相同的,但是其评价标准不同,存货周转次数是个正指标,因此,周转次数越多越好,表明企业存货流动速度快。通常情况下,存货周转一次,就意味着实现了买入与卖出的一个盈利循环,所以一年中存货周转的次数越多,企业的盈利状况也就越好(低于成本价卖出产品的情况除外)。

根据光华公司的利润表(附录,表 9-2)和资产负债表(附录,表 9-1)等资料,光华公司 2×19 年年初的存货为 794 310 千元,可计算 2×19 年和 2×20 年该企业的存货周转率:

$$2×20 \text{ 年存货周转率} = \frac{11\ 921\ 108}{(1\ 478\ 133 + 1\ 046\ 885) \div 2} = 9.44(\text{次})$$

$$\text{存货周转天数} = \frac{365}{9.44} = 39(\text{天})$$

$$2×19 \text{ 年存货周转率} = \frac{9\ 051\ 327}{(1\ 046\ 885 + 794\ 310) \div 2} = 9.83(\text{次})$$

$$\text{存货周转天数} = \frac{365}{9.83} = 37(\text{天})$$

光华公司 2×20 年的存货周转率为 9.44 次,也就是说,存货在 1 年内可以周转 9.44 次,平均每 39 天周转 1 次,根据行业经验判断,其存货周转速度较快。但是我们还看到,相比 2×19 年,2×20 年的存货周转速度略有所下降,周转天数也比 2×19 年多了 2 天。

(3) 应收账款周转率。

应收账款周转率,是指企业在一定时期内应收账款可周转的次数,或应收账款回收所需要的天数。因此,应收账款指标也有应收账款周转率和应收账款周转天数两种

形式,其具体的计算公式是:

$$应收账款周转率(次) = \frac{赊销收入净额}{平均应收账款余额}$$

其中,赊销收入净额=销售收入-现销收入-现金折扣;

平均应收账款余额=(期初应收账款+期末应收账款)÷2。

应收账款周转率可以用来估计企业应收账款的变现速度和管理效率。企业迅速回收应收账款既可以节约资金,又说明企业赊销状况好,不易发生坏账损失。一般认为应收账款周转率越高越好。如果按应收账款周转天数进行分析,则周转天数越少越好。

由于在企业的财务报表中,一般不披露赊销和现销,以及相关的折扣等信息,因此,只根据企业对外公布的会计报表是无法准确计算这一指标的。

光华公司 2×20 年和 2×19 年的赊销收入净额分别为 50 565 千元和 45 423 千元,2×19 年年初光华公司应收账款为 18 070 千元,则 2×19 年和 2×20 年该企业的应收账款周转率指标计算如下:

$$2×20 年应收账款周转率 = \frac{50\ 565}{(16\ 767 + 17\ 724) \div 2} = 2.93(次)$$

$$应收账款周转天数 = \frac{365}{2.93} = 125(天)$$

$$2×19 年应收账款周转率 = \frac{45\ 423}{(17\ 724 + 18\ 070) \div 2} = 2.54(次)$$

$$应收账款周转天数 = \frac{365}{2.54} = 144(天)$$

光华公司 2×20 年的应收账款周转率为 2.93 次,应收账款周转天数为 125 天,也就是说,公司的应收账款大约 4 个月就可收回,回收速度比较快。而且,2×20 年的应收账款周转率比 2×19 年有进一步的提高,这可能是由于企业规模扩大和实力增强,企业在对外收款方面变得更加具有控制力和话语权,从而改善了应收账款的管理。此外,由于光华新公司属于批发零售行业,其主要收入是现销收入,产生的应收账款数额很小,不存在重大风险,因此,该公司的应收账款不是分析的重点。

总体来看,企业的运转情况良好,存货的销路畅通,应收账款的回笼速度较快,企业营运能力较强。但是除应收账款外,企业中存货与流动资产的周转速度有下降的趋势,这一点需要关注。

9.5 企业发展能力分析

发展能力,又称增长能力,是指企业未来生产经营的发展趋势和发展水平,包括企业的资产、销售收入、收益等方面的增长趋势和增长速度。对企业投资者和长期债务的债权人来说，不能仅注重企业目前的经营能力，更应该注重企业未来的、长期的和持续的增长能力。企业的增长能力极大地影响着投资者对企业的信心，直接决定了企业市盈率的高低，因此，对企业发展能力的分析也是非常重要的。

通过企业发展能力分析，可以实现以下目的：

（1）补充和完善传统财务分析。

一方面，传统的财务分析侧重回顾过去，但财务分析的最大贡献不在于了解过去，而是预测未来，而企业发展能力分析是展望未来，这种对企业未来发展的预期满足了报表使用者的需求；另一方面，传统财务分析从静态角度分析盈利能力、营运能力以及偿债能力，而发展能力分析则是从动态角度分析这三种能力。

（2）为预测分析与价值评估做铺垫。

企业发展能力分析并不是对报表项目逐一进行分析，而是根据收入、利润、股东权益和资产之间的联系使这些财务数据相互贯通，从而衡量企业的增长。而从企业发展能力分析中得出的增长率数据将是后续一系列预测分析和价值评估工作的基础数据来源，对以预测分析为基础的价值评估而言十分重要。

（3）满足相关利益者的决策需求。

对于股东而言，可以通过发展能力分析衡量企业创造股东价值的能力，从而为采取下一步战略行动提供依据；对于潜在的投资者而言，可以通过发展能力分析评价企业的成长性，从而选择合适的目标企业做出正确的投资决策；对于经营者而言，可以通过发展能力分析发现影响企业未来发展的关键因素，从而采取正确的经营策略和财务策略促进企业可持续增长；对于债权人而言，可以通过发展能力分析判断企业未来的盈利能力，从而作出正确的信贷决策。

企业发展能力主要的分析指标有资产增长率、资本保值增值率、每股净资产、营业收入增长率和利润增长率等。

9.5.1 资产增长率

在经营效益和效率不变的情况下，一个企业的新增利润主要来自新增资产，因此，一个企业的发展能力首先体现在企业投资规模的增加上。对一个健康的、正在成长的企业来说，其投资规模应该呈现出不断增大的趋势。资产增长率的计算公式如下：

$$资产增长率 = \frac{期末资产总额 - 期初资产总额}{期初资产总额} \times 100\%$$

资产增长率是用来考核企业资产规模增长幅度的财务指标。资产增长率为正数，则说明企业资产规模增加；资产增长率为负数，则说明企业资产规模减小；资产增长率为零，则说明企业资产规模既未增加也未减少。在分析企业资产增长的幅度时，要关注企业资产增长的来源。在其他条件不变的情况下，无论是增加负债规模还是增加所有者权益规模，都会提高资产增长率。企业资产总额是一个时点数，如果一个企业资产的增长完全依赖于负债的增长，而所有者权益项目在整个会计年度里没有发生变动或者变动不大，则说明企业不具备良好的发展潜力。

根据光华公司的资产负债表（附录，表9-1）等资料，可以计算该企业2×20年的资产增长率：

$$2×20年资产增长率 = \frac{9\ 089\ 422 - 7\ 821\ 217}{7\ 821\ 217} \times 100\% = 16.21\%$$

光华公司2×20年资产增长率为16.21%，从增长的净值来看，1年内资产增加了约12.7亿元，与同行业、同规模的其他企业相比，其增长速度是非常快的。如果进一步深入分析，2×20年该企业负债增加了约10.8亿元，所有者权益增加了1.9亿元，可见其资产增加的主要动力来自负债的增加。因此，可以判断企业的发展壮大存在巨大的风险，因为这并不是主要依靠自身积累而完成的。

企业资产增长率高并不意味着企业资产规模的增长就一定合理。要评价一个企业的资产规模的增长是否合理，就必须与企业的销售增长情况、利润增长情况等结合起来分析。只有当一个企业的销售增长、利润增长超过资产规模的增长时，这种资产规模上的增长才属于效益型增长，才是合理的；相反，如果一个企业的销售增长、利润增长远远低于资产规模的增长，并且持续存在，则报表使用者对此应该提高警惕。

此外，还应该注意的是，为全面认识企业资产规模的增长趋势和增长水平，应将企业不同时期的资产增长率加以比较。一个健康的、处于成长期的企业，其资产规模应该是不断增长的，如果时增时减，则反映出企业的经营状况并不稳定，同时也说明企业并不具备良好的增长能力。另外，还应将企业的增长速度与行业平均水平相比较，分析企业的增长是否合理。

9.5.2 资本保值增值率

资本保值增值率主要反映企业投资者投入企业资本的完整性和保全性，这一指标是企业的所有者最为关心的，其计算公式为：

$$资本保值增值率 = \frac{期末所有者权益}{期初所有者权益} \times 100\%$$

企业资本保值增值率等于100%为资本保值，大于100%为资本增值。根据光华公司所有者权益变动表（附录，表9-4）等资料，可计算该企业2×20年资本保值增值率：

$$2×20年资本保值增值率 = \frac{2\ 984\ 043}{2\ 792\ 235} \times 100\% = 107\%$$

从指标的计算结果来看，企业的资本得到增值。但是，在分析企业资本保值增值时，要注意观察和分析增值的原因，即所有者权益内部项目的变动情况，评价企业资本增值是由于盈利水平提高（盈余公积和未分配利润的增加），还是企业兼并等因素。从光华公司所有者权益变动表等资料所提供的信息来看，2×20年该公司所有者权益变动的原因是：资本公积减少约0.26亿元；净利润约3亿元，在提取约0.24亿元的盈余公积后，将0.97亿元作为股利分配给股东，剩余的约1.82亿元作为未分配利润留存企业；2×20年企业留存收益增加2.06亿元，与2×19年2.08亿元的留存收益增加额基本持平，这两年企业的留存收益都在大量增加，表明企业正处于积累扩张阶段。

9.5.3　每股净资产

每股净资产又称每股账面价值，是指公司净资产与发行在外的普通股股份之间的比率。用公式表示为：

$$每股净资产 = \frac{净资产}{发行在外的普通股股数}$$

该项指标显示了发行在外的每一普通股股份所能分配的企业账面净资产。这里所说的账面净资产，是指企业账面上的总资产减去负债后的余额，即股东权益总额。每股净资产指标反映了在会计期末每一股份在公司账面上到底值多少钱，它与股票面值、发行价值、市场价值乃至清算价值等往往有较大差距。

利用该指标进行横向和纵向对比，可以衡量上市公司股票的投资价值。如果在公司性质相同、股票市价相近的条件下，某一公司股票的每股净资产越高，则公司的发展潜力及其股票的投资价值越大，投资者所承担的投资风险越小。但是也不能一概而论，在市场投机气氛较浓的情况下，每股净资产指标往往不太受重视。投资者，特别是短线投资者注重股票市价的变动，有的公司的股票市价低于其账面价值，投资者会认为这个公司没有前景，从而失去对该公司股票的兴趣；如果市价高于其账面价值，而且差距较大，投资者会认为公司前景良好、有潜力，因而甘愿承担较大的风险购进该公司的股票。

根据光华公司2×20年资产负债表（附录，表9-1）及报表附注关于股本（发行在外的普通股股数293 719千股）的信息，计算2×20年该企业的年末每股净资产：

$$2×20年年末每股净资产 = \frac{2\ 984\ 043}{293\ 719} = 10.16（元）$$

光华公司2×20年12月31日每股净资产10.16元，与其市价（2×20年12月31日股票价格为50.50元）相比，账面价值较低，具有一定的投资风险，但是，要结合企业的盈利情况判断其未来发展状况，才能作出投资决策。

9.5.4　营业收入增长率

一家企业的经营（销售）情况越好，说明其占有的市场份额越多，企业生存和发展的市场空间也越大;一家企业的销售增长越快,说明企业生存和发展的能力提高得越快。因此,可以用营业收入增长率来反映企业在经营(销售)方面的成长能力,计算公式如下:

$$营业收入增长率 = \frac{本期营业收入 - 上期营业收入}{上期营业收入} \times 100\%$$

根据光华公司的利润表(表9-2)等资料,可计算2×20年该企业的营业收入增长率:

$$2 \times 20 年营业收入增长率 = \frac{14\ 968\ 766 - 11\ 418\ 968}{11\ 418\ 968} \times 100\% = 31.09\%$$

从计算的结果可以看出,企业的营业收入增长是比较快的。但是,应将一个企业不同时期的营业收入增长率加以比较和分析,才能全面、正确地分析和判断一个企业营业收入的增长趋势和增长水平。因为某个年度的营业收入增长率可能会受到一些偶然的和非正常的因素影响,而无法反映出企业实际的增长能力。

此外,要判断企业在经营和销售方面的未来成长性和可持续成长能力,必须全面分析营业收入增长是否具有效益性。如果营业收入的增加主要依赖于资产的相应增加,也就是营业收入增长率低于资产增长率,说明这种营业收入增长不具有效益性,同时也反映出企业在经营和销售方面的成长性并不好,可持续成长能力不强。

前面计算的光华公司的资产增长率为16.21%,而企业的营业收入增长率大大地超出了资产增长率,由此可以看出,企业的营业收入的增长是良性的,不是仅靠资产的增长带动的。

9.5.5 利润增长率

一般来说,利润增长率要从营业利润和净利润两个方面考虑。

(1)营业利润增长率。

营业利润是企业经常性业务带来的净收益,具有一定的稳定性。营业利润增长率是反映企业经常性业务的利润增长速度的指标。企业销售的扩大,即营业收入的增加,未必带来营业利润的增加,有时甚至是收入越多,利润越少。因此,要分析营业利润的增长情况,应结合企业的营业收入情况。如果企业的营业利润增长率高于企业的营业收入增长率,则说明企业的产品正处于成长期,业务不断拓展,企业的盈利能力不断增强;反之,如果企业的营业利润增长率低于营业收入增长率,则反映企业营业成本、税金及附加等成本的上升幅度超过了营业收入的增长幅度,说明企业的盈利能力并不强,企业发展潜力值得怀疑。营业利润增长率的计算公式是:

$$营业利润增长率 = \frac{本期营业利润 - 上期营业利润}{上期营业利润} \times 100\%$$

根据光华公司利润表(附录,表9-2)等资料,可计算2×20年该企业的营业利润增长率：

$$2\times20\text{年营业利润增长率} = \frac{509\,732 - 507\,038}{507\,038} \times 100\% = 0.53\%$$

尽管 2×20 年光华公司营业收入的增长速度很快，但是营业利润几乎与 2×19 年持平。这说明实际上光华公司经营利润的增长速度并没有像收入一样快，同时，也在一定程度上说明光华公司收入的盈利能力在减弱。

为了更加正确地反映企业营业利润的成长趋势，应该对企业连续多期的营业利润增长率指标进行对比分析，这样可以排除个别时期偶发的和特殊因素的影响，可以更加真实、全面地揭示企业营业利润的增长情况。

(2) 净利润增长率。

净利润是企业的最终财务成果，净利润增长率是反映企业全部业务（包括经常性业务和非经常性业务）的利润增长速度的指标，也体现了所得税的影响。净利润增长率的计算公式是：

$$\text{净利润增长率} = \frac{\text{本期净利润} - \text{上期净利润}}{\text{上期净利润}} \times 100\%$$

根据光华公司利润表（附录，表 9-2）等资料，可计算 2×20 年该企业的净利润增长率：

$$2\times20\text{年净利润增长率} = \frac{326\,624 - 319\,260}{319\,260} \times 100\% = 2.31\%$$

从计算的结果来看，光华公司的净利润增长率高于营业利润增长率，但是，它比资产和收入的增长幅度小很多，说明光华公司的增长不属于效益型增长。

总体来说，光华公司 2×20 年处于高速扩张和迅速占领市场的发展阶段，但是，企业的扩张和发展没有给企业带来更多的收益，不属于效益型增长。通过对企业所处的行业环境进行分析，可以判断，这种情况的出现可能是由于企业的外部竞争环境恶化，企业的利润空间被压缩，导致企业在资产和收入猛增的背景下利润未实现明显增长。

【思考题】

1. 评价企业财务状况的财务比率主要有哪些？这些比率反映了企业财务状况的哪些方面？
2. 请说明评价企业财务状况与经营成果的比率对企业经营者的行为的影响。
3. 试述企业偿债能力分析的目的和内容。
4. 试述企业盈利能力分析的目的和内容。
5. 试述企业营运能力分析的目的和内容。
6. 试述企业发展能力分析的目的和内容。
7. 以某上市公司的资产负债表为例，分析该企业资本结构的合理性及企业面临的财务风险状况。

8. 以某上市公司的会计报表为例,谈谈该企业的财务业绩状况。

【附录】光华公司 2×20 年主要财务报表

表 9-1　　　　　　　　　　　　　　　资产负债表

编制单位:光华集团股份有限公司　　　2×20 年 12 月 31 日　　　　　　　　　　　　单位:千元

项目	期末余额	年初余额	项目	期末余额	年初余额
流动资产:			流动负债:		
货币资金	1 259 570	1 046 592	短期借款	789 942	1 010 600
应收票据	30		应付票据	324 616	329 231
应收账款	16 767	17 724	应付账款	2 059 089	1 494 255
预付款项	262 039	200 656	预收账款	567 196	233 934
其他应收款	477 101	380 902	应付职工薪酬	217 637	212 139
存货	1 478 133	1 046 885	应交税费	116 494	181 417
流动资产合计	3 493 639	2 692 759	应付股利		
非流动资产			其他应付款	1 059 092	1 022 293
长期股权投资	12 733	12 633	一年内到期非流动负债	232 578	173 842
投资性房地产	41 423	18 820	流动负债合计	5 366 645	4 657 712
固定资产	4 042 248	3 738 458	非流动负债:		
在建工程	167 267	73 273	长期借款	714 041	323 899
无形资产	944 502	964 433	递延所得税负债	24 694	47 371
商誉	112 334	102 678	非流动负债合计	738 735	371 270
长期待摊费用	211 697	153 846	负债合计	6 105 379	5 028 982
递延所得税资产	63 579	64 317	股东权益:		
非流动资产合计	5 595 783	5 128 458	股本	293 719	293 719
			资本公积	1 476 184	1 451 185
			其他综合收益	-25 868	24 999
			盈余公积	179 692	155 575
			未分配利润	960 422	778 442
			归属母公司所有者权益合计	2 884 149	2 703 920
			少数股东权益	99 893	88 315
			股东权益合计	2 984 043	2 792 235
资产总计	9 089 422	7 821 217	负债和股东权益总计	9 089 422	7 821 217

财务报表分析

表 9-2　　　　　　　　　　　　利润表

编制单位：光华集团股份有限公司　　　2×20 年度　　　　　　　　　　　　单位：千元

项目	2020 年	2019 年
一、营业总收入	14 968 766	11 418 968
二、营业总成本	14 459 791	10 912 971
其中：营业成本	11 921 108	9 051 327
税金及附加	156 133	126 038
销售费用	497 254	385 159
管理费用	1 721 567	1 236 395
财务费用	121 502	93 169
资产减值损失	42 227	20 883
加：公允价值变动收益	—	—
投资收益	757	1 041
三、营业利润	509 732	507 038
加：营业外收入	85 611	16 008
减：营业外支出	17 337	37 748
其中：非流动资产处置损失	—	—
四、利润总额	578 006	485 298
减：所得税费用	251 382	166 038
五、净利润	326 624	319 260
归属于母公司股东的净利润	303 496	301 304
少数股东损益	23 128	17 956
六、其他综合收益的税后净额	-25 868	24 999
七、综合收益总额	300 756	344 259
八、每股收益		
（一）基本每股收益	1.03 元	1.03 元
（二）稀释每股收益	1.03 元	1.03 元

表 9-3　　　　　　　　　　　　现金流量表

编制单位：光华集团股份有限公司　　　2×20 年度　　　　　　　　　　　　单位：千元

项目	2020 年度	2019 年度
一、经营活动产生的现金流量：		
销售商品、提供劳务收到的现金	17 391 644	12 904 188
收到的税费返还	20 666	12 510

续表

项目	2020 年度	2019 年度
收到其他与经营活动有关的现金	831 778	670 808
经营活动现金流入小计	18 244 088	13 587 506
购买商品、接受劳务支付的现金	14 385 098	10 470 537
支付给职工以及为职工支付的现金	796 381	557 326
支付的各项税费	1 051 784	678 047
支付的其他与经营活动有关的现金	1 121 439	982 095
经营活动现金流出小计	17 354 702	12 688 004
经营活动产生的现金流量净额	889 386	899 501
二、投资活动产生的现金流量：		
收回投资收到的现金		2 460
取得投资收益收到的现金		9 663
处置固定资产、无形资产和其他长期资产收回的现金净额	35 322	3 345
处置子公司及其他营业单位收到的现金净额		
收到其他与投资活动有关的现金	11 776	
投资活动现金流入小计	47 098	15 468
购建固定资产、无形资产和其他长期资产支付的现金	684 956	594 348
投资支付的现金		
支付其他与投资活动有关的现金		28 000
投资活动现金流出小计	684 956	622 348
投资活动产生的现金流量净额	-637 858	-606 880
三、筹资活动产生的现金流量：		
吸收投资收到的现金	6 850	7 499
其中：子公司吸收少数股东投资收到的现金	6 850	7 499
取得借款收到的现金	1 436 642	1 155 600
收到其他与筹资活动有关的现金	97 119	184 776
筹资活动现金流入小计	1 540 611	1 347 875
偿还债务支付的现金	1 210 000	937 970
分配股利、利润或偿付利息支付的现金	257 781	106 815
支付其他与筹资活动有关的现金	111 008	31 797
筹资活动现金流出小计	1 578 790	1 076 582
筹资活动产生的现金流量净额	-38 179	271 293
四、汇率变动对现金及现金等价物的影响：	-371	-407
五、现金及现金等价物净增加额：	212 978	563 508
加：期初现金及现金等价物余额	1 046 592	483 084
六、期末现金及现金等价物余额	1 259 570	1 046 592

表 9-4　　　　　　　　　　　　　　所有者权益变动表
编制单位：光华集团股份有限公司　　　　　　2×20 年度　　　　　　　　　　　　单位：千元

	归属于母公司股东权益							
	股本	资本公积	减：库存股	盈余公积	未分配利润	其他	少数股东权益	所有者权益合计
一、本年年初余额	293 719	1 476 184		155 575	778 442		88 315	2 792 235
加：会计政策变更								
前期差错更正								
二、本年年初余额	293 719	1 476 184		155 575	778 442		88 315	2 792 235
三、本年增减变动额		-25 868		24 118	181 980		11 578	191 808
（一）本年净利润					303 496		23 129	326 624
（二）其他综合收益		-25 868			-471		-878	-27 217
上述（一）和（二）小计		-25 868			303 025		22 251	299 407
（三）股东投入和减少资本								
1. 股东投入资本								
2. 股份支付计入股东权益的金额								
3. 其他								
（四）利润分配				24 118	-121 045		-17 878	-114 805
1. 提取的盈余公积				24 118	-24 118			
2. 提取一般风险准备								
3. 拟派期末股利					-96 927		-17 878	-114 805
4. 其他								
（五）股东权益内部结转								
1. 资本公积转增股本								
2. 盈余公积转增股本								
3. 盈余公积弥补亏损								
4. 其他								
（六）专项提取								
1. 本期提取								
2. 本期使用								
（七）其他								
四、本期期末余额	293 719	1 450 316		179 692	960 422		99 893	2 984 043

表 9-5　　　　　　　　　　　　　　　所有者权益变动表

编制单位：光华集团股份有限公司　　　　2×19 年度　　　　　　　　单位：千元

项目	归属于母公司股东权益						少数股东权益	所有者权益合计
	股本	资本公积	减：库存股	盈余公积	未分配利润	其他		
一、本年年初余额	293 719	1 451 185		226 040	398 458		57 612	2 427 013
加：会计政策变更				-91 447	192 137		16 668	117 358
前期差错更正								
二、本年年初余额	293 719	1 451 185		134 593	590 595		74 280	2 544 372
三、本年增减变动额		24 999		20 982	187 847		14 035	247 863
（一）本年净利润					301 304		17 888	319 192
（二）其他综合收益		24 999			-4 360		1 187	21 826
上述（一）和（二）小计		24 999			296 944		19 075	341 019
（三）股东投入和减少资本							7 000	7 000
1. 股东投入资本							7 000	7 000
2. 股份支付计入股东权益的金额								
3. 其他								
（四）利润分配				20 982	-109 097		-12 040	-100 156
1. 提取的盈余公积				20 982	-20 982			
2. 提取一般风险准备								
3. 拟派期末股利					-88 116		-12 040	-100 156
4. 其他								
（五）股东权益内部结转								
1. 资本公积转增股本								
2. 盈余公积转增股本								
3. 盈余公积弥补亏损								
4. 其他								
（六）专项提取								
1. 本期提取								
2. 本期使用								
（七）其他								
四、本期期末余额	293 719	1 476 184		155 575	778 442		88 315	2 792 235

【案例讨论与分析】

案例一　金龙汽车短期偿债能力分析

（一）案例介绍

厦门金龙汽车集团股份有限公司（简称金龙汽车），股票代码：600686，在中国证监会所属行业——汽车制造商（共有近20家企业）。金龙汽车主营业务为大、中、轻型客车的制造与销售。旗下拥有厦门金龙联合汽车工业有限公司、厦门金龙旅行车有限公司、金龙联合汽车工业（苏州）有限公司。其具备大、中、轻型客车全系列车型的生产能力，形成了集客车整车与零部件制造于一体的金龙汽车生产体系。在金龙汽车所处行业中，有宇通客车、中通客车等有力竞争者，宇通客车位于行业龙头地位。

金龙汽车2010—2017年流动资产、流动负债数据见表9-6，存货及货币资金期末余额数据见表9-7。

表9-6　2010—2017年金龙汽车流动资产、流动负债数据表　　　　单位：万元

年份	流动资产	流动负债
2010	1 037 036	916 855
2011	1 113 977	943 449
2012	1 222 826	1 065 136
2013	1 346 976	1 135 586
2014	1 537 520	1 355 101
2015	2 247 845	1 734 932
2016	2 217 948	1 813 517
2017	2 199 265	1 675 321

表9-7　2010—2017年金龙汽车存货、货币资金期末余额数据表　　　　单位：万元

年份	存货	货币资金
2010	196 035	420 414
2011	211 996	435 873
2012	203 042	444 557
2013	174 238	440 266
2014	171 258	409 474
2015	314 545	619 958
2016	143 555	520 242
2017	125 219	536 273

金龙汽车 2017 年资产和负债结构数据见表 9-8，现金流量简要数据见表 9-9；2010—2017 年金龙汽车对比公司营运资金数据见表 9-10。

表 9-8　　　　2017 年金龙汽车资产负债项目占比数据表（%）

流动资产	占比	流动负债	占比
货币资金	24.38	短期借款	10.65
交易性金融资产	0.01	应付票据	33.04
应收票据净额	3.44	应付账款	42.19
应收账款净额	58.13	预收款项	3.32
预付款项净额	0.34	应付职工薪酬	2.32
其他应收款净额	0.76	应交税费	0.33
存货净额	5.69	应付利息	0.11
其他流动资产	7.24	应付股利	0.34
		其他应付款	5.41
		一年内到期的非流动负债	2.28
		其他流动负债	0.01
流动资产合计	100	流动负债合计	100

表 9-9　　　　2017 年金龙汽车现金流量简要数据表　　　　单位：万元

项目	2017 年
经营活动现金流量净额	-69 064.48
投资活动现金流量净额	67 346.45
筹资活动现金流量净额	35 180.63

表 9-10　　　　2010—2017 年对比公司营运资金数据表　　　　单位：万元

年份	宇通	中通	安凯
2010	60 950	24 055	20 571
2011	130 202	25 395	65 868
2012	361 266	16 072	83 223
2013	474 269	14 337	31 332
2014	486 473	-4 436	28 019
2015	666 611	115 740	15 398
2016	699 050	154 934	43 001
2017	877 918	248 021	17 441

已知行业中宇通客车、中通客车和安凯客车 2010—2017 年流动比率、速动比率、

现金比率数据见表 9-11、表 9-12、表 9-13。

表 9-11　　　　2010—2017 年对比公司流动比率数据表

年份	宇通	中通	安凯
2010	1.1517	1.2431	1.1258
2011	1.3117	1.1670	1.3147
2012	1.5641	1.0879	1.3444
2013	1.6765	1.0691	1.1058
2014	1.3936	0.9848	1.0867
2015	1.4085	1.2661	1.0353
2016	1.3509	1.3212	1.0627
2017	1.4707	1.3028	1.0283

表 9-12　　　　2010—2017 年对比公司速动比率数据表

年份	宇通	中通	安凯
2010	0.8467	0.8911	0.9099
2011	1.0432	0.9020	1.1144
2012	1.3676	0.8998	1.2160
2013	1.4767	0.8703	0.9498
2014	1.2998	0.8124	0.9713
2015	1.3137	1.1903	0.9579
2016	1.2544	1.2675	1.0266
2017	1.3059	1.2533	1.0085

表 9-13　　　　2010—2017 年对比公司现金比率数据表（%）

年份	宇通	中通	安凯
2010	22.48	38.59	48.07
2011	28.04	37.05	70.42
2012	47.70	39.92	74.10
2013	60.01	39.37	42.08
2014	48.87	40.66	42.74
2015	41.30	30.38	30.50
2016	28.40	27.30	20.66
2017	13.54	19.84	20.31

(二)案例分析要求

请根据以上数据资料对金龙汽车短期偿债能力进行全面分析评价。

1. 分别计算金龙汽车2010—2017年各年的营运资金、流动比率、速动比率和现金比率并绘制其趋势图;分别从营运资金、流动比率、速动比率和现金比率的角度分析评价金龙汽车的偿债能力。

2. 分别从营运资金、流动比率、速动比率和现金比率的角度分析金龙汽车在行业中的偿债能力。

3. 通过案例分析请思考:单一进行营运资金分析、流动比率分析、速动比率分析、现金比率分析能否全面反映金龙汽车的偿债能力?

4. 根据以上案例分析内容提炼短期偿债能力分析思路。

案例二 仁和药业长期偿债能力分析

(一)案例介绍

仁和药业股份有限公司(以下简称仁和药业)系在深圳证券交易所挂牌的上市公司,公司股票代码:000650。2006年公司实施重大资产重组,注入医药资产,公司成为拥有江西仁和药业有限公司、江西铜鼓仁和制药有限公司、江西吉安三力制药有限公司等多家子公司的现代医药生产经营企业。其2013—2017年资产负债率信息资料及趋势,如表9-14所示。

表9-14 **2013—2017年仁和药业资产负债率信息资料及趋势** 金额单位:万元

项目	2013年	2014年	2015年	2016年	2017年
负债总额	38 986.36	43 505.88	55 541.11	66 041.40	69 494.69
资产总额	232 871.72	259 710.43	315 627.08	386 489.55	416 739.19
无形资产	42 225.40	39 861.50	37 545.00	37 565.52	37 499.16
资产负债率(%)	16.74	16.75	17.60	17.09	16.68

(二)案例分析要求

1. 通过表9-14能得出什么结论?

2. 为了合理评价仁和药业的长期偿债能力,还需要做哪些分析工作,补充哪些长期偿债能力指标?

案例三 困难重重的茅台发展之路

(一)案例介绍

贵州茅台为中国知名白酒企业,其主打产品"茅台酒"深受国人喜爱。作为白酒行业上市公司龙头企业,其股价表现一直处于白酒行业领先地位。2012年7月,其股价达到了 266.08 元/股。随之，受宏观经济政策的影响，其股价持续下跌，2014 年 1 月 10 日降至 118.01 元/股，股价急跌！具有象征意义的"茅台"此时该何去何从？作为 A 股上市公司，贵州茅台的盈利能力是否会受到影响？本案例选取反映上市公司盈利能力指标之一的每股收益进行分析。

根据贵州茅台 2012 年和 2013 年的财务报告可知，贵州茅台不存在优先股，因此优先股股息为零；也不存在认股权证、股份期权等稀释性潜在普通股。因此，基本每股收益和稀释每股收益结果相同。贵州茅台 2012 年和 2013 年每股收益分析见表 9-15。

表 9-15　　　　　贵州茅台 2012—2013 年每股收益分析表

项目	2013 年	2012 年	差异
归属于公司普通股股东的净利润（万元）	1 545 152.75	1 340 137.14	—
优先股股息	0	0	—
发行在外的普通股加权平均数（万股）	103 818.00	103 818.00	—
调整后发行在外普通股的加权平均数（万股）	103 818.00	103 818.00	—
基本每股收益（元）	14.58	12.82	1.76
稀释每股收益（元）	14.58	12.82	1.76

由表 9-15 可知，贵州茅台 2013 年度每股收益比 2012 年度增长了 1.76 元/增长率为 13.73%。这表明，贵州茅台 2013 年度的盈利能力高于 2012 年度。

贵州茅台 2009—2013 年每股收益分别为 4.57 元、5.35 元、8.44 元、12.82 元、14.58 元，呈逐年走高的趋势，这说明这 5 年来公司盈利的成长性较好。从 2011 年年初到 2012 年年底每股收益涨势较为明显，2011 年增幅为 57.76%，2012 年增幅为 51.90%，但 2013 年增幅仅为 13.73%。

每股收益的主要影响因素为每股账面价值和普通股权益报酬率，贵州茅台 2012—2013 年每股收益的影响因素见表 9-16。

表 9-16　　　　　贵州茅台 2012—2013 年每股收益影响因素表

项目	2013 年	2012 年	差异
归属于公司普通股股东的净利润（万元）	1 545 152.75	1 340 137.14	—
优先股股息	0	0	—
普通股权益平均额（万元）	4 412 909.22	3 545 403.63	—
普通股权益报酬率（%）	35.01	37.80	-2.79
发行在外的普通股加权平均数（万股）	103 818.00	103 818.00	—
每股账面价值（元）	42.51	34.15	8.36

为了了解贵州茅台的每股收益在行业中所处的地位，我们对其每股收益进行行业

比较分析。2013年度白酒行业以总资产和净资产为标准,规模较大的四家公司每股收益计算表见表9-17。

表9-17　　　　2013年度白酒行业部分公司每股收益计算表　　　金额单位:万元

公司名称	总资产规模	净资产规模	基本每股收益(元)	差异(%)
贵州茅台	55 454 150.68	44 129 092.27	14.58	100.00
五粮液	44 129 502.14	37 019 284.55	2.10	14.40
泸州老窖	13 734 290.01	10 637 421.59	2.46	16.87
洋河股份	28 218 443.26	17 396 739.08	4.63	31.76

从表9-17可以看出,贵州茅台每股收益数额远远领先于其他同行业公司,说明其在同行业中,盈利能力具有领先地位。

四家白酒行业上市公司2009—2013年每股收益对比分析表见表9-18。

表9-18　　2009—2013年白酒行业部分企业每股收益对比分析表(%)

公司名称	2009年	2010年	2011年	2012年	2013年
贵州茅台	4.57	5.35	8.44	12.82	14.58
五粮液	0.86	1.16	1.62	2.62	2.10
泸州老窖	1.20	1.58	2.08	3.14	2.46
洋河股份	1.44	2.04	3.72	5.70	4.63

通过表9-18可以看出,5年来贵州茅台的每股收益一直远远高于其他3家公司。2013年,虽然贵州茅台每股收益增幅不明显,但其仍然呈增长态势。相比之下,其他3家公司的每股收益在2013年则都呈不同幅度的下降态势。

(二)案例分析要求

1. 以2012年为基期,试对贵州茅台2013年每股收益进行因素分析和评价。
2. 除了每股收益以外,还有哪些因素或指标会反映上市公司的盈利能力?
3. 尽管本案例中以每股收益指标为例进行企业盈利能力分析,但每股收益指标并非完美,可能会误导报表使用者,试结合本案例分析其在实际应用中存在的局限性。
4. 请从每股收益的视角对贵州茅台的盈利能力进行评价。
5. 本案例中对每股收益进行趋势分析与同业比较分析的意义何在?

案例四　万华化学的长期经营资产管理

(一)案例介绍

万华化学集团股份有限公司(以下简称万华化学),前身为烟台万华聚氨酯股份有限公司,成立于1998年12月20日,2001年1月5日上市(股票代码600309);

财务报表分析

2011年，万华化学收购匈牙利博苏化学，这是该公司全球化战略的重要举措；2013年，为实现"中国万华向全球万华转变，万华聚氨酯向万华化学转变"的战略，公司正式更名为"万华化学集团股份有限公司"。现如今，万华化学在烟台、宁波、北京、上海、珠海的研发和生产基地已逐渐成形，在美国、日本、印度等十余个国家和地区均设有法人公司和办事处。产品业务涉及异氰酸酯、多元醇、TPU等聚氨酯领域和丙烯酸及其酯等石化领域，水性涂料树脂和ADI表面材料，特种化学品等领域。科技与市场的有机结合，一体化绿色化工产品链条的逐步打造，使万华化学成为具有国际竞争优势的一流化工原材料服务商与供应商，为客户持续提供质优产品。

万华化学的长期经营资产主要包括固定资产、在建工程、无形资产、研发支出、商誉、长期待摊费用、递延所得税资产等。分析和改进长期经营资产的管理效率，就需要具体分析每一类资产的具体情况。通过长期经营资产周转率的分析，来判断一家公司的长期经营资产结构是否合理，管理效率是得到了提升还是下降。万华化学长期经营资产相关数据信息见表9-19。

表9-19　　　　　　万华化学长期经营资产相关数据信息　　　　　　单位：万元

项目	2011年	2012年	2013年	2014年	2015年
长期营运资产	963 849.84	1 398 641.31	2 261 402.90	3 151 290.18	3 630 313.13
长期营运资产周转率	1.42	1.14	0.89	0.70	0.54
固定资产	690 492.64	733 146.64	858 174.25	1 519 470.61	2 004 629.20
固定资产周转率	1.98	2.17	2.36	1.45	0.97
在建工程	150 947.71	363 049.95	811 117.35	1 172 495.21	1 240 918.25
工程物资	9 032.07	7 495.44	155 222.12	165 154.06	28 891.86
无形资产	80 705.34	120 072.70	143 519.50	161 164.44	225 200.04
无形资产（土地使用权）周转率	13.28	14.10	13.71	8.66	7.95
商誉	27 751.86	27 751.86	27 751.86	27 751.86	27 751.86
长期待摊费用	1 095.57	1 525.28	1 372.32	3 335.57	—
递延所得税资产（营运类）	5 570.31	10 753.93	14 925.00	28 956.26	33 754.06
减：递延所得税负债（营运类）	1 745.66	1 663.82	1 920.71	1 950.82	2 070.82
其他非流动资产	—	136 509.33	251 241.21	74 912.99	71 238.68

（二）案例分析要求

请对万华化学长期经营资产的管理效率予以分析评价，并提出改进建议。

案例五　苏宁电器能否实现持续的快速发展

(一) 案例介绍

苏宁电器1990年创立于江苏南京，是中国3C（家电、电脑、通信）连锁零售企业的领先者之一，是国家商务部重点培育的"全国15家大型商业企业集团"之一。2004年7月，苏宁电器（现名苏宁易购，股票代码002024）在深交所上市，成为国内首家IPO上市的家电连锁企业，市场价值位居全球家电连锁企业前列。截至2012年年底，连锁网络覆盖海内外600多个城市，拥有1700多家店面，海内外销售规模2300亿元，员工总数18万人，先后入选《福布斯》亚洲企业50强、全球2000大企业中国零售业第一、中国民营企业前三强，品牌价值815.68亿元。

2020年苏宁电器实现商品销售规模4163.15亿元，线上销售规模占比近70%。展望未来，到2022年，苏宁电器连锁店总数将达3500多家，销售规模达4500亿元，进入世界一流企业的行列，成为"中国的沃尔玛"。苏宁电器的发展趋势如日中天，那么它是否可以持续这样快速发展呢？

苏宁电器2012—2015年的发展能力指标见表9-20。

表9-20　苏宁电器2012—2015年的发展能力指标

报告日期	2012年	2013年	2014年	2015年
收入增长率（%）	4.76	7.05	3.45	24.44
营业利润增长率（%）	-53.23	-93.90	-893.30	-58.19
净利润增长率（%）	-48.72	-95.84	690.04	-8.05
总资产增长率（%）	27.39	8.00	-0.07	7.16
股东权益增长率（%）	26.40	-1.40	2.91	8.09

(二) 案例分析要求

1. 对苏宁电器的发展能力状况进行分析；

2. 国美电器2013—2015年的发展能力指标见表9-21，试比较苏宁电器和国美电器的发展能力状况，并谈谈你如何看待国美电器的发展方式。

表9-21　国美电器2013—2015年的发展能力指标

报告日期	2013年	2014年	2015年
收入增长率（%）	10.37	7.01	7.01
净利润增长率（%）	220.50	43.40	-5.61
总资产增长率（%）	4.27	12.09	-5.65
股东权益增长率（%）	5.73	6.14	5.44

第10章　财务报表综合分析与业绩评价

【学习目标】

1. 了解企业综合分析与业绩评价的意义及目的；
2. 明确杜邦财务综合分析的内容；
3. 明确企业经营业绩综合评价的内容；
4. 熟练掌握企业综合分析与业绩评价的基本方法。

---------------【引例】---------------

20世纪早期，公司中出现了纵向一体化的多元经营活动，为了协调和控制这类活动，各类管理控制技术方法应运而生。在开发管理控制系统以协助多元化活动及纵向一体化企业的成长等方面，最成功、最具代表性的是杜邦公司（Du Pont Powder Company）。作为最早的纵向一体化公司之一，它不仅要决定经营单一产品的营业规模大小，还要决定公司应拓展的营业活动类型。于是，杜邦公司开创了许多管理控制技术方法，截至1910年，大公司进行管理控制所用的差不多所有的基本技术和方法在杜邦公司都已得到使用。在这些基本技术和方法中，最主要、影响最持久的是投资净利率（return on investment，ROI）指标的运用。该指标最早被杜邦公司的Pierre du Pont用于衡量各个营业部门的效率和整个公司的财务业绩，而当时广为使用的销售净利率、成本净利率等指标在杜邦公司则受到冷落。

1912年，杜邦公司的财务经理Donaldson Brown进一步将ROI指标分解为产品销售周转率和营业销售净利率两大指标。这样，既可以让各部门知悉其业绩是如何影响产品销售周转率或营业销售净利率并进而影响公司总的投资净利率的，又可以让管理者解释在特定期间内ROI的实际数为何偏离预算数。Pierre du Pont和Donaldson Brown将ROI指标应用于部门层面上的做法，也是现代多数公司所采用的利润中心和投资中心的起源。1920年，杜邦公司购买了通用汽车公司（General Motors，GM）23%的股票，使其成为杜邦公司的子公司。在这笔交易中，Brown的任务是重新梳理通用汽车公司内部复杂的财务结构，这或许是美国历史上第一次大规模的企业重构行动。根据通用前主席 Alfred Sloan 的说法，Brown 的规划和关系系统上马之后，通用的信誉和声望大幅回升。继而，美国各主要大公司纷纷运用此法并都获得了成功，从而使杜邦分析模型声名鹊起。直到 20 世纪 70 年代，杜邦分析体系在财务分析领域一直占据着主导地位。

10.1 综合分析与业绩评价的目的和内容

10.1.1 综合分析与业绩评价的目的

财务分析从盈利能力、营运能力和偿债能力角度对企业的筹资活动、投资活动和经营活动状况进行了深入、细致的分析，以判明企业的财务状况和经营业绩，这对于企业投资者、债权人、经营者、政府及其他与企业利益相关者了解企业的财务状况和经营成效是十分有益的。但前述财务分析通常是从某一特定角度，就企业某一方面的经营活动做分析，这种分析不足以全面评价企业的总体财务状况和财务成效，很难对企业总体财务状况和经营业绩的关联性得出综合结论。为弥补财务分析的这一不足，有必要在财务能力单项分析的基础上，将有关指标按其内在联系结合起来进行综合分析。

业绩评价是指在综合分析的基础上，运用业绩评价方法对企业财务状况和经营成果所做的综合结论。业绩评价以财务分析为前提，财务分析以业绩评价为结论，财务分析离开业绩评价就没有太大的意义了。在前述财务分析中，都曾在分析的基础上做出了相应的评价，但那只是就单项财务能力所做的分析及评价，其结论具有片面性，只有在综合分析的基础上进行业绩评价才能从整体上全面、系统地评价企业的财务状况及经营成果。

综合分析与业绩评价的目的在于：

（1）通过综合分析评价明确企业财务活动与经营活动的相互关系，找出制约企业发展的"瓶颈"所在。

（2）通过综合分析评价企业财务状况及经营业绩，明确企业的经营水平、位置及发展方向。

（3）通过综合分析评价为企业利益相关者进行投资决策提供参考。

（4）通过综合分析评价为完善企业财务管理和经营管理提供依据。

10.1.2 综合分析与业绩评价的内容

根据上述综合分析与业绩评价的意义和目的，综合分析与业绩评价至少应包括以下两个方面内容：

（1）财务目标与财务环节相互关联综合分析评价。企业财务目标是资本增值最大化，资本增值的核心在于资本收益能力的提高，而资本收益能力受企业各方面、各环节财务状况的影响。本部分分析正是要以净资产收益率为核心，通过对净资产收益率的分解，找出企业经营各环节对其的影响以及影响程度，从而综合评价企业各环节及各方面的经营业绩。杜邦财务分析体系是进行这一分析的最基本方法。

（2）企业经营业绩综合分析评价。虽然财务目标与财务环节的联系分析可以解决单项指标分析或单方面分析给评价带来的困难，但由于没能采用某种计量手段给相互关联指标以综合评价，因此，往往难以准确得出公司经营业绩改善与否的定量结论。企业经营业绩综合分析评价正是从解决这一问题出发，利用业绩评价的不同方法对企业经营业绩进行量化分析，最后得出企业经营业绩评价的唯一结论。

10.2　杜邦财务综合分析及其发展

10.2.1　杜邦财务分析体系

杜邦财务分析体系亦称杜邦财务分析法，是指根据各主要财务比率指标之间的内在联系，建立财务分析指标体系，综合分析企业财务状况的方法。由于该指标体系是由美国杜邦公司最先采用的，故称为杜邦财务分析体系。杜邦财务分析体系的特点是将若干反映企业盈利状况、财务状况和营运状况的比率按其内在联系有机地结合起来，形成一个完整的指标体系，并最终通过净资产收益率（或资本收益率）这一核心指标来综合反映。

在杜邦财务分析体系中，包含几种主要的指标关系，可以分为两大层次。

第一层次包括：

（1）净资产收益率＝总资产净利率×业主权益乘数。

即：$\dfrac{净利润}{净资产} \times 100\% = \left(\dfrac{净利润}{总资产} \times 100\%\right) \times \dfrac{总资产}{净资产}$

（2）总资产净利率＝销售净利率×总资产周转率。

即：$\dfrac{净利润}{总资产} \times 100\% = \left(\dfrac{净利润}{营业收入} \times 100\%\right) \times \dfrac{营业收入}{总资产}$

以上关系表明，影响净资产收益率最重要的因素有3个：销售净利率、总资产周转率、业主权益乘数。

即：净资产收益率＝销售净利率×总资产周转率×业主权益乘数。

第二层次包括：

（1）销售净利率的分解。

$$销售净利率 = \frac{净利润}{营业收入} \times 100\% = \frac{总收入 - 总成本费用}{营业收入}$$

（2）总资产周转率的分解。

$$总资产周转率 = \frac{营业收入}{总资产} = \frac{营业收入}{流动资产 + 非流动资产}$$

以上关系可以用图10-1更清楚地反映出来。

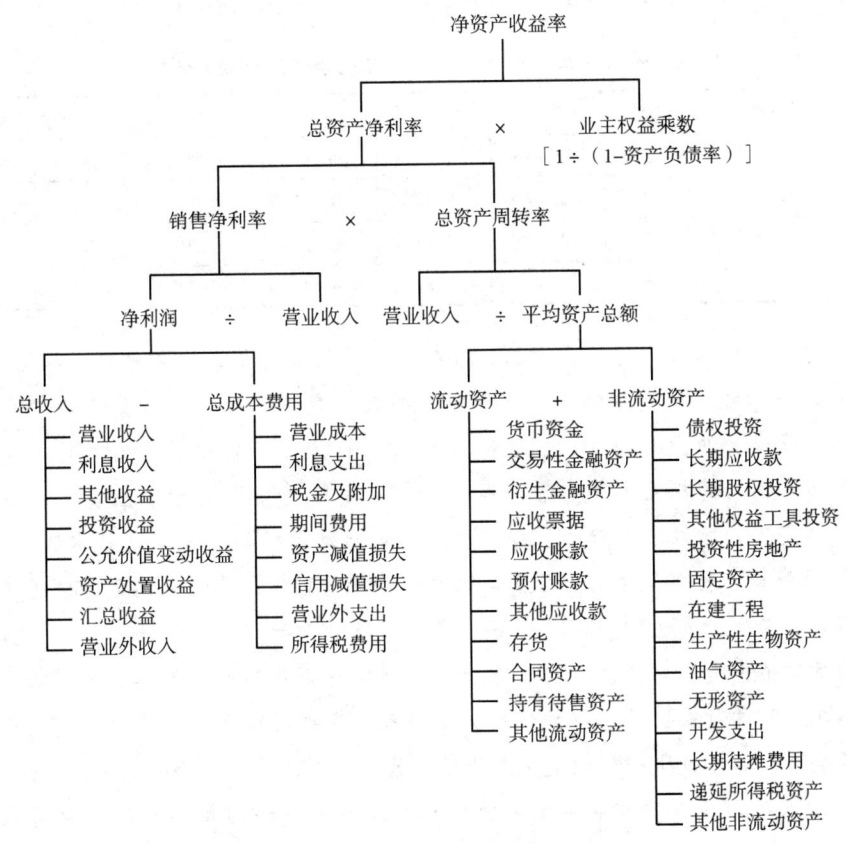

图10-1　杜邦财务分析体系分解

【案例分析】

为什么宝钢兼并了武钢

由宝钢与武钢中国两大钢铁央企合并而成的宝武钢铁集团于2016年12月1日宣布正式成立，一举成为中国最大、全球第二的特大型钢铁企业。此前9月国务院国资委同意宝钢集团更名为中国宝武钢铁集团有限公司，作为重组后的母公司，武汉钢铁

（集团）公司整体无偿划入，成为其全资子公司。宝钢集团旗下宝钢股份拟换股合并武钢股份，武钢股份与宝钢股份的换股比例1：0.56。为什么是以宝钢为主兼并了武钢？从杜邦财务分析体系角度可以看出端倪。

如表10-1所示，宝钢股份的净资产收益率这3年均高于武钢股份，尤其是2015年差距更加明显，武钢股份出现重大亏损，而宝钢股份在整个行业全线惨淡经营的恶劣环境下还实现了盈利，尤其难能可贵。之所以宝钢股份的股东投资回报能够高于武钢股份，最主要的原因就在于销售净利率一直都高于武钢股份。另外，从风险管控角度看，宝钢股份的杠杆程度也要低于武钢股份，说明其财务风险较小。

表10-1　宝钢股份与武钢股份2013—2015年的净资产收益率分析表

年份	净资产收益率（%）		销售净利率（%）		总资产周转率（次）		权益乘数	
	宝钢股份	武钢股份	宝钢股份	武钢股份	宝钢股份	武钢股份	宝钢股份	武钢股份
2013	5.27	1.19	3.06	0.48	0.86	0.93	1.89	2.55
2014	5.07	4.37	3.08	1.27	0.82	1.04	1.84	2.63
2015	0.9	-26.56	0.62	-12.88	0.71	0.61	1.92	3.30

杜邦财务分析体系为进行企业综合分析提供了极具价值的财务信息。

（1）净资产收益率是综合性最强的财务指标，是企业综合财务分析的核心。这一指标反映了投资者的投入资本获利能力的高低，能体现出企业经营的目标。从企业财务活动和经营活动的相互关系上看，净资产收益率的变动取决于企业资本经营、资产经营和商品经营。所以净资产收益率是企业财务活动效率和经营活动效率的综合体现。

（2）总资产周转率是反映企业营运能力最重要的指标，是企业生产经营的结果，是实现净资产收益率最大化的基础。企业总资产由流动资产和非流动资产组成，流动资产体现企业的偿债能力和变现能力，非流动资产则体现企业的经营规模、发展潜力和盈利能力。各类资产的收益性又有较大区别，如现金、应收账款几乎没有收益。所以，资产结构是否合理、营运效率的高低是企业资产经营的核心，并最终影响到企业的经营业绩。

（3）销售净利率是反映企业商品经营盈利能力最重要的指标，是企业商品经营的结果，是实现净资产收益率最大化的保证。企业从事商品经营，目的在于获利，其途径只有两条：一是扩大营业收入；二是降低成本费用。

（4）业主权益乘数既是反映企业资本结构的指标，也是反映企业偿债能力的指标，是企业资本经营即筹资活动的结果，它对提高净资产收益率起到杠杆作用。适度开展负债经营，合理安排企业资本结构，可以提高净资产收益率。

10.2.2　杜邦财务分析体系的变形与发展——可持续增长率财务分析体系

杜邦财务分析体系自产生以来在实践中得到广泛应用与好评，但随着经济与环境的发展、变化和人们对企业目标认识的进一步升华，杜邦财务分析体系在应用过程中也暴露出一些不足，主要表现在：

（1）涵盖信息不够全面。

杜邦分析法主要利用的是企业资产负债表和利润表的项目数据，而不涉及现金流量表，这样做容易让报表使用者只看到账面利润而忽视了更能反映企业生命力的现金流量信息。

（2）分析内容不够完善。

杜邦分析法主要从企业盈利能力、营运能力、偿债能力的角度对企业展开财务分析，而忽略了对企业发展能力的分析。同时，由于杜邦分析法通常针对的是短期财务结果，这也容易诱导管理者的短期行为，忽视了企业长期价值的创造。

（3）对企业风险分析不足。

企业风险是财务报表使用者非常关心的问题，而杜邦分析法无法较直观地体现企业经营风险或财务风险。

许多人对杜邦财务分析体系进行了变形、补充、使其不断完善与发展。其中比较具有影响力的一种体系就是以可持续增长率为龙头指标的财务综合分析体系。

（1）可持续增长率的定义。

可持续增长率是指在不改变经营战略（不改变销售净利率和资产周转率）和财务战略（不改变资本结构和股利支付率）的条件下，公司销售所能达到的最大增长率，它体现的是一种可持续的平衡发展。

（2）可持续增长率的计算。

在没有新增筹资的前提下，企业销售要获得增长，主要依赖于两种资金来源，一种是企业的经营性负债（也可以叫自发负债），主要是来自企业经营过程中供应商提供的应付账款和客户提供的预收账款；另一种来自企业的留存收益。一般情况下，可持续增长率的计算公式如下：

可持续增长率＝净资产收益率×留存收益比率
　　　　　　＝销售净利率×总资产周转率×权益乘数×（1－股利支付率）

从上述计算公式中可以看到，可持续增长率的大小受销售净利率、总资产周转率、权益乘数以及股利支付率四个财务比率的影响。

（3）可持续增长率的分解。

美国著名财务学家罗伯特·希金斯曾说世界上因为增长过快而破产的公司数量与因为增长太慢而破产的公司数量几乎一样多。因此，企业要追求的是一种平衡的可持续的增长。可持续增长率的大小受销售净利率、总资产周转率、权益乘数以及股利支付率四个财务比率的影响，这四种比率背后实际上分别反映的是企业的利润管理、资产管理、筹资活动、股利政策；前两者实际上体现的是企业的经营战略，后两者体现的是企业的财务战略。

如果某一年的公式中的 4 个财务比率有一个或者多个比率提高,实际增长率就会超过上年可持续增长率,而本年的可持续增长率也会超过上年的可持续增长率,这种超常增长是改变财务比率的结果,但是公司不可能每年都提高这 4 个财务比率,所以这种超过企业可持续增长率的增长会加速企业资源的消耗,并且通常是无法持续的;反之,4 个财务比率中的一个或多个比率下降,将会导致实际增长率低于上年可持续增长率,从而本年的可持续增长率也会低于上年可持续增长率,这种情况会造成企业资源的浪费,因此企业应当制订符合自身发展需要的经营战略和财务战略,努力使企业实际增长率与可持续增长率相一致,以实现平衡发展。

在经营分析当中如何应用可持续增长率呢?我们可以运用可持续增长率分析体系结合因素分析法分析企业实际销售增长率发生增减变动的原因。如实际销售增长率与可持续增长率或预算目标相比高出很多,那么需要分析支撑高速增长的原因究竟是什么?是否具有风险?能否持续下去?

【案例分析】

XYZ 公司缘何步入"高峰"又跌落"神坛"?

"不走寻常路"的 XYZ 公司自 2017 年以来就一直为扭亏而挣扎,近期更是由于陷入 2020 年和 2021 年上半年连续亏损,以及预计 2021 年第三季度仍将亏损的局面,导致其面临"披星戴帽"的风险。该公司顶峰时期在全国拥有 5 220 家门店,再到今天遭受国内外品牌和互联网的双重冲击而连年亏损,回望 XYZ 公司的发展,不禁让人深思,XYZ 公司是怎样步入高峰?又是怎样跌落"神坛",一步步陷入今天的困境?

表 10-2　　　　XYZ 公司 2015—2020 年的可持续增长率

年份	销售净利率(%)	总资产周转率(次)	权益乘数	留存收益比率(%)	可持续增长率(%)	实际收入增长率(%)
2014	12.01	1.04	1.82	30	—	16.62
2015	10.10	1.07	2.15	30	6.82	43.76
2016	12.13	1.14	2.15	30	6.97	32.59
2017	8.93	1.20	1.69	11	8.92	-4.38
2018	5.14	1.15	1.78	31	1.99	-17.03
2019	2.20	0.97	1.92	31	3.26	-16.08
2020	-6.86	0.90	2.24	100	1.27	-4.92

从表 10-2 中可以看出,根据 XYZ 公司 2014 年计算出来的 2015 年的可持续增长

率为 6.82%，如果企业保持 2014 年的既定的经营战略和财务战略不变，则其 2015 年的实际收入增长率应该等于可持续增长率，然而企业 2015 年的实际增长率为 43.76%，是可持续增长率的 6 倍。同样，根据 2015 年计算出来的 2016 年的可持续增长率为 6.97%，2016 年实际收入增长率为 32.59%，是可持续增长率的 5 倍，那么企业的增长具体是如何实现的呢？

与 2014 年相比，2015 年 XYZ 公司除了销售净利率有小幅下降、留存收益比率保持不变外，总资产周转率略有上升，而权益乘数有一定程度的提升；与 2015 年相比，2016 年 XYZ 公司总资产周转率、销售净利率小幅上升，其他指标变动较小。由此可见，XYZ 公司在 2015 年是通过加速资产周转速度、提高杠杆程度的方式来支撑营业收入的增长；在 2016 年是通过提高销售净利率、加快资产周转速度支撑营业收入的增长。

从表 10-2 中可以看出，根据 XYZ 公司 2016 年计算出来 2017 年的可持续增长率为 8.92%，如果企业保持 2016 年的既定的经营战略和财务战略不变，则其 2017 年的实际收入增长率应该等于可持续增长率，而 2017 年 XYZ 公司的实际收入增长率为 -4.38%，与可持续增长率相差 13 个百分点，同样根据 2017 年计算出来的 2018 年的可持续增长率为 1.99%，2018 年实际收入增长率为 -17.03%，与可持续增长率相差 19 个百分点，又是什么原因导致了企业如此急剧地跌落？

与 2016 年相比，XYZ 公司 2017 年的销售净利率、权益乘数和留存收益比率均有一定幅度下降、总资产周转率稍有上升；与 2017 年相比，XYZ 公司 2018 年除留存收益比率上升较大、权益乘数稍有上升外，销售净利率、总资产周转率仍持续下降。由此可知，XYZ 公司 2018 年营业收入增长率的大幅下降主要是由于销售净利率和总资产周转率下降引起的。

通过以上分析我们可以看出，XYZ 公司辉煌时期的增长与加速资产周转、提高杠杆程度有紧密的关系。但是从长远来看，销售净利率如果不能提高，单靠加速资产周转或改变财务战略并不能无限制地维持企业增长。2017 年起 XYZ 公司销售净利率一路下滑到负数，即使 2020 年企业将留存收益比率提高到 100%，也无力改变企业亏损的局面。

10.3 企业经营业绩综合评价

进行企业经营业绩综合评价通常可采用综合指数法和综合评分法，即通过计算企业经营业绩综合指数或综合分数，反映企业总体经营业绩水平的高低。

10.3.1 经营业绩评价综合指数法

运用综合指数法进行业绩评价的一般程序或步骤包括选择业绩评价指标，确定各项指标的标准值，计算指标单项指数，确定各项指标的权数，计算综合经济指数，评价综合经济指数。下面以财政部1995年颁布的企业经济效益评价指标体系为例，说明综合指数法的应用。

（1）选择经营业绩评价指标。

进行经营业绩评价的首要步骤是正确选择评价指标，指标选择要根据分析目的和要求，考虑分析的全面性和综合性。财政部颁布的企业经济效益评价指标体系中选择的经济效益指标包括三个方面的十项指标。

①反映盈利能力和资本保值增值的指标。

反映盈利能力的指标主要有三个，即：

第一，销售利润率，反映企业销售收入的获利水平，其计算公式为：

$$销售利润率 = \frac{营业收入 - 营业成本 - 税金及附加}{营业收入} \times 100\%$$

第二，总资产报酬率，用于衡量企业运用全部资产的获利能力，其计算公式为：

$$总资产报酬率 = \frac{利润总额 + 利息支出}{平均资产总额} \times 100\%$$

其中，平均资产总额=（期初资产总额+期末资产总额）/2。

第三，资本收益率，指企业运用投资者投入资本获得收益的能力，其计算公式为：

$$资本收益率 = \frac{净资产}{实收资本} \times 100\%$$

第四，反映企业资本保值增值能力的指标是资本保值增值率，主要反映企业投资者投入企业资本的完整性和保全性，其计算公式为：

$$资本保值增值率 = \frac{期末所有者权益总额}{期初所有者权益总额} \times 100\%$$

该指标等于100%为资本保值，大于100%为资本增值。

②反映资产负债水平和偿债能力的指标。

反映资产负债水平和偿债能力的指标有四个，即：

第一，资产负债率，可用于衡量企业的负债水平，其计算公式为：

$$资产负债率 = \frac{负债总额}{资产总额} \times 100\%$$

第二，流动比率或速动比率。流动比率是衡量企业在某一时点偿付即将到期债务的能力，其计算公式为：

$$流动比率 = \frac{流动资产}{流动负债}$$

速动比率是衡量企业在某一时点上运用随时可变现资产偿付到期债务的能力，其计算公式为：

$$速动比率 = \frac{速动资产}{流动负债}$$

其中：速动资产 = 流动资产 – 存货

第三，应收账款周转率。应收账款周转率是用于衡量企业应收账款周转速度快慢的指标，其计算公式为：

$$应收账款周转率 = \frac{赊销净额}{平均应收账款余额}$$

其中，$平均应收账款余额 = \frac{期初应收账款余额 + 期末应收账款余额}{2}$；

赊销净额 = 营业收入 – 现销收入 – 销售退回、折扣、折让。

由于企业赊销资料作为商业机密不对外公布，因此应收账款周转率分子一般用赊销和现销总额，即营业收入。

第四，存货周转率。存货周转率用于衡量企业在一定时期内存货资产的周转速度，是反映企业购、产、销平衡效率的一种尺度，其计算公式为：

$$存货周转率 = \frac{营业成本}{平均存货成本}$$

$$平均存货成本 = \frac{期初存货成本 + 期末存货成本}{2}$$

③反映企业对国家或社会贡献水平的指标。

反映企业对国家或社会贡献水平的指标有两个，即：

第一，社会贡献率。社会贡献率可用于衡量企业运用全部资产为国家或社会创造或支付价值的能力，其计算公式为：

$$社会贡献率 = \frac{企业社会贡献总额}{企业平均资产总额} \times 100\%$$

其中，企业社会贡献总额包括工资（含奖金、津贴等工资性收入）、劳保退休统筹及其他社会福利支出、利息支出净额、应交增值税、应交税金及附加、应交所得税、其他税收和净利润等。

第二，社会积累率。社会积累率可用于衡量企业社会贡献总额中多少用于上交国家财政，其计算公式为：

$$社会积累率 = \frac{上交国家财政总额}{企业社会贡献总额} \times 100\%$$

其中，上交国家财政总额包括应交增值税、应交税金及附加、应交所得税和其他税收等。

(2) 确定各项业绩指标的标准值。

业绩评价指标标准值可根据分析的目的和要求确定,可用某企业某年的实际数,也可用同类企业、同行业或部门平均数,还可用国际标准数。一般地,当评价企业经营计划完成情况时,可选企业计划水平为标准值;当评价企业经营业绩水平变动情况时,可选企业前期水平为标准值;当评价企业在同行业或在全国或国际上所处的地位时,可选取行业标准值、国家标准值或国际标准值。从财政部设计这十个指标的角度考虑,标准值的确定主要参考以下两个方面:一是适当参照国际上通用的标准,如流动比率为200%、速动比率为100%、资产负债率为50%等,但考虑我国整体效益水平偏低,与国际上发达国家差距较大,国际通行标准值仅是一个参考依据;二是参考我国企业在近三年的行业平均值。

(3) 计算各项业绩指标的单项指数。

单项指数是指各项经济指标的实际值与标准值之间的比值,其计算公式为:

$$单项指数 = \frac{某指标实际值}{某指标标准值}$$

这一单项指数计算公式适用于经济指标为纯正指标或纯逆指标,如果为纯正指标,则单项指数越高越好;如果为纯逆指标,则单项指数越低越好。如果某经济指标既不是纯正指标,又不是纯逆指标,如资产负债率、流动比率、速动比率等就属于这种指标,对于这种指标,其单项指数可按下式计算:

$$单项指数 = \frac{标准值 - 实际值与标准值差额的绝对值}{标准值} \times 100\%$$

例如,假设流动比率的标准值为200%,则当流动比率实际值为220%时,其单项指数为:

$$单项指数 = \frac{200\% - (220\% - 200\%)}{200\%} \times 100\% = 90\%$$

(4) 确定各项业绩指标的权数。

综合经济指数不是单项指数的简单算术平均数,而是一个加权平均数。因此,要计算综合经济指数,应在计算单项指数的基础上,确定各项指标的权数。各项经济指标权数的确定应依据各指标的重要程度而定,一般地,某项指标越重要,其权数就越大;反之,则权数就越小。假定10项经济效益指标的权数总和为100,经测算、验证,并参照美国、日本等国家的做法,将各项经济效益指标的权数确定为:销售利润率为15;总资产报酬率为15;资本收益率为15;资本保值增值率为10;资产负债率为5;流动比率(或速动比率)为5;应收账款周转率为5;存货周转率为5;社会贡献率为10;社会积累率为15。

(5) 计算综合经济指数。

综合经济指数是以各单项指数为基础,乘以各指标权数所得到的一个加权平均数。

综合经济指数的计算有两种方法。

①按各项指标实际指数计算（不封顶）。

在按各项指标实际指数计算时，其计算公式是：

$$综合经济指数 = \sum [某指标单项指数 \times 该指标权数]$$

②按扣除超过100%部分后计算（封顶）。

在全部指标中没有逆指标时，如果某项指标指数超过100%，则扣除超出部分，按100%计算；如果某项指标指数低于100%，则按该指标实际指数计算。其计算公式是：

$$综合经济指数 = \sum [某指标单项指数(扣除超出部分) \times 该指标权数]$$

（6）综合经济指数评价。

在按照第二种方法计算综合经济指数时，其最高值为100%，越接近100%，说明企业经营业绩总体水平越好。如果按第一种方法计算综合经济指数，当各项业绩指标中没有正指标时，综合经济指数以小于100%为好，而且越低越好。当各项业绩指标中没有逆指标时，一般来说，综合经济指数达到100%，说明企业经营业绩总体水平达到标准要求，或者说企业取得了较好的经济效益，该指标越高，经济效益水平越高；若综合经济指数低于100%，说明企业经济效益水平没达到标准要求，该指标越低，经营业绩水平越差。

在运用综合经济指数法进行经营业绩综合评价时，应特别注意以下两个问题：

第一，选择的各项经济指标在评价标准上应尽量保持方向的一致性。即尽量都选择正指标，或都选择逆指标。因为如果全部为正指标，则评价标准越高越好；如果全部为逆指标，则评价标准越低越好；如果既有正指标又有逆指标，则应将逆指标转为正指标或相反。如上述周转速度指标，如果以次数计算为正指标，则以天数计算为逆指标。由于大部分指标为正指标，因此，周转速度应采取正指标形式。至于资产负债率、流动比率和速动比率这种既不是正指标又不是逆指标的指标，其标准值具有绝对性，即大于或小于标准值都不好，单项指数最高为1或100%。进行综合经济效益指数评价时应注意这些指标的特点，否则可能会得出错误结论。

第二，综合经济指数是否可高于100%的问题。如果各单项指数取值可高于100%，则综合经济指数可能高于100%。这样做的优点是：综合经济指数不封顶，该指标越高，说明企业经营业绩越好。它的缺点是：可能存在某些完成状况好的指标的数值弥补完成状况差的指标的数值的情形。这样即使综合指数大于或等于100%，也不能说明企业各项经济指标都达到了标准值要求，从而掩盖了企业在某方面存在的问题。如果各单项指数取值最高为100%（即大于100%时按100%计算，小于100%时按实际计算），则综合经济指数最高为100%。这种做法的优点是：只要综合经济指数达到了100%，就说明企业各项经济指标都达到或超过了标准值，取得了理想的经营业绩，低于100%则说明企业在某方面一定存在问题。这种方法的缺点是：如果几个企业的综合效益指数都达到100%，就很难分出优劣。因此，进行企业经济效益综合评价时，在标准值比较先进时，可采用指数封顶的方法；当标准值为平均值时，则应采取指数不封顶的方法。企业在进行自身经营业绩评价时，也可将两种方法结合使用，取长补短，从而准确地评价企业的经营业绩。

10.3.2 经营业绩评价综合评分法

运用综合评分法或功效系数法的一般程序或步骤包括选择业绩评价指标，确定各项业绩评价指标的标准值，确定各项业绩评价指标的权数，计算各类业绩评价指标得分，计算经营业绩综合评价分数，确定经营业绩综合评价等级。

10.3.2.1 选择业绩评价指标

进行经营业绩综合分析的首要步骤是正确选择评价指标，指标选择要根据分析目的和要求，考虑分析的全面性和综合性。《企业绩效评价标准值（2018）》选择的企业综合绩效评价指标包括22个财务绩效定量评价指标和8个管理绩效定性评价指标，具体见表10-3。

表10-3　　　　　　　　企业综合绩效评价指标体系

评价指数类别	财务绩效定量评价指标		管理绩效定性评价指标
	基本指标	修正指标	
一、盈利能力状况	净资产收益率 总资产报酬率	销售利润率 盈余现金保障倍数 成本费用利润率 资本收益率	战略管理 发展创新 经营决策 风险控制 基础管理 人力资源 行业影响 社会贡献
二、资产质量状况	总资产周转率 应收账款周转率	不良资产比率 流动资产周转率 资产现金回收率	
三、债务风险状况	资产负债率 已获利息倍数	速动比率 现金流动负债比率 带息负债比率 或有负债比率	
四、经营增长状况	销售增长率 资本保值增值率	销售利润增长率 总资产增长率 技术投入比率	

(1) 财务绩效基本指标及其计算。

①净资产收益率,指企业运用投资者资本获得收益的能力。其计算公式为:

$$\text{净资产收益率} = \frac{\text{归属于母公司所有者的净利润}}{\text{平均归属于母公司所有者权益}} \times 100\%$$

其中,平均归属于母公司所有者权益=(年初归属于母公司所有者权益合计+年末归属于母公司所有者权益合计)÷2。

②总资产报酬率,用于衡量企业运用全部资产的获利能力。其计算公式是:

$$\text{总资产报酬率} = \frac{\text{利润总额} + \text{利息支出}}{\text{平均资产总额}} \times 100\%$$

其中,平均资产总额=(期初资产总额+期末资产总额)÷2。

③总资产周转率,指企业在一定时期营业收入与平均资产总额的比值,是综合评价企业全部资产经营质量和利用效率的重要指标。其计算公式为:

$$\text{总资产周转率} = \frac{\text{营业收入}}{\text{平均资产总额}}$$

④应收账款周转率,指企业一定时期营业收入与应收账款平均余额之比。其计算公式为:

$$\text{应收账款周转率} = \frac{\text{营业收入}}{\text{应收账款平均余额}}$$

应收账款平均余额=(年初应收账款余额+年末应收账款余额)÷2

应收账款余额=应收账款净额+应收账款坏账准备

⑤资产负债率,可用于衡量企业负债水平与偿债能力的情况。其计算公式为:

$$\text{资产负债率} = \frac{\text{负债总额}}{\text{资产总额}} \times 100\%$$

⑥已获利息倍数,指息税前利润与利息支出之比,可用于衡量企业的偿债能力。其计算公式为:

$$\text{已获利息倍数} = \frac{\text{利润总额} + \text{利息支出}}{\text{利息支出}}$$

⑦销售增长率,是反映企业销售收入增长情况的指标。其计算公式为:

$$\text{销售增长率} = \frac{\text{本年营业收入增长额}}{\text{上年营业总收入}} \times 100\%$$

⑧资本保值增值率,可用于衡量企业所有者权益的保持和增长幅度。其计算公式为:

$$\text{资本保值增值率} = \frac{\text{扣除客观因素后的年末国有资本及权益}}{\text{年初国有资本及权益}} \times 100\%$$

(2) 财务绩效修正指标及其计算。

①销售(营业)利润率=$\dfrac{\text{销售(营业)利润}}{\text{营业收入}} \times 100\%$

其中，销售（营业）利润 = 营业总收入 − 营业成本 − 税金及附加 − 销售费用 − 管理费用 − 财务费用 − 资产减值损失 + 公允价值变动收益 + 投资收益 + 其他收益。

② 盈余现金保障倍数 = $\dfrac{经营现金净流量}{净利润} \times 100\%$

③ 成本费用利润率 = $\dfrac{利润总额}{成本费用总额} \times 100\%$

其中，成本费用总额 = 营业成本 + 税金及附加 + 销售费用 + 管理费用 + 财务费用。

④ 资本收益率 = $\dfrac{归属于母公司所有者的净利润}{平均资本} \times 100\%$

平均资本 = [（年初实收资本 + 年初资本公积）+（年末实收资本 + 年末资本公积）] ÷ 2

⑤ 不良资产比率

= $\dfrac{资产减值准备余额 + 应提未提和应摊未摊的潜亏挂账 + 未处理资产损失}{资产总额 + 资产减值准备余额} \times 100\%$

⑥ 流动资产周转率 = $\dfrac{营业总收入}{平均流动资产余额} \times 100\%$

平均流动资产总额 =（年初流动资产总额 + 年末流动资产总额）÷ 2

⑦ 资产现金回收率 = $\dfrac{经营现金净流量}{平均资产总额} \times 100\%$

⑧ 速动比率 = $\dfrac{速动资产}{流动负债} \times 100\%$

其中，速动资产 = 流动资产 − 存货。

⑨ 现金流动负债比率 = $\dfrac{经营现金净流量}{流动负债} \times 100\%$

⑩ 带息负债比率 = $\dfrac{带息负债}{负债总额} \times 100\%$

其中，带息负债 = 短期借款 + 一年内到期的非流动负债 + 交易性金融负债 + 其他带息流动负债 + 长期借款 + 应付债券 + 其他带息非流动负债。

⑪ 或有负债比率 = $\dfrac{或有负债余额}{所有者权益} \times 100\%$

或有负债余额 = 已贴现承兑汇票 + 担保余额 + 贴现与担保外的被诉事项金额 + 其他或有负债。

⑫ 销售（营业）利润增长率 = $\dfrac{本年销售（营业）利润 − 上年销售（营业）利润}{上年销售（营业）利润} \times 100\%$

⑬ 总资产增长率 = $\dfrac{年末资产总额 − 年初资产总额}{年初资产总额} \times 100\%$

⑭ 技术投入比率 = $\dfrac{本年科技支出合计}{营业收入} \times 100\%$

10.3.2.2 确定各项经济指标的标准值及标准系数

为了准确评价企业经营业绩，对各项经济指标标准值的确定，根据企业类型不同及指标分类情况规定了不同的标准。

（1）财务绩效基本指标标准值及标准系数。基本指标评价的参照水平即标准值由财政部定期颁布，分为五档（优秀、良好、平均、较低、较差）。不同行业、不同规模的企业有不同的标准值。

（2）财务绩效修正指标标准值及修正系数。基本指标有较强的概括性，但是不够全面。为了更加全面地评价企业绩效，另外设置了4类14项修正指标，根据修正指标的高低计算修正系数，用得出的系数去修正基本指标得分。

10.3.2.3 确定各项经济指标的权数

指标的权数根据评价目的和指标的重要程度确定。表10-4是企业综合绩效评价指标体系中各类及各项指标的权数和分数。

表10-4　　　　　　　　企业综合绩效评价指标及权重表　　　　　　　　单位：分

财务绩效定量指标（权重70%）				管理绩效定性指标（权重30%）	
指标类别（100）	基本指标（100）		修正指标（100）		评议指标（100）	
一、盈利能力状况（34）	净资产收益率 总资产报酬率	20 14	销售利润率 盈余现金保障倍数 成本费用利润率 资本收益率	10 9 8 7	战略管理 发展创新 经营决策 风险控制 基础管理 人力资源 行业影响 社会贡献	18 15 16 13 14 8 8 8
二、资产质量状况（22）	总资产周转率 应收账款周转率	10 12	不良资产比率 流动资产周转率 资产现金回收率	9 7 6		
三、债务风险状况（22）	资产负债率 已获利息倍数	12 10	速动比率 现金流动负债比率 带息负债比率 或有负债比率	6 6 5 5		
四、经营增长状况（22）	销售增长率 资本保值增值率	12 10	销售利润增长率 总资产增长率 技术投入率	10 7 5		

10.3.2.4 计算各类业绩评价指标得分

(1) 财务绩效基本指标得分计算。

基本指标反映企业的基本情况,是对企业绩效的初步评价。它的计分是按照功效系数法计分原理,将评价指标实际值对照行业评价标准值,按照规定的计分公式计算各项基本指标得分。其计算公式为:

①单项指标得分的计算。

单项基本指标得分 = 本档基础分 + 调整分;

其中,本档基础分 = 指标权数 × 本档标准系数;

本档调整分 = 功效系数 × (上档基础分 − 本档基础分);

上档基础分 = 指标权数 × 上档标准系数;

$$功效系数 = \frac{实际值 - 本档标准值}{上档标准值 - 本档标准值}。$$

本档标准值是指上下两档标准值居于较低等级一档。

②财务绩效基本指标总分的计算。

$$财务绩效基本指标总分 = \sum 分类指标得分 = \sum\sum 单项指标得分$$

(2) 财务绩效修正指标修正系数的计算。

对基本指标得分的修正,是按指标类别得分进行的,需要计算"分类的综合修正系数"。分类的综合修正系数由"单项指标修正系数"加权平均求得,而单项指标修正系数的大小主要取决于基本指标评价分数和修正指标实际值两项因素。

①单项指标修正系数的计算。

单项指标修正系数的计算公式是:

单项指标修正系数 = 1.0 + (本档标准系数 + 功效系数 × 0.2 − 该类基本指标分析系数)

单项修正系数控制修正幅度为 0.7 ~ 1.3。

在计算修正指标单项修正系数过程中,对于一些特殊情况作如下规定:

第 1, 如果修正指标实际值达到优秀值以上, 其单项修正系数的计算公式如下:

单项修正系数 = 1.2 + 本档标准系数 − 该部分基本指标分析系数

第 2, 如果修正指标实际值处于较差值以下, 其单项修正系数的计算公式如下:

单项修正系数 = 1.0 − 该部分基本指标分析系数

第三, 如果资产负债率 ≥ 100%, 指标得 0 分; 其他情况按照规定的公式计分。

第四, 如果盈余现金保障倍数分子为正数, 分母为负数, 单项修正系数确定为 1.1; 如果分子为负数, 分母为正数, 单项修正系数确定为 0.9; 如果分子分母同为负数, 单项修正系数确定为 0.8。

第五, 如果不良资产比率 ≥ 100% 或分母为负数, 单项修正系数确定为 0.8。

第六，对于销售利润增长率指标，如果上年主营业务利润为负数，本年为正数，单项修正系数为1.1；如果上年主营业务利润为零，本年为正数，或者上年为负数，本年为零，单项修正系数确定为1.0。

②分类综合修正系数的计算。

分类综合修正系数 = $\sum$ 类内单项指标的加权修正系数

其中，单项指标加权修正系数的计算公式是：

单项指标加权修正系数 = 单项指标修正系数 × 该项指标在本类指标中的权数。

(3) 修正后得分的计算。

修正后总分 = $\sum$ (分类综合修正系数 × 分类基本指标得分)

(4) 管理绩效定性指标的计分方法。

①管理绩效定性指标的内容。

管理绩效定性评价指标的计分一般通过专家评议打分形式完成，聘请的专家应不少于7名。评议专家应当在充分了解企业管理绩效状况的基础上，对照评价参考标准，采取综合分析判断法，对企业管理绩效指标做出分析评议，评判各项指标所处的水平档次，并直接给出评价分数。例如，表10-5是一名评议专家给出的各项管理绩效定性评价指标的等级。

表10-5　　　　　　　　管理绩效评价定性评价指标等级表

评议指标	权数	等级（参数）				
		优（1）	良（0.8）	中（0.6）	低（0.4）	差（0.2）
1. 战略管理	18		√			
2. 发展创新	15	√				
3. 经营决策	16			√		
4. 风险控制	13			√		
5. 基础管理	14				√	
6. 人力资源	8		√			
7. 行业影响	8	√				
8. 社会贡献	8			√		

②单项评议指标得分。

单项评议指标分数 = $\sum$ (单项评议指标权数 × 各评议专家给定等级参数) ÷ 评议专家人数

假设评议专家有7人，对"战略管理"的评议结果为：优4人，良3人。

战略管理评议指标得分

$$= \frac{18 \times 1 + 18 \times 1 + 18 \times 1 + 18 \times 1 + 18 \times 0.8 + 18 \times 0.8 + 18 \times 0.8}{7}$$

= 16.46（分）

其他指标的计算方法与上述方法相同，不再举例。

③评议指标总分的计算。

前面已计算出战略管理评议指标分数为 16.46 分，假设其他 7 项评议指标的单项得分分别为 14、14、11、12、6、8 和 7，则：

评议指标总分 = 16.46 + 14 + 14 + 11 + 12 + 6 + 8 + 7 = 88.46（分）

10.3.2.5　计算经营业绩综合评价分数

在得出财务绩效定量评价分数和管理绩效定性评价分数后，应当按照规定的权重，耦合形成综合绩效评价分数。其计算公式为：

企业综合绩效评价分数 = 财务绩效定量评价分数 × 70% + 管理绩效定性评价分数 × 30%

在得出评价分数以后，应当计算年度之间的绩效改进度，以反映企业年度之间经营绩效的变化状况。其计算公式为：

绩效改进度 = 本期绩效评价分数 ÷ 基期绩效评价分数

绩效改进度大于 1，说明经营绩效上升；绩效改进度小于 1，说明经营绩效下滑。

10.3.2.6　确定综合评价结果等级

企业综合绩效评价结果以 85、70、50、40 分作为类型判定的分数线。具体的企业综合绩效评价类型与评价级别见表 10 - 6。

表 10 - 6　　　　企业综合绩效评价类型与评价级别一览表

评价类型	评价级别	评价得分
优（A）	A + +	A + + ≥ 95 分
	A +	95 分 > A + ≥ 90 分
	A	90 分 > A ≥ 85 分
良（B）	B +	85 分 > B + ≥ 80 分
	B	80 分 > B ≥ 75 分
	B -	75 分 > B - ≥ 70 分
中（C）	C	70 分 > C ≥ 60 分
	C -	60 分 > C - ≥ 50 分
低（D）	D	50 分 > D ≥ 40 分
差（E）	E	E < 40 分

10.3.2.7 中央企业负责人绩效考核办法

自国资委成立以来，始终把业绩考核作为国有资产监管的重要手段，充分发挥业绩考核在落实国有资本保值增值责任、做强做优做大中央企业中的引领作用和激励约束作用，紧紧围绕中央企业改革发展重点任务，不断探索完善中央企业负责人经营业绩考核制度。2009 年 12 月 28 日，国务院国资委颁布第 22 号令，出台了《中央企业负责人经营业绩考核暂行办法》（简称 2009 版《办法》），正式将 EVA 指标引入年度考核当中。国资委在延续西方 EVA 基本理论的基础之上，对 EVA 在中央企业的实施进行了多方面的本土化改造，以解决 EVA 管理在我国企业"水土不服"的问题。此后，国资委分别在 2012 年年底和 2016 年年底对其进行了修订和完善，以下分别简称 2012 版《办法》和 2016 版《办法》。

（1）用 EVA 取代 ROE。

2009 版《办法》最核心的一点就是用 EVA 取代了 ROE 指标，与利润总额一起作为对中央企业负责人进行年度业绩评价的两个基本指标。这一做法不仅能够满足"收益要弥补股权资本的机会成本"这一基本要求，而且能够消除净资产收益率指标提升有可能诱发的财务风险增高的问题。可以说，EVA 指标才是股东财富增加（或减少）的真正体现。

2009 版《办法》规定 EVA 是指企业税后净营业利润减去资本成本后的余额，计算公式为：

$$经济增加值 = 税后净营业利润 - 资产成本$$
$$= 税后净营业利润 - 调整后资本 \times 平均资本成本率$$

其中，税后净营业利润 =

净利润 +（利息支出 + 研究开发费用调整项 - 非经常收益调整项 $\times 50\%$）$\times$（1 - 25%）；

调整后资本 = 平均所有者权益 + 平均负债合计 - 平均无息流动负债 - 平均在建工程。

相较于 2009 版《办法》，2012 版《办法》更加突出了经营业绩评价的价值创造导向：将大多数企业的经济增加值指标的权重由 40% 提至 50%，利润总额指标权重则由 30% 降低到 20%。由此确立了经济增加值指标在中央企业经营业绩年度考核中的绝对主体地位，强化了考核价值导向。2012 版《办法》还规定，企业通过变卖主业优质资产等取得的非经常性收益在税后净营业利润中全额扣除。

2016 版《办法》落实以管资本为主加强国有资产监管的要求，再次强调突出经济增加值考核，并进一步提出经济增加值考核的重点是在分类和差异化上下功夫，针对不同功能、资本结构和风险程度的中央企业，提出差异化资本回报要求，着力引导企业资本投向更加合理，资本结构更加优化，资本纪律更加严格，资本效率进一步提高。

(2) 年度考核与任期考核相结合。

国资委版本的考核办法将长期考核和短期考核区分开来，分为年度经营业绩考核和任期业绩经营考核两大部分。

①年度经营业绩考核。

年度经营业绩考核是以公历年作为考核周期，将年度利润总额和经济增加值作为基本指标对中央企业负责人进行业绩考核。2009版《办法》规定的年度经营业绩考核综合得分的计算公式为：

年度经营业绩考核综合得分
=（利润总额指标得分 + 经济增加值指标得分 + 分类指标得分）× 经营难度系数 + 奖励分 − 考核扣分

2012版《办法》的年度考核维持了利润总额和经济增加值指标，但在指标所占权重上向经济增加值有所倾斜，其综合得分计算公式与2009版《办法》也大致相同，但将"经营难度系数"改为"业绩考核系数"，突出了技术投入的重要性。

②任期经营业绩考核。

任期经营业绩考核是以三年为一个考核周期，将国有资本保值增值率和主营业务收入平均增长率作为基本考核指标。2009版《办法》规定的任期经营业绩考核综合得分的计算公式为：

任期经营业绩考核综合得分
=（国有资本保值增值率指标得分 + 主营业务收入平均增长率指标得分 + 分类指标得分）× 经营难度系数 + 任期内三年的年度经营业绩考核结果指标得分 − 考核扣分

可以看出，2009版《办法》中规定的任期考核的基本指标为国有资本保值增值率指标和主营业务收入增长率。在2012版《办法》中，任期考核的基本指标取消了"主营业务收入增长率"指标，更换为"总资产周转率"指标，体现"弱化规模、突出质量、强化管理、做强做优"的思路。

(3) 考核结果与奖惩激励机制挂钩。

在严格考核的基础上实施严明的奖惩措施是中央企业经营业绩考核的重要环节，如果业绩考核不与激励相挂钩，那么考核的效果和意义将大为减弱。2009版《办法》根据企业负责人经营业绩考核得分，将年度经营业绩考核和任期经营业绩考核的最终结果分为A、B、C、D、E五个级别。级别与企业负责人的薪酬直接挂钩，规定以年度经营业绩考核结果和任期经营业绩考核结果为依据对企业负责人实施奖惩，给予企业负责人年度绩效薪金奖励和任期激励（或中长期激励），即"业绩上、薪酬上；业绩下、薪酬下"，并把经营业绩考核结果作为企业负责人任免的重要依据。

【思考题】

1. 试述综合分析与业绩评价的目的和内容。
2. 如何理解杜邦财务分析体系的优点和局限性?
3. 试述杜邦财务分析指标体系中主要财务指标之间的相互关系。
4. 如何理解杜邦财务分析体系的变形与发展——可持续增长率财务分析体系?
5. 试述可持续增长率财务分析体系中主要财务指标之间的相互关系。
6. 运用综合指数法应注意哪些问题?
7. 怎样运用综合评分法进行企业绩效评价?
8. 国务院国资委在对中央企业负责人进行经营业绩评价时为何要用经济增加值指标取代净资产收益率指标?

【案例讨论与分析】

案例一 云南白药集团资产收益率差异原因

(一) 案例介绍

云南白药集团股份有限公司(股票简称"云南白药",股票代码000538,深圳证券交易所),经中国证券监督管理委员会批准,于1993年12月15日公司社会公众股(A股)在深圳证券交易所上市交易。公司被评为"2009年全国国有企业典型",是历次评选中唯一入选的云南企业和医药行业企业。经过几十年的发展,公司已从一个资产不足300万元的生产企业成长为一个资产规模近150亿元,收入规模逾100亿元,以经营云南白药系列产品和天然植物药系列产品为主业的大型医药企业集团。公司产品以云南白药系列和田七系列为主,共10种剂型70余种产品,主要销往国内、东南亚等地区,并已进入日本、欧美等国家和地区的市场。"云南白药"商标于2002年2月被原国家工商行政管理总局商标局评为中国驰名商标。

云南白药2014—2015年的主要财务指标见表10-7。

表10-7　　　　云南白药2014—2015年主要财务指标

指标	2014年	2015年
流动比率	3.57	3.61
速动比率	2.30	2.41
现金比率	0.51	0.57
资产负债率	31%	30%

续表

指标	2014 年	2015 年
利息保障倍数	192.74	246.22
应收账款周转率	33.91	19.61
存货周转率	2.64	2.56
固定资产周转率	11.39	12.64
流动资产周转率	1.34	1.23
总资产周转率	1.51	1.08
销售毛利率	30.16%	30.53%
管理费用率	2.93%	2.38%
销售费用率	12.92%	13.07%
销售净利率	13.27%	13.28%
总资产净利率	15.28%	14.28%
净资产收益率	22.11%	20.37%

（二）案例分析要求

请根据云南白药 2014 年和 2015 年的年报及相关数据，应用杜邦财务分析体系分析云南白药 2015 年净资产收益率较 2014 年下降的原因。

案例二　茅台 VS 五粮液

（一）案例介绍

中国白酒业的"双子星"——贵州茅台和五粮液。2001 年 8 月，贵州茅台上市，上市首周报收 37.01 元/股，市值仅有 92.53 亿元。当时五粮液市值为 193.64 亿元。2005 年是一个特殊的年份，是酒类行业霸主之争的转折点，贵州茅台超过五粮液，茅台酒的净利润为 11.69 亿元，五粮液的销售收入虽然超过茅台酒 25 亿元，但净利润却比茅台少了 4 亿元。此后多年，贵州茅台越战越勇，五粮液已经远远落后于贵州茅台。贵州茅台和五粮液 2018 年的部分主要财务指标见表 10-8。

表 10-8　贵州茅台和五粮液 2018 年的部分主要财务指标

财务指标	贵州茅台	五粮液
销售净利率（%）	51.37	35.07
净资产收益率（%）	32.22	21.56
总资产净利率（%）	23.67	16.31
总资产周转率（次）	0.46	0.46

续表

财务指标	贵州茅台	五粮液
应收票据及应收账款周转率（次）	130.63	2.48
流动资产周转率（次）	0.62	0.57
存货周转率（次）	0.29	0.94
固定资产周转率（次）	5.06	7.59
流动比率	3.25	3.77
速动比率	2.69	3.20
资产负债率（%）	26.55	24.36
主营业务收入（万元）	7 363 887.24	4 003 018.96
总资产（万元）	15 984 667.47	8 609 426.57
流动资产（万元）	13 786 183.53	7 811 017.05
总负债（万元）	4 243 818.68	2 097 482.64

（二）案例分析要求

1. 利用杜邦财务分析体系对贵州茅台和五粮液2018年的净资产收益率进行分析。

2. 比较分析贵州茅台和五粮液主要财务指标之间的差异。

案例三　为什么宝钢股份和鞍钢股份盈利能力不同

（一）案例介绍

宝钢公司是由上海宝钢集团公司独家发起设立的股份有限公司，是中国最具竞争力的钢铁企业，年产钢量2 000万吨左右，盈利水平居世界领先地位，产品畅销国内外市场。2007年7月，美国《财富》杂志公布了世界500强企业的最新排名，宝钢集团公司以2006年销售收入226.634亿美元居第307位，在进入500强的钢铁企业中排第6位。宝山钢铁股份有限公司被巴菲特杂志、世界企业竞争力实验室、世界经济学人周刊联合评为2010年（第七届）中国上市公司100强，排名第8位。

鞍钢股份有限公司总部坐落于辽宁省鞍山市，鞍山地区已探明的铁矿石储量约占全国的1/4，1948年鞍山钢铁公司成立，翌年7月9日公司在废墟上开工，迅速恢复了生产，并进行了大规模技术改造和基本建设，被喻为"中国钢铁工业的摇篮""共和国钢铁工业的长子"。经过近70年的建设和发展，鞍钢已形成从采矿、选矿、炼铁、炼钢到轧钢综合配套，以及焦化、耐火、动力、运输、冶金机械、建设、技术研发、设计、自动化、综合利用等辅助单位组成的大型钢铁企业集团。

宝钢股份和鞍钢股份财务指标对比见表10-9。

表 10-9　　　　　　　　　　　宝钢股份和鞍钢股份财务指标对比

指标 公司名称 会计年度	净资产收益率（%）		销售净利率（%）		总资产周转率（次）		权益乘数	
	宝钢股份	鞍钢股份	宝钢股份	鞍钢股份	宝钢股份	鞍钢股份	宝钢股份	鞍钢股份
2013 年	12.31	3.77	6.61	2.11	0.97	0.90	1.73	1.89
2014 年	6.91	-4.23	3.48	-2.58	1.00	0.87	1.94	1.96
2015 年	9.32	-8.92	5.46	-5.63	0.86	0.76	1.72	2.08
2016 年	5.27	1.64	3.18	1.00	0.86	0.78	1.83	1.87
2017 年	5.07	1.94	3.25	1.25	0.82	0.80	1.80	1.79
2018 年	0.90	-10.61	0.44	-8.72	0.71	0.59	1.83	2.01

（二）案例分析要求

宝钢股份和鞍钢股份在国内钢铁业中处于领先地位，由数据可以看出，2013—2018 年宝钢股份的净资产收益率一直领先于鞍钢股份，盈利能力大于鞍钢股份，请结合表 10-9 具体分析原因。

参考文献

[1] 张新民，钱爱民．财务报表分析［M］.5 版．北京：中国人民大学出版社，2019.

[2] 张先治，陈友邦．财务分析［M］.9 版．大连：东北财经大学出版社，2019.

[3] 刘凌冰．会计报表阅读与分析［M］.4 版．大连：东北财经大学出版社，2017.

[4] 马忠．公司财务管理案例分析［M］．北京：机械工业出版社，2015.

[5] 郑水强．世界 500 强 CFO 的财务管理笔记［M］南昌：江西人民出版社，2015.

[6] 企业会计准则编审委员会．企业会计准则案例讲解．上海：立信会计出版社，2016.

[7] 池国华，王玉红．财务报表分析［M］.2 版．北京：清华大学出版社，北京交通大学出版社，2011.

[8] 池国华，财务分析［M］．北京：中国人民大学出版社，2015.

[9] 李燕翔．500 强企业财务分析实务：一切为经营管理服务［M］．北京：机械工业出版社，2015.

[10] 张奇峰．企业财务会计案例分析［M］．上海：立信会计出版社，2016.

[11] 王淑萍，王蓉．财务报告分析［M］.4 版．北京：清华大学出版社，2016.

[12] 张风全．公司财务报表分析［M］．北京：北京理工大学出版社，2016.

[13] 赫尔弗特．财务分析技术——价值创造指南［M］．刘霄仑，朱晓辉，译．北京：人民邮电出版社，2010.

[14] 霍金斯．公司财务报告与分析：教程与案例［M］．孙铮，郭永清，译．大连：东北财经大学出版社，2000.

[15] 吉布森．财务报表分析：利用财务会计信息［M］.6 版．马英麟，等，译．比京：中国财政经济出版社，1996.

[16] 帕利普等．经营透视：企业分析与评价［M］．李延钰，等，译．大连：东北财经大学出版社，1998.

［17］海尔菲特．财务分析技术［M］．张建军，译．北京：中国财政经济出版社，2001．

［18］查兰，提切．N．M．持续增长［M］．鲁伟刚，译．北京：中国社会科学出版社，2005．

［19］财政部．企业会计准则．会计准则委员会网站．

［20］财政部．企业会计准则应用指南．会计准则委员会网站．

［21］葛家澍，杜兴强．会计理论［M］．上海：复旦大学出版社，2005．

［22］胡玉明．财务报表分析［M］．大连：东北财经大学出版社，2012．

［23］黄世忠．财务报表分析：理论、框架、方法与案例［M］．北京：中国财政经济出版社，2007．

［24］姜国华．财务报表分析与证券投资［M］．北京：北京大学出版社，2008．

［25］克莱德·P．斯蒂克尼，等．财务呈报、报表分析与公司估值：战略的观点［M］．6版．朱国泓，译．北京：中国人民大学出版社，2014．

［26］克里舍·G．佩普，等．运用财务报表进行企业分析与估价［M］．北京：中信出版社，2004．

［27］陆正飞．财务报告与分析［M］．北京：北京大学出版社，2014．

［28］钱爱民，吴革．企业财务会计报告分析［M］．北京：中国金融出版社，2003．

［29］钱爱民．公司财务状况质量综合评价研究——基于增长、盈利、风险三维平衡视角［M］．北京：北京大学出版社，2011．

［30］斯蒂芬·H．佩因曼．财务报表分析与证券估值［M］．5版．朱丹，译．北京：机械工业出版社，2016．

［31］王化成．财务报表分析［M］．北京：中国人民大学出版社，2014．

［32］吴世农，吴育辉．CEO财务分析与决策［M］．2版．北京：北京大学出版社，2013．

［33］谢志华．财务分析［M］．大连：大连出版社，2012．

［34］张新民，等．企业财务战略研究——财务质量分析视角［M］．北京：对外经济贸易大学出版社，2007．

［35］张新民，钱爱民．财务报表分析案例评析［M］．北京：北京大学出版社，2007．

［36］张新民，钱爱民．企业财务质量与管理质量关系研究［M］．北京：对外经济贸易大学出版社，2009．

［37］张新民，朱爽．关于资产负债表的经济学思考［J］．中国工业经济，2007（11）：88-95．

[38] 张新民. 从报表看企业 [M]. 3版. 北京：中国人民大学出版社，2017.

[39] 张新民. 企业财务报表分析——教程与案例 [M]. 2版. 北京：对外经济贸易大学出版社，2004.

[40] 张新民. 企业财务状况质量分析理论研究 [M]. 北京：对外经济贸易大学出版社，2001.

[41] 张新民. 战略视角下的财务报表分析 [M]. 北京：高等教育出版社，2017.

[42] 刘凌冰，张天萌. 中金再生为何被清盘 [J]. 财务与会计：理财版，2014（8）.

[43] 肖博. 罗技国际公司舞弊案例分析 [J]. 财会学习，2017（10）.

[44] 王静静. 从康芝药业财务造假案例看职业怀疑在关联方交易舞弊审计中的运用 [J]. 商业会计，2016（11）.

[45] 张先治，王玉红. 财务报表分析 [M]. 北京：北京交通大学出版社，2014.

[46] 涂子沛. 数据之巅：大数据革命，历史、现实与未来 [M]. 北京：中信出版社，2014.

[47] 涂子沛. 大数据：正在到来的数据革命 [M]. 桂林：广西师范大学出版社，2015.

[48] 鲁亮升. 成本会计 [M]. 6版. 大连：东北财经大学出版社，2015.

[49] 胡玉明. 高级管理会计 [M]. 4版. 厦门：厦门大学出版社，2016.

[50] 布瑞翰，休斯顿. 财务管理基础 [M]. 胡玉明，译. 精要第7版. 大连：东北财经大学出版社，2016.

[51] 王化成，支晓强，王建英. 财务报表分析 [M]. 2版. 北京：中国人民大学出版社，2019.

[52] 张先治，陈友邦，秦志敏. 财务分析习题与案例 [M]. 9版. 大连：东北财经大学出版社，2019.